Teja Fiedler
Mia san mia

W0109372

PIPER

Zu diesem Buch

Seit die »Boiari« aus dem Nebel der Völkerwanderung aufge-
taucht sind, halten sie sich für etwas Besonderes. Nichtbayern,
Nachbarn oder Feinde (was für die Bayern eigentlich immer
dasselbe war) sehen das mit einer Mischung aus Abscheu und
Bewunderung, aber sie nehmen es hin. Denn bei den Bayern
entfaltet die Geschichte ihre ganze Farbigkeit, malt sie das
Geschehen immer noch etwas bunter, prächtiger, oft auch
maßloser als im Rest Deutschlands. Teja Fiedler spannt ein
Panorama, das vom Frühmittelalter bis zur Gegenwart reicht.
Da gibt es Kaiser (nicht nur im Fußball), Könige (normale und
verrückte), Kriege um Land, Religion und Bier, aufsässige
Bauern und große Literaten, Kunst und Kultur wie in kaum
einer anderen Region. Bayern ist weit mehr als Ludwig-Kult,
Laptop und Lederhose, das zeigt Teja Fiedler ebenso amüsant
wie spannend.

Teja Fiedler, 1943 geboren und in Niederbayern aufgewachsen,
studierte in München Geschichte und Germanistik. Als *Stern*-
Korrespondent berichtete er viele Jahre aus Rom, Washing-
ton, New York und zuletzt aus Mumbai/Indien. Zu seinen
erfolgreichen Buchpublikationen gehören »Die Geschichte
der Deutschen«, die »Gebrauchsanweisung für Niederbayern« und der biografische Roman »Die Zeit ist aus den Fugen.
Vom Kaiserleutnant zum Vertriebenen. Das Leben meines
Vaters«. Teja Fiedler lebt mit seiner Frau in Hamburg.

Teja Fiedler

Mia san mia

Die andere Geschichte Bayerns

PIPER
München Berlin Zürich

Mehr über unsere Autoren und Bücher:
www.piper.de

Von Teja Fiedler liegen im Piper Verlag vor:
Gebrauchsanweisung für Niederbayern
Die Zeit ist aus den Fugen
Mia san mia

Für meine Frau und all die anderen,
die mit Bayern leben müssen.

MIX
Papier aus verantwor-
tungsvollen Quellen
FSC® C083411

FSC
www.fsc.org

Ungekürzte Taschenbuchausgabe
Piper Verlag GmbH, München/Berlin
Februar 2017
© Piper Verlag GmbH, München/Berlin 2014
Alle Rechte vorbehalten
Umschlaggestaltung: Büro Jorge Schmidt, München
Umschlagabbildung: Frydl Prechtl-Zuleeg
Illustration: Sven Binner
Karten: Angelika Solibieda, Karlsruhe
Satz: Tobias Wantzen, Bremen
Gesetzt aus der Janson Text
Druck und Bindung: CPI books GmbH, Leck
Printed in Germany   ISBN 978-3-492-30998-1

Inhalt

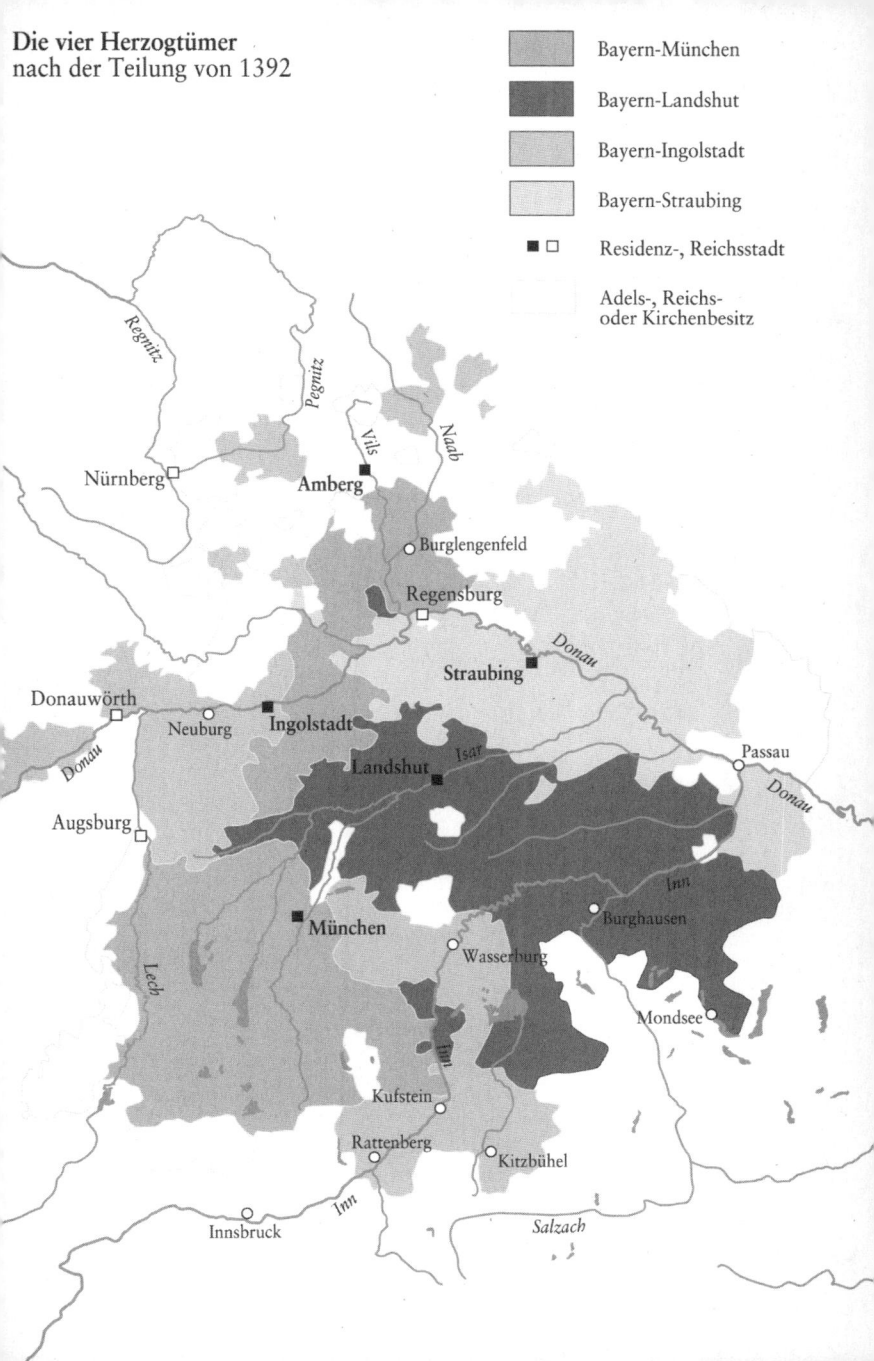

Die vier Herzogtümer
nach der Teilung von 1392

Bayern-München

Bayern-Landshut

Bayern-Ingolstadt

Bayern-Straubing

■ □ Residenz-, Reichsstadt

Adels-, Reichs-
oder Kirchenbesitz

Regnitz

Pegnitz

Vils

Naab

Nürnberg

Amberg

Burglengenfeld

Regensburg

Donau

Straubing

Donauwörth

Neuburg **Ingolstadt**

Donau

Isar

Landshut

Passau

Donau

Augsburg

Inn

Lech

München

Burghausen

Wasserburg

Mondsee

Inn

Kufstein

Rattenberg

Kitzbühel

Innsbruck *Inn*

Salzach

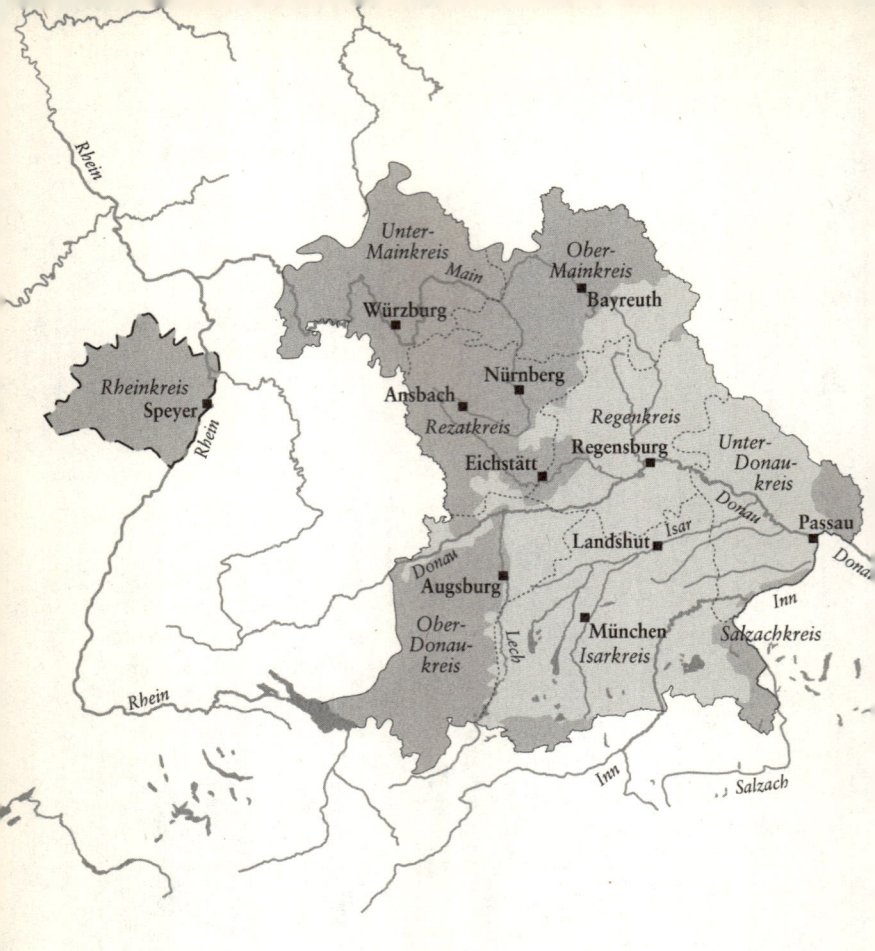

- Regierungssitz eines Kreises

········· Kreisgrenze

— — Auf dem Wiener Kongress Bayern zugesagte Gebiete

Kurpfalzbayern um 1800

Königreich Bayern seit August 1819

Das Bajuwaren-Puzzle

 *Seit der Erschaffung der Welt* sind Anfänge gern ins Dunkel gehüllt. Das gilt auch für die Bayern. Der Münchner Hof-Historiker Aventinus glaubte im 16. Jahrhundert zwar zu wissen, die »Baiern« seien schon vor Christi Geburt im heutigen Altbayern gesessen. Dann über 500 Jahre lang von den Römern geknechtet worden, schließlich aber mit Verstärkung durch Stammesgenossen von jenseits der Donau über die Besatzer hergefallen und hätten »also sich und ihre Vorvorderen gerächt«.

Nun ist Aventins Version der bairischen Frühgeschichte der Wahrheit zwar noch deutlich näher als die Behauptungen phantasievoller Schreiber aus dem Mittelalter. Sie behaupteten, das Volk der Bajuwaren stamme wahlweise aus dem biblischen Land der Arche Noah oder gar vom griechischen Halbgott Herakles ab, doch auch seine These hat einen großen Haken. Als die Römer das Land zwischen Alpen und Donau im Jahr 15 vor Christus in Besitz nahmen, gab es überhaupt noch keine Baiern.

Wer damals dort siedelte, das waren die Kelten. Ein Volk, das die ältere Geschichtsschreibung gerne als unstet und rätselhaft titulierte, weil es überall in Europa bis hin nach Kleinasien Spuren, leider aber nichts brauchbar Schriftliches hinterließ. Und so wissen wir heute vor allem durch archäologische Funde, dass die Kelten strategisch geschickt platzierte und mit Erdwällen geschützte Siedlungen anlegten, Könner im Metallhandwerk und Wagenbau waren, einen Gott mit einem Hirschgeweih verehrten und eigenwillige Goldmünzen, die sogenannten Regenbogen-Schüsselchen, prägten. Letzteres taten sie in so großer Zahl, dass im Lauf der Jahrhunderte genügend davon auf Äckern und Wiesen gefunden wurden, um den Volksmund poetisch zu beflügeln: Dort, wo ein Regenbogen auf die Erde trifft, schlägt er sich als Gold nieder.

Erfreulicherweise hat ein gewisser Julius Cäsar in der Rechtfertigungsschrift seines Eroberungskrieges namens »De Bello Gallico« jenseits einer Menge Eigenlob aber doch so viel über die tapferen Gallier, sprich die Kelten, geschrieben, dass man daraus sogar einen höchst erfolgreichen Comic machen konnte. »Asterix und Obelix« haben unser Keltenbild weit mehr geprägt als gesicherte historische Erkenntnisse: Kelten, zumindest die aus einem kleinen, gallischen Dorf, fürchten nichts, außer dass ihnen der Himmel auf den Kopf fällt. Sie essen Wildschwein in Massen, trinken ein Urbier namens »cervisia« und haben eine Gewissheit: »Die spinnen, die Römer!« Dafür vermöbeln sie Cäsars Legionäre regelmäßig.

Zum Glück für die echten Römer wurden die Kelten zwischen Donau und Alpen im wahren Leben den Asterix-Maximen nicht gerecht. Sie ergaben sich den anrückenden Legionen unter Drusus und Tiberius im Jahr 15 vor Christus nach einer sehr nebulösen, doch wohl verlorenen Schlacht am Bodensee ohne große weitere Gegenwehr.

Einer der besiegten keltischen Stämme hieß zum Unglück für die bayerische Geschichte »Boier«. Laut Tacitus, dem unbestrittenen Deutschlandexperten des Römischen Reichs, wohnten diese Boier – wie üblich nur vage zu lokalisieren – irgendwo nördlich der Alpen. Weil »Boier« und »Baier« so verführerisch ähnlich klingen und Tacitus außerdem eine Autorität war, fielen die Chronisten aller Zeiten gerne auf diesen Beinahe-Gleichklang herein. Schon im 7. Jahrhundert konstatierte der Abt Jonas von Bobbio in einer Heiligen-Vita: »die Boier, die man jetzt Baiern nennt«. 800 Jahre später machte dann auch Aventin die keltischen Boier zu den Urbayern – und wie er bis vor Kurzem noch Heerscharen beflissener Historiker mit altphilologischem Hintergrund.

Nach ihrer Niederlage stellten die Kelten zwischen Alpen und Donau das Prägen der niedlichen Regenbogen-Schüsselchen ein und stiegen als Untertanen des Römischen Reichs wie damals fast alle zivilisierten Menschen in Europa auf die Sesterze als Münze um. Sie erfreuten sich an den Annehmlichkeiten der Eroberer und legten auch sonst sehr schnell jegliche Berührungsängste mit ihnen ab: Schon ein Jahrhundert später kann man von einer keltisch-romanischen Mischbevölkerung in diesem Raum sprechen, der zum größten Teil der Provinz Raetien angehörte. Die Boier als Volk gab es nicht mehr, und so konnten sie auch keine rächenden bajuwarischen Urenkel hervorbringen. Die Stammväter der Bajuwaren – die »Altvorderen« für Aventinus – sind es definitiv nicht.

Das heutige Südbayern bis zur Donau wurde zu einer ländlichen, eher schläfrigen römischen Provinz. Die Menschen lebten auf verstreuten Gutshöfen, den »villae rusticae«, in den wenigen Städten, voran Augusta Vindelicum, heute Augsburg, und Cambodunum, Kempten, oder als Grenzsoldaten in Kastellen wie Castra Regina, Regensburg. Die Wohlhabenden schmückten ihre Häuser mit klassischen römischen Mosaiken, hielten sich in den kalten Wintern die Füße mittels der weitverbreiteten Unterflurheizung warm und reisten auf sprichwörtlich guten, da gepflasterten Straßen so flott über Land wie es nach dem Untergang des Römischen Weltreichs weit mehr als 1000 Jahre nie wieder der Fall sein sollte. Sie labten sich – wir wissen es durch archäologische Funde aus dem antiken Kempten – exquisit an Weinbergschnecken, Fröschen, Amseln, Drosseln und sogar Austern oder Venusmuscheln von weit her.

Man konnte fast allgemein lesen und schreiben, ging ins öffentliche Bad und auf die öffentliche Latrine mit Wasserspülung unter den Sitzen, hatte auch in kleineren Städten ein Theater, das mit derb-lustigen Stücken die größten Erfolge feierte. Natürlich auch das eine oder andere Bordell mit erstaunlich volksnahen Tarifen. Und auch in der Provinz musste man nicht auf die blutrünstige Massenbelustigung Nummer eins, die tödlichen Gladiatorenkämpfe, verzichten, auch wenn die Arenen, wo diese Metzeleien stattfanden, hier keine repräsentativen Steinbauten wie das Kolosseum in Rom waren, sondern wohl nur aus Holzaufbauten und Erdaufschüttungen bestanden. Man verpflanzte aus Italien sowohl die Weinrebe ins Land nördlich der Alpen als auch die römische Mythologie, deren Protagonisten von Merkur bis Minerva die keltischen Götter mitsamt ihren Druiden-Priestern schnell verdrängten.

Und so schien, was heute Altbayern ist, auf dem besten Weg, romanisch zu werden. So wie die römischen Eroberungen Gallien und Hispanien im Lauf der Zeit zu Frankreich und Spanien bzw. Portugal wurden. Das hätte für das Bayernland Pasta statt warmen Leberkäs, Rotwein statt Weißbier, mediterrane Sprachmelodik statt gutturaler nördlicher Wortkaskaden und aalglatte Bösewichte statt raubeiniger Halunken bedeutet. Wenn es so gekommen wäre … doch so kam es nicht.

Denn in den undurchdringlichen Wäldern nördlich der Donau lauerten die wilden Völker der Germanen und schauten zunehmend begehrlich ins zivilisierte Raetien herüber. Ihre eigene Romanisierung war 9 nach Christus mit der vernichtenden Niederlage des Varus in der sogenannten Schlacht im Teutoburger Wald (die aber wohl irgendwo anders in Ostwestfalen stattfand) gescheitert. Tacitus zeichnete mit Blick auf seine Landsleute, bei denen er nur Lotterleben und Verweichlichung sah, ein leuchtendes, wenn auch manchmal befremdliches Bild dieser unbezähmbaren Feinde mit »blauen Augen, trotzigem Blick, rötlich blonden Haar und hoch gewachsenen Körpern«.

Sie leben laut Tacitus »… in den Schranken der Sittsamkeit, durch keine lüsternen Schauspiele, keine verführerischen Gelage verdorben … Fälle von Ehebruch sind bei dem so zahlreichen Volk eine große Seltenheit. Ihre Bestrafung erfolgt auf der Stelle und ist dem Gatten überlassen. Mit abgeschnittenem Haar, entkleidet, stößt sie der Gatte in Gegenwart der Verwandten aus dem Haus und treibt sie mit Schlägen durch das Dorf.« Ehebrechende Gatten findet Tacitus übrigens nicht der Rede wert.

Allerdings, das schon, seien die sittsamen Germanen dem Trunk zugeneigt mittels einer »Flüssigkeit, die aus Gerste oder Weizen ganz ähnlich dem Wein zusammengebraut ist«, was nicht selten zu Mord und Totschlag führe. Sie verbrächten ganze Tage mit Würfelspiel, bei dem sie häufig sogar ihre Freiheit verspielten und dann ohne sich zu wehren als Sklaven abgeführt würden. Auch wenn ihre Bewaffnung schlecht sei – dies glichen sie aber durch große Tapferkeit aus –, stehe Kriege zu führen in hohem Ansehen. Rechtschaffener körperlicher Arbeit seien sie dagegen nur mäßig zugetan: »Sie halten es für Faulheit und Schwäche, mit Schweiß zu erwerben, was man mit Blut gewinnen kann.«

Solange das Römische Weltreich funktionierte, hielten Grenztruppen und Grenzbefestigungen, wie vor allem der über 500 Kilometer lange Limes zwischen Donau und Rhein, die rotblonden, würfelnden Biertrinker im Schach. Es gab nicht selten lange friedliche Perioden mit regem Handel über die Grenze hinweg. Vor allem die Oberschicht der einzelnen germanischen Stämme deckte sich gerne mit Schmuck, Waffen und Hausrat römischer Herkunft ein. Doch schon Kaiser Marc Aurel musste zwischen 167 und 180 nach Christus in zwei erbitterten Kriegen gegen die Markomannen und deren Verbündete die Donaugrenze verteidigen.

Und als im 3. Jahrhundert das Römische Reich durch ziviles und militärisches Chaos, drückende Steuerlast und galoppierende Inflation endgültig zu bröckeln anfing, war es mit dem ruhigen Leben im schönen Raetien für immer vorbei. Die rivalisierenden Soldatenkaiser, die meist schon wieder ermordet wurden, bevor sie richtig regierten, konnten trotz Truppenverstärkungen Beutezüge der Germanen bis tief hinein in römisches Gebiet nicht mehr verhindern. Getreu ihrer Maxime, lieber mit Blut als mit Schweiß zu erwerben, mordeten und plünderten die Eindringlinge in Raetien ohne Erbarmen.

In zwei Brunnenschächten einer römischen Villa in der Nähe von Regensburg etwa fanden Archäologen Schädel und abgehackte Glieder von 13 Männern, Frauen und Kindern. Allem Anschein nach waren die Bewohner des Gutshofs skalpiert, gemartert, erschlagen und in den Brunnen geworfen worden. Aufgrund der Spuren an den Knochen liegt sogar der Verdacht auf Kannibalismus nahe. Verstört flüchteten die Überlebenden mehr und mehr in die Städte, die jetzt auch im Inneren Raetiens befestigt wurden. Die Gutshöfe wurden weitgehend aufgegeben, das flache Land verödete. Die Bevölkerung der Provinz verringerte sich drastisch. Das öffentliche Leben verkümmerte.

Rom versuchte sich zu wehren. Da eigene Soldaten knapp waren, heuerten die Kaiser ausgerechnet germanische Söldner an. Zur Zeit von Kaiser Konstantin um 300 nach Christus bestand das ruhmreiche römische Heer schon zu einem großen Teil aus Germanen. So standen sich an den Grenzen oft Angehörige eines Stammes als Feinde gegenüber, die einen als römische Söldner, die anderen als beutegierige Invasoren. Nicht selten nahmen die Römer aber auch ganze Volksgruppen als »foederati«, Verbündete, ins Reichsgebiet auf, die sich dort ansiedelten und die Grenzregionen verteidigen sollten.

Leider war die schreibkundige eingesessene Bevölkerung Raetiens zu sehr mit dem Überleben beschäftigt, als dass sie irgendwelche schriftlichen Zeugnisse hinterlassen hätte. Und die Neuankömmlinge hatten mit Lesen und Schreiben sowieso wenig im Sinn. Und so müssen wieder die Archäologen ran, um zumindest schwaches Licht ins vorbayerische Dunkel zu bringen.

Nach ihren Erkenntnissen scheinen viele der Neusiedler an der Donaugrenze uns namentlich unbekannte Germanen aus Böhmen gewesen zu sein. Wenn sie gerade nicht mit Plündern beschäftigt waren, lebten sie wohl häufig in Koexistenz mit der keltisch-romanischen Bevölkerung. Wenigstens legen Gräberfunde von Friedhöfen aus dem 4. und 5. Jahrhundert, bei denen typisch germanische Tongefäße in friedlicher Nachbarschaft mit klassisch römischer Keramik gefunden wurden, diesen Schluss nahe. Westgoten, Elbgermanen und thüringische Stämme dürften ebenso eingesickert sein, wie andere Grabbeigaben vermuten lassen. Und so herrschte ein rechter Mischmasch im Lande – aber noch immer herrschten nicht die Bajuwaren.

Zumindest wird ihr Name in der einzigen vernünftigen schriftlichen Quelle aus dem bayerischen Raum im 5. Jahrhundert nicht erwähnt. Das Römische Reich war unter Kaiser Konstantin, gestorben 337 nach Christus, christlich geworden, von Kaiser Theodosius wurde das Christentum dann gegen Ende des 4. Jahrhunderts zur Staatsreligion erhoben. Und so ist es kein Zufall, dass es sich bei diesem Text um die Biografie des Einsiedlers Severin, eines Heiligen, handelt, verfasst nach dessen Tod von einem seiner Schüler.

Hier erfahren wir, wie der Mönch Severin erstaunlich weltgewandt und weltzugewandt um 480 nach Christus in Raetien und der angrenzenden Provinz Noricum, grob dem heutigen Österreich, die Evakuierung der Zivilbevölkerung aus dem Lager Künzing erst nach Passau und dann noch weiter die Donau abwärts organisierte. Denn überall drohten in der Folge der durch den Hunnensturm ausgelösten Völkerwanderung jetzt germanische Attacken – das Römische Reich taumelte seinem Untergang entgegen. In der Vita des hl. Severins werden eine Menge Orte, Flüsse, Landschaften und Völker im heutigen Bayern aufgeführt, der Name Bajuwaren kommt jedoch nicht vor.

476 hatte in Italien der Germanenfürst Odoaker die Macht übernommen und den letzten Kaiser Romulus Augustulus (»Das Kaiserlein«) in die Verbannung geschickt. Kurz nach Severins Tod ordnete Odoaker, der sich durchaus als neuer Augustus fühlte, im Jahr 488 für die Menschen römischen Geblüts und die wenigen verbliebenen Truppen die Rückkehr aus den unhaltbaren Provinzen Raetien und Noricum nach Italien an. Die Oberschicht aus Verwaltungsbeamten, höheren Offizieren und Kaufleuten leistete wohl Folge. 500 Jahre römischer Herrschaft nördlich der Alpen endeten ohne großes Spektakel wie mit einem leisen Seufzer.

In dieses Vakuum stießen recht ungehindert weitere germanische Eroberer und Siedler. Vakuum? Nur was die Macht anging. Raetien war nicht menschenleer. Ein guter Teil der Bewohner, schon jetzt ein Gemisch aus Kelten, Römern und Germanen aller Schattierungen, hatte die Heimat nicht verlassen. Sie wurden von den Neuankömmlingen nicht ausgelöscht oder vertrieben, die verstärkte Zuwanderung erhöhte allerdings den germanischen Anteil der Bevölkerung.

Und jetzt endlich tauchen sie plötzlich wie aus dem Nichts

auf, die Bajuwaren, wenn erst auch einmal nur in zwei Randnotizen. 50 Jahre nachdem der heilige Severin noch kein Wort über sie verloren hatte, schrieb der Historiker Jordanes in seiner Gotengeschichte den entscheidenden Satz: »Das Land der Schwaben hat im Osten die Baiobaren … zu Nachbarn.« Und ein paar Jahrzehnte später bekräftigte der spätantike Poet Venantius Fortunatus ihre Existenz. Nachdem der Reisende in Augsburg die Gebeine der Märtyrerin Afra verehrt habe, meint der Dichter, könne er anschließend übers Gebirge (die Alpen) heimkehren nach Italien, »wenn die Straße offen ist und dir nicht der Baier entgegentritt«.

Abgesehen davon, dass schon in dieser kurzen Bemerkung vom »Entgegentreten« das leicht Herausfordernde des bayerischen Wesens anklingt, belegt sie eindeutig: Mitte des 6. Jahrhunderts waren die Bajuwaren in der Historie und in ihrer künftigen Heimat angekommen. Ganz sicher nicht so, wie sie die patriotisch-nationalistische Geschichtsschreibung des 19. Jahrhunderts gerne sah: Einmarschiert um 550 nach Christus als trutziges Germanenvolk in schimmernder Wehr, voran auf einem feurigen Schimmel ein König oder Herzog mit wallendem Blondhaar.

Nein, was der Dichter als »baibaros« bezeichnet, ist die Quersumme aus keltischen, römischen und germanischen Elementen, die sich jetzt, warum auch immer, als Einheit verstanden und so von außen auch wahrgenommen wurden. Weshalb sich für dieses multikulturelle Amalgam ausgerechnet der Name Bajuware durchsetzte, darüber streiten die Gelehrten noch heute. Weil die Quellenlage so dürftig ist, streiten sie sich besonders erbittert. Am wahrscheinlichsten scheint die Theorie, dass ein Teil des Völkergemisches, nämlich die Einwanderer aus »baiahem«, also Böhmen, kulturell oder machtpolitisch dominant genug war, um pars pro toto der gesamten Bevölkerung den Namen zu geben. Ein ähnliches Phänomen wie »Allemand« oder »Alemán« in Französisch und Spanisch, wo aus dem Namen eines Stammes, den Alemannen, die Bezeichnung für alle Deutschen wurde. So sehr wir im Detail auch im Dunkeln tappen, eines steht fest: Der Bayer ist nicht aus einem Guss.

Baiern bis Herzog Tassilo

Da gibt es endlich die Bajuwaren, doch ihr langer Weg durch die Geschichte, den dereinst Meilensteine wie ein exkommunizierter bairischer Kaiser, das Reinheitsgebot für Bier, König Ludwigs genialischer Wahnsinn oder die jahrzehntelange absolute Mehrheit der CSU säumen sollten, beginnt nicht anders, als das römische Vorspiel auf bairischem Boden geendet hatte: in dichtem historischem Nebel.

Die Konturen der ersten 200 Jahre bairischer Herrschaft sind mehr als verschwommen. Bis zum Jahr 700 tauchen ganze drei Herzöge namentlich auf – nebst der einen oder anderen Gattin sowie Widersachern oder Verbündeten vor allem aus den beiden angrenzenden Reichen der Franken und Langobarden. Danach kennen wir zwar durchgehend die Namen der Herrscher, doch die wenigen Nachrichten über sie und ihre Taten sind so knapp und dürftig wie Telegrammtexte.

Die Historiker haben trotzdem versucht, ein Bild der Zeit zu malen, wenn auch mit sehr groben Pinselstrichen. Demnach stammte schon Grimald, der erste uns bekannte Baiernherzog, aus dem Geschlecht der Agilolfinger, und dieses Haus, nicht mehr heidnischen, sondern christlichen Glaubens, regierte bis zum Sturz des tragischen Herzogs Tassilo im Jahr 788. Die Agilolfinger scheinen aus dem fränkischen Herrschaftsbereich zu kommen. Fränkische Quellen, auch sie sehr sporadisch, betonen übereinstimmend, dass die Agilolfinger den Frankenkönigen schon seit jeher untertan gewesen seien, bairische räumen immerhin eine gewisse Abhängigkeit ein.

Da aber die Merowinger nicht selten anderweitig beschäftigt waren – Eroberungen auswärts, Meuchelmorde daheim –, hatten die Baiern häufig freie Hand, und die Herzöge konnten sich zeitweise als souveräne Herrscher fühlen. Es gibt Notizen einer Verehelichung der Tochter Grimalds mit einem Langobardenkönig, obwohl die Franken das Langobardenreich in Oberitalien als Feind und diese Ehe wohl als kontraproduktiv ansahen. Es gibt einen Kurzbericht über eine Reise des Herzogs Theodo zum Papst nach Rom wegen der Einrichtung einer eigenen bairischen Kirchenprovinz – ein früher Schritt in Richtung besonderer Nähe des bairischen Staates zum Stellvertreter Gottes auf Erden. Dieser Sonderstatus überlebte mehr als 1000 Jahre. Noch bis 1934 unterhielt Bayern beim Papst eine eigene diplomatische Vertretung parallel zur deutschen Botschaft.

Doch immer wieder machten die Merowinger und später dann die Karolinger, wenn es sein musste mit Waffengewalt, den Baiern auch klar, dass ihre Souveränität nur eine Scheinselbstständigkeit war. So wurde Tassilo I. 591 ausdrücklich vom Frankenkönig Childebert eingesetzt, und Mitte des 8. Jahrhunderts drückte Karl Martell an der Spitze eines Heeres den ihm genehmen Kandidaten für das bairische Herzogsamt durch. Und so kam es schließlich zwischen Karl dem Großen und Tassilo III. im Jahr 788 zum finalen Showdown, von dem noch die Rede sein wird.

Wo die Grenzen des Herzogtums Baiern damals genau verliefen, lässt sich heute nur schwer sagen. Sicher ist, dass es die ehemaligen römischen Besitzungen zwischen Alpen und Donau vom Lech an bis weit nach Österreich hinein umfasste, dazu Teile der heutigen Oberpfalz und ganz Südtirol. So groß es war, so schön war es auch. Und nicht einmal die Baiern störten:

»Herrlichstes Land, erstrahlend in Anmut, überreich an Wäldern, fruchtbar an Wein, ergiebig an Eisen, an Gold und Silber und Purpur; die Männer hochgewachsen und strotzend in Kraft, aber gutmütig und handsam, das Erdreich gesegnet mit Garben, Zugvieh und Herden so viel, dass sie fast den Boden bedecken; Bienen und Honig in Mengen; in den Seen und Flüssen ein Gewimmel von Fischen; das Land bewässert durch Quellen und Bäche; Salz, was man nur braucht; auch das Bergland fruchtbar und für die Weide geeignet; gute Kräuter im Überfluss; die Wälder prachtvoll besetzt mit Hirschen und Elchen und Auerochsen, mit Gemsen und Steinböcken und sonstigem Wildzeug.«

Ein wahrer Garten Eden, der da Arbeo, Bischof von Freising, um 770 aus dem Federkiel quoll. Wenn auch noch kein Biergarten, Arbeo spricht nur von Wein. Sollte der Bischof bei seiner Lobpreisung des Baiernlandes und seiner kraftstrotzenden Bewohner ein bisschen überzogen klingen, ist das nicht verwunderlich. Er war Fachmann fürs Wunderbare, er verfasste vorrangig Heiligenlegenden. Im richtigen Leben waren die Zustände für die frühen Baiern nicht ganz so paradiesisch.

Im Gegensatz zur Geschichte der Mächtigen wissen wir über das Leben der einfachen Menschen dank der Gräberfunde recht gut Bescheid. Sie wurden nicht alt, die Lebenserwartung lag nur wenig über 30 Jahre. Sie waren – wohl durch das germanische Erbe – allerdings verhältnismäßig groß. Die Männer etwas über 1,70 Meter, die Frauen im Schnitt zehn Zentimeter kleiner. Die römischen Legionäre hatten es nur auf gut 1,50 Meter gebracht. Eine merkwürdige Sitte aus der Zeit der Völkerwanderung, wahrscheinlich hunnischen Ursprungs, war schon wieder abgeebbt. Um durch eine hohe Stirn ein edleres Aussehen zu erlangen, wurden manchen Babys im 6. Jahrhundert die noch weichen Schädelknochen mit einer Bandage zusammengeschnürt und hochgepresst zu einer »turmartigen Verlängerung des Kopfes«. Ob diese plastische Schädelkorrektur tatsächlich schöner machte? Sicher scheint, dass die Turmköpfe unter den Baiern keine bleibenden Gehirnschäden davontrugen.

Die guten alten römischen Zeiten, als man in Kempten Austern schlürfte, waren vorbei. Hatten sich raetische Hausfrauen noch im 5. Jahrhundert beklagt, das gewohnte Olivenöl aus dem Süden treffe zu spärlich ein, war jetzt Butterschmalz aus eigener Produktion das Fett der Wahl. Geld kam für das tägliche Leben kaum mehr in Umlauf, seine Stelle hatten Tauschgeschäfte eingenommen. Der Fernhandel hatte praktisch aufgehört, die Bajuwaren lebten von dem, was ihre eigenen Felder, Wiesen und Wälder hergaben. Das war eher spärlich. Man baute Roggen, Gerste, Hafer, Dinkel und auch schon Weizen an. Auf ein Saatkorn kamen aber nur drei oder vier Körner Ernteertrag. Heute sind es zehn Mal so viel.

Bier braute man – das schien so wirklich zu klappen – noch ohne Hopfen, der erst im 9. Jahrhundert in einer Freisinger Handschrift erwähnt wird, weltweit zum ersten Mal, wie patriotische Historiker stolz bemerken. Fleisch musste gepökelt oder getrocknet werden, wollte man es länger aufheben. Anders als die Kelten, die Hundebraten geschätzt hatten, hauten die Bajuwaren ihre vierbeinigen Freunde nicht in die Pfanne. Auch Pferdefleisch verschmähten sie in der Regel. Aus der freien Wildbahn war als Proteinquelle alles begehrt, was kreuchte und fleuchte, vom Kranich bis zum Braunbären. Der Biber fand ebenfalls großen Zuspruch, des Fleisches, aber auch eines Drüsensekrets wegen, das »Bibergeil« genannt wurde und bei vielen Leiden, wenig überraschend jedoch besonders bei Potenzschwäche, als Wundermittel galt. Große Herren leisteten sich sogar Wildgehege, die manchmal ganz raffiniert mit einem hölzernen Lockhirsch bestückt wurden, der wohl Rivalen, besonders die kurzsichtigen, anlocken sollte.

Der kleine Mann schuftete schwer auf seinen Äckern. Noch ging er hinter dem Ochsengespann an einem einfachen Hakenpflug her, der den Boden nur aufriss, nicht wendete. Getreide wurde mit der Sichel geerntet, Gras jedoch schon mit der Sense geschnitten. Er lebte in stroh- oder schilfgedeckten Häusern, besser Hütten aus Holz, oft noch unter einem Dach mit dem Vieh. Holz wurde beim Hausbau mit Holz verbunden. Metall war viel zu kostbar, um es als Nägel zu vergeuden. Die Ritzen zwischen den Balken waren mit Lehm verfugt.

Die Fenster waren einfache Löcher, durch die der Wind pfiff. (Das englische Wort für Fenster »window«, wörtlich Windauge, hat diesen frühmittelalterlichen Zustand, wie er nicht nur in Baiern herrschte, verewigt.) Männer und Frauen trugen Selbstgewebtes, hatten aber – endlich einmal was Erfreuliches – viel seltener Karies als die Menschen heute, weil es außer Honig keinen

Süßstoff gab und Honig kostbar war. Die Hälfte ihrer Zeit mussten sie für ihren Grundherren arbeiten, der sie dafür beschützte, mehr schlecht als recht, wie die vielen Skelettfunde mit Spuren von Stichen, Hieben und anderen Verstümmelungen im Wortsinn »bis auf die Knochen« beweisen.

Was nicht heißen soll, dass im frühen Baiern Faustrecht und blanke Anarchie zu Hause waren. Jenseits der Heiligenleben ist die »Lex Baiuvariorum« als einer der wenigen Texte aus der Zeit der Agilolfinger erhalten. Diese Gesetzessammlung entstand wohl schon im 6. Jahrhundert, wurde bis ins 8. Jahrhundert mehrmals überarbeitet und regelte das Zusammenleben der damaligen Gesellschaft. Sie beginnt mit einer recht bombastischen Vorrede. Dort werden sehr eigenwillig antike Gesetzgeber wie Moses, Solon oder Konstantin der Große als Vorbilder bemüht, besonders aber der »ruhmreiche« Frankenkönig Dagobert, auf den die Aufzeichnung der »Lex Baiuvariorum« zurückgehe, ein deutlicher Hinweis auf die Abhängigkeit der Baiern von den Franken. Diese Gesetze, bis 1140 schriftliche Rechtsgrundlage bairischer Gerichtsbarkeit, seien in Kraft, »damit aus Furcht vor ihnen die menschliche Bosheit in Zaume gehalten und die Unschuld unter den Ehrbaren gesichert sei«.

Mit gleichbleibender Gewissenhaftigkeit geht das Werk in 23 Kapiteln unter anderem auf Mord und Totschlag, Arbeit am Sonntag, unzüchtige Griffe an fremden Frauenkörpern oder die Verpfändung von Schweinen ein. Die Todesstrafe wird erstaunlich selten gefordert, nur bei Hochverrat oder Tötung des Herzogs ist sie obligatorisch, obwohl der Herrscher in einem Gnadenakt auch die Vergeltung für diese Kapitalverbrechen noch in eine Geldstrafe umwandeln kann. Ansonsten wird bei Freien fast alles mit Geldbußen geregelt, selbst Mord und Totschlag werden so gesühnt.

Mit Ausnahme des Herzogsgeschlechts und fünf alter adeliger Familien, denen die »Lex Baiuvariorum« besondere Wertschätzung entgegenbringt, sind alle Freien, ob arm oder reich, vor dem Gesetz gleich. Die »servi«, von den Historikern heute lieber Sklaven als Unfreie genannt, sind nicht rechtlos, doch deutlich minderwertig. Sie müssen mit Prügelstrafen, dem Abschneiden von Gliedmaßen oder der Todesstrafe rechnen. Bei Delikten gegen sie ist das Bußgeld viel niedriger, und ihr eigener Herr kann mit ihnen praktisch machen, was er will. Bestraft werden nur Übergriffe von Freien auf die Knechte anderer. Da es im alten Baiern einerseits auch Freigelassene gab, andererseits Freie im Lauf der Zeit zu Knechten eines Grundherrn absanken, ist es heute schwierig zu definieren, wer in der frühmittelalterlichen Realität frei oder unfrei war.

In flagranti ertappte ehebrechende Gattinnen darf der Bajuware samt dem Liebhaber straflos umbringen, es sei denn, er zieht eine monetäre Entschädigung seitens des Bösewichts vor. Bei ehebrechenden Männern hingegen ist stets nur von einer Geldbuße die Rede, über Rachemord der Ehefrau schweigt das Gesetz. Allerdings ist schon der Versuch der Verführung strafbar: »Und wenn er mit einem Fuße in das Bett gestiegen ist, von dem Weib aber gehindert, nichts weiter tut, der soll mit fünfzehn Schilling büßen, weil er zu Unrecht ein fremdes Ehebett betreten hat.« Billiger kommt Grapschen: »Wenn einer aus böser Lust an eine Freie Hand anlegt, sie sei eine Jungfrau oder das Weib eines anderen, was die Baiern ›unzüchtigen Griff‹ nennen, der büße es mit sechs Schillingen.«

Strafbar sind auch das Umstürzen einer Leiter – natürlich nur, wenn oben einer steht –, das Verzaubern der Ernte eines Nachbarn oder das Verprügeln fremder Knechte, was aber beim Fehlen sichtbarer Verwundungen mit Pfennigbeträgen, im Falle einer Kopfverletzung, »sodass der Schädel heraussieht oder eine Ader platzt«, mit nur einem Schilling abgegolten werden kann – ein früher Hinweis auf die eher wohlwollende Haltung der Baiern gegenüber Handgreiflichkeiten unter Männern im Gegensatz zum »unzüchtigen Griff« bei Frauen.

Gerichtsverhandlungen fanden mindestens einmal im Monat unter dem Vorsitz des Grundherren, meist ein Graf, oder eines Richters statt. Erscheinen aller Freien des Bezirks war Pflicht, auf

Fernbleiben standen hohe Geldbußen. Neben dem Eid war der Zweikampf als Gottesurteil ein wichtiges Instrument zur Wahrheitsfindung. Anscheinend konnten auch erfahrene, bezahlte Kämpfer für die gerechte Sache jeder Seite einspringen, was Gottes Eingreifen für uns etwas fragwürdig macht. Die Folter, das Schreckensinstrument der mittelalterlichen Gerichtsbarkeit bis weit in die Neuzeit hinein, diente noch nicht als probate Hilfe auf dem Weg zur Gerechtigkeit. Zeugen wurden offensichtlich nicht vereidigt, sondern an den Ohren gezogen. Der Grund für diese bairische Eigenheit liegt im Dunkeln.

Die Tarife der Bußgelder schwankten, wie schon erwähnt, je nach Stand und Geschlecht. Es waren nicht Delikte gegen den Hochadel, für die ein Delinquent am meisten bezahlte, sondern am teuersten kam das Umbringen von Geistlichen. Es kostete bis zu viermal so viel wie die Tötung eines Laien. Besonders an höheren Klerikern sollte sich der Bajuware besser nie vergreifen. Für den Mord an einem Bischof musste der Täter laut Gesetz das Gewicht einer bleiernen Tunika in Gold aufwiegen – eine unvorstellbar hohe Summe. Diese Regelung war, so mutmaßt die Forschung, eine Antwort auf den noch zu behandelnden Märtyrer-Tod des heiligen Emmerams. Sie hatte Erfolg. Außer dem Fall Emmeram ist sonst kein Bischofsmord bekannt.

Diese Sonderbehandlung der Geistlichkeit bis hin zur Absurdität ist ein deutliches Indiz für die überwältigende Bedeutung, die das Christentum und seine Repräsentanten im frühmittelalterlichen Baiern hatten. Denn auch der Bruch der biblischen Sonntagsruhe wurde unverhältnismäßig heftig bestraft. Im Wiederholungsfall drohten da selbst den Freien 50 Rutenhiebe. Einem verstockten Sünder wurde sogar ein Drittel seines Besitzes weggenommen. Gab er dann noch immer keine (Sonntags-)Ruhe, verlor er seine Freiheit und fand sich als Knecht wieder.

Auch wenn Papst Gregor III. (731–741) die Baiern noch glaubte ermahnen zu müssen, sich von »Wahrsagen und Losdeuten, Totenopfern, Vorzeichen an Quellen, Amuletten, Zaubern und Hexen« abzukehren, Mitte des 8. Jahrhunderts war Baiern bereits überwältigend christlich. Schon im antiken römischen Raetien hatte es ja Christen gegeben. Und auch Grimald, der erste bekannte Agilolfinger, war kein Heide mehr. Missionare aus Irland und Frankreich, voran die allesamt heilig gesprochenen Rupert, Emmeram und Korbinian, hatten dann um 700 dem katholischen Glauben endgültig den Boden bereitet. Die Klöster, die in der Folge überall in Baiern entstanden, trugen die christliche Lehre hinaus ins ganze Land. Allein Herzog Odilo und sein Sohn Tassilo III., der letzte Agilolfinger, gründeten zusammen 15 Klöster, darunter Niederaltaich, Wessobrunn oder Chiemsee. Aber auch andere Adelige stifteten eifrig Klöster und Kirchen. Metten und Benediktbeuern etwa gehen auf große Grundherren zurück.

Ganz sicher übte die Verheißung eines ewigen Lebens nach der irdischen Mühsal auf alle Gesellschaftsschichten eine ungeheure Faszination aus, doch gerade bei den Herzögen war der Antrieb zur Klostergründung nicht nur missionarischer Glaubenseifer. Die Mönche, damals ausnahmslos Benediktiner, trieben getreu ihrer Grundregel »ora et labora«, arbeite und bete, die Rodung der Wälder voran, die damals noch den größten Teil des Landes bedeckten, und sie beteten für das Seelenheil der Stifter nach deren Hinscheiden. Vor allem aber: Auf die Klöster hatten die Herzöge direkten Zugriff. Mit ihnen gab es keine lästigen Erbfolgeprobleme oder gar gefährlichen Versuche, konkurrierende Dynastien zu etablieren. Und außerdem konnten die Klöster das stellen, was sonst im Lande rar war und die Herrscher fürs Regieren dringend brauchten: Menschen mit Bildung.

Lesen und Schreiben war ein Privileg des Klerus. Und sollte es noch lange bleiben. Bis ins 12. Jahrhundert war »litterati«, des Lesens und Schreibens Mächtige, das Synonym für »clerici«, Kleriker. Hingegen stand »illitterati« für »laici«, Laien. Die Schriftsprache war fast durchgehend Latein, Texte in Althochdeutsch wie das in Bruchstücken erhaltene bairische »Muspilli«-Lied sind die absolute Ausnahme.

Nur gelehrte Mönche waren in der Kunst des geschriebenen Wortes wirklich bewandert. Schon die Geistlichkeit draußen im

Lande war alles andere als sattelfest. Die Priester an den Kathedralschulen der Bischofssitze mussten auf Latein nur singen und etwas lesen, aber nicht unbedingt schreiben können. Überliefert ist der Tadel des heiligen Bonifatius am Latein eines Pfarrers im Bistum Salzburg, der – übersetzt man sein Kauderwelsch ins Deutsche – »im Namen für das Vaterland und die Tochter und des Heiligen Geistes« taufte (In nomine patria et filia et spiritus sancti). Und auch der schwärmerische Lobpreis Baierns des Bischofs Arbeo ist in einem Latein verfasst, das selbst ein wohlwollender Altphilologe wie Franz Brunhölzl »ein Wildwasser, das sich seinen Weg über felsigen Grund und Geröll bohrt« nannte.

Die bayerische Geschichtsschreibung des 19. und 20. Jahrhunderts, die nicht sonderlich überraschend katholisch eingefärbt ist, hat der Rolle der Klöster in der Bewahrung des antiken Erbes eine überragende Rolle zugeschrieben. Einerseits zu Recht, die Mönche des frühen Mittelalters haben als Stubengelehrte in ihren Zellen oder Schreiber an den Fürstenhöfen Wort und Schrift der römischen Antike in einer brutalen, analphabetischen Welt am Leben erhalten. Andererseits war es nicht der Geist der Antike, den sie weitergaben. Den wollten sie auch gar nicht weitergeben. Ihr Blick zurück war stark eingeengt. Antike Bildung, besser Bruchstücke davon, war bestenfalls von Nutzen, wo sie dem alles unterzuordnenden Lebensziel jedes Christenmenschen, der ewigen Erlösung, gerecht wurde.

Schon der heilige Hieronymus, der Übersetzer der Bibel ins Lateinische, stand den heidnischen Dichtern und Philosophen misstrauisch gegenüber: »Was soll Horaz zusammen mit den Psalmen? Wir können nicht gleichzeitig den Kelch Christi und den Kelch der Teufel trinken.« Papst Gregor der Große hielt um 600 die klassischen Artes liberales – Grammatik, Rhetorik, Logik, Mathematik, Geometrie, Musik und Astronomie – nur in dem Maße berechtigt, wie sie das bessere Verständnis der Bibel förderten. Selbst in der süditalienischen Abtei Bobbio, die sich im Gegensatz zu den Klöstern nördlich der Alpen noch eine Bibliothek mit Ovid, Vergil oder Livius leistete, überpinselte man die klassischen Texte bei Pergamentknappheit ohne Zögern mit erbaulicher christlicher Gebrauchsliteratur. Das Wichtigere hatte Vorrang.

Wichtiger waren leuchtende Beispiele für ein wahrlich christliches Leben. Apostellegenden, Märtyrergeschichten, gerne mit standhaften Jungfrauen. In Baiern tat sich auch dabei Arbeo von Freising hervor. In seinem Wildwasser-Latein erzählte er die Lebensläufe der Heiligen Korbinian und Emmeram. Letzterer, ein Franke, war Mitte des 7. Jahrhunderts Bischof in Regensburg, von Herzog Theodo hoch geachtet. Zu seinem Unglück aber geriet er laut Arbeo in eine Sex-Affäre. Ein Hofbeamter hatte die Herzogstochter Ota geschwängert. Bänglich vertraute das Paar sich Emmeram an. Der nahm in christlicher Nächstenliebe die Schuld auf sich, um den wahren Vater vor Bestrafung zu schützen.

Der Bruder Otas lauerte daraufhin dem Bischof in einem Wald auf, ließ ihn auf eine Leiter binden und dann schön langsam in Stücke hacken, die Augen ausstechen, Ohren und Nase abschneiden. Ein Diener meinte zu dem Gemarterten, er möge doch so schnell wie möglich sein Ende herbeiwünschen. Nein, antwortete ihm der Heilige, trotz allem müsse man den Tod so lange es ginge hinauszögern, um durch fromme Fürbitte Gott gnädig zu stimmen. Er wurde schließlich enthauptet und ging als rundum leuchtendes Beispiel – von seinem Leichnam ging laut Legende ein überirdisches Licht aus – in die Heiligengeschichte ein. Natürlich kam die Wahrheit zutage. Emmeram wurde in Ehren bestattet und zum Schutzpatron des Bistums Regensburg. Die heutige Forschung neigt dazu, hinter dem Foltertod des Bischofs aus dem Fränkischen weniger ein Vaterschaftsproblem als eine Hofintrige zu vermuten, Ausdruck des Konflikts zwischen bairischem Unabhängigkeitsstreben und fränkischem Hegemonieanspruch.

Arbeo, gestorben 784, lebte leider nicht lange genug, um das Ende dieses Konflikts aufzuzeichnen. So bleiben uns nur fränkische Quellen, deren Objektivität, vorsichtig gesagt, zweifelhaft ist. Im Jahr 787 musste Herzog Tassilo III. auf dem Lechfeld bei Augsburg in demütigender Weise Frankenkönig Karl dem Großen Unterwerfung geloben. »Er fand sich bei König Karl ein, legte seine Hände in die des Königs und ergab sich als Vasall. Er gab das Herzogtum zurück, das ihm von König Pippin (Karls Vater) verliehen worden war, und er bekannte, dass er in allen Stücken schlecht gehandelt und gesündigt habe. Dann erneuerte er seine Treueeide, gab zwölf Geiseln und als dreizehnten seinen eigenen Sohn.« So weit die offiziöse Version der fränkischen Reichsannalen, die auch klarmachen, warum Tassilo sich so bedingungslos unterwarf. Karl der Große hatte die gesamte fränkische Militärmacht mitgebracht, die in drei Heersäulen konzentrisch gegen Baiern aufmarschierte. Fürs Erste aber blieb der Baier im Amt.

Wie konnte es so weit kommen mit dem stolzen Tassilo, der bis zu seinem jähen Fall fast 40 Jahre erfolgreich regiert hatte?

Es war wohl gerade der Erfolg, der dem Herzog zum Verhängnis wurde. Ausgerechnet der Frankenkönig Pippin, der Vater Karls des Großen, hatte den siebenjährigen Tassilo 748 als Baiernherzog eingesetzt. Pippin war Tassilos Onkel, Tassilos Mutter war Pippins Schwester. Sie und nach ihrem Tode der fränkische König selbst bestimmten bis zu Tassilos Volljährigkeit die Politik des bairischen Herzogtums. Auch nach seiner Volljährigkeit regierte der junge Herzog erst als braver Vasall seines Onkels und begleitete ihn mit einem Heer auf mehreren Feldzügen nach Aquitanien. Doch 763 ließ er – so die fränkischen Annalen – den Onkel bei Kämpfen in Aquitanien im Stich und kehrte, angeblich krank, nach Baiern zurück. Pippin scheint dies für den Moment hingenommen zu haben.

Dann heiratete Tassilo die Tochter des Langobardenkönigs Desiderius und pflegte von nun an mit ihm engen Kontakt – sicher nicht zur Freude seiner fränkischen Verwandtschaft, die in den Langobarden natürliche Feinde ihrer Großmachtpläne sah. Tassilo zog nach Rom, ließ seinen Sohn vom Papst taufen. Er stiftete Klöster, besiegte die Slawen in den südöstlichen Alpen und erweiterte sein Herzogtum um das heutige Kärnten, kurz, er regierte wie ein König, ohne sich so zu nennen.

Die königsgleiche Stellung seines Vetters konnte und wollte der neue ehrgeizige Frankenherrscher Karl, 768 gekrönt, nicht hinnehmen. Sie stand seinen Großmachtplänen im Wege. Karls Hofchronisten geben natürlich Tassilo und seiner Treulosigkeit, die nicht von seinen Untertanen geteilt worden sei, die Schuld für seinen Untergang: »… er musste erkennen, dass alle Baiern dem König Karl treuer seien als ihm.« Doch alles spricht dafür, dass Karl Schritt für Schritt darauf hinarbeitete, den lästigen Verwandten im Südosten erst zu isolieren und dann zu eliminieren.

Karl erfüllte die hervorragenden Beziehungen der Franken zum römischen Papst, die sein Vater Pippin geknüpft hatte, mit neuem Leben. Damit verlor Tassilo eine wichtige Unterstützung. Dann eroberte Karl 784 das Langobardenreich – Tassilos Politik war das Gegengewicht zur fränkischen Macht weggebrochen. Für ein paar Jahre noch konnte der Baier Vetter Karl mit wohl nur halbherzigen Treueschwüren auf Distanz halten, doch dann schlug der König zu. Als 787 Tassilo dem Befehl, auf einem Reichstag in Worms zu erscheinen, nicht Folge leistete, setzte Karl seine Militärmaschinerie gegen ihn in Gang. Es kam zur bedingungslosen Kapitulation auf dem Lechfeld.

Noch aber war Tassilo Herzog, und noch war Karl nicht zufrieden. Er drückte einen Passus in die ehrwürdige »Lex Baiuvariorum«: »Sollte der vom König eingesetzte Herzog so kühn und hartnäckig sein, so leichtsinnig, frech und aufgeblasen, so übermütig und rebellisch, dass er einen Befehl des Königs missachtet, so soll er des Geschenkes des Herzogtums verloren gehen.« Darauf lud er Tassilo 788 zu einem Schauprozess vor den Großen des Reichs nach Ingelheim. Fränkische Quellen behaupten, dies sei notwendig geworden, weil der Herzog weiter gegen Karl gehetzt und sich sogar zu der Bemerkung verstiegen habe, lieber wolle er zehn Söhne verlieren, als Karl gehorchen.

Die Anklage wog schwer, auch wenn ihr Hauptpunkt etwas angestaubt war. Vor 25 Jahren habe Tassilo Fahnenflucht begangen, als er König Pippin damals in Aquitanien im Stich ließ. Außerdem warf Karl seinem Vetter ein Bündnis mit den Awaren vor, erklärten Reichsfeinden, die Karl vernichten wollte. (Das gelang ihm auch ein paar Jahre später.) Ob und wie Tassilo sich verteidigte, wissen wir nicht. Er wurde zum Tode verurteilt. Der kühle Rechner Karl ließ taktische Milde walten und verbannte Tassilo, nun ein Mönch mit kurz geschorenem Haar, samt Frau und Kindern »nur« auf Lebenszeit in ein Kloster. Dann belehnte er einen Vertrauten mit dem schönen Herzogtum Baiern. Schon unter Karls Sohn Ludwig dem Frommen wurde es zu einem karolingischen Teilkönigtum.

Sechs Jahre nach seinem Fall wurde Tassilo vom tragischen auch noch zum kläglichen Helden. Denn der Frankenkönig ließ den armen, machtlosen Mönch Tassilo 794 noch einmal aus seiner Zelle holen, vor einem Reichstag in Frankfurt seine Verfehlungen als stolzer Herzog wiederholen und dann zur Sühne für sich und seine Nachkommen ein für alle Mal auf das Herzogtum Baiern verzichten. Dann schickte Karl, auf dem besten Weg zum Beinamen »der Große«, den erniedrigten Vetter ins Kloster zurück. Dort ist er verschollen. Und so endete das Stück von Aufstieg und Fall des letzten Agilolfingers als traurige Farce.

400 Jahre Fremdherrschaft

 *Nachdem sich mit dem glücklosen Tassilo* die Agilolfinger unwiderruflich in die Klosterzelle und aus der bairischen Geschichte verabschiedet hatten, war das Herzogtum für lange Zeit meist in fremden, nicht immer guten Händen. Hintereinander regierten mehr oder weniger erfolgreich Karolinger, Luitpoldinger – das einzige bairische unter diesen Herrscherhäusern –, Ottonen, Babenberger und Welfen, bis 1180 das Geschlecht der Wittelsbacher wie das berühmte Licht am Ende des Tunnels auftauchte. Es erleuchtete dann ununterbrochen über 700 Jahre das Baiernland – so schätzten zumindest die Wittelsbacher selbst ihr Wirken ein, bevor sie 1918 abdanken mussten.

Es macht die Orientierung nicht einfacher, dass sich zwischen Tassilo und Otto von Wittelsbach eine Unmenge von Herzögen gleichen Namens tummeln. Ludwig, Arnulf, Welf und Heinrich kommen mehrfach vor. Besonders Heinrich schien im frühen Mittelalter für das Regieren in Baiern zu befähigen, und das über die Geschlechtergrenzen hinweg. Es gibt Herzöge dieses Namens unter den Ottonen, den Welfen und den Babenbergern.

Bereits die Zeitgenossen sahen dieses Manko und gaben den zahlreichen Heinrichen zur besseren Unterscheidung Beinamen. Der Zänker, der Heilige, der Schwarze, der Stolze, der Löwe und apart aus der Reihe fallend Heinrich Jasomirgott. Schon die semantische Spannweite dieser Attribute von Zänker über Löwe bis Heiliger macht die starken Charakterausschläge bei den Herrschern deutlich und damit auch das bewegte Auf und Ab des bairischen Geschicks jener Epoche.

Es ist Lesern außerhalb des historischen Forschungsbetriebs nur schwer zumutbar, die Machtspiele und Winkelzüge der verschwägerten, verfeindeten und verbrüderten Sippen zwischen 788 und 1180 in ihrer ganzen Wirrnis nachzuvollziehen. Und so werden in diesem Buch, das Allgemeinverständlichkeit zumindest anstrebt, nur Schlaglichter auf Persönlichkeiten und Ereignisse dieser Zeit geworfen.

Ganz stark vereinfacht und metaphorisch leicht gewagt kann man sagen, der Hauch der Geschichte blies das Herzogtum wie einen Luftballon zur territorialen Großmacht auf, die kurzfristig bis an die Adria und weit über Wien hinaus reichte, und ließ es dann wieder zusammenschnurren. Bei Regierungsantritt der Wittelsbacher im Jahr 1180 hatte das Herzogtum Baiern dann den Umfang, der grob dem heutigen Altbayern – Oberbayern, Niederbayern, Oberpfalz – plus dem westlichen Österreich mit Tirol und Salzburg entspricht.

Phase eins: Unter den Karolingern, die unverzüglich das Erbe des verbannten Tassilo antraten, wurde Baiern zu einer Art Unterkönigtum im Frankenreich mit der Hauptstadt Regensburg, damals als noch halbwegs urbanes Erbe der Römerzeit die einzige wirkliche Stadt im Lande. Als unbezwinglich, aus festen Quadersteinen erbaut, mit gewaltigen Türmen und zahlreichen Brunnen, beschrieb sie begeistert der wackere Bischof Arbeo.

Als Mitte des 9. Jahrhunderts das Frankenreich nach jahrzehntelangen blutigen Erbstreitigkeiten auseinanderbrach, kam mit Ludwig, einem Enkel Karls des Großen, ein Herrscher auf den Thron des östlichen Reichsteils, der zuvor schon einige Jahre bairischer Herzog gewesen war. Die Chronisten seiner Zeit nannten ihn »rex germanorum«, König der Germanen, die nationalistische Geschichtsschreibung des 19. Jahrhunderts deutete dies zu »Ludwig der Deutsche« um. Damit schoss sie über das Ziel hinaus. Doch unbestreitbar ist, dass unter Ludwig die Zeitgenossen im Ostfrankenreich als Gegensatz zum »französischen« Westreich erstmals eine eigene »deutsche« Identität erkannten. Und so kann man mit einigem Recht und Stolz behaupten, dass Baiern, Hauptstadt Regensburg, die Keimzelle des entstehenden Deutschen Reiches war.

Auch wenn die Karolinger den Weg für Deutschland ebneten, ihre Herrschaft endete ohne Glanz. Ihr vorletzter König Arnulf konnte das Ost-Reich immerhin gegen Normanneneinfälle im Norden und die neue Gefahr der Ungarn im Südwesten behaupten. Der letzte karolingische Herrscher Ludwig aber hatte bezeichnenderweise den Beinamen »das Kind« und war ein Spielball der Reichsfürsten.

In Baiern nahm daher ein tatkräftiger Markgraf namens Luitpold die Zügel in die Hand. Seine Tatkraft verführte Luitpold jedoch zur Überschätzung seiner militärischen Macht. 907 zog er mit dem gesamten bairischen Heer gegen die Ungarn aus – ein Zug ohne Wiederkehr. Die Baiern wurden bei Bratislava von den Reiterscharen aus der Steppe niedergemetzelt, zusammen mit Luitpold starb fast der gesamte bairische Adel auf dem Schlachtfeld. Luitpold blieb so nur der historische Verdienst, Stammvater des nächsten Herrschergeschlechts, dem der Luitpoldinger, zu sein. Und seinem Sohn Arnulf – nicht zu verwechseln mit dem karolingischen Arnulf weiter oben – blieb nichts weiter übrig als Schadensbegrenzung.

Um die Ungarn einigermaßen in Schach zu halten, musste er eine neue Armee aufstellen. Die Mittel dafür beschaffte er, indem er recht rücksichtslos Kirchengut einzog. Das kam bei den Chronisten in den Klöstern, die von den weltlichen Herrschern traditionell großzügige Schenkungen und keine Enteignungen gewohnt waren, nicht gut an. Sie gaben dem Herzog den Beinamen »der Böse«. Das hat Arnulf objektiv nicht verdient. Denn immerhin brachte er einige kleinere Siege gegen die Ungarn und schließlich einen Waffenstillstand zustande, hauptsächlich allerdings, weil er zum Wohle Baierns eine ungarische Prinzessin ehelichte. So verschaffte er seinem Land ein paar Jahrzehnte Ruhe, während rundum im Reich die Ungarn weiterhin »sengend und mordend« wüteten.

Nächster Regierungswechsel: Ein Jahr vor Arnulfs Tod wurde 936 der Sachsenherzog Otto zum deutschen König gekrönt. Wie der Franke Karl verdiente er sich neben dem Kaisertitel das Prädikat »der Große«, und wie sein illustrer Vorläufer entsorgte er dafür effizient und ohne Bedenken ein bairisches Herrschergeschlecht. Unter dem bewährten Vorwand mangelnder Königstreue entmachtete er die Luitpoldinger Schritt für Schritt. Schließlich installierte er 947 seinen Bruder Heinrich als Herzog. Der Sachse Heinrich hatte zuvor praktischerweise eine Luitpoldingerin geehelicht. Das gab ihm zumindest einen Hauch von Legitimität.

In seiner Jugend hatte Bruder Heinrich eifrig gegen Otto geputscht, doch erfolglos. Aber auch fast folgenlos. Selbst ein Mordkomplott hatte Otto, der Verschwörer niederen Ranges erbarmungslos hinrichten ließ, Heinrich verziehen. Er musste lediglich »barfuss und im Büßergewand« um Vergebung bitten. Nach diesem Kniefall verhielt sich Heinrich seinem älteren Bruder gegenüber loyal und wurde dafür mit Baiern belohnt. Auf Ottos erstem Italienzug stand Baiernherzog Heinrich seinem königlichen Bruder dann besonders wacker bei. Dafür erkannte Otto ihm auf einem Reichstag in Augsburg auch noch die Markgrafschaften Verona und Friaul zu.

Das Herzogtum Baiern, zu dem damals ja das gesamte heutige Österreich gehörte, war jetzt urplötzlich so groß wie nie zuvor und wie es später nie mehr sein sollte. Es reichte über Wien hinaus und nach Süden bis zur Adria. Was für Zukunftsaussichten: weiß-blaue Fahnen in Grinzing und ein Maibaum am Strand von Rimini! Das Tor zur Vormacht im Südosten stand für die Baiern jedenfalls weit offen.

Wäre der Herzog nur einer der Ihren gewesen! Trotz der Einheirat Heinrichs in ihr Geschlecht fand sich die Sippe der Luitpoldinger mit ihrer Degradierung und dem Herrn aus Sachsen, der einen so seltsamen Dialekt sprach und auch sonst ziemlich unleidlich war, nur schwer ab. Als König Ottos eigener Sohn Luidolf eine Verschwörung im Deutschen Reich gegen seinen Vater und seinen Onkel Heinrich anzettelte, machten die meisten Luitpoldinger gerne mit. Sie nahmen wahrscheinlich sogar Kontakte zu den Ungarn, den heidnischen Reichsfeinden, auf. Den Rebellen gelang es, Regensburg zu besetzen.

Der Aufstand scheiterte im Jahr 955. Luidolf floh aus der von König Ottos und Herzog Heinrichs Truppen belagerten Stadt, eilte zum Vater, warf sich Otto zu Füßen: »Von tiefster Reue ergriffen und mit kläglichen Worten brachte er erst seinen Vater, dann die Anwesenden zum Weinen.« Wie einst seinem Onkel Heinrich wurde auch ihm vom König verziehen, und fortan war er ein braver Sohn. Seinen Mitverschwörern aus dem Hause Luitpolding, darunter mindestens zwei hohen Geistlichen, erging es wesentlich schlechter: Die meisten wurden hingerichtet. Der Erzbischof Herold von Salzburg wurde geblendet, sein Amtskollege Engilfried von Aquilea entmannt, was angesichts des Keuschheitsgebots etwas daneben anmutet.

Es herrschte wieder Ruhe im Großbairischen Reich, und es herrschte Heinrich. Unangefochten, wie es scheint. Denn als im selben Jahr die Ungarn, in Verkennung der aktuellen Situation auf die vermeintliche Wirrnis in Baiern vertrauend, angriffen und »wie ein Heuschreckenschwarm das ganze Land bedeckten«, stellte sich ihnen auf dem Lechfeld bei Augsburg König Otto mit den Truppen aller weltlichen und geistlichen Herrscher seines Reichs entgegen, darunter geschlossen die bairische Streitmacht unter Befehl des Herzogs Heinrich aus sächsischem Haus.

Es kam zur wohl blutigsten Schlacht des 10. Jahrhunderts. »König Otto, der auf Mahnung des Bischofs Ulrich mehr auf die Hilfe Gottes als auf die Waffen setzte, brachte ihnen eine so furchtbare Niederlage bei, dass seitdem dieses wildeste aller Völker nicht mehr ins Reich einzufallen wagte. Die Ungarn sollen – man kann es fast nicht glauben – bis auf sieben Überlebende vernichtet worden sein.« So weit der Chronist Otto von Freising 200 Jahre später. Diese Zahl wird durch einen zeitgenössischen ungarischen Bericht bestätigt: »Sieben unserer Gefährten aber verschonte man nach der großen Schlacht, schnitt ihnen die Ohren ab und schickte sie heim.«

Die gefangenen Anführer der Ungarn kamen nicht mit abgeschnittenen Ohren davon. Unter der Regie von Herzog Heinrich wurden sie, darf man einer – allerdings nicht ganz zuverlässigen –

Quelle glauben, nach Regensburg gebracht. »Dort ließ Heinrich sie am Ostertor aufhenken, andere wurden verstümmelt, gekreuzigt, mit langsamen Qualen getötet, andere haufenweise in große Löcher getan und lebendig begraben.« Die Brutalität der Niederlage zeigte Wirkung bei den ungarischen Heiden: Sie bekehrten sich innerhalb der nächsten 50 Jahre zum siegreichen Christentum. Herzog Heinrich, einer der wenigen Heinriche ohne Beinamen, den man aber gerne »der Gnadenlose« nennen würde, überlebte den Triumph nur ein halbes Jahr. Dann verschied er an einem hartnäckigen Fieber.

Die sächsische Herrschaft über Baiern aber schien weiterhin unantastbar. Otto war auf der Höhe seiner Macht und brachte es sogar noch zur Kaiserkrönung in Rom. In Regensburg saß auf der wichtigsten Außenstelle seiner Herrschaft ein Verwandter: Heinrich, der Sohn des Verstorbenen, also Ottos Neffe. Doch anstatt kaisertreu und bei den Baiern unbeliebt zu sein, wie es sich für einen wahren Sachsen gehörte, entdeckte Heinrich II. sein luitpoldingisches Erbe mütterlicherseits und fing an, sich immer mehr als Baier sowie sich selbst für das Königtum geeignet zu fühlen.

Als Kaiser Otto der Große 973 gestorben war, begann ein jahrelanges Tauziehen um die Macht im Reich zwischen Heinrich und dem Kaisersohn Otto II. Heinrich, der zwar auf beachtliche Unterstützung seiner süddeutschen Verwandtschaft rechnen konnte, zog nach bewegten Hin und Her schließlich den Kürzeren. Er wurde gefangen gesetzt, wieder freigelassen, von Otto II. in Regensburg belagert, nach seiner Flucht aus der Stadt gebannt, begnadigt, erneut inhaftiert und seines Herzogtums für verlustig erklärt.

Als Letzteres geschah, war sein bairisches Großreich schon heftig geschrumpft. Auf dem Höhepunkt der Auseinandersetzung hatte Otto II. die Ostmark 976 dem Markgrafengeschlecht der Babenberger verliehen, die nur noch formal Baiern unterstellt blieben, und Kärnten samt Verona und Friaul als selbstständiges Herzogtum abgetrennt. Mit einem Schlag war Baiern wieder die Hälfte seines Territoriums und seine kurzlebige Großmachtrolle los, nach Tassilo nun schon zum zweiten Mal. (Der Verlust Kärntens war und ist für Bayern anscheinend ein besonderes Trauma. Mehrfache Versuche, dort wieder Fuß zu fassen, scheiterten. Der letzte, bekanntlich mit dem abenteuerlichen Finanzinstrument Hypo Alpe Adria Bank, sogar noch in unseren Tagen.)

Als Heinrich 985 endgültig bereute, nicht ohne sich zuvor noch einmal nach Ottos Tod wegen seiner halb sächsischen Abkunft für die Königswürde erfolglos ins Gespräch gebracht zu haben, erhielt er Klein-Baiern zurück und regierte es bis zu seinem Tod für seine Verhältnisse erstaunlich introvertiert. Es wird wenig überraschen, dass es sich bei diesem Heinrich um den »Zänker« handelt. Der Volksmund dichtete über den langjährigen Quertreiber die spöttischen Zeilen: »König sein wollt Herzog Heinrich, doch unser Herrgott wollt' es nicht.«

Dessen Sohn betrachtete der Herrgott offensichtlich mit mehr Wohlwollen. Herzog Heinrich IV. konnte ohne große Zwischenfälle seine Herrschaft in Baiern antreten. Und er brachte es später nicht nur zum König, sondern sogar zum Kaiser des Deutschen Reichs und zum Heiligen. All das trotz einer äußerst ungünstigen Ausgangslage. Denn auf dem deutschen Thron saß mit Otto III. ein sehr junger Mann. Es schien höchst unwahrscheinlich, dass bald wieder ein neuer König gebraucht würde. Allerdings verstarb Otto 1002 gerade mal 21 Jahre alt auf einem Italienzug an einem heftigen Fieber. Da er keine direkten Nachkommen hatte, machte der Baiernherzog, immerhin über seinen Vater noch zu einem Viertel Ottone, seine Ansprüche geltend.

Er fing den Trauerzug aus Italien mit dem Leichnam Ottos III. auf seinem bairischen Gebiet ab und strich seine Nähe zu dem Toten heraus, indem er die Eingeweide des verstorbenen Kaisers in Augsburg beisetzen ließ. Zusätzlich brachte er die Heilige Lanze Christi an sich, in einer zeichengläubigen Welt das überzeugendste Symbol der Herrschergewalt. Dabei scheute er sich nicht, einen Bischof so lange einzukerkern, bis dessen Bruder, der Erzbischof von Köln, die Reliquie herausrückte.

Die große Mehrheit der Reichsfürsten war trotzdem lange

nicht bereit, ihm die Königswürde zuzugestehen. Heinrich löste das Problem pragmatisch: Er ließ sich im Alleingang von seinen meist bairischen Anhängern zum König ausrufen und fand auch den richtigen Erzbischof, den von Mainz, der ihn krönte. Anschließend ritt der neue König von eigenen Gnaden unverdrossen durch die deutschen Lande, warb um Zustimmung und befehdete mehrere Konkurrenten um die Krone und verwickelte sich in lange, kriegerische Auseinandersetzungen mit dem Polenherzog Boleslaw Chrobry. Schließlich setzte er sich durch und regierte als König Heinrich II. und ab 1014 bis zu seinem Tod 1024 sogar als Kaiser des Deutschen Reichs. In seinen Mitteln war er ganz und gar nicht wählerisch. Er ließ auch mal Kriegsgefangene niedermachen, Frauen und Kinder inklusive. Er verbündete sich gegen den christlichen Polenherrscher mit heidnischen Slawenstämmen, was sogar ihm wohlgesinnte Chronisten entsetzte. Was zum Teufel, Entschuldigung, was um Himmels willen qualifizierte diesen Mann zum Heiligen?

Seine Nähe zu Gott. Heinrich sah seine Herrschaft als verbindlichen Auftrag Gottes, wie der Historiker Stefan Weinfurter überzeugend ausführt. In einer Urkunde aus dem Jahr 1005 heißt es: »Im reich gefüllten Haus Gottes sind wir, so ist uns bewusst, die obersten Verwalter. Wenn wir die Verwaltung getreu ausführen, werden wir selig werden. Wenn wir aber untreu sind, dann werden wir in die Folterkammer hinabgestoßen und bis zum letzten Glied gefoltert werden.«

Diese Verquickung von göttlicher Sendung und persönlichem Schicksal macht einen universalen, fast absolutistischen Herrschaftsanspruch geradezu unumgänglich. Diese Herrscheridee konnte auch räumlich keine Grenzen kennen. Gottes oberster Sachwalter auf Erden war für die gesamte Christenheit, auch jenseits der deutschen Lande, zuständig und verantwortlich. Deswegen war Heinrichs erfolgreicher Griff nach der Kaiserkrone in Rom, der »caput mundi«, Hauptstadt der Welt, nur konsequent. Und der Gehorsam ihm gegenüber war Christenpflicht: »Es gibt keine Herrschaft außer von Gott. Wer sich daher der Herrschaft widersetzt, handelt gegen die Ordnung Gottes. Wer sich ihm entgegenstellt, wird dem (Jüngsten) Gericht verfallen.«

Kritiker, selbst manche fromme Chronisten seiner Zeit, haben Heinrich dem Heiligen vorgeworfen, er sei nichts anderes gewesen als ein hartgesottener Realpolitiker, der sich das religiöse Mäntelchen nur umgehängt habe, um seine Ziele besser zu erreichen. In der Tat nutzte Heinrich die göttliche Rückendeckung aus, um die alten Adelsgeschlechter zurückzudrängen, den weltlichen Besitz des Klerus zu vergrößern und hohe Kirchenposten mit treuen Anhängern zu besetzen. Fast überall im Reich standen bairische Bischöfe den großen und mächtigen Diözesen vor. Und er schreckte, wie wir gesehen haben, vor unchristlichem Handeln nicht unbedingt zurück.

Der erste Deutsche Kaiser aus Baiern war trotzdem ein tiefgläubiger Mann, der als irdisches Werkzeug des göttlichen Willens ein christliches Universalreich in der Nachfolge Karls des Großen aufrichten wollte – mit den Methoden seiner Zeit. Schon nach wenigen Jahren seiner Regierung wusste er, dass seine Ehe mit der Luxemburger Grafentochter Kunigunde für immer kinderlos bleiben würde. Darum, so sagte Heinrich selbst, habe er Gott zu seinem Erben erwählt. Prosaisch ausgedrückt, eine starke Kirche schien ihm, dem Herrscher ohne Nachkommen, eine solidere Machtbasis für einen noch ungewissen Nachfolger als dessen Abhängigkeit von rivalisierenden und machthungrigen Adelsfamilien.

Doch untrennbar von der Idee des Universalreichs war sein persönlicher Weg zu Gott. Einen Teil seiner Kindheit hatte er im Kloster Hildesheim verbracht, seine geistlichen Studien dann beim später ebenfalls heiliggesprochen Bischof Wolfgang in Regensburg vollendet. So vorbereitet, gründete er 1007 das Bistum Bamberg, seine persönliche Pforte ins Himmelreich.

Für Bamberg mussten umliegende Diözesen auf königlichen Befehl Teile ihres Gebiets abtreten. Dem neuen Bistum schenkte Heinrich großzügig Besitzungen überall in Süddeutschland, 83 Schenkungsurkunden sind erhalten. Der König stiftete Bamberg eine weithin bewunderte Bibliothek, die nicht nur theologische Prachthandschriften sondern auch antike Texte, etwa eine Rhetorikabhandlung von Cicero, enthielt. Erster Bischof wurde – Frömmigkeit und Realpolitik schlossen sich bei Heinrich nie aus – der treu ergebene Reichskanzler Eberhard. In seinem Bamberg hielt Heinrich sich mit seiner Gemahlin Kunigunde so oft auf wie möglich und lebte dort, so die Quellen, nicht wie ein König, sondern wie ein Mönch.

Das Herzogtum regierte Heinrich eher mit der linken Hand. Er war zu sehr mit seiner Rolle als Haupt der Welt beschäftigt und überließ Baiern einem Verwandten seiner Frau, leicht verwirrend auch wieder einem Heinrich. Dieser Luxemburger Heinrich stellte sich zwischendurch allerdings als so unzuverlässig heraus, dass ihm der König für mehrere Jahre sein Amt entzog, um ihn nach dem gebotenen Demutsbeweis jedoch wieder einzusetzen.

Es überrascht nicht, dass nach Kaiser Heinrichs Tod 1024 das reiche und einflussreiche Bistum Bamberg in Rom hartnäckig an der Heiligsprechung seines Wohltäters arbeitete. Sie erfolgte 1146. Gut 100 Jahre nach seinem Tod umgab Heinrich und seine ebenso fromme Gattin Kunigunde bereits ein volkstümlicher Heiligenschein. Der Papst klopfte ihn nun für Heinrich kanonisch fest, Kunigunde musste noch bis 1200 warten, dann wurde auch sie heiliggesprochen. Neben lobender Worte für Heinrichs Freigiebigkeit, seinen Beitrag zur Bekehrung der Ungarn und etlicher Wunder rund um seinen Leichnam hob der Papst besonders hervor, dass Heinrich »nach dem Empfang von Zepter und Krone nicht kaiserlich, sondern geistlich lebte, und dass er in rechtmäßiger Ehegemeinschaft wie wohl nur wenige bis ans Lebensende unversehrte Keuschheit bewahrte«.

Die Kinderlosigkeit des Paares wurde als Ergebnis, besser Nichtergebnis, einer Josefs-Ehe, also einer heiligmäßigen Beziehung bewusst ohne Sex, gedeutet, was den Sankt-Status sehr förderte. Heute vermutet die Forschung, sie sei wohl eine Folge der Blasensteinoperation gewesen, der sich Heinrich auf einem Italienzug hatte unterziehen müssen. Dabei habe man andere Organe in nächster Nähe angekratzt. Um das keusche Paar wucherten bald die Legenden, um die jungfräuliche Kunigunde noch mehr als um den enthaltsamen Heinrich. So sei sie, als Ehebrecherin verleumdet, auf eigenen Wunsch vor einer Volksmenge über glühende Pflugscharen geschritten und, oh Wunder!, unversehrt geblieben.

Das nüchterne irdische Fazit dieser heiligmäßigen Ehe aber war: Mit dem Tod Heinrichs waren die Ottonen am Ende, und Baiern stand ohne richtigen Herzog da. Die Nachfolger auf dem deutschen Königsthron aus dem Haus der Salier beließen es gerne bei dieser Situation. König Konrad II. übernahm die Idee seines Vorgängers vom gottgegebenen Herrschertum und behielt sich die Besetzung hoher Reichsposten nach seinem Willen ausdrücklich vor. Die nächsten 50 Jahre wurde in Baiern unter Aufsicht der Salier mehr verwaltet als regiert. Eine starke regionale Macht lag nicht im Interesse der Königsfamilie.

Die letzte auswärtige Dynastie auf dem bairischen Herrscherstuhl etablierte sich dann ziemlich schäbig. Das überragende Verdienst von Welf I. war, seine Gattin sofort verstoßen zu haben, als deren Vater Otto, von den Saliern als ihr Statthalter in Baiern eingesetzt, wegen eigener Königsambitionen in Acht und Bann kam. Daraufhin belehnte Heinrich IV., der Heinrich mit dem Gang nach Canossa, aus Dankbarkeit den Wendehals Welf 1070 mit dem Herzogtum.

Benno Hubensteiner, der Doyen patriotisch-klerikal eingefärbter bairischer Geschichtsschreibung, witterte einen verhängnisvollen Geburtsfehler bei diesem Geschlecht: Welf I. war gar keine richtiger Deutscher. Die Mutter kam zwar aus der schwäbischen Welfenfamilie, doch der Vater stammte aus dem italienischen Nobelhaus der Este. Hubensteiner: »Und immer wieder sollte in dieser jüngeren Welfenlinie das italienische Erbe durchschlagen, rein äußerlich in der kleinen Gestalt und dem dunklen Haar, wesensmäßig in der unbeugsamen Härte und einem fast römischen Stolz.« Es verwundert Professor Hubensteiner nicht, dass dieser kleine dunkle Halbitaliener Welf gleich wieder zu tricksen anfing. »Weit entfernt von der selbstverständlichen Reichstreue der bairischen Großen versuchte der neue Herzog sofort ein doppeltes Spiel und tat insgeheim dem König Abbruch, wo er nur konnte.«

Während sich die treudeutschen Baiern also für Kaiser Heinrich im Investiturstreit gegen Papst Gregor VII. tapfer in die Bresche warfen, nahm ihr oberster Herr, der treulose Welf – was sollte man von diesem Welschen anderes erwarten – Partei für den Papst. Das ging natürlich nicht gut. Er wurde gebannt, ging des Herzogtums verlustig, floh zu den Ungarn, versöhnte sich nach gut mittelalterlichem Brauch – Fußfall, Abbitte, Tränen – aber schließlich wieder mit dem Kaiser, kriegte 1096 Baiern zurück und starb 1101 bei der Rückfahrt von einem total missglückten Kreuzzug auf Zypern.

Immerhin hatte er für seine Nachkommen den Herzogtitel gerettet. Auch sie wechselten in bester Familientradition immer wieder einmal die Seiten, wurden dafür belohnt oder bestraft, erhielten Herrschaften, mussten Herrschaften abgeben, je nachdem, wie sich das Glücksrad drehte. Heinrich den Stolzen, den Vorletzten der Welfenherzöge, trug es erst einmal ganz nach oben. Durch Heirat hatte er 1137 Sachsen geerbt, zusammen mit Baiern und großen Besitzungen in Oberitalien schien das eine solide Basis für die Königswürde. Leider sahen das die anderen Reichsfürsten nicht so. Heinrich war ihnen zu mächtig und außerdem zu arrogant. »Superbus« nennt ihn Otto von Freising, das ist mit »stolz« schwach übersetzt, »hochmütig« wäre besser. Sie wählten den Staufer Konrad.

Das konnte Heinrich mit seinem »fast römischen Stolz« natürlich nicht hinnehmen. Ein erbitterter Krieg begann. Der Schlachtruf »Hie Welf, hie Waibling« wurde geboren. (Die Staufer hatten ihre Stammburg bei Waiblingen.) Konrad hatte Heinrich 1138 seine beiden Herzogtümer aberkannt und Baiern einem bewährten Gefolgsmann, dem Markgrafen von Österreich aus dem Geschlecht der Babenberger, verliehen. Bevor es zu einer Entscheidung auf dem Schlachtfeld kam, starb Heinrich der Stolze ein Jahr später, noch nicht einmal 40 Jahre alt. An Gift, munkelten die Zeitgenossen. An einen Darmverschluss, so vermutet man heute. Und wieder war die Schaffung eines Großreichs unter der Stabführung Baierns gescheitert.

Krieg es das gewesen für die ambitionierten Welfen? Nein, noch einmal schien Fortuna ihnen zu lächeln. Die Witwe von Heinrich dem Stolzen konnte für ihren Sohn, der, wie anders, Heinrich hieß, wenigstens Sachsen wiedererlangen. Dieser Heinrich wurde schon von den Zeitgenossen »der Löwe« genannt, obwohl er in bester Este-Tradition klein und dunkelhaarig war. Die Herrschaft des Löwen verlief anfangs ziemlich zahm. Er musste sich nur aufmüpfiger geistlicher und weltlicher Adeliger in seinem Herzogtum erwehren, die Schwierigkeiten mit seinem autoritären Regierungsstil hatten. Doch Fehden dieser Art waren im 12. Jahrhundert Routine.

Wichtig war sein Verhältnis zum deutschen König bzw. Kaiser. Und das war ausgesprochen gut, seit 1152 Heinrichs Vetter Friedrich Barbarossa zum König gewählt worden war. Auch Heinrich hatte für den Staufer gestimmt. Es wurde noch besser, als der Welfe auf dem ersten Italienzug Barbarossas exakt am Tag der Kaiserkrönung 1155 mit seinen sächsischen Rittern einen Aufstand der Römer niederschlug. Hatte der frisch gekrönte Kaiser bisher stillschweigend Heinrich als den starken Mann im deutschen Norden anerkannt, während er selbst Süddeutschland beherrschte, ging er jetzt aus Dankbarkeit einen – gefährlichen – Schritt weiter. Er belieh Heinrich 1156 auf einem Reichstag in Regensburg mit Baiern, das ja auch schon die Vorfahren des Löwen regiert hatten und auf das der sächsische Herzog schon länger Anspruch erhob.

Unproblematisch war das nicht. Auf dem bairischen Herzogstuhl saßen seit fast 20 Jahren die kaisertreuen Babenberger. Barbarossa konnte und wollte diese Stützen seiner Macht nicht vergrätzen. Was tun? Der Kaiser fand einen eleganten Ausweg. Heinrich der Löwe bekam Baiern, jedoch ein noch mehr verkleinertes Baiern. Der aktuelle Babenberger Heinrich Jasomirgott blieb weiterhin Herzog. Aber in dem neu geschaffenen Herzogtum Österreich, bis dahin der östliche Teil Baierns. In ihm hatten die Babenberger allerdings bereits seit den Tagen Heinrichs des Zänkers fast unabhängig regiert, wenn auch nur als Markgrafen. Mit der Beförderung zum Herzog für das abgetrennte Österreich konnte Jasomirgott seinen Status wahren. Er ließ sich den Verlust Baierns darüber hinaus mit weitreichenden Privilegien für sein neues Herzogtum entschädigen. Weibliche Erbfolge wurde dort ebenso verbrieft wie das Recht des Herzogs, bei Kinderlosigkeit selbst die Nachfolge zu bestimmen, Heeresfolgepflicht bestand nur bei Kriegen nahe seinen Grenzen – der Anfang für Österreichs Sonderweg im Deutschen Reich und über das Reich hinaus war gemacht. Ebenso wie der für die Rivalität zwischen Österreich und Baiern in den kommenden Jahrhunderten.

Wieder war also ein Welfe Doppelherzog in Sachsen und Baiern, doch Heinrichs Interessen lagen einseitig im Norden. Dort gründete er Städte und Klöster, ließ Dome bauen und die Burgen aufsässiger Hintersassen niederbrennen. Das zurückgewonnene Baiern, in dem seine Vorfahren immerhin ihre Herzogskarrieren gestartet hatten, ließ er weitgehend südlich liegen. Ganze drei Mal während seiner Regierungszeit hielt er sich länger in Baiern auf, was angesichts der trüben norddeutschen Tiefebene schwer verständlich erscheint, noch dazu für einen Halbitaliener. Doch über die tatkräftige Förderung des lohnenden Salzhandels hinaus schritt er kurz nach seiner Inthronisierung zu einer Tat, die ihn bei all seiner Sachsenpräferenz für Baierns Geschichte unverzichtbar macht. Er gründete im Jahr 1157 München.

Es war kein feierlicher Akt. Es war eine Demonstration herrscherlichen Raubrittertums, Faustrecht der übelsten Sorte. Heinrich ließ die Brücke und den Markt bei Oberföhring zerstören, aus denen der Bischof von Freising durch Brückenzoll und Marktgebühren schönen Gewinn zog. Dann verlegte er Markt und Brücke ein paar Kilometer Isar aufwärts »apud munichen« und betrieb das Geschäft nun in eigener Regie. Nach neuesten Forschungserkenntnissen heißt das wohl nicht, dass dort »bei den Mönchen« ein Kloster bestand, vielmehr habe wohl schon eine weltliche Siedlung existiert, bestenfalls von Mönchen gegründet. Der so lukrative wie räuberische Handstreich des Herzogs gab dem namenlosen Dorf jedenfalls den Anstoß, sich im Lauf der Zeit zum leuchtenden München auszuwachsen.

Natürlich wollte der Bischof sich nicht mit diesem Unrecht abfinden. Er rief den Kaiser um Hilfe an. Barbarossa entschied gewohnt salomonisch und realpolitisch. Heinrichs Brücke blieb, der Löwe war ein zu wichtiger und zu mächtiger Bundesgenosse. Die Bischofsbrücke blieb zerstört. Doch weil der Bischof auch nicht unwichtig war, musste Heinrich ihm zum Ausgleich ein Drittel der Einnahmen abgeben.

Nach 20 Jahren freundschaftlichem Verkehr trübte sich das Verhältnis der beiden Vettern deutlich ein. Bis dahin hatte Barbarossa dem herrschsüchtigen Heinrich Rückendeckung gegeben, wenn er sich an Adel und Geistlichkeit in und um Sachsen vergriff. Als jedoch der Löwe dem Kaiser 1176 auf einem Italienzug trotz inständiger Bitten – Barbarossa soll sogar vor dem Welfen auf die Knie gefallen sein – die Waffenhilfe verweigerte, war dessen Geduld aufgebraucht. Schließlich hatte er wegen des schroffen Neins von Heinrich anschließend die Schlacht bei Legnano gegen die aufrührerischen lombardischen Städte und damit viel Einfluss in Italien verloren.

Der erboste Kaiser gab jetzt dem Drängen der Gegner Heinrichs nach, die wieder einmal mit dem Herzog in Fehde lagen, und bestellte Heinrich den Löwen zu einem Hoftag. Dort sollte er sich rechtfertigen. Heinrich in seiner »unbeugsamen Härte«, dieser nach Hubensteiner Lesart undeutschen Erblast aus dem Hause Este, ignorierte die Ladung und eine zweite, noch dringlichere ebenfalls. Daraufhin wurde Heinrich 1180 auf einem Hoftag in Gelnhausen in Abwesenheit als Majestätsverbrecher verurteilt und seiner Reichslehen enthoben. Er versuchte sich zu wehren, musste aber bald erkennen, dass er als notorischer Friedensstörer kaum Freunde im Reich hatte und allein auf sich gestellt militärisch zu schwach war. Es blieb ihm letztendlich nichts anderes übrig, als zu Kreuze zu kriechen und als Herzog ohne

Land ins Exil nach England zu seinem Schwiegervater, dem englischen König, zu gehen.

Und was wurde jetzt aus Baiern, das von den Wirren um den Fall Heinrichs weitgehend unberührt geblieben war, da Heinrich sich ja vor allem in Sachsen ausgetobt hatte? Zuerst die schlechte Nachricht: Es schrumpfte weiter. Auch noch die Steiermark wurde auf dem Reichstag in Altenburg als eigenständiges Herzogtum abgetrennt und war für immer verloren. Nun die gute: Die Baiern vermissten den Löwen nicht. Wieso auch, er hatte sich fast nie sehen lassen. Und jetzt bekamen sie handverlesen von Barbarossa einen neuen Herzog aus eigenem Haus, ein bairisches Urgestein: Otto aus dem Geschlecht der Wittelsbacher. Vorhang auf für das Herrscherhaus, das die Baiern die nächsten 700 Jahre nicht mehr loswerden sollten!

Das weiß-blaue Wittelsbach

 *Wie hätte ein Baier* sein Glück passender machen können als durch ein alpinistisches Wagestück? Sommer 1155: Friedrich Barbarossa ist mit einem kleinen Heer nach seiner Kaiserkrönung in Rom auf dem Weg zurück. Vor ihm liegen die Alpen, und dort, wo die Berge steil beginnen, hält ein Haufen Bewaffneter des schurkischen Veroneser Adeligen Alberich die Hänge der Schlucht besetzt, durch die der Kaiser muss. Sie verhöhnen die Deutschen, fordern Lösegeld, Pferde und Rüstungen für den freien Durchzug. »Hart sind diese Bedingungen, hart ist es für einen Kaiser, einem Räuber Tribut zu zahlen«, kommt es seufzend aus des Rotbarts Mund, und poetisch-pathetisch fährt er fort: »Hier, wo uns gleichsam die Vorhalle des Vaterlands zulächelt, hier werden wir, nachdem wir so viele Gefahren bestanden, das Ende unserer Mühen erleben.«

Der düsteren Poesie dieses Ausrufs hat sicher der schriftstellerisch ambitionierte Chronist Otto von Freising nachgeholfen, doch die nackte Tatsache ist unbestritten: In der sogenannten Veroneser Klause saß Friedrich Barbarossa in der Falle. Aber da gab es ja noch seinen Bannerträger namens Otto von Wittelsbach. Der krabbelte mit einer ausgewählten Ritterschar die Felswände im Rücken der Feinde hoch – anspruchsvolle alpinistische Passagen überwand der Trupp, indem einer auf die Schultern des anderen stieg oder man aus Lanzen Leitern zusammenknüpfte – und gelangte so unbemerkt auf den Gipfel über den Bösewichten. Noch höhnten diese ahnungslos vor sich hin, da prasselten von oben Felsbrocken auf sie herab, rissen sie in die Tiefe, zerschmetterten ihre Glieder und »bevor sie auf dem Boden ankamen, hauchten sie ihre Seele in den leeren Raum«. Wer den Steinhagel überlebte, wurde gehenkt.

Die glückliche Heimkehr des frischgebackenen Kaisers nach Deutschland war gesichert. Und der Extremkletterer Otto stand von nun an dem Herzen Barbarossas nahe. Auch beim immerwährenden Streit zwischen dem Deutschen Kaiser und dem Papst war Otto von Wittelsbach in unverbrüchlicher Treue an Friedrich Barbarossas Seite. Als bei einem Treffen mit hohen Würdenträgern des Reiches im Jahr 1157 der päpstliche Legat besonders impertinent auf der Oberherrschaft des Papstes über den Kaiser bestand, wollte Otto mit dem Schwert auf den Gesandten seiner Heiligkeit losgehen. Barbarossa selbst musste ihm in den Arm fallen.

Leider hatte der getreue Otto über viele Jahre das Pech, dass der Kaiser aus machtpolitischen Gründen seinen Vetter Heinrich den Löwen besonders hätschelte und ihm wie bekannt 1158 sogar das Herzogtum Baiern übertrug. Dort waren die Wittelsbacher zwar die mächtigste Familie und alteingesessen, als Grafen von Scheyern konnten sie ihren Stammbaum mit großer Wahrscheinlichkeit bis zu den Luitpoldingern zurückverfolgen. Doch sie mussten sich mit dem Titel »Pfalzgrafen« begnügen, während die erste Geige von nun an Heinrich der Löwe spielte, obwohl er doch fast ständig auswärts beschäftigt war.

Wie es scheint, ertrug Otto klaglos diese undankbare Situation ein halbes Menschenalter lang, vermehrte still und leise den Wittelsbacher Hausbesitz in Baiern, stand sonst dem Kaiser als resoluter Unterhändler und Truppenführer im Kampf mit dem Papst oder den oberitalienischen Städten zur Verfügung. Als Ottos einst schwarzes Haar schon grau war, sein einst frisches, leicht gerötetes Gesicht tiefe Falten zeichneten, fiel endlich Heinrich der Löwe 1180 in Ungnade. Baiern wurde vakant.

Friedrich Barbarossa erinnerte sich der Veroneser Klause und der sonstigen treuen Dienste seines einstigen Bannerträgers und machte ihn im Herbst des Lebens zum Baiernherzog. Sicherheitshalber verkleinerte der Kaiser das Herzogtum allerdings noch ein bisschen. Die Steiermark wurde ausgegliedert und selbstständig. Die Wittelsbacher sollten über Baiern herrschen, aber nicht über ein zu starkes Baiern, das den Staufern vielleicht einmal gefährlich werden könnte. Politisch war das klug und für die nahe Zukunft wirkungsvoll. Friedrich Barbarossa konnte ja nicht ahnen, dass Ottos Erben in einer fernen Zeit mit Straßenbahnen, Flugzeugen und Telefonen noch immer regieren sollten, als seine Staufer längst nur noch Legendenstoff für vaterländische Dramen waren.

Der erste Wittelsbacher Herzog starb 1183 nach nur drei Jahren im Amt. Sein Sohn Ludwig, genannt der Kelheimer, folgte ihm sehr jung und erstaunlich unangefochten als Herrscher nach – und machte dann in einer langen Regierungszeit bis zu seiner Ermordung 1231 eine Menge richtig. Er machte auch einiges falsch, doch nichts, was die Hausmacht der Wittelsbacher betraf. Seinen spektakulärsten Patzer leistete er sich weit weg von zu Hause auf dem desaströsen Kreuzzug im Jahr 1221. Da riet er, eben aus der Heimat mit einem bairischen Ritterkontingent eingetroffen, dem Christen-Heer in Ägypten zum Angriff auf Kairo. Die Attacke blieb jedoch in den Sümpfen des Nildeltas kläglich stecken. Die Kreuzfahrer wurden eingeschlossen, ausgehungert und mussten sich schließlich ergeben. Der ägyptische Sultan handelte den Abzug der Christen aus. Bis zu ihrer ruhmlosen Einschiffung hatten sie Geiseln zu stellen, darunter auch den Baiernherzog. Ludwigs Ausflug in die Weltpolitik war gründlich fehlgeschlagen.

Die Landespolitik hingegen war bei Ludwig in besten und sehr rührigen Händen. Ludwig hob die Hand zum Schwur für die Stauferkönige von Friedrich Barbarossa bis Friedrich II., wenn es sein musste aber zwischendurch auch für einen welfischen Gegenkönig, Otto IV., um dann bei geänderter Machtkonstellation wieder ins Staufer-Lager zurückzukehren. Er reichte seine Hand in tiefer Liebe der böhmischen Prinzessin Ludmilla, die früh ihren ersten Mann, den Grafen von Bogen, verloren hatte und, wie praktisch, in die Ehe mit Ludwig die ausgedehnten Besitzungen dieser Sippe in der Donauebene einbrachte. Und er hatte seine Finger heftig im Spiel, als sein sechsjähriger Sohn Otto mit der elfjährigen Alleinerbin der Pfalz verlobt wurde. Das bedeutete die Anwartschaft auf diese blühende Landschaft an Rhein und Neckar,

1314 wurde den Wittelsbachern der Besitz bestätigt. Er blieb ihnen bis zu ihrem Abdanken.

Ludwigs Händchen in Ehesachen hat Baiern auch sein Wappen zu verdanken. Das ursprüngliche Emblem der Wittelsbacher war ein eher farbloser Zickzackbalken. Die Heirat mit der Bogner Grafenwitwe brachte den Wittelsbachern deren Kennzeichen, die weiß-blaue Raute, ins Haus, der Erwerb der Pfalz den hochgereckten Löwen, der seitdem der ganzen Welt die Zunge herausstreckt. Den unscheinbaren Zickzackbalken entsorgten schon die ersten Herzöge schnell und unauffällig. Weiß und blau und löwenhaft flatterte von nun an ihr Banner über Baiern.

Ludwig hatte allerdings beträchtlich zu tun, um die mächtigen Grafen von Andechs niederzuhalten, was ihm nur mit Mühen gelang. Seinem Sohn Otto fielen deren Ländereien im Herzogtum – ein früher »typischer Baiern-Dusel« – dann doch mehr oder weniger in den Schoß: Die Andechser starben 1248 sang- und klanglos aus. Ebenso heftig musste Ludwig sich mit der hohen Geistlichkeit in und um Baiern herumschlagen. Die Kirchenfürsten der Bistümer Salzburg, Regensburg, Bamberg und Freising stemmten sich gegen das hartnäckige Streben des Herzogs nach territorialer Ausweitung hartnäckig. Sie verstanden sich inzwischen mehr als Landesherren denn als geistliche Oberhirten und wollten ihre weltliche Macht nicht verringert sehen, doch den Aufstieg des Hauses Wittelsbach konnte auch die geballte Geistlichkeit nicht mehr entscheidend bremsen.

Gegen Ende seines Lebens war der Kelheimer der angesehenste Fürst in Deutschland. Der Stauferkaiser Friedrich II., der das Reich von Sizilien aus leitete, machte ihn sogar zum Vormund für seinen Sohn Heinrich. Heinrich sollte in Deutschland vor Ort stellvertretend für seinen Vater regieren. Aber dem königlichen Mündel wurde der Vormund mit seiner rigorosen Hausmachtpolitik bald lästig, denn Friedrichs Sohn träumte von einem Einheitsreich mit einem starken König wie in den guten alten Zeiten der Ottonen.

Im September 1231 wurde der Wittelsbacher Herzog auf der

Donaubrücke in Kelheim von einem Unbekannten »fremdländischer Kleidung« vor aller Augen niedergestochen. Leider waren die Zeugen des Attentats so erbost, dass sie den Täter sofort totschlugen. So ist bis heute ungeklärt, woher er stammte und was seine Motive waren. Die Zeitgenossen vermuteten hinter dem Mord an Ludwig die Kaiserfamilie als Auftraggeber und als Täter ein Mitglied der Assassinen, der mörderischen Islamistensekte von damals, was wegen der guten Beziehungen Friedrichs II. zur arabischen Welt unter den Verschwörungstheorien der Menschheitsgeschichte noch eine der plausibleren ist.

Als Ludwigs einziger Sohn Otto die Regierung übernahm, stand das Herzogtum der Wittelsbacher auf ziemlich festen Beinen. Es war nicht mehr das ausgedehnte, doch schwer greifbare Gebilde wie einst unter Tassilo, auch nicht der noch größere, aber fragile Lehensbesitz von Königs Gnaden bis an die Adriaküste, den Heinrich der Zänker im 10. Jahrhundert verspielt hatte. Baiern war jetzt ein ziemlich kompaktes Territorium, eher gesundgeschrumpft als amputiert. Auch wenn die Wittelsbacher in der Zukunft immer wieder einmal zu einer letztendlich erfolglosen Expansionspolitik ansetzten oder umgekehrt ihr Herzogtum durch Erbteilungen vorübergehend schwächten, im Kern blieb Baiern in dieser Form und Größe als das »konstante Fünfeck der deutschen Geschichte« bis ins 19. Jahrhundert erhalten.

Baiern war noch kein Flächenstaat im modernen Sinn, trotz aller Bemühungen von Ludwig und seinem Sohn Otto II., einen möglichst großen Teil des Herzogtums zum Hausbesitz zu machen. Es war ein Zwitter. Zwar gab es durchaus Ansätze einer, nur dem Herzog unterstellten und von ihm eingesetzten, zentralen Verwaltung etwa durch das Amt des Viztums, der in den einzelnen Bezirken als Stellvertreter des Herzogs für Recht und Ordnung sorgte.

Und nicht nur in Baiern, überall griff ein neues Selbstverständnis der Fürsten um sich, Regierende eines definierten Territoriums mit festen Normen zu sein und nicht mehr einem Lehensverbund vorzustehen, den persönliche Bindungen zusammenhielten.

Doch noch immer überlebten daneben zäh die Reste der alten gewachsenen Ordnung mit ihren unüberschaubaren Variationen von Abhängigkeiten, Kompensationsgeschäften und Sonderregelungen, wie sie Übereinkünfte von Mensch zu Mensch im Lauf von Jahrhunderten zwangsläufig hervorbringen.

Um ihre Hausmacht zu festigen und zu vergrößern, konnten die Wittelsbacher in einigen Fällen den Besitz eines ausgestorbenen Geschlechts als Ganzes an sich ziehen – gerne unter Hinweis auf ihre Verwandtschaft mit der erloschenen Dynastie. Was meist sogar stimmte, aber oft weit hergeholt war, denn in der Welt des Hochadels war eigentlich jeder mit jedem über ein paar Ecken verwandt und verschwägert. Häufiger aber mussten sie in mühsamer Kleinarbeit gewachsene Gerichts- oder Zollrechte, Steuerprivilegien und verstreuten Grundbesitz, ja sogar Fischerei- oder Weidetitel für sich gewinnen und gegen Mitbewerber behaupten. Das taten sie mit Geschick und brutaler Energie: Kleinvieh macht auch Mist. Zur Zeit Ottos II. hatte sich der Hausbesitz der Wittelsbacher bereits verdreifacht.

Die Herzöge gründeten Städte, ihre Städte, als Gegengewicht zu den Burgen und Abteien der adeligen Rivalen: Straubing, Deggendorf, Dingolfing, Landau, Burghausen, Weilheim oder Ingolstadt und bereits 1204 als wichtigste Neusiedlung Landshut, das schon bald mit dem ebenfalls aufstrebenden München um die führende Rolle im Land konkurrieren sollte. Regensburg, die altehrwürdige Hauptstadt Früh-Baierns, verlor langsam an Bedeutung.

Auch wenn die Zahl und Bedeutung von Städten zunahm, Baiern war und blieb Bauernland. Über 90 Prozent der Bevölkerung lebten vom Acker. Ein ärmliches Leben, aber nicht ganz so bedrückend wie die Jahrhunderte zuvor. Zwar hauste der Bauer noch immer in primitiven Hütten: Holz, Lehm verkleistertes Flechtwerk, Strohdach, Fensterlöcher und eine verqualmte Feuerstelle, doch Hungersnöte waren nicht mehr so allgegenwärtig wie noch um die Jahrtausendwende. Denn ausgedehnte Rodungen hatten für die langsam, jedoch stetig wachsende Bevölkerung neues Ackerland in großem Umfang geschaffen. Der jetzt meist von Pferden gezogene Eisenpflug, der tiefer in den Boden eindrang als der archaische Hakenpflug, sowie die Dreifelderwirtschaft – zwei Getreideernten statt wie früher nur eine und erst dann ein Brachjahr – steigerten die Erträge deutlich.

Das bäuerliche Leben blieb, trotz dieser Fortschritte, aber weiterhin für uns kaum vorstellbar hart und eng. Mit Ausnahme von Sonn- und Feiertagen schuftete der Bauer die ganze Woche über von früh bis spät, einen Großteil der Zeit für seinen Grundherren. Fast jeder Bauer hatte inzwischen einen Herren über sich, der von ihm und seiner Arbeit – meist recht bekömmlich und ohne Gewissensbisse – lebte. Weltliche und geistliche Nobilität standen sich dabei in nichts nach. Freie, wehrhafte Bauern wie zur Zeit der Agilolfinger gab es praktisch nicht mehr. Wer sein Feld bestellen musste, hatte weder Zeit noch Geld, aufwendig gerüstet in den Krieg zu ziehen. Doch ohne bewaffneten Schutz konnte er in einer Welt, in der noch immer das Faustrecht dominierte, schwer überleben. Also musste er sich in die Obhut eines Mächtigen begeben – war dann aber in seiner Ohnmacht auch dem Beschützer ausgeliefert.

»Landluft macht eigen« hieß die Maxime, und mit »eigen machen« meinte sie, jemanden zum Eigentum zu machen. Nur der Grad der Abhängigkeit variierte und die Art der Abgaben und Dienste, die der Bauer zu leisten hatte. Um 1200 war die Abgeltung in Naturalien bereits am Zurückgehen zugunsten eines Pachtzinses, eine Folge des gestiegenen Warenaustausches und der erhöhten landwirtschaftlichen Produktion. Beides erlaubte den Bauern, wenigstens einen Teil ihrer Erzeugnisse auf dem Markt in der nächsten Stadt zu verkaufen und so das Geld für die Pacht aufzubringen. Noch immer konnte der Grundherr vielerorts außerdem den Zehnten etwa in Wein, in Kerzen für die Dorfkirche und zusätzliches Entgelt für die Eheerlaubnis seiner Hörigen oder des Bespringen der bäuerlichen Sau durch den herrschaftlichen Eber einfordern. Und er hatte das Mühlen-Monopol. Nur bei ihm durften seine Bauern ihr Getreide mahlen lassen, natürlich nicht umsonst. (Die Mühle am rauschenden Bach war die wichtigste »Maschine« des Mittelalters.)

Die große Welt und ihre Machtkämpfe gingen an der kleinen Welt des Bauern vorbei – außer seine Felder wurden, wegen einer der in Adelskreisen so geschätzten Fehden, verwüstet, sein Vieh abgeschlachtet oder weggetrieben, was als besonders probates Mittel der Kriegsführung galt.

Er ging jeden Sonntag in die Kirche, beugte ehrfurchtsvoll sein Knie vor dem Allerheiligsten und dem Grundherrn im geschnitzten Betstuhl, lauschte der Predigt, die für ihn, der nicht lesen und schreiben konnte, die einzige Offenbarung war, hielt mit Kreuze schlagen und Weihwasser den Teufel von sich fern, betrank und prügelte sich an den hohen Festtagen. Er sah seine Frau ein Dutzend Kinder gebären und die Hälfte davon schnell wieder sterben und war mit 50, falls er dieses Alter denn erlebte, ein zahnloser Greis mit der Hoffnung, sich hienieden wenn schon nicht die ewige Seligkeit, so doch zumindest den Eingang ins Fegefeuer verdient zu haben.

Die Herrschaften über ihm hatten nicht zuletzt durch die Kreuzzüge, von denen sie, widerwillig und begierig zugleich, einiges aus der überlegenen Kultur der verdammten Ungläubigen mit nach Hause gebracht hatten, ihre Sinne fürs Schöne geschärft. Man wohnte jetzt in recht geräumigen Burgen mit einer Außenlatrine auf den Burggraben hinaus. Man aß zwar noch immer mit den Händen, aber die wusch man sich vor und beim Essen, ansonsten hatte Wasser bei Tisch nichts verloren. Der Adel trank Wein, Bier oder Met. Wasser tranken nur Bauern.

Die Rüstungen der Krieger, eigentlich funktionale Berufskleidung, bekamen eine geradezu verspielte Note. Die Freizeitgewänder wurden bunter und bunter. Die Damen trugen zunehmend körperbetont. Die Schleppen ihres Obergewands, im Sommer mit Seide, im Winter mit Pelz gefüttert, wurden immer länger. Gerührt hörten die holden Frauen und die edlen Herren den fahrenden Sängern zu, die zur Laute von fast übermenschlicher ritterlicher Tugend kündeten, am liebsten aber von der Minne, der hohen, der mittleren und der niederen. Manchmal ergreifend schöne höfische Dichtung – zu schön, um wahr zu sein. Denn draußen wurde weiter befehdet und belagert, geplündert und geknechtet, niedergebrannt und niedergestochen, erschlagen und erhängt, verraten und vergewaltigt und das mit großer Selbstverständlichkeit.

Die Kluft zwischen Ideal und Wirklichkeit war tief, nicht zufällig greift etwa das Nibelungenlied, um das Jahr 1200 irgendwo im bairisch-österreichischen Raum entstanden, auf heldenhaftes Leben und Sterben längst vergangener Tage zurück: als fernes Vorbild für die Gegenwart, nicht als deren Abbild. Und bei aller Virtuosität klingt der Minnesang mit seinem unerfüllten Schmachten in unseren Ohren häufig gekünstelt, ein glänzendes Gesellschaftsspiel.

Und selbst wenn Neidhart von Reuenthal, wohl aus der Gegend um Landshut stammend, am Hof Ottos III. nicht mehr von unerreichbaren »hohen frouwen«, sondern vom ritterlichen Vergnügen an drallen, willigen Bauernmädchen und derben dörflichen Tanzfesten singt, dann spiegeln seine Lieder trotzdem nicht wirklich wider, wie es zwischen »Oben« und »Unten« stand, so wenig, wie die Operettenschnulzen des 19. Jahrhunderts es mit der mal romantischen, mal frivolen Beziehung zwischen dem feschen Herrn Baron und dem süßen Wäschermädel taten. Seine parodierenden Lieder sind kunstvolle Bauernfolklore, Amüsement für ein höfisches Publikum.

Im wahren Leben gab es keine Annäherung, von Verbrüderung gar nicht zu sprechen. Die Adelswelt hatte sich in einen Kokon aus hochgestochenen Idealen, pseudoreligiösen Ritualen wie der Schwertleite für den Ritternachwuchs und realen, angeblich gottgegebenen Privilegien eingesponnen. Wie immer waren es die zuletzt Angekommenen, die ihren Status besonders betonten und verteidigten. Die Ministerialen waren einst Unfreie gewesen, die von den Landesherren zum Verwaltungs- und Kriegsdienst geholt und mit kleineren Lehen dafür belohnt wurden. Um 1200 hatten es die meisten geschafft, sich in den niederen Adel hineinzudrängen, und sahen sich nun als die stolzen Ritter par excellence.

Vor den Großen verbeugten sie sich allerdings tief, sie waren ja von deren Gunst abhängig. Reinbot von Durne preist in der Widmung einer gereimten Georgs-Legende seine Auftraggeber, das Wittelsbacher Herzogspaar Otto III. und Agnes: »Er und seine reine Frau, die hochedle Fürstin, haben beide ihr Trachten auf ehrenvolles Leben gerichtet und wissen sich dennoch um den ewigen Lohn der himmlischen Krone zu bemühen … Sie stehen in solchem Ansehen, dass die Höchsten auf Erden mit vollem Zutrauen nach ihrem Rat leben und die Kinder mit ihren Kindern verheiraten.« Halleluja.

Auf das gemeine Volk sahen die Ritter dagegen herab: ungewaschene, ungebildete Tölpel, zum Dienen bestimmt. Diese Unterordnung galt als unumstößlich. Jedermann gehörte an seinen gottgegebenen Platz. Auflehnung war Hoffahrt, eine Todsünde, schon im Diesseits musste sie böse enden. Ein Dichter, den wir unter »Werner der Gärtner« kennen und der wohl aus der Ecke zwischen Inn und Salzach stammte, schrieb in der zweiten Hälfte des 13. Jahrhunderts die Vers-Moritat vom »Meier Helmbrecht«.

Ein Bauernsohn, durch die Adelsprädikate bunt bestickte Mütze und langes wallendes Haar schon als einer gekennzeichnet, der zu hoch hinauswill, schließt sich gegen den dringenden Rat seines Vaters einer Raubritterbande an: »Nie mehr werden Säcke meine Schultern drücken, ich will keinen Mist mehr auf deinen Wagen laden.« Der Vater mahnt: »Selten hat der Glück, der sich gegen seinen Rang auflehnt, und dein Rang ist der Pflug.«

Es kommt, wie es kommen muss: Nach einem kurzen pseudohöfischen Leben voller Missetaten wird der Möchtegern-Ritter von der Obrigkeit erwischt. Der Büttel sticht ihm die Augen aus und schlägt ihm einen Arm und ein Bein ab. Als blinder Krüppel irrt Helmbrecht nun umher. Die Bauern verhöhnen ihn: »Wärst du Bauer geblieben wie wir, wärst du nicht blind und müsstest dich nicht führen lassen.« Sie reißen ihm die Haare aus, zerfetzen seine Mütze, hängen ihn schließlich wegen seiner bösen Taten auf.

Und die Moral von der Geschicht: Werde kein Meier Helmbrecht nicht! Sonst wirst auch du, so weiß Werner, »wie er am Galgen enden!«.

Es war der Ehrgeiz der Fürsten, der diese Welt mit einem klaren Oben und Unten immer wieder in Unordnung brachte. Herzog Otto, bei der Konsolidierung der Wittelsbacher Macht im Inneren ja durchaus erfolgreich, hatte als primäres außenpolitisches Ziel, Österreich wieder heimzuholen. Dafür fuhr er einen Zickzackkurs von stauferfreundlich zu stauferfeindlich und zurück. Er schaffte es trotzdem nicht, obwohl die Babenberger 1246 mit dem Schlachtentod Friedrichs des Streitbaren in einem Krieg gegen Ungarn ausstarben und sich der Baiernherzog berechtigte Hoffnungen auf die Nachfolge machen konnte. Seine Bewerbung wurde jedoch nur halbherzig und spät von Kaiser Friedrich II. unterstützt, und so konnte Baiern in seiner ehemaligen Ostmark nicht mehr Fuß fassen.

Otto starb milde frustriert im Jahr 1253. Sein Herzogtum vermachte er den beiden Söhnen Heinrich und Ludwig. Sie sollten es nach seinem letzten Willen gemeinsam regieren. Das war ein frommer Wunsch. Die beiden Brüder konnten sich nie richtig leiden, und schon nach einem Jahr zerbrach die Doppelspitze. Ludwig, Beiname »der Strenge«, und Heinrich, beinamenlos, teilten sich Baiern auf. Ludwig, der Ältere, erhielt Oberbaiern und dazu die Pfalz bei Rhein, Heinrich, inzwischen der 13. bairische Herzog dieses Namens!, das flächenmäßig größere Niederbaiern. Mit diesem Schritt betraten die Brüder staatsrechtliches Neuland. Bisher war ein Fürstentum als Königslehen unteilbar gewesen.

Inzwischen war die Lehensidee jedoch ein verblassender Anachronismus. Die Reichsfürsten fühlten sich primär als Eigentümer ihres Territoriums, besonders seit ihnen Friedrich II. im »statutum in favorem principum« von 1232 praktisch Autonomie im Inneren zugesichert hatte. So sahen sich die beiden Herzöge durchaus im Recht, ihr Erbe nach eigenem Gutdünken aufzuteilen. Sie hatten mit ihrem Vorgehen den Nerv der Zeit getroffen. Das bairische Beispiel machte Schule. Binnen Kurzem wurde überall im Reich dynastischer Besitz eigenmächtig geteilt, getauscht oder verkauft, ohne dass die Zentralgewalt, also der König, einschritt.

Der Anfang von 250 Jahren bairischer Selbstzerstückelung war gemacht, die nur unter Kaiser Ludwig dem Bayern im frühen 14. Jahrhundert kurz unterbrochen wurde. Zeitweise sollte es drei, ja vier bairische Herzogtümer geben mit einer Handvoll von Hauptstädten – München, Landshut, Straubing, Ingolstadt, Burghausen – und manchmal überraschenden Außenbesitzungen, etwa auf westfriesischen Inseln oder im belgischen Hennegau. Die vielen kleinen Herzöge bekämpften sich nicht selten bis aufs gleiche Wittelsbacher Blut, und erst 1506 legte Herzog Albrecht IV. im Primogeniturgesetz die alleinige Erbfolge des ältesten Sohnes für Gesamt-Baiern fest.

Zurück ins 13. Jahrhundert: Die beiden ungleichen Brüder Ludwig und Heinrich gingen verschiedene Wege im halbierten Herzogtum. Heinrich war ein guter Soldat, doch ein zögerlicher, unentschlossener Staatsmann. Ludwig hingegen wusste, was er wollte. Sein Beiname »der Strenge« aber trifft daneben. Die Zeitgenossen hätten ihn besser »der Jähzornige« oder »der Ungerechte« genannt. Denn 1256 ließ er seine Ehefrau Maria von Brabant auf den bloßen Verdacht des Ehebruchs hin enthaupten.

Diese Untat erregte die Zeit. Meister Stolle, ein fahrender Sänger, schrieb sich seine Empörung von der Seele, vorsichtshalber wohl außer Reichweite des Herzogs: »Ich habe mein Leben noch nie von einer so großen Mordtat gehört, wie der Fürst der Baiern sie begangen hat. Gott führe die in Schanden, die ihm den Rat dazu gaben. Man soll sie auf einem hölzernen Rost braten. Nun könnt ihr jammervolles Klagen hören: Sie erbat sich vor ihrem Ende den Kuss ihres Herrn. »Soll ich nun von Euch erschlagen werden, so werdet ihr sehr oft eure Hände schmerzlich ringen. Meine Unschuld stelle ich dem Sohn der Heiligen Jungfrau Maria anheim. Der Tod, den ich erleiden muss, wird den Verlust eures Glücks bewirken.« Mit dieser Voraussage sah die arme Maria zu schwarz. Ludwig bereute zwar seine Tat ein Leben lang und stiftete zur Sühne das Kloster Fürstenfeld bei München, doch er heiratete noch zweimal, beide Gattinnen starben ohne sein Zutun.

Abgesehen von seiner »auffahrenden Leidenschaft« privatim war Ludwig von »erzwungener Besonnenheit«, wie der treffliche Benno Hubensteiner bemerkt. Der Herzog, der neben Oberbaiern die Pfalz am Rhein besaß, blieb bis über das bittere Ende der Staufer – Konradin, der letzte des Geschlechts, wurde 1269 nach dem gescheiterten Versuch, Süditalien zurückzugewinnen, in Neapel enthauptet – unerschütterlich reichstreu. Bruder Heinrich in Niederbaiern hingegen, dessen Behandlung seiner zwei Ehefrauen im Dunklen liegt, hatte zwar anfangs wüste kriegerische Auseinandersetzungen mit dem Böhmenkönig Ottokar II. Er lehnte sich dann aber zunehmend an diesen mächtigen Nachbarn an, der Österreich, Kärnten und die Steiermark zu seinem Stammland Böhmen hinzuerworben hatte.

Ottokar fühlte sich Kraft seiner Besitzungen auch für die deutsche Königswürde prädestiniert. Den übrigen Reichsfürsten wurde der Böhmenherrscher unheimlich und sie wählten 1272, angetrieben vom Baiernherzog Ludwig, dem damals wohl zweitmächtigsten Mann im Reich, den Habsburger Rudolf mit Stammsitz im heutigen Schweizer Aargau, »den kleinen Grafen«, wie Ottokar den neuen König geringschätzig nannte.

Gegen alle Erwartungen erwies sich der kleine Graf als eine Nummer zu groß für den arroganten Ottokar. Rudolf manövrierte ihn so geschickt aus, dass Ottokar seinen Rückhalt in Deutschland verlor. Als Rudolf dann sein Heer in Bewegung setzte, wurde der Böhmenkönig auch von seinem niederbairischen Sympathisanten Heinrich im Stich gelassen. Heinrich schloss sich zu Ottokars tiefer Enttäuschung dem Habsburger an und hoffte durch diese geschmeidige Taktik, Österreich, zumindest einen Teil davon, für sich zu ergattern. Auf dem Marchfeld 1278 ging – frei nach Grillparzer – König Ottokars Glück zu Ende. Er verlor Schlacht und Leben. Aus diesem Endkampf hatte sich Heinrich in einer erneuten halben Kehrtwende wieder herausgehalten.

Zu Recht sah der Sieger Rudolf den Niederbaiern für einen ziemlich windigen Bundesgenossen an und ließ ihn letztendlich leer ausgehen. Mit den Herzogtümern Österreich, Kärnten und Steiermark belohnte er sich selbst, er vergab sie als Lehen an seine Söhne. Damit vergrößerte sich die Machtbasis des »kleinen Grafen« gewaltig, und sie verschob sich nach Osten. Das habsburgische Österreich nahm Gestalt an, bedrohliche Gestalt für das benachbarte, geteilte Baiern. Ludwig, Herzog von Oberbaiern, hatte die gescheiterten Ostpläne seines Bruders nie unterstützt. Ihm war überhaupt nichts daran gelegen, dass Heinrich, den er eh nicht mochte, sein Territorium ins Österreichische ausdehnen und ihn überflügeln würde. Er blieb stets gut Freund mit König Rudolf, heiratete sogar dessen Tochter Mathilde, und ahnte nicht, dass er seinem Sohn Ludwig – und vielen, vielen bairischen Herrschern kommender Generationen – als Steigbügelhalter der Habsburger ein Dauerproblem vererbt hatte.

Ludwig der Bayer

 *Eines wissen wir ziemlich sicher* über Kaiser Ludwig den Bayern: Er litt an Haarausfall. Zwei Chronisten berichten das, doch schon bei der Farbe seiner mit den Jahren schwindenden Lockenpracht herrscht wie in so vielen Fragen um diesen Kaiser Unsicherheit. Während ein Zeitgenosse sie als rötlich beschreibt, sieht der andere für des Kaisers Haare eher schwarz.

Außerdem soll Ludwig eine spitze, nach unten gebogene Nase ausgezeichnet haben. Das brachte ihn rein ästhetisch klar ins Hintertreffen zu seinem Jugendfreund und späteren Rivalen Friedrich von Habsburg, genannt »der Schöne«, dessen Beiname allerdings heute eher befremdlich wirkt, wenn man die einzige von ihm erhaltene Miniatur betrachtet. Aber Schönheitsideale wandeln sich, wie wir alle wissen.

Ganz sicher hingegen ist, der Heilige Stuhl hielt nicht viel vom Kaiser mit der spitzen Nase. Papst Johannes XXII. nannte ihn nur verächtlich »Bavarus ille«, der Bayer da – lautlich schwang wohl auch ein bisschen die Vokabel »Barbarus« mit. Dieser gar nicht schmeichelhaft gedachte Beiname blieb haften. Papst Clemens IV. wünschte Ludwig sogar ganz im Geiste christlicher Nächstenliebe, dass seine Söhne ihren Feinden in die Hände fallen und vor den Augen des Vaters umgebracht werden sollten.

Ludwig regierte, trotz dieser negativen Urteile, über 30 Jahre als deutscher König (1314–1347) und fast 20 als Kaiser des Heiligen Römischen Reiches (1328–1347). Als erster und einziger Wittelsbacher. (Was ein später Nachfahre im 18. Jahrhundert für drei Jahre als sogenannter Deutscher Kaiser tat, kann man beim besten Willen nicht regieren nennen.)

Ludwig war ein Herrscher ohne Visionen und intellektuelle

Höhenflüge, doch stets mit einem praktischen, fast kaufmännischen Sinn für den Erwerb von Macht. Aktiva und Passiva in wildem Wechsel. Am Schluss seines Lebens aber, einem geradezu bühnenwirksamen Schluss, standen schwarze Zahlen in seiner Bilanz, und Baiern war auf dem Weg zur Großmacht. Leider wieder einmal nicht für lange.

Das Auf und Ab in der Vita dieses bairischen Kaisers hat schon die Zeitgenossen bewogen, die Ausschläge seines Schicksals auf einen zwiespältigen, schwer fassbaren Charakter zurückzuführen. Mathias von Neuenburg: »Du hast eine schwere Arbeit, wenn du es unternimmst, den großen Adler zu schildern, der langsam und lange fliegt, mit versengten Flügeln sich aufschwingend, in der Torheit weise, in der Sorglosigkeit aufmerksam, in Trägheit ungezähmt, in Trauer heiter, im Kleinmut stark, im Unglück glückhaft.«

Ursprünglich war der schon erwähnte Friedrich der Schöne gut Freund mit dem großen Adler. Außerdem war er sein Vetter. Friedrich und Ludwig hatten denselben Großvater: Rudolf, den ersten Kaiser aus dem Hause Habsburg. Dessen Tochter war Ludwigs Mutter, und die ließ nach dem Tod ihres bairischen Mannes den Sohn am väterlichen Wiener Hof erziehen. Was man bei Fürstens damals so Erziehung nannte. Lesen und schreiben, ein bisschen. (Aber das hat Karl der Große auch nie richtig beherrscht und es trotzdem zum »Großen« gebracht.) Latein so viel, dass es knapp fürs »Pater Noster« reichte. Tatsache ist, dass sich Ludwig der Bayer als Kaiser lateinische Schriftstücke erst publikumswirksam vorlesen, dann aber von einem der Hausgelehrten, die den Münchner Hof zahlreich bevölkerten, sicherheitshalber übersetzen ließ.

Kniffligere Probleme, wie sie etwa Theologie, Philosophie, Arithmetik oder gar die Astronomie aufwarfen, überließen hohe Herren den Geistlichen, bevorzugt den Mönchen, die als am wenigsten vom profanen Diesseits mit seinen Zerstreuungen und Verlockungen abgelenkt galten.

Junge Angehörige des Hochadels übten sich hingegen in den

wahrhaft wichtigen Dingen des Lebens: Reiten, Fechten, Falken-
jagd, Schachspielen, manchmal auch ein bisschen Dichten und
Singen.

So muss man sich auch die fürstlichen Lehrjahre vorstellen,
die Ludwig zusammen mit Vetter Friedrich durchlebte, bis es
dann für Ludwig hieß: Zurück nach München und regieren. Damit begannen die Probleme. Denn sein Bruder Rudolf, genannt
der »Stammler«, war Mitregent im Herzogtum Oberbaiern. Eifersüchtig auf den Bruder ohne Sprachfehler, war Rudolf bei fast
allen Streitigkeiten um die deutsche Königskrone, und davon gab
es in den Jahren um 1300 viele, auf der anderen Seite zu finden.
Der Stammler schien überhaupt ein unerfreulicher Charakter gewesen zu sein. Um seiner Mutter Matilde drastisch klarzumachen,
dass er sich Einmischungen von ihr in seine Regierungsgeschäfte
ein für alle Mal verbitte, ließ er 1302 deren höchstem Beamten,
dem ihr treu ergebenen Viztum Konrad Öttlinger, mal schnell in
München den Kopf abschlagen. Daraufhin beendete Matilde ihre
politische Karriere.

Außerdem gab es ja seit 1255 zwei Herzogtümer unter der
weiß-blauen Raute: Neben Oberbaiern das Herzogtum Niederbaiern mit der Hauptstadt Landshut. In Niederbaiern »regierten« nach dem Tod des langjährigen Herrschers Otto zwei kleine
Buben. Der sterbende Otto hatte Ludwig die Vormundschaft für
die beiden Kinder-Herzöge übertragen, doch der niederbairische
Adel, der den oberbairischen Herzog von Landshut fernhalten
wollte, wandte sich zwecks Vormundschaft an Friedrich den Schönen in Wien.

Der Jugendfreund sah eine gute Gelegenheit, sich in Baiern
festzusetzen, und marschierte in Niederbaiern ein. Im Städtchen
Landau an der Isar wartete Ludwig schon auf ihn. Es kam zu einem Treffen, es kam zu einem hitzigen Wortwechsel, und wenn –
so berichten die Chronisten mit einem gewissen Tadel für den
Mangel an höfischer Contenance – beherzte Männer seines Gefol-
ges Ludwig nicht zurückgehalten hätten, wäre er mit gezücktem
Schwert auf Friedrich losgegangen. »Wo Worte nichts vermögen,

soll das Schwert entscheiden«, soll er hoch erzürnt gerufen haben. Als Antwort drohte Friedrich Ludwig an, ihn von Haus und Hof zu vertreiben. Das war das Ende einer wunderbaren Freundschaft. Es gab Krieg.

Herzog Rudolf, immerhin auch er oberbairischer Herrscher, hielt sich in diesem Machtkampf diskret zurück, wahrscheinlich hätte er eine Niederlage seines ungeliebten Bruders nicht ungern gesehen. So stand an einem nebeligen Novembertag des Jahres 1313 bei Gammelsdorf nahe Moosburg Ludwig mit einer ziemlich kleinen Streitmacht einem überlegenen Habsburger Heer gegenüber. Der bairische Chronist sah ein Kräfteverhältnis von eins zu vier gegen Ludwigs Scharen, jedoch einen unschlagbaren Bundesgenossen auf der Baiernseite: »Der Herzog aber vertraute auf Gott, dem es nicht schwerer fällt, der Minderzahl als der Übermacht den Sieg zu verleihen.«

Den siegesgewissen Österreichern blieb die entscheidende göttliche Hilfe versagt, außerdem blieben die Attacken ihrer schwer gerüsteten Ritter im sumpfigen Gelände stecken. Die bairischen Armbrustschützen und Fußsoldaten mit ihren langen Spießen kamen auf dem schweren Geläuf weit besser zurande. Und so kam es, wie es kommen musste: »Die zuerst hoch zu Rosse saßen, lagen jetzt verstümmelt und nackt, ihrer seidenen Gewänder bar, in den Feldern. Die zuvor gehöhnt hatten, weinten jetzt blutige Tränen … und die gekommen waren, Beute zu machen, wurden nun von anderen als gute Beute weggeführt.« Ein paar Hundert österreichische Ritter gerieten in Gefangenschaft.

Friedrich der Schöne musste nach dieser Niederlage seine Niederbaiernpläne begraben. Der Baiernherzog galt von nun an als großer Feldherr – besonders bei bairischen Chronisten –, wurde aber von eben diesen Chronisten mangelnder Konsequenz geziehen: »Er weiß, die Vögel zu fangen, aber er kann sie nicht rupfen.« Denn Ludwig und Friedrich versöhnten sich bei ihrer nächsten Begegnung. Ja »sie umarmten und küssten sich stürmisch und bekannten sich beide als Enkel des ruhmreichen Königs Rudolf«, bemerkt ein Chronist missbilligend, der es lieber gesehen hätte, man hätte von den Habsburgern »einigen den Kopf vor die Füße gelegt, andere aber bis auf den letzten Pfennig ausgeraubt«. Doch das schrieb er rückblickend, als sich herausgestellt hatte, dass dieses wiedergefundene herzliche Einvernehmen nicht von Dauer war.

Inzwischen hatte nämlich eine Königswahl angestanden. Die beiden letzten deutschen Herrscher hatten ein jähes Ende gefunden. Der Habsburger Albrecht war von seinem Neffen wegen eines Erbstreits 1308 gemeuchelt worden. Seinen Nachfolger, den Luxemburger Heinrich VII., dessen Macht sich vor allem auf das Königreich Böhmen stützte, hatte das Sumpffieber 1313 auf einem Italienzug weggerafft. Der nächste Herrscher, so viel schien sicher, würde aus einem dieser beiden mächtigsten Häuser kommen, entweder Johann von Böhmen oder, unbeschadet der Niederlage bei Gammelsdorf, Friedrich der Schöne. Als die Wahl näher rückte, erkannte die Luxemburger Partei, dass für ihren Kandidaten Johann unter den Kurfürsten keine Mehrheit zu finden war. Wen also nominieren? Da fiel dem Erzbischof Balduin von Trier, einem der Kurfürsten, der Baiernherzog ein. Ein wackerer Krieger, dieser Ludwig, nicht zu schlau, nicht zu ehrgeizig, seit Gammelsdorf nicht mehr dicker Freund von Friedrich, und vor allem nicht zu mächtig mit seinem eher bescheidenen Herzogtum Oberbaiern. Warum nicht den? Ludwig zierte sich in bester Politikermanier. Seine Hausmacht sei gering verglichen mit den Habsburgern, er dränge sich ganz und gar nicht nach dem Amt, aber wenn man ihn unbedingt rufe … Er stand zur Verfügung.

Die Wahl fand traditionell vor den Mauern der Reichsstadt Frankfurt statt. Vier Kurfürsten hatten sich schon im Vorfeld für Ludwig ausgesprochen, nur drei für Friedrich. Am 19. Oktober 1314 wählte diese Minderheit, ausgerechnet unter dem Vorsitz und mit der Stimme von Rudolf, Ludwigs neidischem Bruder, der außer bairischer Herzog auch Pfalzgraf bei Rhein und damit einer der Kurfürsten war, Friedrich den Schönen auf dem südlichen Mainufer zum deutschen König. Am Tag darauf gab die Mehrheit Ludwig dem Bayern auf der nördlichen Uferwiese ihre Stimmen.

Ein paar Wochen später wurden beide gekrönt. Ludwig in Aachen, dem angestammten Krönungsort deutscher Könige seit Karl dem Großen, Friedrich hingegen nur in Bonn. Dafür setzte Friedrich der »richtige« Erzbischof, der von Köln, die Krone auf, Ludwig dagegen nur der Erzbischof von Mainz. Und der Habsburger, das wog bei den Zeitgenossen schwer, war im Besitz der echten alten Reichsinsignien Krone, Zepter und Reichsapfel. Ludwig musste sich mit einer Ersatzgarnitur, zwar vom englischen König Richard Löwenherz gestiftet, aber halt doch ziemlich neu, zufriedengeben.

Mehrheiten empfand der feudale Wahlverein, der sich noch an Faustrecht und Gottesurteil orientierte, nicht bindend. Dafür galten Symbole umso mehr in der statischen, weitgehend analphabetischen Welt des Mittelalters. Und da lagen die beiden Könige ziemlich gleichauf. König Ludwig und König Friedrich. Wer nun? Wieder musste das Schlachtfeld entscheiden.

Es sah anfangs nicht gut aus für den Baiern. Die Habsburger schienen militärisch einfach zu stark. Es sah schon besser aus, als Ludwig zumindest den Feind im eigenen Hause, seinen Bruder Rudolf, in mehreren Scharmützeln zermürbte, zur Abdankung zwang und von nun an wenigstens vor dessen Bruderliebe sicher war. Und noch mehr half König Ludwig, dass der österreichische Adel 1315 mitten im Konflikt um die Krone in schimmernder Wehr gen die Schweiz zog. Man wollte dort den Bauernlümmeln, die sich erdreistet hatten, gegen die Habsburger aufzumucken, eine Lektion erteilen.

Leider nahmen die hohen Herren in ihrer unübertrefflichen Arroganz das gebirgige Gelände so wenig ernst wie ihre Gegner aus dem gemeinen Volk. Als es von den Hängen bei Morgarten Felsbrocken und Baumstämme hagelte, die Bauern ohne jede Spur von Ritterlichkeit – wie stillos! – über sie herfielen, wurden die adeligen Herren mit Äxten und Hellebarden abgeschlachtet. Denn die Ritter konnten sich in ihren schweren Rüstungen auf ebenfalls gepanzerten Pferden im engen Tal kaum bewegen. Sie wurden einfach aus dem Sattel gerissen und lagen dann auf dem

Rücken wie große hilflose Käfer. Das Gemetzel von Morgarten war der Anfang vom Ende des unbesiegbaren Ritterheeres. Die Ritter merkten es nur noch nicht, auch in ihrem Lernprozess glichen sie eher trägen Käfern. Das sollte schon die nahe Zukunft beweisen.

Ludwig war sicher froh über die Kunde von dieser verheerenden Niederlage und den hohen Verlusten der Habsburger, trotzdem wagte er noch immer keine offene Schlacht mit Friedrich. Mehrmals standen sich in den kommenden Jahren beide Heere gegenüber, doch jedes Mal zuckte Ludwig zurück, schon musste er sich feige und zaghaft nennen lassen. Erst 1322 suchte er die Entscheidungsschlacht, als er fürchtete, zwei Habsburger Heere würden ihn von Westen und Osten in die Zange nehmen, falls er länger zögere. Ludwig stellte das Habsburger Ostheer unter Friedrich dem Schönen beim oberbairischen Mühldorf.

Die Schlacht von Mühldorf am Inn zwischen zwei etwa gleich starken Gegnern gilt als die letzte große Ritterschlacht auf deutschem Boden. Zu Recht. Friedrich der Schöne in erster Reihe, noch schöner als sonst, da in voller Zier mit Prunkrüstung und einem goldfunkelnden Königshelm. Ludwig dagegen ganz in Blau und mit einer Prise Verschlagenheit, nach österreichischer Lesart sogar unritterlicher Hinterlist. Denn wie er waren zehn weitere bairische Ritter gekleidet – da musste es dem Gegner schwerfallen, den Richtigen zum Niederstrecken herauszufinden.

Den Oberbefehl hatte Ludwig dem Böhmenherrscher Johann überlassen, seinem mächtigsten Bundesgenossen, für den er damals bei der Königskür als Lückenbüßer eingesprungen war. Johann war nach allgemeiner Meinung ein Ritter ohne Fehl und Tadel, kühn und immer vornedran. (Noch als älterer Mann und voll erblindet sprengte er 1346 mit den verbündeten Franzosen ins Schlachtgetümmel von Crecy, wo die englischen Bogenschützen die feindlichen Ritter ähnlich unbarmherzig und effizient massakrierten wie die Schweizer das Habsburger Heer bei Morgarten. Dabei fand er den standesgemäßen Heldentod.)

Die Berichte über die Schlacht von Mühldorf sind widersprüchlich, und der Heldentaten beiderseits sind viele. Es steht jedoch fest, dass eine gewisse Lernfähigkeit der bairischen und böhmischen Ritter entscheidend zu Ludwigs Sieg beitrug. Sie stiegen nach ersten Gefechten vom hohen Ross und kämpften wie die gemeinen Soldaten zu Fuß höchst wirkungsvoll gegen die unverdrossen nach der Väter Art anreitenden Feinde, indem sie deren Pferde zu Fall brachten! Am Nachmittag konnte Ludwig frohlocken: Der Sieg war seiner.

Friedrich der Schöne, etwas angeschlagen, wurde als Gefangener vor Ludwig gebracht. »So gern wie heute, Herr Vetter, habe ich Euch noch nie gesehen«, soll der Sieger gesagt haben. Das Adrenalin des Sieges ließ dem Baiernkönig ein weiteres geflügeltes Wort entschlüpfen. Der Hunger der Soldaten nach der anstrengenden Schlacht war groß. Die Verpflegung hingegen knapp. Es gab nur noch Eier. Und zwar genau eins pro Mann. Jedoch gab es auch noch den Ritter Schweppermann. Dieser Recke hatte sich durch besondere Tapferkeit ausgezeichnet. Und so machte ihn der König unsterblich mit dem Satz: »Jedem Mann ein Ei, dem braven Schweppermann aber zwei!« Später gab er ihm zusätzlich zur Unsterblichkeit ein paar Burgen als Lehen. Vetter Friedrich bekam ebenfalls eine Burg – als Gefängnis. Von der Veste Trausnitz in der Oberpfalz aus konnte er die nächsten zwei Jahre weit hinaus in Land schauen und über Schönheit, vergänglichen Ruhm und vermasselte Schlachten nachsinnen. Ludwig der Bayer hingegen durfte sich nun als unangefochtener deutscher König fühlen. Wäre da nicht Avignon gewesen.

In Avignon saß nämlich ein Papst mit Ambitionen. Im 14. Jahrhundert saß man als Papst in der düsteren, riesigen Burg zu Avignon in Südfrankreich – Rom war den Päpsten wegen der dauernden Fehden des lokalen Adels zu mühsam geworden –, und man war ziemlich von den Launen des französischen Königs abhängig, der jetzt den Heiligen Vater zu beschützen vorgab (später hießen diese Jahrzehnte im französischen Exil »die babylonische Gefangenschaft der Kirche«).

Papst Johannes XXII. war selbst Franzose, skrupellos und so

geld- wie machtgierig. Außerdem beseelte ihn die Idee, der Christenheit und besonders dem deutschen König wieder einmal richtig zu zeigen, dass er als Stellvertreter Gottes auf Erden über jedem gekrönten Haupt stehe. Der Papst forderte Ludwig auf, abzudanken. Er habe die Wahl des Baiern durch die Mehrheit der Kurfürsten nicht abgesegnet. Ludwig wehrte sich entrüstet und nannte seinerseits Johannes einen ketzerischen Unruhestifter, der das Deutsche Reich zerstören wolle.

1324 schleuderte Johannes XXII. von Avignon aus den Bannfluch gegen Ludwig. Doch was 250 Jahre vorher – beim berühmten Gang nach Canossa von Kaiser Heinrich IV. 1077 – noch wie ein Blitz in der mittelalterlichen Welt eingeschlagen hatte, war zu einer ziemlich stumpfen Waffe geworden, wenn nicht zum Rohrkrepierer. Obwohl der Kirchenbann bis zu Ludwigs Tod mehrmals und zunehmend feierlicher wiederholt wurde, zeigte er kaum Wirkung in deutschen Landen. Im Gegenteil, den Verkündern des Verdikt schlugen häufig Hass und Gewalt entgegen.

So wurde ein päpstlicher Gesandter in Regensburg gleich bei seiner Ankunft eingesperrt und am nächsten Morgen mit der Drohung freigelassen, es wäre sein Tod, würde er noch einmal mit den Schreiben aus Avignon erwischt. Darauf versenkte er sie verängstigt in der Donau. In Mainz schrie eine Menge den Boten nieder: »Was warten wir noch, ergreifen wir den elenden Mönch und werfen ihn in den Rhein.« Der Mann entledigte sich seiner Kutte und entkam nur knapp. In Brandenburg erging es einem Geistlichen weit schlechter. Er wurde beim Vorlesen erschlagen, sein Körper verbrannt. Und in Basel warf die aufgebrachte Menge den Legaten in den Rhein. Als er sich schwimmend retten wollte, ruderten ihm die Bürger auf Kähnen nach und schlugen ihn tot.

Diese sehr handgreifliche Parteinahme für Ludwig überall im Deutschen Reich zeigt, der Wittelsbacher war auch außerhalb seines direkten Herrschaftsgebiets als König angekommen. Vor allem die Bürger der aufstrebenden Städte hielten zu ihm. Er hatte sich ihnen aber auch durch die großzügige Gewährung von Privilegien genehm gemacht. Dies war nicht immer nur aus politischem Kalkül, sondern oft aus reiner Geldnot geschehen. Soldaten waren teuer, der Ausbau des Hofes in München ebenso, und so lesen sich die Amtshandlungen des Königs häufig wie eine endlose Reihe von Verpfändungen aller Art. In Regensburg etwa beschaffte er sich Kredite von finanzkräftigen Bürgern, indem er ihnen unter anderem die Einnahmen aus der Judensteuer, der Salzsteuer, die Zolleinnahmen einer seiner Städte, nämlich die von Ingolstadt, aber auch ganze Ortschaften wie Wörth und Donaustauf übertrug.

Ludwig war sich stets bewusst, dass – trotz großer Zustimmung – nur die Vergrößerung seiner Hausmacht ihn und das Haus Wittelsbach auf Dauer ganz oben halten konnte. Als das Geschlecht der Markgrafen von Brandenburg ausstarb, hatte er 1323 bereits seinen erst achtjährigen Sohn mit diesem Kurfürstentum belehnt. Nach dem Tod seiner ersten Frau heiratete er ein Jahr später die Tochter des Grafen von Holland – plötzlich standen die Baiern auch mit einem Bein an der Nordseeküste.

Diesen Aufstieg einer mittleren Territorial-Dynastie zur Beinahe-Großmacht sahen vor allem die Luxemburger, bisher Ludwigs Verbündete und Förderer, mit Missvergnügen. Sie hatten selbst auf Brandenburg gehofft. Die Aversion nahm zu, als Ludwig Vetter Friedrich 1325 aus dem Hausarrest auf Burg Trausnitz in seine Heimat entließ, mit dessen feierlichem Versprechen, auf Krieg gegen die Wittelsbacher und die deutsche Königskrone zu verzichten. Als die Brüder des Habsburgers sich nicht an diesen Schwur halten wollten, kehrte Friedrich tatsächlich freiwillig nach Baiern zurück. Ein scheinbar ritterliches Verhalten, das fast 500 Jahre später Schiller zu einem Gedicht anstiftete: »Tief gerührt umhalst ihn der Feind, sie wechseln von nun an, wie der Freund mit dem Freund, traulich die Becher des Mahls« usw.

Es waren aber – hier irrt der idealistische Schiller – nicht Edelmut und Ritterehre, die Friedrich zurück in die Arme Ludwigs trieben. Als Preis dafür, seine aufsässigen Brüder ruhigzustellen, handelte der Habsburger in München vielmehr aus, doch noch als zweiter König mitregieren zu dürfen. Was er bis zu seinem Tod

1330 wohl auch tat, ohne sichtbare Spuren zu hinterlassen und ohne querzuschießen.

Ludwig wurde für diese Konzession von den Historikern oft herb kritisiert. Anscheinend wollte der Baier sich den Rücken freihalten, er hatte vor, den universalen Allmachtsanspruch des Avignoner Papstes völlig bloßzustellen. Nachdem er nun schon seit Jahren die deutsche Königskrone trotz des kirchlichen Bannfluchs trug, wollte er nun – wohlgemerkt als exkommunizierter Ketzer – in Rom zum Kaiser gekrönt werden. Es war ein Vabanquespiel.

1327 zog er nach Süden los. Viele italienische Städte unterstützten ihn. Rom öffnete ihm die Tore. Eine Adelsclique hatte unter dem Beifall der Bevölkerung die Anhänger von Johannes XXII. vertrieben: Seit die Päpste in Avignon residierten und die Ewige Stadt nicht mehr Mittelpunkt der Christenheit war, liefen die Geschäfte schlecht. Im Januar 1328 wurde Ludwig vom römischen Volk zum Kaiser ausgerufen und wohl von zwei Bischöfen, die nicht einmal Kardinäle waren, oder vielleicht sogar von einem Laien aus dem städtischen Adel gekrönt. Ein paar Tage später setzte Kaiser Ludwig noch einen drauf: Er verkündete die Absetzung des Papstes in Avignon und erließ ein Gesetz, dass der Nachfolger Petri Rom nie für längere Zeit verlassen dürfe. Als Höhepunkt der Demütigung von Johannes XXII. ernannte er im Mai unter dem Jubel der Römer einen Franziskanermönch als Nikolaus V. zum neuen Oberhaupt der katholischen Kirche.

Doch mit diesem Frontalangriff auf den Heiligen Stuhl hatte der neue Kaiser den Bogen überspannt. Selbst in Deutschland erkannte die Mehrheit der hohen Geistlichkeit den Schattenpapst von Ludwigs Gnaden nicht an. Der Papst in Avignon, der wie üblich schäumte und bannte, aktivierte den König von Neapel aus einer französischen Seitenlinie als Bundesgenossen, ein Kampf um Rom drohte, und der finanziell stets knappe Ludwig machte sich in der Stadt wegen dauernder Geldforderungen zunehmend unbeliebt. Es blieb ihm schließlich nichts anderes übrig, als ziemlich unrühmlich Rom zu verlassen und in Etappen, akzentuiert von glücklosen Unternehmungen in Norditalien, nach Baiern zurückzukehren, wo er 1330 eintraf. Der große Adler hatte sich die Schwingen versengt. (Sein Geschöpf Nikolaus V. dankte übrigens freiwillig ab, nachdem ihm von Papst Johannes Gnade zugesichert worden war, und verbrachte seinen Lebensabend – ausgerechnet – in Avignon.)

Auf dem Rückweg in die Heimat tüftelte der angeschlagene Ludwig 1329, fast möchte man sagen, im Vorbeigehen, widerwillig den »Hausvertrag von Pavia« aus. Er sah für die Söhne seines verstorbenen missgünstigen Bruders Rudolf den festgeschriebenen Besitz der Rheinpfalz und der später sogenannten Oberpfalz um Amberg vor. Seinen eigenen Söhnen sollte Oberbaiern für immer gehören. Im Fall des Aussterbens einer der beiden Linien trat die andere das Erbe an. Bei der Kurfürstenwürde waren die beiden Zweige des Hauses angehalten, sich abzuwechseln. Der Vertrag von Pavia bedeutete die Trennung der beiden Wittelsbacher Herrschaften für ein paar Jahrhunderte. Die spätmittelalterliche Erbklausel sollte aber im Jahr 1777 überraschend zur Wiedervereinigung zweier sich völlig fremd gewordener Staatsgebilde führen.

Die nächsten Jahre bemühte sich Kaiser Ludwig erfolglos und zunehmend deprimiert, vom Kirchenbann befreit zu werden, der ihm zwar machtpolitisch so erstaunlich wenig schadete wie das Italienabenteuer, jedoch offensichtlich seinem Seelenheil abträglich war: Ludwig wollte nicht als Ketzer, verdammt zu Höllenqualen, sterben. Weder Johannes XXII. noch seine beiden Nachfolger gingen auf die Friedensangebote des Baiern ein. Da brach 1337 der Krieg zwischen England und Frankreich aus, der in der Geschichte »Der Hundertjährige« heißt. Dies riss Ludwig aus seinem Trübsinn. Er verbündete sich mit England, erhielt dafür eine Finanzhilfe von 300 000 Gulden, hatte nun einen starken Bundesgenossen gegen Frankreich und den französischen Papst und forderte, wie schon damals in Rom, erneut die Befreiung des Papstes aus den Klauen des französischen Königs. Auf einem Reichstag in Frankfurt verkündete er 1338 das Gesetz »Fidem catholicam«.

Es legte fest, dass das Kaisertum direkt von Gott stamme und der Papst sich, wie überhaupt in allen weltlichen Fragen, nicht einzumischen habe. Daher sei der Kirchenbann ungültig. Seine Befolgung im Reich wurde verboten.

Die ideologischen Drahtzieher hinter dieser Attacke waren einige der klügsten Köpfe der damaligen Zeit aus dem Umfeld der Minoriten, der Richtung des Franziskanerordens, die ein Leben in Armut als die wahre Nachfolge Christi ansah – an vorderster Stelle Marsilius von Padua und Wilhelm von Occam. Papst Johannes XXII., einem klerikalen Leben in Saus und Braus zugetan, hatte diese Lehre als »Ketzerei« scharf verurteilt. Schon im ersten Buch Moses stehe, die Menschen sollten nach dem Willen Gottes »über die Fische im Meer und die Vögel unter dem Himmel, über das Vieh und alle Tiere des Feldes herrschen«. Und wer über etwas herrsche, dem gehöre das auch, und daher sei Eigentum gottgefällig. Punktum. Bei Widerspruch ab auf den Scheiterhaufen.

Um diesem bitteren Schicksal zu entgehen, hatten sie Zuflucht bei Ludwig, dem gebannten Ketzer, gesucht und gefunden. Ihr Motto: »Schütz du uns mit dem Schwert, wir schützen dich mit der Feder.« Es ist viel geschrieben worden über die sogenannte Münchner Hofakademie als einer frühen Symbiose von aufklärerischem Geist und herrscherlichem Wohlwollen. Dies ist eine zu romantische Sicht. Die aufrührerischen Mönche und der bairische Kaiser trafen sich in einer Zweckgemeinschaft.

Wenn Marsilius von Padua behauptete, da das Reich Gottes nach Jesu eigenen Worten nicht von dieser Welt sei, könne der Papst als Stellvertreter Gottes keine weltliche Macht beanspruchen, stand dahinter in erster Linie die Suche nach theologischer Wahrheit, obwohl ihm die politischen Implikationen sicher bewusst waren. Das Gleiche gilt für Wilhelm von Occam, der fast 200 Jahre vor Luther schrieb, jeder einzelne Gläubige sei letztendlich nur Gott gegenüber verantwortlich, die verbindliche Autorität des Papstes für den Weg zu Gott sei eine ketzerische Anmaßung.

Ludwig wird die komplizierten theologischen Dispute und

Deduktionen der »Hofakademiker« nur halb, wenn überhaupt, durchdrungen haben. Papst Benedikt gegenüber räumte er einmal ein, die gelehrte Argumentation in ihrem Streit müsse er Marsilius überlassen, er sei ja nur ein ungebildeter Ritter und verstehe nichts von Dingen dieser Art. Eines verstand der ungebildete Ritter aber sehr wohl, dass sich mit dieser revolutionären Theologie seine Sache bestens unterfüttern ließ: König und Kaiser von Gottes, nicht von Papstes Gnaden zu sein.

Dann zogen auch die Kurfürsten nach. Sie taten es nicht, um Ludwig zu stützen. Sie wollten ihr Monopol bei der Wahl des deutschen Königs festschreiben, und da war ihnen die penetrante päpstliche Einmischung lästig. Mit dem »Kurverein« von Rhense verpflichteten sich die sieben Kurfürsten feierlich, Ehre, Rechte und Gewohnheiten des Deutschen Reiches gegen jedermann zu schützen. Das hörte sich sehr gut an. Dann schrieben sie fest, was sie eigentlich wollten: Der von ihnen gewählte Kandidat sei rechtmäßiger deutscher König und bedürfe nicht der Zustimmung des Papstes. Auch die drei geistlichen Königsmacher, die Erzbischöfe von Köln, Mainz und Trier, unterschrieben, obwohl der Papst ja ihr oberster Dienstherr war. Das Hemd war ihnen näher als die Hose. Oder sollte man standesgemäß sagen: Ihr Kurfürstenhut war ihnen näher als die päpstliche Tiara? Als Trostpflaster gewährten sie dem Herrn in Avignon großzügig das Privileg der Kaiserkrönung.

Ludwig war jetzt im Reich unangefochten auf der Höhe seiner Macht. Auch das Glück schien ihm zu winken. 1339 starb der niederbairische Herzog Heinrich XIV. an Aussatz, ein Jahr später dessen einziger Sohn, ein zehnjähriges Kind. Ludwig trat im Januar 1341 das Erbe an. Ober- und Niederbaiern wurden vereinigt. Nun war der Kaiser, König und Herzog wirklich Herr aller Baiern. 1345 sollte zur wachsenden Wittelsbacher Hausmacht auch noch Holland kommen. Graf Wilhelm von Holland-Hennegau, der Bruder von Ludwigs zweiter Frau Margarete, fiel im Kampf gegen die Friesen. Ludwig zog sein Gebiet als erledigtes Reichslehen ein und übertrug es seiner holländischen Gemahlin.

Diesen zunehmend bedrohlichen Machtzuwachs seines einstigen Schützlings und jetzigen Rivalen hätte das Haus Luxemburg vielleicht noch hingenommen, doch zuvor hatte Ludwig in seinem zähen, aber unerbittlichen Großmachtstreben einen Eklat heraufbeschworen, über den der böhmische König Johann von Luxemburg, obwohl blind, beim besten Willen nicht hinwegsehen konnte. Der Baier hatte sich 1342 für das Haus Wittelsbach die Grafschaft Tirol, eine der begehrtesten Herrschaften im Deutschen Reich, auf Kosten der Luxemburger – man kann es auch als Patriot kaum anders sagen – unter den Nagel gerissen.

Schlüsselfigur des Skandals war Margarete, Gräfin von Tirol. 1330 hatte man sie, zwölfjährig, mit Johann Heinrich, einem erst achtjährigen Sohn des böhmischen Königs, verheiratet. Die Ehe begann schon nicht vielversprechend. Der vorpubertäre Gemahl glaubte, seine ehelichen Pflichten zu erfüllen, indem er Margarete kratzte und in die Brustwarzen biss. Doch auch nach dem Stimmbruch lief es nicht im fürstlichen Bett: Häufig beklagte sich die junge Gattin, dass ihr Mann impotent, dafür aber gewalttätig sei.

Nach elf frustrierenden Ehejahren fand Johann Heinrich am Abend von Allerseelen bei der Rückkehr von der Jagd das Burgtor verschlossen, da mochte er noch so viel klopfen und poltern. Margarete hatte endgültig genug vom Luxemburger Schlappschwanz. Auch andere Tiroler Burgen gaben dem Königssohn keine Bleibe. Er hatte sich in ganz Tirol durch arrogantes Auftreten verhasst gemacht. Erst im norditalienischen Aquileia gewährte ihm ein barmherziger Verwandter Unterschlupf.

Ludwig der Bayer sah die Chance auf Machtzuwachs und ergriff sie. Er soll selbst, da sind die Quellen nicht ganz eindeutig, die Ehe wegen erwiesenen Nichtvollzugs für ungültig erklärt haben, nachdem sich der Bischof von Freising, der dies eigentlich nach kanonischem Recht tun sollte, auf dem Weg nach Tirol bei einem Sturz vom Pferd den Hals gebrochen hatte. Dies wurde von der übrigen Geistlichkeit als Gottes warnender Finger interpretiert, und Ludwig fand keine bereitwilligen kirchlichen Würdenträger mehr. Jedenfalls schickte Kaiser Ludwig dann seinen

Sohn Ludwig von Brandenburg (leider wieder ein Ludwig, was die Geschichte etwas unübersichtlich macht) als Bräutigam nach Tirol, der dort mit offenen Armen empfangen wurde.

Am Faschingssonntag 1342 wurde Hochzeit gefeiert, und Tirol gehörte zum bairischen Machtbereich. Ludwigs Sohn erfüllte seine Ehepflichten ohne Zögern und Tadel, Margarete gebar zwei Kinder. Die Hoffnung des Tiroler Adels, dem vor der Heirat weitgehende Rechte zugesichert worden waren, erfüllte er nicht. Man war enttäuscht über seine arrogante Art zu regieren, das sollte sich für Baiern noch rächen.

Der europäische Adel entrüstete sich offiziell über die ehebrecherische Mesalliance – und genoss insgeheim die pikanten Details dieser Dreiecksgeschichte. Da Feinde der Wittelsbacher die Chroniken des kommenden Jahrhunderts prägten, wurde die Schlüsselfigur Margarete – nach dem einzigen erhaltenen Bild eine durchaus ansehnliche Frau – zur Femme fatale der übelsten Sorte. Man hängte ihr den Beinamen »Maultasch« an, ein tirolerisch deftiger Ausdruck für »Muschi«. Später verschlimmbesserte man die Bedeutung in einem Anflug von Prüderie. Maultasch sollte nun für den angeblich monströs schiefen Mund Margaretes stehen. Für den Volksmund wurde die Gräfin zu einer abgrundtief hässlichen Nymphomanin, die in einer Nacht Dutzende von Liebhabern verschliss und es schließlich sogar mit einem Esel trieb.

Nach dem Erwerb von Holland und Tirol konnte man Baiern als neue Großmacht bezeichnen. Nicht nur den gedemütigten und zu Recht empörten Böhmenkönig Johann alarmierte Ludwigs Aufstieg. Auch die übrigen Mächtigen des Reiches waren besorgt, noch dazu, da Ludwig sein Bündnis mit England beendet und sich mit Philipp IV. von Frankreich verbündet hatte. Das trug ihm den Ruf des treulosen Wankelmuts ein, brachte ihm aber Ruhe im Westen.

Vor allem aber erhoffte er durch die Vermittlung des französischen Königs endlich die Befreiung vom Kirchenbann, jetzt, wo er die 60 Jahre überschritten hatte. Es wurde langsam Zeit, ans

Jenseits zu denken, doch der neue Papst Clemens IV. erfüllte diese Hoffnung nicht. Aufgestachelt von den Luxemburgern stellte er Bedingungen, auf die Ludwig nicht eingehen konnte und wollte, unter anderem die Herausgabe von Tirol. Am 13. April 1346 erneuerte Clemens den Bann gegen Ludwig in schärfster Form, in der päpstlichen Bulle findet sich die Aufforderung an die deutschen Fürsten, umgehend einen neuen König zu wählen.

Im Juli erkoren fünf Kurfürsten unter der Regie das Hauses Luxemburg, das drei Wahlstimmen durch Bestechung kaufte, mit Karl von Mähren, dem Sohn Johanns von Böhmen, einen Luxemburger zum deutschen König. Die Wahl fand in einem Obstgarten bei Rhense statt, der Wahlort Frankfurt hatte sich verweigert. Frankfurt hielt, wie die meisten Städte im Reich und wie erstaunlicherweise auch das Haus Habsburg, weiter zu Kaiser Ludwig. Doch das Deutsche Reich hatte wieder einen Gegenkönig.

Zwei Monate danach kämpften Karl und sein Vater Johann, der nun allgemein »der Blinde« hieß, mit 500 Rittern an der Seite ihres Verwandten König Philipp in der für die Franzosen katastrophalen Schlacht von Crecy gegen England. Johann starb den Heldentod, Karl konnte sich knapp retten. Ludwig, obwohl auch mit Philipp verbündet, war klugerweise ferngeblieben.

Die Position des Luxemburgers hatte sich militärisch deutlich verschlechtert. Ludwig konnte dem anstehenden Kampf um die Krone recht beruhigt entgegensehen.

Als im Herbst 1347 Gegenkönig Karl anfing, ein Heer zu sammeln, ritt Ludwig in Fürstenfeld bei München zur Bärenjagd aus. Nach zwei Stunden im Sattel fühlte sich der 65-jährige Kaiser plötzlich unwohl, sank vom Pferde, wurde von einem Jagdgehilfen aufgerichtet und verschied in dessen Armen. Angeblich gelang ihm noch ein Stoßgebet zur Mutter Gottes: »Süße Königin, Unsere Frau! Sei bei mir im Hinscheiden.« Der vielfach gebannte Ketzer starb als guter Christ.

Die Viererbande und die Pest

 *Nach dem Tod Ludwigs des Bayern* wird die bairische Geschichte wieder gewohnt unübersichtlich. Weil der Kaiser am eigenen Leib erfahren hatte, wie mühsam es gewesen war, die weiß-blaue Hausmacht zu vereinen und zu vergrößern, bestimmte er seinen ältesten Sohn Ludwig den Brandenburger, gleichzeitig Markgraf von Tirol, zum alleinigen Oberaufseher über das Wittelsbacher Imperium. Neben Ludwig junior gab es allerdings noch fünf weitere Söhne aus den zwei Ehen des Kaisers, und jeder wollte sein Stück des Kuchens. Der Brandenburger konnte das nicht verhindern.

Für einige Zeit wurde noch die Fiktion aufrechterhalten, dieses herzogliche Sextett herrsche einträchtig in den Wittelsbacher Landen, doch setzte sofort ein großes Gezerre über das Wer, Wo, Wie und Was der angeblich gemeinsamen Verantwortung ein, bei dem wild gegeneinander intrigiert und regiert wurde. 1392 beendete man, in diesem Fall ausnahmsweise einträchtig, das Durcheinander. Gesamt-Baiern teilte sich in vier Kleinstaaten mit je einem und nur einem Herzog an der Spitze auf: Baiern-Landshut, Baiern-München, Baiern-Ingolstadt und Baiern-Straubing.

Die schönen Außenbesitzungen, die Ludwig der Bayer erworben hatte, waren da fast alle längst dahin. Und damit wieder einmal der Großmachtanspruch. Sein Sohn Ludwig der Brandenburger hatte sich als arroganter Gemahl von Margarete Maultasch an Inn und Etsch keine Freunde gemacht. Und so hatte Tirol sich nach dessen Tod 1363 von Baiern losgesagt und dem Habsburger Reich angeschlossen. Das Kurfürstentum Brandenburg ging den Wittelsbachern 1373 an den neuen Kaiser Karl IV. aus dem Hause Luxemburg verloren, der nach dem Tod Ludwig des Bayern schnell als neuer Herrscher im Deutschen Reich anerkannt worden war.

Nur der bairische Außenposten an der Nordsee mit, heute unwahrscheinlich scheinenden, Besitzungen wie Amsterdam, Borkum und Norderney blieb noch bis 1425 im Wittelsbacher Machtbereich. Doch als der letzte sehr tüchtige und sehr grausame Herzog Johann von unbekannter Hand vergiftet wurde, fiel Holland an Burgund. Die Niederlande hatten eine historische Chance verpasst, ihre breite Käsepalette um den Leberkäse zu bereichern.

Die Zerrissenheit der bairischen Zentralgewalt erleichterte Kaiser Karl IV., dem ehemaligen Rivalen Ludwigs des Bayern, bei der Festlegung der Kurfürstenwürden in der »Goldenen Bulle« von 1356 das Herzogtum Baiern einfach zu übergehen. Kurfürst wurde ein für alle Mal der Pfalzgraf zu Rhein. Den Wechsel der Kurwürde bei jeder Königswahl von den rheinpfälzischen zu den bairischen Wittelsbachern, wie er im Hausvertrag von Pavia vorgesehen war, ignorierte Karl souverän.

Die bairische Herzogs-Clique war zu schwach und zu uneinig, um sich dagegen aufzulehnen. Baiern blieb für mehr als 250 Jahre von der Königskür ausgeschlossen. Erst im Dreißigjährigen Krieg bekam Herzog Maximilian für seine Verdienste um die katholische Sache eine späte Kurwürde zuerkannt. Das Wittelsbacher Territorium am Rhein und das an Donau und Isar waren jetzt noch weiter auseinandergedriftet.

Das bairische Hickhack nahm seit dem ausgehenden 14. Jahrhundert manchmal geradezu bizarre Formen an. Da gab es Herzöge, die sich lieber in Italien oder Frankreich herumtrieben, als zu Hause anständig zu regieren. Einer bemächtigte sich sogar für zwei Jahre der italienischen Stadt Todi und erwirkte beim Papst die wichtige Sondererlaubnis, das von ihm geschätzte Angelusläuten auch in bairischen Landen einzuführen. Ein anderer mit dem Beinamen »der Höckrige« setzte seinen Vater, dessen hervorstechendste Eigenschaft neben einer unglaublichen Streitsucht sein ebenso unglaublicher Bart war, weshalb er der »Gebartete« hieß, über Jahre fest, bis der prächtige Bart schlohweiß war. Ein Dritter verzichtete freiwillig aufs Regieren, denn »ihm war's wohl mit schönen Frauen, weißen Tauben, Pfauen, Meerschweinchen, Vögeln und allerlei seltsamen kleinen Tierlein«.

Zweimal wurde sogar per Los entschieden, wer denn nun in welchem der bairischen Kleinstaaten herrschen sollte. Einmal versuchte ein Herzog während des Konstanzer Konzils 1417, einen anderen mithilfe einer gedungenen Mörderbande umzubringen, was aber misslang. Sein Blutsverwandter hatte ihn zuvor bei einem Festmahl heftig beleidigt und verbreitete nach der missglückten Tat das schöne Gerücht, »dieser Mörder, der sich Herzog von Baiern nennet«, sei gar kein echter Wittelsbacher, sondern nur ein Bastard aus dem Seitensprung seiner Mutter mit einem Koch. Und die traurige Geschichte vom Aufstieg und Sterben der schönen Herzogs-Geliebten Agnes Bernauer, bei der man »wenn sie Rotwein getrunken habe, den Wein hätte ihre Kehle hinabrinnen sehen«, ist sogar zur bairischen Volkslegende geworden.

Bei diesen Wittelsbacher Auftritten zwischen großer Oper und Operette sollte man nie vergessen, dass sie – siehe Agnes Bernauer – ganz selbstverständlich und rücksichtslos auf dem Rücken der einfachen Menschen ausgetragen wurden. Man verschuldete sich für eine prunkvolle Hofhaltung, trieb zum Ausgleich dafür immer höhere Steuern ein. Man zog im Bruderstreit brennend, mordend und plündernd durch die Lande, zerstörte Dörfer und Städte und machte bei Anzeichen von Aufsässigkeit blutig reinen Tisch. 1410 etwa ließ Herzog Heinrich der Reiche Landshuter Ratsherren zu Dutzenden hinrichten oder blenden, weil sie angeblich Verschwörer waren. Er hatte allerdings zwei Jahre zuvor 300 wohlhabende Bürger zugunsten der Staatskasse zwangsenteignet, was seinen Beinamen ohne Zweifel förderte.

Diese obrigkeitlichen Drangsale waren im Spätmittelalter für die Menschen fast alltäglich, gottgegeben, so drückend sie auch gewesen sein müssen. Sie waren im öffentlichen Bewusstsein ein Nichts gegen die Katastrophe, die Mitte des 14. Jahrhunderts über das Abendland hereinbrach: die Pest. Dem »Schwarzen Tod« fielen nach modernen Schätzungen etwa 20 Millionen Menschen in

Agnes Bernauer

Als Tochter eines Augsburger Baders war Agnes Bernauer sozial weit unten angesiedelt. Bader, diese Mischung aus Bademeister und Wundarzt, gehörten zu den »unehrlichen Leuten«. Die Badestuben, die es im späten Mittelalter in jeder Stadt gab, galten als Brutstätten von Frivolität und Laster. »Der Bader und sein Gesind / gern Huren und Spitzbuben sind«, urteilte ein Lehrgedicht von 1420.

Doch Agnes Bernauer, Tochter aus diesem anrüchigen Milieu, war schön: »Man sagt, sie sei so hübsch gewesen, dass man, wenn sie roten Wein trank, den Wein die Kehle hinabrinnen sah«, urteilte ein begeisterter Chronist Ende des 15. Jahrhunderts.

Um 1430 muss der Wittelsbacher Herzogssohn Albrecht bei einem Augsburg-Aufenthalt der blonden Agnes begegnet und verfallen sein. Spätestens 1432 trieb sie – aus der Sicht der entsetzten Herzogsfamilie – im Dunstkreis des Münchner Hofs, bevorzugt im Liebesnest Schloss Blutenburg, ihr Unwesen. Es liefen sogar Gerüchte um, der liebestolle Albrecht habe die Halbhure heimlich geheiratet und geschwängert. Ein Wittelsbacher in sündiger Buhlschaft mit einer Baderstochter! Unfassbar!

Das alte Herzogtum Baiern war nach dem Tod von Kaiser Ludwig dem Bayern durch Erbteilung in drei, zeitweise sogar vier Teilreiche zerfallen: Baiern-München, Baiern-Landshut, Baiern-Ingolstadt und Baiern-Straubing. Die jeweiligen Herrscher, alle Wittelsbacher, intrigierten munter gegeneinander, befehdeten sich blutig und lauerten darauf, beim Aussterben einer Linie das Erbe der Verwandtschaft anzutreten.

Ein Herzogssprössling mit einer Baderstochter als Mutter war als Nachfolger auf jedem Wittelsbacher Thron undenkbar. So bat Herzog Ernst, der über Baiern-München herrschte, seinen Sohn Albrecht dringlich, das sündige und standeswidrige Verhältnis zu beenden. Albrecht, der seit 1433 im Straubinger Schloss zusammen mit seiner Geliebten residierte, sträubte sich. Von nun an bestimmte die Staatsräson das Handeln des Herzogs. Die Dynastie war in Gefahr.

Als Albrecht auf einem mehrwöchigen Besuch bei der Landshuter Verwandtschaft weilte, ließ sein Vater Agnes Bernauer in Straubing festnehmen und buchstäblich »kurzen Prozess« mit ihr machen. Ein Schnellgericht befand sie der Zauberei schuldig, wie anders als mit teuflischen Mächten im Bunde hätte sie sich sonst in das Herz eines Fürstensohns schleichen können. Besonders unangenehm fiel dem Gericht der »Hochmut« der Angeklagten auf: »Das Weib verharrte so in Bosheit, dass sie den Herzog Ernst nicht als ihren Herrn und Richter anerkennen wollte, da sie behauptete, selbst Herzogin zu sein.« Am 12. Oktober 1435 wurde Agnes Bernauer gefesselt in die Donau gestürzt. Verzweifelt rudernd konnte sie sich über Wasser halten, bis einer der Henker sie mit einer Stange untertauchte und ertränkte.

Dem Deutschen Kaiser gegenüber rechtfertigte der Herzog seinen politischen Mord. Der Umgang Albrechts mit Agnes sei »eine Schande und eine Schmach gewesen, was ihn (Albrecht) und alle Fürsten von Baiern im Ausland geschwächt habe, und hätte sie weitergelebt, wäre diese Schande nie in Vergessenheit geraten«.

Sohn Albrecht litt, grollte seinem Vater und drohte mit Krieg. Doch ein Jahr später heiratete er im Beisein seines Vaters eine Herzogstochter aus Braunschweig. Der Stadtschreiber von München seufzte erleichtert auf über diese standesgemäße Hochzeit: »Wir sollten alle darüber froh sein, dass wir nicht wieder eine Bernauerin gewonnen haben.«

◆◆

Europa zum Opfer, rund ein Drittel der Bevölkerung. Die Erkrankten starben meist wenige Tage, ja manchmal sogar bereits wenige Stunden nach dem Auftreten der ersten Symptome.

Die mittelalterliche Medizin stand dem Sterben hilflos gegenüber. Sie konnte nicht erkennen, dass die Pest durch einen Bazillus ausgelöst wird, den Ratten und Flöhe auf den Menschen übertragen. Sie glaubte, Fäulnis in der Luft, die sprichwörtlich »verpestete« Luft, sei Ursache der Seuche. Die Pestärzte gingen mit Aderlass, frischer, kühler Luft durch weit geöffnete Fenster, dem Rauch von Holzfeuern oder Wundermixturen aus Schlangenfleisch, Opiaten und Krötenpulver dagegen an.

Auch die Astrologie wurde bemüht, ungünstige Konstellationen der Planeten Mars, Jupiter und Saturn galten der Wissenschaft als mögliche Ursache der Pest. Horoskope konnten also bei der richtigen Terminierung der Behandlungsschritte helfen. Selbst zwischen Erdbeben und der Seuche sah man einen Zusammenhang. Wenn der Boden wackelte, setzte das angeblich die gefürchtete Fäulnis frei. 1348 kam eine Pariser Ärztekommission im Auftrag des französischen Königs in einem scharfsinnigen Gutachten, trotz all dieser Irrungen und Wirrungen, zu dem damals einzigen vernünftigen Schluss: Sie empfahl die Flucht aus dem verpesteten Gebiet als die wirkungsvollste Maßnahme. Doch wer außer den sehr Reichen konnte schon fliehen, wenn sein Leben an Grund und Boden gebunden war?

Es war das bairische Mühldorf am Inn, das genau in diesem Jahr 1348 die traurige »Ehre« hatte, als erste Stadt in Deutschland von der Pest befallen zu werden. Ein Jahr später hatte das große Sterben bereits weite Landstriche in Baiern – wie im übrigen Europa – heimgesucht. Es gibt keine verlässlichen Zahlen über ihr Wüten. Wenngleich jeden Tag in Passau etwa 180 Menschen gestorben sein sollen, in einer Stadt mit deutlich weniger als 10 000 Einwohnern. Das lässt das Ausmaß der Katastrophe erahnen.

Die Menschen sahen die Pest als Strafe Gottes an, als Vorboten des Antichrists, dessen Auftreten den Jüngsten Tag ankündigen würde. Endzeitstimmung ergriff die Gläubigen. Um Gottes Strafgericht abzuwenden, zogen fanatisierte Scharen durch die Städte und geißelten sich die nackten Oberkörper blutig. »Sie gingen wie Kleriker hinter einer Fahne oder einem Kreuz wie bei einer Prozession in Zweier- oder Dreierreihen. Dreiunddreißigeinhalb Tage geißelten sie sich vor oder in einer Kirche zweimal am Tage unter Absingen von Liedern des Leidens und Sterbens unseres Herrn. Dabei warfen sie sich bald zur Erde nieder, bald reckten sie die Arme zum Himmel empor, ohne sich dabei um Schmutz oder Schnee, Kälte oder Hitze zu kümmern«, schildert Abt Hermann von Niederaltaich diese extremen Sühneübungen.

Und natürlich fand man jenseits der üblichen Klage über die um sich greifende allgemeine Sittenlosigkeit auch punktgenau einen Sündenbock für Gottes Zorn: die Juden. Dieses Volk der Pharisäer, das einst Jesus Christus gekreuzigt hatte, dann für diesen Frevel in alle Winde zerstreut wurde und jetzt nach Volkes Meinung als fremdartige, gierige Wucherer und latente Feinde des wahren Glaubens unter den Christen lebte. War man die Juden los, war man vielleicht die Seuche los.

Nicht, dass Judenpogrome eine Erfindung der Pestjahre gewesen wären. Schon die ersten Kreuzfahrer hatten »in gerechtem Zorn« auf dem Weg ins Heilige Land jüdische Gemeinden mit Mord und Totschlag heimgesucht. In München brachte man 1285 nach einem angeblichen Ritualmord – neben der Hostienschändung und der Brunnenvergiftung die übliche todeswürdige Anklage – über 60 Juden um, und in den niederbairischen Herzogstädten Deggendorf und Straubing fanden 1337 und 1338 Massaker statt, für die vom damaligen Herzog den Tätern ausdrücklich Straffreiheit und, nicht weniger wichtig, das Erlöschen ihrer Schulden bei den getöteten oder vertriebenen jüdischen Geldverleihern gewährt wurde.

Jetzt aber wurde die Judenhatz flächendeckend und geradezu eine vorbeugende Maßnahme gegen die Pest. Denn in den meisten Städten gingen die Pogrome, wie der Historiker Klaus Bergdolt überzeugend nachweist, der Epidemie voraus. Dass die tödliche Seuche dann trotz dieses »Reinigungsrituals« ausbrach, hielt andernorts niemanden vom prophylaktischen Umbringen ab. Bairische Quellen schweigen sich über Details des Judenmordens weitgehend aus. Andererseits wissen wir, dass in München alle Juden 1349 getötet oder vertrieben waren. Ihr Besitz fiel an den Herzog.

Mit schauerlicher Lakonie und Selbstgerechtigkeit beschreiben Chronisten außerhalb Baierns das Ende ihrer jüdischen Mitbewohner. Meist wurden sie verbrannt. Beispiel Horb/Württemberg: Hier versuchten »einige kräftige Greise halb lebend aus den Flammen zu kriechen … und verzögerten so ihren Abstieg zur Hölle«. Beispiel Solothurn/Schweiz: »Als man sie räderte, gaben sie zu, Gift verstreut und das Wasser verseucht zu haben … so verbrannten bis zum Ende des Jahres alle Juden, bereit, von Gott verflucht zu werden.« Man tut sich schwer zu glauben, in Baiern habe mehr Barmherzigkeit geherrscht.

Zur Ehrenrettung der katholischen Kirche ist zu sagen, dass sie

Judenpogrom Deggendorf 1338

Hinter sich hörte er Schreie, heiser, kehlig die Schlächter und schrill ge-
peinigt die Opfer. Daniel hielt sich die Ohren zu und rannte und rannte,
und Tränen liefen über seine Wangen. Er wusste, dass er seine Familie nie
wiedersehen würde. Nicht Vater, nicht Mutter, nicht Sarah. Seine kleine
Sarah. Zwei Tage später kommt er erschöpft in Regensburg an. Sein Onkel ist dort Rabbi. Regensburg gehört dem Kaiser, nicht dem Baiernherzog, und in Regensburg sind die Juden sicher. »Bisher«, sagt sein Onkel
düster, »wer weiß, was noch kommt.«

In den nächsten Tagen tröpfeln die Nachrichten aus Deggendorf ein.
Berichte von christlichen Augenzeugen. Vieles ist übertrieben, verzerrt
und erlogen, doch eines steht fest: Die Christen haben ihre jüdischen
Nachbarn samt und sonders umgebracht. Verbrannt, behaupten die einen,
wie es sich für die Mörder Jesu gehöre, von denen nichts übrig bleiben
dürfe als Asche. Erstochen, erschlagen, den Bauch aufgeschlitzt, erzählen
andere, und in ihren Augen glimmt noch einmal die Mordlust nach. Warum denn, fragt Daniel tonlos seinen Onkel, warum, warum? Der zuckt
müde mit den Achseln. »Irgendjemand hat das Gerücht gestreut, dass unsere Brüder in Deggendorf die Hostie, die für die Christen der Leib ihres
Messias Jesus Christus ist, geschändet haben.« Angeblich hätten sie das
heilige Brot mit einer Ahle durchbohrt, da sei Blut herausgeflossen und
das Jesuskind über der Oblate erschienen. Dann habe man sie ins Feuer
geworfen, doch auch das sei weder der Hostie noch dem schwebenden Jesuskind schlecht bekommen. Genauso wenig wie das Malträtieren mit einem Schmiedehammer.

»In den Schenken an der Steinernen Brücke erzählt man, wegen dieser Untaten sei das gesamte christliche Deggendorf in heiligem Zorn ent-
brannt. Die Männer trafen sich auf dem Marktplatz und schworen, nicht
zu ruhen, bis das ›Judengeschmeiß‹ bestraft sei. Die Stadttore wurden
verschlossen, und der Mob zog los, die Obrigkeit voran.« Die Erzählun-
gen widersprächen sich, ob es der Stadtrichter Konrad Freyberger gewesen sei, der die Mordhaufen anführte, oder Hartwig von Degenberg, der
Vogt des Herzogs auf der nahen Burg Natternberg. »Doch eins ist klar,
Daniel, die Beamten von Herzog Heinrich rührten keinen Finger zum
Schutz unserer Brüder. Im Gegenteil.«

Dann beugt der Rabbi sich vor, ganz nah hin zu Daniels Gesicht.
»Weißt du, mein Junge, was das Schlimmste ist?«, flüstert er. »Dass es

für die Christen meist ein gutes Geschäft ist, uns zu töten. Sie sagen zwar, sie täten es wegen unserer Laster und Sünden. Doch ihr Antrieb ist auch, ihre Schulden loszuwerden.« Daniel nickt. Sein Vater hat an viele Bürger Deggendorfs und an die Bauern des Umlands Geld verliehen und die üblichen 40 Prozent Jahreszins dafür genommen. »Es ist die einzige Art, Geld zu verdienen, mein Sohn, die uns Juden geblieben ist«, hatte er oft zu ihm gesagt.

Daniel fröstelt. »Und was macht der Herzog, unter dessen Schutz wir alle ja angeblich stehen?«, fragt er. »Herzog Heinrich hat die Deggendorfer gerade seiner Huld versichert«, sagt der Rabbi bitter, »und ihnen urkundlich bestätigt, dass sie behalten dürfen, was von den getöteten und verbrannten Juden in ihren Besitz gekommen ist.« Und dass »alle Bürgschaften und Pfandbriefe, die die Juden von ihnen innehatten, völlig und auf ewig getilgt sind«.

◆◆

sich trotz ihrer in der Theologie begründeten kritischen bis feindseligen Einstellung zum Judentum vielerorts gegen diese Pogrome verwahrte, mehr als ein Papst hat sie ausdrücklich verurteilt. Auch Ludwig der Bayer hatte »seine« Juden stets geschützt, im Gegensatz zum niederbairschen Verwandten im Jahr 1337 und seinen Nachfolgern im Pestjahr 1349. Damit war er eine Ausnahme unter den deutschen Fürsten, genauso wie Herzog Albrecht von Österreich, der sich deswegen auch den verächtlichen Spottnamen »Judenherr« gefallen lassen musste. Kaiser Karl IV., der fein gebildete Gründer der Universität Prag, ließ hingegen der Mordlust im Reich freien Lauf. Alle Pogrome im Jahr 1349 gingen für die Täter vonseiten Karls straffrei aus, obwohl der Deutsche Kaiser auf dem Papier oberster Schutzherr der Verfolgten war, was diese mit dem sogenannte Judenpfennig teuer bezahlen mussten. Dieses Schutzgeld ohne nachhaltige Wirkung hatte übrigens Kaiser Ludwig der Bayer eingeführt, um seine Kasse zu füllen.

Als die große Pestwelle nach zwei Jahren endlich abebbte, konnten die Städte wieder Atem schöpfen. Sie waren von der Seuche, wegen ihrer Enge und des daraus resultierenden erhöhten Ansteckungsrisikos, am heftigsten geschlagen worden, hatten meist zwischen der Hälfte und einem Drittel ihrer Bewohner verloren. Sie erholten sich erstaunlich rasch, und ihr Aufstieg, der unter den Stauferkaisern über 100 Jahre zuvor begonnen hatte, beschleunigte sich. Selbst die Juden, gerade noch die Ursache allen Übels, wurden vielerorts eingeladen, wieder zurückzukommen. Auf ihren Beitrag zum Stadtsäckel glaubte man noch für längere Zeit nicht verzichten zu können. Mitte des 15. Jahrhunderts vertrieb man sie dann allerdings per Herzogsdekret sowohl aus Ober- wie aus Niederbaiern endgültig. Glaubenseifer und Vorurteil siegten über wirtschaftliche Vernunft. Außerdem begannen Christen, im Zeichen des Frühkapitalismus das Geldverleihen als lukratives Geschäft für sich zu entdecken. Das machte die Juden als Finanziers, vulgo »Wucherer«, entbehrlich. Ausnahmsweise mussten die jüdischen Zwangsaussiedler zum Abschied nicht den »gerechten Volkszorn« in der Form von Pogromen über sich ergehen lassen.

Die Wittelsbacher hatten zwischen 1200 und 1350 über 30 Städte und noch mehr stadtähnliche Marktsiedlungen gegründet. Vor ihrer Regierung hatten nur Bischofssitze wie Passau, Freising oder natürlich Regensburg städtischen Charakter. Diese Wittelsbacher Gründungen darf man sich Ende des 14. Jahrhunderts, trotz ihrer wachsenden Bedeutung, noch nicht zu urban vorstellen. Außer München, Landshut und Regensburg hatte in Baiern keine Stadt mehr als 10000 Einwohner. Stadtmauern ersetzten erst Mitte des Jahrhunderts die vorher üblichen Schutzwälle aus Holz. Nur Kirchen und die oft Wehrtürmen gleichenden Wohnsitze des Adels und der reichen Bürger, wie noch heute in Regensburg gut zu sehen, waren schon länger ganz aus Stein gebaut. Sonst aber waren noch viele Häuser aus Holz errichtet und mit Stroh gedeckt. Erst als 1342 in Landshut ein großer Brand »112 Häuser und zahllose Scheunen« vernichtet hatte, verfügte Kaiser Ludwig der Bayer, dass in seinen Herzogstädten zukünftig nur noch aus Stein oder Ziegel neu gebaut werden dürfe.

Selbst innerhalb der Stadtmauern wohnten sogenannte Acker-
bürger, die von der Landwirtschaft lebten, und auch unter den
hauptberuflichen städtischen Handwerkern und Kaufleuten war
die Feldbestellung zur Eigenversorgung noch weitverbreitet. Auf
den Straßen dampften Misthaufen, stank es nach Exkrementen
und suhlten sich die Schweine – immer wiederkehrende städtische Erlasse der Zeit, so zahlreich wie wirkungslos, zeigen die All-
gegenwart dieses Zustands.

Die Städte gewannen trotzdem zunehmend politisches und
wirtschaftliches Gewicht. »Stadtluft macht frei« war die Verheißung für viele, die bisher als Hörige unter dem Verdikt »Landluft
macht eigen« geächzt hatten. Handel und Gewerbe brachten den
entstehenden bürgerlichen Patrizierfamilien Wohlstand ins Haus.
Die Kassen der Herzöge, die ja dauernd teure Kriege oder Fehden führen und fast so teure Hoffeste veranstalten mussten, außerdem auch ein bisschen Geld für den Bau standesgemäßer Re-
sidenzen brauchten, waren hingegen chronisch leer. Sie mussten
sich also Bares von ihrem lieben Volk besorgen.

Nicht alle machten das so brachial wie Heinrich der Reiche,
der einen Teil seines Reichtums, siehe oben, gezieltem Einsperren,
Hinrichten und Enteignen verdankte. Die meisten folgten dem
Beispiel Ludwigs des Bayern und verpfändeten ihre herrschaftlichen Einkünfte an solvente Bürger. Diese leicht unwürdige Abhängigkeit der Herrscher vom finanzkräftigen Teil ihrer Untertanen benutzten die Städte als Hebel, um den Herzögen Rechte
und Privilegien abzutrotzen.

Regensburg schaffte sogar, allerdings als einzige Stadt in Baiern, den Status »Freie Reichsstadt« und entzog sich so weitgehend der Wittelsbacher Oberhoheit. Die übrigen Städte »erkauf-
ten« sich die innere Selbstverwaltung und die niedere Gerichtsbarkeit, nur die Ahndung von Kapitalverbrechen blieb den
Herzögen oder ihren Stellvertretern vorbehalten.

Der Adel hatte sich bereits kurz nach 1300 in Ober- wie in
Niederbayern von seinem Herzog neben der niederen Gerichtsbarkeit ein hübsches Privileg erworben, eher erpresst. Die Herr-

scher, die auch damals schon dringend Einnahmequellen suchten, mussten den Adeligen das Steuerbewilligungsrecht einräumen, um sich damit deren Ja zu einer allgemeinen Land- und Viehsteuer für ihre eigenen Kassen zu sichern. Ansonsten hätten die edlen Grundherren ihre Pläne sabotiert. Jetzt zogen die Städte nach und stiegen neben den Herren und der Geistlichkeit, den »Prälaten«, die seit alters her eine gehobene Stellung hatten, zur dritten Säule der Landstände auf, einer Versammlung, die dem Herrscher manchmal zur Seite, häufig aber auch entgegenstand. Bei allen Eigeninteressen, die von dieser Notabelnvereinigung aus Adel, Klerus und städtischen Räten oft vehement vertreten wurden, bildeten die Landstände doch lange Zeit ein heilsames Korrektiv für den umfassenden Herrschaftsanspruch der Herzöge, besonders im Streit um Münzrechte, Steuern und Abgaben. Erst im Zeitalter des Absolutismus konnten die Fürsten die ständischen Vertreter zu gehobenen Verwaltungsbeamten degradieren.

Auch wenn der Adel in der Ständeversammlung noch immer das große Wort führte, der frisch-fromm-freie Ritter mit Minnegesäusel und munterem Hauen und Stechen ritt ins tiefe Abendrot. Wehrtechnisch war er auf dem direkten Weg zum Anachronismus. Das hatten schon die Niederlagen der Ritterheere gegen Bogenschützen und Fußsoldaten deutlich werden lassen. Die rasche Verbreitung der Feuerwaffen ab der zweiten Hälfte des 14. Jahrhunderts holte die hochgerüsteten, hochgemuten Reiter endgültig aus dem Sattel. Sie wurden überflüssig.

Adelige mit Ambitionen verdingten sich mehr und mehr direkt beim Herzog. Seine Herrschergewalt war nun durch von ihm ernannte Beamte im gesamten Reich allgegenwärtig und nicht mehr wie in den guten, alten Zeiten nur auf sporadische Huldigungsakte der Regionalherren gebaut, die ansonsten ziemlich tun und lassen konnten, was sie wollten. Karriere machte man jetzt besser im Dunstkreis des Herzogs, militärisch als Feldhauptmann, zivil als Viztum, das heißt Stellvertreter des Herzogs für einen Bezirk, als Richter oder als Rat, am besten mit dem Zusatz »Geheimer«, dann hatte man das Ohr des Herrn ganz für sich.

Die Bezahlung dieser Dienste war gut, wenn auch die Art der Besoldung wegen der traditionellen Wittelsbacher Finanznot manchmal sehr kreativ anmutet. So erhielt ein hochrangiger adeliger Diener, der Ritter Hans Degenberger, um 1400 neben einer Geldsumme »die gesamten Einkünfte aus der Fischerei und die Hälfte der Einkünfte aus der Schweinezucht des Herzogs«. Andere wurden mit den Mauteinnahmen bairischer Städte und Märkte abgefunden, mussten sich aber selbst darum kümmern, das Geld einzutreiben. Gemessen wurden Wert und Rang der Beamten in Pferden, ein Relikt der Ritterzeit. Stand einer ganz oben, wurden ihm bis zu 20 Rösser bewilligt. Subalterne hatten mit einem oder zwei Gäulen auszukommen. Zu Fuß musste vom gehobenen Herzogsdienst aufwärts anscheinend niemand gehen.

Wer von den größeren Herren trotz dieser verlockenden Perspektiven draußen auf seinem angestammten Landsitz hocken blieb, nährte sich recht gut von der Hände Arbeit seiner Bauern und verblödete sanft. »Der Adel wohnt auf dem Land außerhalb der Städte, vertreibt seine Zeit mit Hetzjagden, Beizjagden und sonstigem Jagen und hält sich vom Hofe fern«, schrieb der Hofchronist Aventinus verächtlich über die Zurückgebliebenen. Der Kleinadel und die Ritter brachten sich mühsam mit räuberischen Beutezügen durch, die als Fehden getarnt waren. (Den Begriff »Raubritter« mag die neueste Forschung nicht. Sie hält das Gebaren der späten Ritter für Bereicherung in einer rechtlichen Grauzone, die im mittelalterlichen Verständnis den Ausdruck Raub nicht rechtfertige.) Und sie versuchten, noch höhere Abgaben aus ihren Bauern herauszupressen. Die liefen ihnen dafür in Scharen davon und in die Städte – die Einnahmen sanken weiter.

In den Hussitenkriegen, die nach der Verbrennung des tschechischen »Ketzers« Jan Hus in Konstanz 1415 zwei Jahrzehnte lang tobten, spielten die Ritter nur noch eine fast klägliche Rolle. Die bairischen Herzogtümer blieben, außer einigen hussitischen Einfällen im Norden, zwar weitgehend verschont, doch Kontingente vor allem aus Baiern-Straubing nahmen willig an den diversen, vom Papst ausgerufenen, »Kreuzzügen« nach Böhmen teil.

Dort, wo »eine den Christenglauben betreffende allergrößte bisher noch nie gehörte Sache geschieht, denn die Bauern in diesem Land sprechen die Herren, die Edlen und Gewaltigen mit ›Brüder‹ an«.

Die Feldzüge für den wahren Glauben und den sozialen Unterschied endeten alle im Fiasko. Ihr Ziel war, die Ketzer »im Lande Böhmen allgemein niederzustechen, ausgenommen Kinder, die noch keine Vernunft haben«. Beide Seiten übertrafen sich an Grausamkeiten. So wurden Kriegsgefangene meist verbrannt, als Verräter an der wahren christlichen Lehre, die sie für die eine Seite wie die andere Seite mit umgekehrten Vorzeichen waren. Doch die Ritterheere hatten den Wagenburgen und Geschützen der Hussiten außer Wagemut wenig entgegenzusetzen. Sie verloren Schlacht um Schlacht, bis sich die Hussiten zerstritten und gegenseitig umbrachten.

Damit kehrte an den Grenzen wieder Ruhe ein, nur im schönen Baiernland selbst blieb noch viel zu streiten und zu kämpfen. Die Zahl der Herzogtümer war Mitte des 15. Jahrhunderts auf zwei gesunken, Baiern-München und Baiern-Landshut. Dies war nicht die Folge diplomatischer oder militärischer Meisterleistungen, sondern einfach dem Aussterben der erlauchten Straubinger und Ingolstädter Wittelsbacher geschuldet. Dass es zwischen München und Landshut um das Erbe hartnäckiges Gezerre gab, versteht sich von selbst. So schleppte sich das Jahrhundert mit Schachern und Befehden seinem Ende entgegen, doch alle Bemühungen führten außer den üblichen Kollateralschäden zerstörter Burgen, verwüsteter Dörfer und verbrannter Felder praktisch nicht über den Status quo hinaus.

Ein gewisses Aufsehen in den besseren Kreisen erregte allerdings die eigenwillige Lösung Herzog Heinrichs des Reichen für ein erfülltes Liebesleben. Er zwang seine Gemahlin, immerhin eine Habsburger Herzogstochter, in Burghausen ihren Dauerwohnsitz zu nehmen. Er blieb allein in Landshut zurück und musste sich, der Arme!, dort ausgiebig von Dienerinnen der niederen Minne über seine Einsamkeit hinwegtrösten lassen. Dieses kreative Ehegatten-Splitting führten Ludwig, der Sohn, und Georg, der Enkel Heinrichs, fort. Die moderne Forschung meint, trotzdem habe zumindest Enkel Georg ein harmonisches Eheleben geführt. Aber wie oft wohl, bei zwei Tagesritten Abstand zwischen Landshut und Burghausen?

Bevor Georg, auch er wie sein Vater und sein Großvater mit dem Beinamen »der Reiche« gesegnet, seine Gemahlin Hedwiga aus polnischem Königsgeblüt nach Burghausen auslagern konnte, musste er sie natürlich geheiratet haben. Das tat er 1475 zu Landshut, und das wie. »Himmel Landshut! Tausend Landshut!«, sollen die rund 10000 Gäste, darunter der Kaiser, ein Bruder des türkischen Sultans und der gesamte deutsche Hochadel, angesichts der von Vater Ludwig bezahlten Fürstenhochzeit verzückt ausgerufen haben. Bräutigam Georg bewies, dass er in jeder Hinsicht seinen Mann stehen konnte: Bevor er in der Hochzeitsnacht Hedwiga beilag, legte er in einem Ritterturnier noch einen Gegner in den Staub.

Die Feiern dauerten eine Woche, in der es in der Stadt alles gratis gab, außer Freibier. Zumindest berichtet der Chronist davon nichts, er listet jedoch penibel 323 Ochsen, 285 Brühschweine aus Burghausen(!), 11500 Gänse und exakt 194325 Eier sowie 336984 Maß Speisewein auf. Im VIP-Bereich war die Verköstigung raffinierter. Unter vielem, vielem anderen wurden »gefüllte Oblaten, Ohrenbraten, drei Pasteten aufeinander, Hühner in Rosinen, grüne Lachsforellen an Petersilie und Gebackenes in Herzog Georgs Farben« serviert. Ludwig der Reiche war danach etwas weniger reich. Sein Sohn aber schien dynastisch gesehen mit Frau Hedwiga einen Glücksgriff getan zu haben. Sie gebar ihm, trotz Burghausen, drei Söhne und zwei Töchter. Der Schein trog. Alle drei Söhne starben früh. Das Fehlen eines männlichen Erben sollte im Jahr 1503 den vorletzten Bruderkrieg im Hause Wittelsbach auslösen.

Doch Herzog Ludwig gab sein Geld nicht nur fürs Feiern aus. Drei Jahre vor der Landshuter Fürstenhochzeit gründete er 1472 in Ingolstadt, mit der Erlaubnis des Papstes, die erste Universität Baierns, immerhin erst die zwölfte im Heiligen Römischen Reich – die bairische Bildungsoffensive hatte begonnen. Seit dem Aufblühen der Städte besaßen Klöster und Domschulen nicht mehr das Bildungsmonopol. Parallel zu ihnen unterrichteten jetzt städtische Lateinschulen die Kinder ehrgeiziger Bürger in Lesen, Schreiben, Rechnen und – wie der Name sagt – Latein. Das Beherrschen dieser Sprache der Gebildeten wurde bei Studenten vorausgesetzt.

Die neue Universität war fest in kirchlicher Hand und bot 500 bis 1000 Scholaren, fast nur aus den höheren Ständen, die vier klassischen Fakultäten Theologie, Philosophie, Jura und Medizin an. Die Hochschule Ingolstadt sollte, trotz eines kurzen Aufflackerns von Sympathie für die verderbliche lutherische Lehre zu Beginn des 16. Jahrhunderts, bis zu ihrem Ende im Jahr 1800 ein Hort des Katholizismus bleiben. Luthers theologischer Hauptfeind Johannes von Eck etwa lehrte hier. Humanistische Freigeister wie Konrad Celtis oder Jakob Locher, die Anschluss an die bereits in voller Blüte stehende italienische Renaissance gefunden hatten, zogen es sicherheitshalber meist vor, sich nach kürzerer Lehrtätigkeit wieder aus Ingolstadt zu verabschieden. Dennoch brachten sie immerhin so viel antike Geisteswelt in Erinnerung, dass man auch im Kloster Tegernsee, so Professor Hubensteiner, »bald wieder Terenz, Ovid und Catull las, im kleinen Kreis auch Boccaccio und Petrarca«.

In der großen Politik schien dagegen alles beim Alten zu bleiben. Wie unter guten Wittelsbacher Verwandten üblich, gönnte man einander nichts. Georg der Reiche hatte, nomen est omen, mit Landshut das größere, reichere Herzogtum. Sein Vetter Albrecht IV. in München war Herr des landschaftlich schöneren, doch leider ärmeren Teils von Baiern. Als Georgs drei Söhne früh wegstarben, bestimmte er 1496 seine Tochter Elisabeth und deren Mann, Ruprecht von der Pfalz, einen dieser entfernten und entfremdeten Verwandten an Rhein und Neckar, zu seinen Erben. Das war ein klarer Verstoß gegen die Wittelsbacher Hausverträge. Sie sahen vor, dass mit dem Aussterben der männlichen Linie in einem der beiden bairischen Herzogtümer die Herrschaft auf den anderen Herzog überzugehen habe. Georg scheint eine tiefe Abneigung gegen den Münchner Vetter verspürt zu haben. Bevor er diesem Albrecht sein Herzogtum vererbe, wäre es ihm lieber, es wäre ein See und er schwimme darauf als Ente, soll er verächtlich, wenn auch metaphorisch nicht ganz überzeugend, gesagt haben.

1503 starb Herzog Georg. Seine Tochter und der Schwiegersohn aus der Pfalz traten das Erbe an. Albrecht ließ sich das nicht gefallen. Er verbündete sich mit dem Kaiser Maximilian, der ihm mit 10000 Söldnern beisprang, allerdings nur gegen die Zusage, wegen seiner großherzigen Hilfe den letzten noch bairischen Teil Nordtirols um Kufstein und Rattenberg für Habsburg zu erhalten. Auch die Landshuter Seite und ihre pfälzischen Unterstützer schufen sich mächtige Verbündete wie den König von Böhmen. Der Krieg weitete sich auf große Teile Süddeutschlands aus. Es war der übliche brutale Abnutzungskrieg, in dem man Hunderte von Ortschaften verwüstete und große Schlachten scheute.

Landau an der Isar genoss das Privileg, als erste bairische Stadt im Zeichen moderner Kriegsführung durch schweres Geschützfeuer sturmreif geschossen zu werden. Auf den beiden Türmen der Frauenkirche in München, deren Hauben noch nicht aufgesetzt waren, montierte man Bronzekanonen zur Abwehr einer – letztlich erfolglosen – Belagerung. Bei einem Gefecht verlor der Ritter Götz von Berlichingen als Söldner aufseiten Albrechts seine rechte Hand – das deutsche Theater gewann ein Vorzeigestück. Die meisten Hauptakteure der Landshuter Partei starben während des Kriegs wenig grandios an der Ruhr, was die Pfälzer Notablen nicht hinderte, ihn hartnäckig weiterzuführen, auch um den Preis der Verheerung ihres prosperierenden Kurfürstentums.

1505 endete das Blutvergießen durch einen Schiedsspruch Maximilians. Er fiel kaum überraschend zugunsten von Baiern-München aus, denn der Kaiser war ja auf dessen Seite gestanden. Albrecht erhielt das Landshuter Erbe und den Beinamen »der Weise«. Die bairische Wiedervereinigung war geglückt. Und es wuchs zusammen, was zusammengehörte. Ein Jahr später erließ der Sieger Albrecht das »Primogeniturgesetz«. Von nun an und für ewige Zeiten sollte der Erstgeborene das ganze Baiern erben. Jüngere Brüder konnten ja immer noch irgendwo Fürstbischöfe oder Landgrafen werden. Schluss mit den Bruderkriegen im Hause Wittelsbach!

Ach ja, Kaiser Maximilian genehmigte sich selbst Nordtirol. Und als Trostpflaster wurde für die Söhne des Pfälzer Wittelsbachers Ruprecht das Fürstentum Pfalz-Neuburg geschaffen, ein Flickenteppich aus kleineren Besitzungen in der Oberpfalz und rund um die Donaustadt Neuburg. Das buntscheckige Gebilde hielt sich bis in die Napoleonzeit, und ein später Nachkomme aus dieser Wittelsbacher Seitenlinie regierte nach ein paar dynastischen Schlenkern ab 1777 sogar ganz Baiern. Die Wege der Geschichte sind nicht selten wunderbar.

Reformation

Eingefleischte Bayern müssen jetzt ganz stark sein: Ja, Herzog Albrecht der Weise erließ 1516 im wiedervereinigten Baiern das Reinheitsgebot für Bier und erwarb sich mit dieser nur auf Wasser, Hopfen und Gerste gebauten kulturellen Großtat ewigen Ruhm. Doch nein, das machte bairisches Bier entgegen der fest verwurzelten Volksmeinung nicht automatisch zum vorbildlichsten der Welt. Im Gegenteil. Erstens wurde das bairische Reinheitsgebot schnell wieder verwässert, besser verschnitten. Denn schon unter Albrechts direkten Nachfolgern durften dem Bier anrüchige Geschmacksverstärker wie Lorbeer, Wacholder, Kümmel und Koriander untergeschoben werden. Von wegen immerwährende Reinheit!

Und zweitens, und schlimmer: Selbst für die Urheber der bairischen Bierlegende war das heimische Gebräu nicht die erste Wahl. Der Briefwechsel zwischen dem sächsischen Kurfürsten August und den beiden Baiernherzögen Albrecht V. und Wilhelm IV., Enkel und Urenkel Albrechts des Weisen, ist noch erhalten. Darin ist neben Todes- und Geburtsanzeigen, Gedanken zur Weltpolitik oder der Entsendung eines geschickten bairischen Eichhörnchenjägers an den sächsischen Hof mehrmals von Bierlieferungen die Rede.

Exportieren die Baiern ihr legendäres Bier nach Sachsen? Nein, kein Wort davon, die Herzöge lassen sich ihrerseits von August fässerweise sächsisches Bier schicken und sind glücklich darüber! So geht es etwa aus dem Brief des Kurfürsten vom 2. April 1586 klar hervor: »Also übersenden wir Eurer Hoheit mit der gegenwärtigen Fuhre zwölf Fass Zschopauer Bier, wie es besser dieses Jahr nicht gebraut wurde, da Eurer Hoheit dieses Zschopauer Bier stets sehr schmeckte und wohl bekam.« Und für welche bayerischen Schmankerl bedanken sich die Sachsen im Gegenzug? Gewürztraminer, Zuckerwerk und ein Fässchen Sardellen!

Was bei der Reinheit des Bieres nicht ganz gelang, das glückte bei der Reinerhaltung des wahren Glaubens: da war das Herzogtum Baiern unbestreitbar Spitze. 1519 wies die Freie Reichsstadt Regensburg die gesamte jüdische Gemeinde aus, zerstörte die Synagoge und errichtete an deren Stelle eine Kirche: Die Juden hatten damit ihre letzte Zuflucht in den bairischen Kernlanden verloren. Aus dem Herzogtum Baiern selbst waren sie ja schon um 1450 vertrieben worden. (1553 verbot dann ein Erlass endgültig Juden Wohnsitz, Arbeit und Grunderwerb im Wittelsbacher Territorium.) Diese Austreibung einer vorchristlichen Religionsgemeinschaft war nur das Vorgeplänkel zur Abwehrschlacht gegen die um sich greifende ketzerische Lehre des Dr. Martin Luther, deren Niederringen von 1522 an ganze Generationen bairischer Herzöge umtrieb.

Dabei begann alles so harmlos, fast freundlich. Herzog Wilhelm IV. und sein Bruder Ludwig, die beiden Söhne des weisen Albrechts, die sich die Arbeit des Regierens teilten, ohne das Herzogtum zu teilen, verfolgten anfangs mit einem gewissen Wohlwollen das Reden und Treiben des kleinen Augustinermönchs Martin. Obwohl oder gerade weil sie persönlich fromme Christen waren, hielten sie seine Attacken gegen Ablasshandel, Verschwendung und Unzucht in der allerheiligsten katholischen Kirche für angebracht. Als der Papst 1520 in einer Bulle den aufrührerischen Mönch als Häretiker bannte, mahnten sie die Bischöfe im Land zu einer behutsamen Gangart. Viele Kleriker teilten diese Meinung, nicht wenige bekannten sich offen als Sympathisanten Luthers. Denn das, was da in Baiern die Hälfte des Grund und Bodens besaß, war auch in ihren Augen nicht die Allerheiligste, vielmehr die Allerscheinheiligste Kirche.

»Wir fanden den Zustand der Religion unglaublich elend und traurig: in den Klöstern, wo die Oberen fast insgesamt das schändlichste Leben führen, keine Frömmigkeit, in den Kirchen Schmutz und Unehrerbietigkeit; im Volk Zügellosigkeit, man glaubt, was einem einfällt, und folgt dem, was dem Fleische am meisten schmeichelt. Beim Klerus und selbst den Pfarrern die krasseste Unwissenheit und Vernachlässigung ihres Amtes, sodass es nicht wunder nimmt, wenn das einfache Volk vom katholischen Glauben abfällt. Ein großer Teil der Priester kann nicht einmal richtig und gut lesen. Offen halten sie Konkubinen.« So weit ein kirchlicher Inspektionsbericht aus der Gegend um das niederbairische Pfarrkirchen von 1564, als der Kampf um die verlorenen Seelen bereits seit Jahrzehnten tobte.

Luther wäre in ganz Deutschland nicht nur begrüßt sondern angebetet worden, hätte er lediglich gegen Missstände angekämpft, sagte Baiernherzog Wilhelm IV. zu einem Gast. Doch leider habe er sich auf offensichtliche Glaubensirrtümer eingelassen, deswegen seien er und seine Lehre für jeden guten Katholiken untragbar. Der unüberbrückbare Gegensatz zwischen der katholischen Amtskirche und Luthers Lehre war 1521 auf dem Reichstag in Worms offenkundig geworden. Luther hatte sich geweigert, seiner »Ketzerei« abzuschwören. Kaiser Karl V. verhängte daraufhin über ihm die Reichsacht. Luther versteckte sich unter tätiger Mithilfe seines Landesherren Friedrich dem Weisen auf der Wartburg.

Jetzt gab das bairische Brüdergespann seine abwartende, eher freundliche Haltung auf und mutierte zu den entschiedensten Vorkämpfern der althergebrachten Religion im gesamten Reich. Es ist wahrscheinlich, dass es ihnen dabei auch um die Verteidigung der katholischen Lehre an und für sich ging. Es ist aber sicher, dass es ihnen um die Verteidigung der alten Ordnung ging, in der Glaube und Gehorsam ihre Herrschaft sicherten. Luthers Rückgriff auf das pure Bibelwort, seine Ablehnung der kirchlichen Hierarchien, seine Schrift »Von der Freiheit eines Christenmenschen«, konnte das auf einfache Gemüter nicht wie ein Aufruf zum Ungehorsam, zur Auflehnung gegen die gottgegebene Ordnung der Welt wirken?

Am Aschermittwoch 1522 erließen sie das erste bairische Religionsmandat. Es setzte alle Untertanen vom Bann gegen Luther in Kenntnis und verbot bei Strafe, »des Luthers Irrtümer anzuhangen und dieselben zu disputieren, zu beschützen und zu verfechten«. So wie ein paar Jahrhunderte später Bismarck die Sozialisten erbittert bekämpfte, gleichzeitig aber durch soziale Reformen ihre Kritik zu unterlaufen versuchte, wollten es auch Wilhelm und Ludwig als gewiefte Realpolitiker nicht beim Verbot der lutherischen Lehre belassen. Sie drängten bei den Bischöfen im Land massiv auf Reformen – allerdings lange Zeit mit mäßigem Erfolg, wie die oben zitierte Quelle von 1564 belegt. Immerhin erreichten sie für sich, die weltliche Macht, eine Kontrollfunktion: das Visitationsrecht der Geistlichen und die Etablierung eines Gerichts zur Aburteilung nachlässiger und unwürdiger Kleriker, was die kirchliche Autonomie in bis dahin unerhörter Weise beschnitt.

Zwei Männer gaben ihrer Politik zum Erhalt von Glauben und Einheit das Profil: Johannes Eck und Leonhard von Eck, nicht verwandt und verschwägert. Johannes Eck, der führende Theologe an der Universität Ingolstadt, war ein Lutherfeind der ersten Stunde. Im Streitgespräch mit Luther und Karlstadt verteidigte er 1519 in Leipzig eloquent die katholische Lehre und begriff sich von nun an als ihr unerbittlicher Kämpfer: »Dieweil ich leb, will ich allen Ketzern, Abtrünnigen, Zwiespältigen in unserem heiligen Glauben wider sein und wider sie streben nach meinem höchsten Vergnügen.«

Leonhard von Eck, aus niederem Adel stammend, zog am Münchner Hof die Fäden. Für den Kanzler von Herzog Wilhelm war der katholische Glaube der Kitt, der die Gesellschaft zusammenhielt. Für ihn waren Luthers Lehren nicht nur ketzerisch, sondern gemeingefährlich. Aufrührerisches Landvolk und die lutherische Ketzerei waren für ihn die zwei Seiten ein und derselben Medaille. Denn auf Luther und die Bibel schienen sich die Bauern, so zahlreich wie unterdrückt, berufen zu wollen.

Wohin er auch schaute, rings um das Herzogtum fing es an zu gären, stellten Bauern unerhörte Forderungen und rotteten sich zu kriegerischen Haufen zusammen. Sein Baiern durfte diese

Aufruhr nicht infizieren, koste es, was es wolle. Anfang März 1525 schrieb Eck an seinen Herzog: »Aus dem Begehren der Bauernschaft ersieht man, was lutherische Lehre bewirkt. Wildbret und Fisch frei und niemand nichts zu geben. Dieser Teufel ist nicht zu bannen ohne den Henker.« Und zwei Tage später: »Wir werden gegen die Bauern bald solchen Ernst gebrauchen, dass ihr höllisches Evangelium in kurzen Tagen erlöschen wird.« Kurzum: »Wer die Bauern schont, zieht seinen Feind groß.«

Nebenberuflich war Eck damals Kanzler des Schwäbischen Bundes, einer ständischen Vereinigung württembergischer Adeliger und Städte. Er drängte den Bund ganz im Sinne seiner Politik zu rücksichtslosem Vorgehen. Er hatte Erfolg. Die militärisch unerfahrenen schwäbischen und fränkischen Bauernhaufen wurden zusammenkartätscht, die Anführer hingerichtet. Der sogenannte Große Bauernkrieg, der eher den Namen Großes Bauerngemetzel verdient, endete nach wenigen Monaten, ohne auf Baiern übergegriffen zu haben. Kanzler Eck, der Machiavelli gutkatholischer Gesinnung – von seinem illusionslosen Pragmatismus wird noch einmal die Rede sein –, hatte sein Ziel erreicht.

Dass ausgerechnet Bauern des bairischen Oberlands Eck Hilfestellung leisteten, soll man das als treudoof oder treubairisch bezeichnen? Tatsache ist, beim Herannahen eines etwa 10000 Mann starken Bauernheeres aus dem Allgäu im Mai 1525 versammelten sich 500 bis 1000 schlecht bewaffnete vaterländische Baiern mit Agrarhintergrund und schworen am Peißenberg ihrem Landesherrn unverbrüchliche Treue. Worauf die Allgäuer, die eigentlich auf Unterstützung von ihren bairischen Brüdern gehofft hatten, enttäuscht und entmutigt wieder abrückten. »Die etwas bessere soziale Lage, die beharrende Schwere des altbairischen Stammes, die Kraft und Strenge, mit der Eck alle Aufstandsgelüste niederhielt«, darin sieht Hubensteiner die Gründe für diesen Schwur vom Peißenberg.

Die bäuerliche Selbstlosigkeit – oder war es die beharrende Schwere des altbairischen Stammes – wurde nicht belohnt. Eck trat den untertänigsten Bitten der bairischen Bauern um Minderung der drückenden Abgaben und Frondienste »mit schneidender Schärfe« (Hubensteiner) entgegen. Sie durften für die nächsten Jahrhunderte weiterhin hörig und untertänig bleiben. Ein zeitgenössischer katholischer Pamphletist lobt in einer direkt an Luther adressierten Schmähschrift die Wittelsbacher Herrscher besonders dafür, jeglicher Bauernrevolte im Herzogtum die ideologische Munition geraubt zu haben: »Hätten alle Fürsten deine Bücher, Diszipeln (Schüler, d. V.) und Anhänger aus ihren Landen verjagt, wie die hochlöblichen Fürsten von Baiern getan, so wären ihre Bauern ebenso still gesessen wie die bairischen.«

Konsequent und erbarmungslos trat Kanzler Eck die überall aufzüngelnden Flammen der lutherischen Irrlehre aus, bevor sie zum Flächenbrand werden konnten. Drei Wasserburger Priester wurden 1526 vor dem eben etablierten herzoglichen Hochgericht für Geistliche als Lutheraner überführt. Einem von ihnen schlug man den Kopf ab, die beiden anderen erhielten »ewigen Kerker«. Wie sehr ihr Wirken aber der herrschenden Stimmung vieler Gläubiger entsprach, zeigt die Bemerkung eines der Verurteilten: »Man müsse sich nach dem Volk richten, das Volk richte sich nicht nach einem.«

Schon drei Jahre vorher war ein namentlich unbekannter Bäckergeselle als »Schänder Marias« in München hingerichtet worden, wohl weil er als Lutheraner den gottähnlichen Status Marias im katholischen Volksglauben öffentlich angegriffen hatte. 1527 köpfte man den Bäckergesellen Ambrosi Losenhammer. Er hatte in die Gebetsstille nach der Predigt hineingerufen, dass die eucharistische Hostie »nichts denn ein Brot« sei. Eine damals unerhörte Lästerung, die selbst über den neuen Glauben weit hinausging. Er widerrief übrigens. Das ersparte ihm wenigstens, verbrannt zu werden.

Öffentliche Sympathie für die populäre Häresie war stets gefährlich. Als sich der angesehene Münchner Bürger Bernhard Dichtl 1524 am Wirtshaustisch gegen die Todesstrafe für Ketzer aussprach, ließ Eck ihn an den Pranger stellen und für lange Zeit im Gefängnis verschwinden, aus dem Dichtl nach Zahlung einer empfindlichen Geldstrafe als gebrochener Mann zurückkehrte. Der Hoftrompeter Erhard Gugler durfte nicht länger dem Herrscher den Triumphmarsch blasen, er wurde wegen lutherischer Gesinnung des Landes verwiesen. Der Magister Arsacius Seehofer war aus Wittenberg als Anhänger Luthers zurückgekehrt und an die Universität Ingolstadt gewechselt. Seine »hochlutherische Gesinnung« brachte ihn dort nahe an den Scheiterhaufen. Schließlich schwor er der »Erzketzerei und Büberei« ab und verschwand für fünf Jahre hinter Klostermauern.

Zu seiner Verteidigung hatte die Adelige Argula von Grumbach in zwei beherzten offenen Briefen an Herzog Wilhelm und die Universität Ingolstadt zur Feder gegriffen. Das brachte ihr von evangelischer Seite Ruhm, seitens des Kanzlers Eck das Prädikat »schändliches Weib« ein. Sie musste Baiern schließlich verlassen. Auch Luther äußerte sich im Zusammenhang mit dem Fall Seehofer über die Universität Ingolstadt, gewohnt grob, gewohnt anschaulich: »Alle Säue im Baierland sind in die berühmte Hohe Schule gen Ingolstadt gelaufen und Doctores und Magistri geworden ... behüte Gott das Baierland vor diesen elenden blinden Sophisten.«

Leonhard von Ecks Namensvetter Johannes Eck leistete bei der Verdammung Seehofers getreu seines Gelöbnisses, mit »höchstem Vergnügen wider die Ketzer zu streben«, eifrige Schützenhilfe. Noch profilierter tat er sich bei Verurteilung und Verbrennung des Schärdinger Priesters Leonhard Kaiser 1527 hervor. Er arbeitete die Anklage gegen den Geistlichen aus und nahm selbst am Prozess in Passau teil. Der Angeklagte blieb bei seinen lutherischen Überzeugungen, trotz mehrfacher Aufforderung, der Irrlehre abzuschwören und damit sein Leben zu retten. Damit konnte das Gericht nach geltendem Prozessrecht gar nicht anders, als den verstockten Sünder auf den Scheiterhaufen zu schicken, obwohl so prominente Fürsprecher wie Kurfürst Johann von Sachsen oder der Markgraf von Brandenburg um seine Begnadigung gebeten hatten. Die Richter dürften mit ihrem Gewissen im Reinen gewesen sein: Häresie war todeswürdiges Majestätsverbrechen, noch dazu gegen die denkbar größte Majestät, die Majestät Gottes.

Noch schärfer ging Eck gegen die Wiedertäufer vor. Dieser »radikale Arm der Reformation« reichte in seinen Bestrebungen, die Kirche im Sinn einer urchristlichen Gemeinde zu erneuern, deutlich über Luthers Lehre hinaus. Die Wiedertäufer forderten und lebten – solange man sie am Leben ließ – Erwachsenentaufe, Gütergemeinschaft, Gewaltlosigkeit und die Bibel als alleinige Richtschnur. Für Herzog Wilhelm gehörten diese Schwarmgeister in einen Topf mit den Anhängern Luthers. Es würde keiner Wiedertäufer, der vorher nicht lutherisch war, und die Wiedertäufer kämen auch zu niemandem, er sei denn lutherisch, ist als Ausspruch von ihm überliefert. Allerdings wurden aufrechte Bürger für die Denunziation eines Wiedertäufers mit 32 Gulden, für die eines einfachen Protestanten nur mit 20 Gulden belohnt. Der Grad der Häresie hatte schon seinen gestaffelten Preis.

Im Jahr 1527 häuften sich die Hinrichtungen von Ketzern, vor allem von Wiedertäufern, doch nicht nur von diesen, wie der Fall Kaiser zeigt. Kanzler Eck konnte mit großer Genugtuung an den sächsischen Hof schreiben, es vergehe kaum ein Tag, an dem sein Herzog Wilhelm kein Todesurteil unterzeichne. Ecks Abschreckungspolitik auf breiter Front zeigte die gewünschte Wirkung. Im Herzogtum Baiern gab es um 1530 praktisch keine Protestanten mehr – zumindest soweit das Auge des Gesetzes reichte.

Dem Triumph an der Religionsfront stand allerdings der fast schon traditionelle Rückschlag beim bairischen Streben nach europäischer Größe gegenüber. Und zum wiederholten Mal waren es die verdammten Habsburger, diese Stiefbrüder im katholischen Geiste, die bairische Großmachtpläne zunichte machten. Bei einer verheerenden Niederlage nahe Mohács gegen ein Türkenheer war 1526 der kinderlose Ludwig II., König von Böhmen und Polen, auf der Flucht in einem Bach ertrunken. Die beiden Reiche standen ohne Herrscher da. Als Nachfolger in Böhmen empfahlen sich der Habsburger Ferdinand, Bruder von Karl V., und der Wittelsbacher Ludwig, Bruder von Herzog Wilhelm.

Den Zuschlag erhielt Ferdinand. Er konnte dem Wahlgremium höhere Bestechungsgelder zahlen als die chronisch knappen Wittelsbacher. Baiern war jetzt auf drei Seiten von Habsburg eingeschlossen. Das Tauziehen wiederholte sich ein paar Jahre später, als die deutsche Königswürde zur Debatte stand. Diesmal hatte Herzog Wilhelm selbst, von Kanzler Eck gedrängt, royale Ambitionen, doch wieder hieß der Sieger Ferdinand. Dabei hatte Eck sich für seine ehrgeizigen Pläne ganz ohne religiöse Skrupel auch auf die Unterstützung protestantischer Reichsfürsten eingelassen. Wie er wollten sie jeden Machtzuwachs Habsburgs verhindern. Eck war selbst nicht zurückgeschreckt, sich mit dem französischen König Franz I., dem Erzfeind Habsburgs und des Deutschen Reichs, zu verbünden. Allerdings vergeblich.

Also warf er in bester Machiavelli-Manier das Steuer herum, versprach in einem Geheimvertrag mit Karl V. wohlwollende Neutralität, als der Kaiser den protestantischen Fürsten, die im Reich in den 20 Jahren seit Luthers erstem Auftreten mehr und mehr geworden waren, entscheidend auf das Haupt schlagen wollte. Eck erhoffte sich im Fall eines Sieges der katholischen Sache reichen Lohn. Karl V. behielt denn auch in der Schlacht bei Mühlhausen 1547 die Oberhand. Doch als unangefochtener Sieger sah er nun keinen besonderen Anlass mehr, die Münchner Machtjongleure zufriedenzustellen. Er beließ es bei warmen Dankesworten. Von der in Aussicht gestellten Kurwürde war nicht mehr die Rede. Auch die erhoffte Heimholung des niedlichen Anrainerstaates Pfalz-Neuburg fand nicht statt, der Kaiser wollte für sein Entgegenkommen viel Geld. Geld, das der Münchner Hof nicht auftreiben konnte. Vergrämt intrigierten Herzog Wilhelm und sein getreuer Eck noch drei Jahre gegen den Habsburger Kaiser. Der Kanzler musste sich für seine diplomatischen Umtriebe sogar das kaiserliche Prädikat »neuer Judas« gefallen lassen. Dann entschlief das Münchner Duo versehen mit den Tröstungen der von ihnen so wacker verteidigten heiligen Religion einträchtig im Jahr 1550.

So durchgängig fromm die bairischen Herrscher im 16. Jahrhundert waren, so durchgängig verschwenderisch waren sie. Sie bauten mit der Residenz in München und der Außenstelle Landshut die größten und schönsten Renaissancepaläste nördlich der Alpen. Sie kauften wertvolle Bibliotheken auf. Sie verpflichteten mit Orlando di Lasso den damals bedeutendsten Musiker an ihren Hof. Sie ließen sich von Albrecht Altdorfer die »Alexanderschlacht« malen und hingen das Wunderwerk im Lusthaus des Rosengartens auf. Das alles machte München zu einer der Kulturhauptstädte der damaligen Welt. »Ist ein gottesfürchtiger, stattlicher und gar vernünftiger Herr gewesen, der gelehrte und kunstreiche Leute recht lieb hatte und Baiern zieren wollte von innen und außen«, war 1579 ein zeitgenössisches Urteil beim Hinscheiden von Albrecht V., Herzog Wilhelms Sohn.

München und Baiern leuchten zu lassen kostete jedoch viel Geld, mehr Geld, als in der Staatskasse war. Jenseits ihres Mäzenatentums leisteten sich die Wittelsbacher ja auch noch andere kostspielige Privatvergnügen. Mit katholischer Freude am prallen Diesseits umgaben sie sich mit Kuriositäten aller Art, von gängigen Objekten wie seltenen Münzen, Majolika-Geschirr und Hofnarren bis hin zu wahrhaft exotischen Accessoires: Kammerzwerge, Leibmohren und ein Privatzoo, den nicht die heimische Wildbahn, sondern Löwen, Leoparden und Elefanten bevölkerten.

Die Herzöge hielten prächtige Ritterspiele ab. Ritter waren zwar längst ein Anachronismus, seit Musketenkugeln ihre Rüstungen durchschlugen und der »Ewige Landfriede« von 1495 im gesamten Deutschen Reich ihre Lieblingsbeschäftigung, die Fehde, verboten hatte. Jetzt war der Kampf hoch zu Ross nur noch ein teures Freizeitvergnügen der gehobenen Stände, die auch sehr darauf achteten, bei diesem fröhlichen Hauen und Stechen in prunkvoller Rüstung unter sich zu bleiben. So durfte etwa Kanzler Eck, da nur aus niederem »nicht turnierfähigem« Adel stammend, trotz seiner politischen Allmacht nicht teilnehmen.

Die mühsam eingetriebenen Steuern reichten zur Finanzierung dieser breit gefächerten Lustbarkeiten bei Weitem nicht. Selbst die Räte von Herzog Albrecht V. konnten schon 1557 nicht anders, als auf seine Anfrage das fröhliche Geldausgeben zu kritisieren: »Was man Kostbares, Fremdes, Seltsames sieht, muss man haben. Zwei oder drei Goldschmiede arbeiten ständig allein für den Fürsten, was sie in einem Jahr fertigen, wird im nächsten zerbrochen oder versetzt. Dann die Bildschnitter, Dreher, Steinmetze, der außerordentliche Aufwand für Kleider, Tapisserie, Verkleidungen, das schädliche Übermaß in Essen, Trinken, Banketten und Einladungen!« Der Herzog hörte sich das alles huldvoll an – und machte fröhlich weiter.

1555 musste Kaiser Karl V. mit dem Augsburger Religionsfrieden eingestehen, dass seine Politik einer einzigen, nämlich der katholischen, Konfession im Reich gescheitert war. Es gab einfach zu viele Fürsten, die ins protestantische Lager übergewechselt waren, um ihrer und damit der Lutheraner Herr zu werden. Die berühmte Formel »cuius regio, eius religio«, frei übersetzt: »Die Religion des Herrschers ist die Religion der Untertanen«, erkannte den Protestantismus als zweiten christlichen Glauben im Deutschen Reich an. Katholik oder Protestant zu sein lag aber nicht im Ermessen des Einzelnen. Der Untertan hatte zu glauben, was sein Landesherr glaubte. Wem das nicht passte, der hatte die »Freiheit«, auszuwandern. Das war bitter genug, doch immerhin gehörte der Scheiterhaufen als gerechte Strafe für den lutherischen Ketzer der Vergangenheit an.

Jetzt, wo Protestant zu sein nicht mehr ein Kapitalverbrechen, sondern nur noch Ungehorsam gegen den Landesherrn bedeutete, wagten sich Luthers Anhänger wieder aus der Deckung. Viele bairische Adelige bekannten sich offen zum Protestantismus, einige wie der Graf von Ortenburg in Niederbaiern führten den neuen Glauben sogar in ihrem reichsunmittelbaren Gebiet als »Staatsreligion« ein. Auch in vielen Städten wie dem alten Herzogssitz Straubing war die Mehrheit der Bürger stark reformerisch eingestellt. Man verspottete weithin die lateinische Messe als »Abgötterei«, wandte sich gegen den Marienkult und verlangte die Kommunion in »beiden Gestalten«, also nicht nur mit der Hostie, wie im Katholizismus, sondern getreu dem Bibelwort

Ortenburg

Waren nicht die Wittelsbacher laut dem Papst »eine Hauptsäule des katholischen Glaubens« und hatten sie nicht in ihrem Reich die ketzerische lutherische Lehre unterdrückt, wo und wie es nur immer ging?

Und da erdreistete sich der Ortenburger Graf Joachim in seinem winzigen Ländchen mitten im tiefkatholischen Niederbaiern, 1563 die sogenannte Reformation einzuführen. Zwei Schlösser, ein Markt, fünf Dörfer – und jetzt ein Hort des lutherischen Irrglaubens. Schon stahlen sich von der evangelischen Lehre verblendete bairische Untertanen nach Ortenburg, um dort die Kommunion in zwei Gestalten zu empfangen und das »Abendmahl« anstelle der Heiligen Messe zu feiern. »Auslaufen« nannte man dieses Entweichen in die Irrlehre.

Herzog Albrecht V. wollte und konnte das nicht hinnehmen. Dummerweise aber war Ortenburg eine reichsfreie Herrschaft, zwar von bairischem Territorium umschlossen, doch nur dem Kaiser, nicht aber dem Herzog unterstellt. Und der sture Joachim berief sich auf den Augsburger Religionsfrieden von 1555, der in der Formel »cuius regio, eius religio« festgeschrieben hatte, dass der Landesherr seine und die Religion seiner Untertanen selbst bestimmen könne.

Joachim, Graf von Ortenburg, war dem Baiernherzog schon länger unangenehm aufgefallen. Er hatte in der Vergangenheit einen Teil des bairischen Adels auf seine Seite gezogen und war als ihr Wortführer in Sachen Protestantismus aufgetreten. Herzog Albrecht reagierte entschlossen und ganz am Rand der Legalität. Er nahm den Ortenburgern ihre umfangreichen Lehen auf bairischem Gebiet außerhalb der reichsunmittelbaren Grafschaft weg. Aufgrund von beschlagnahmten Papieren in Joachims Außenbesitzung Mattighofen beschuldigte er den Grafen und einige seiner protestantisch gestimmten Gesinnungsgenossen aus dem Adel der Verschwörung gegen ihn. Das Verfahren verlief im Sande – für den angeblichen Hochverrat gab es keine stichhaltigen Beweise –, trotzdem ließ Albrecht Ortenburg von 300 Reitern besetzen und die beiden lutherischen Pastoren verjagen. Doch die Ortenburger ließen nicht ab vom neuen ketzerischen Glauben.

Joachim weilte gerade in Wien, um sich beim Kaiser über den Herzog zu beschweren, und kehrte sicherheitshalber nicht in seine Herrschaft zurück. Aber er klagte beim Reichskammergericht und bekam 1573 recht. Ortenburg blieb eine reichsfreie Grafschaft und protestantisch. Joachim erhielt die meisten seiner Lehen zurück und baute die Reformation in seinem Ministaat jetzt zügig aus. Herzog Albrecht konnte nur noch Schadensbegrenzung betreiben und seine Landeskinder nach Kräften hindern, zum protestantischen Gottesdienst nach Ortenburg »auszulaufen«.

Joachim hatte sich während des langen Religions- und Machtkampfs gegen den allerkatholischsten Herzog vom Lutheraner zum Calvinisten gewandelt. Bei diesem Schritt wollten ihm seine Untertanen, die so treu für ihren lutherischen Glauben eingetreten waren, nicht folgen. Es kam zum Bruderzwist im protestantischen Haus. Die Ortenburger boykottierten die Gottesdienste der von Joachim jetzt eingesetzten calvinistischen Pfarrer so lange, bis ihr Graf gegen seine persönliche Überzeugung grollend einlenkte und wieder einen Lutheraner berief.

Der lange, teure Rechtsstreit und der Verlust der Einkünfte aus den bairischen Lehen hatten Joachim ruiniert. Der Graf versuchte mit mäßigem Erfolg, irgendwo im Evangelischen ein gut bezahltes Amt zu ergattern. Verarmt und verbittert starb er auf der Suche nach neuen Krediten im Jahr 1600 in Nürnberg. Doch bis zur allgemeinen Religionsfreiheit in Baiern in der Napoleonzeit blieb die kleine Grafschaft Ortenburg fast 250 Jahre der protestantische Stachel im Fleisch der katholischen Wittelsbacher.

◆◆◆

auch mit Wein »aus dem Kelch«, eine der populärsten Forderungen Luthers. Mit ihr war 100 Jahre zuvor Jan Hus noch auf den Scheiterhaufen gelandet.

Herzog Albrechts V. persönliche Frömmigkeit war tief getroffen von diesen Tendenzen. Aber sie wurden von der Ständeversammlung nachdrücklich vertreten. Leider waren Albrechts Taschen wie üblich leer und er vom guten Willen und den Steuern der Stände abhängig. Er versprach, sich beim Papst für die populärste Forderung, die Kommunion in beiden Gestalten, einzusetzen. Er sicherte bis zu einer höchstkirchlichen Entscheidung Straffreiheit für diese Art des Abendmahls zu, machte allerdings klar, dass er die Kelch-Kommunion für Laien grundsätzlich nicht billige. Die Protestanten im Land werteten sein Versprechen trotzdem als Ermunterung. Der Herzog verstand seine Konzessionen hingegen taktisch. Er wollte damit »Temporisieren und Connivieren«, Zeit gewinnen und zum Schein mitspielen.

Als die Front der Stände anfing zu bröckeln, weil viele der Reformer sich mit dem Zugeständnis Kelch-Kommunion zufriedengaben, ging die Zeit der Kompromisse zu Ende. Wer jetzt noch immer mehr haben wollte, war ganz klar ein Protestant. Und das Land vom Protestantismus frei zu halten erlaubte die Augsburger Formel dem katholischen Herrscher ja durchaus. Vor allem war wichtig, das verderbliche Gedankengut, das aus den protestantischen Territorien, voran den umliegenden Freien Reichsstädten Augsburg, Regensburg und Nürnberg, einzusickern drohte, zu bekämpfen. Sonst konnte es subkutan den wahren Glauben unterhöhlen. Razzien zum Aufspüren der »schändlichen, verbotenen, ärgerlichen, verführerischen und schmählichen, auch lästerlichen Büchlein, Gedichte, Schmähschriften und Briefe gegen unseren alten, wahren, christlichen Glauben« fanden im ganzen Land statt. Schon die Breitseite von Negativadjektiven, die der Erlass gegen protestantische Druckerzeugnisse abfeuert, zeigt deren hohe Popularität.

Das sogenannte Auslaufen wurde unter Strafe gestellt. Viele Untertanen »liefen« mehrmals im Jahr aus dem Land, um in angrenzenden protestantischen Territorien das »wahre« Abendmahl zu feiern. Als Strafen allein nicht fruchteten, ließ der Herzog die Reiserouten durch bewaffnete Reiter bewachen. Laienprediger auf dem Lande oder Lehrer an den städtischen Schulen, die im Sinne Luthers unterrichteten, wurden verhaftet, manchmal auch ein bisschen gefoltert, dann des Landes verwiesen. Der Münchner Magister Martin Balticus musste Baiern mit dem Leichnam seiner Frau im Gepäck verlassen. Sie hatte auf dem Sterbebett abgelehnt, die Kommunion nur in einer Gestalt zu empfangen, worauf man ihr das Begräbnis verweigerte.

Als offensive Abwehrmaßnahme rief Albrecht die Jesuiten ins Land. Die Gesellschaft Jesu des Ignatius von Loyola war keiner der alten, moralisch heruntergekommenen Orden. Die Jesuiten sahen sich als Soldaten, auf Gott vereidigt, diszipliniert, schlagkräftig und zielbewusst. Auch sie wollten eine Reform – eine katholische Binnenreform: die reine Lehre in einer reinen Kirche. Gestützt durch das Konzil von Trient, das nach langen, turbulenten Jahren 1563 eine kompromisslose Theologie ohne protestantische Einsprengsel festgeschrieben, aber auch die Sittenlosigkeit im Klerus oder den einträglichen Ablasshandel verurteilt hatte, gingen sie ans Werk.

Die Universität Ingolstadt kam unter jesuitische Leitung. Das gehobene Bildungswesen wurde ausgebaut, denn Herzog Albrecht hielt viel von Bildung, solange sie gut katholisch war. Und so unterrichteten an den neu gegründeten städtischen Gymnasien fast ausschließlich Jesuiten. Dem munteren Landklerus schaute man streng auf die Finger und sonstige Glieder. Bairische Studenten durften nur noch an ausgewählten Universitäten studieren, neben Ingolstadt kamen lediglich Dillingen, Freiburg, Köln und Löwen in Betracht, nicht aber Wien. Denn der aktuelle Kaiser Maximilian II. war reformatorischer Neigungen verdächtig. Seine Pfarrer, Lehrer, Beamten und Professoren verpflichtete der Herzog per Eid auf die Glaubenssätze des Konzils, wem das nicht passte, der musste Baiern verlassen.

Blieben nur noch die Herren des gehobenen Adels, deren protestantische Extratouren Albrecht schwer erzürnten. Zum Glück waren sie so unvorsichtig, ihr geringschätziges Urteil über die katholische Kirche und den Herzog brieflich niederzulegen. Die unfreundliche Korrespondenz fiel Albrecht in die Hände. Er witterte Hochverrat oder tat wenigstens so. Die Missetäter stellten sich. So richtige Missetaten waren ihnen dann nicht nachzuweisen, und das Verfahren gegen sie verlief im Sande. Zweifellos waren die meisten von ihnen so eingeschüchtert, dass sie in Zukunft weniger forsch auftraten und die Ständeversammlung nach und nach zum zahnlosen Tiger wurde. Letztendlich überlebte nur in der niederbairischen Minigrafschaft Ortenburg der protestantische Glaube, und das bis heute.

So war Baiern fest in katholischer Hand, als Albrecht 51-jährig einem chronischen Magenleiden erlag. Die Gegenreformation war sein Verdienst, nicht das seiner Bischöfe, wie er zu Recht einmal einem päpstlichen Gesandten erklärte. Den Bischöfen ginge in religiösen Dingen noch immer Lust vor Last, meinte er schneidend. Er, nicht diese Herren, habe in Baiern die alte Kirche gerettet und zu neuem Leben erweckt.

Sein Sohn Wilhelm V. übertraf den Vater in zwei wichtigen Eigenschaften: Er war noch verschwenderischer und noch frömmer. Er hatte schon als Kronprinz gewaltige Schulden gemacht, das setzte er unbekümmert bis zum Ende seiner Regierungszeit fort. Seine Frömmigkeit steigerte sich im Verlauf seines Lebens noch, und so ging er schließlich als Wilhelm der Fromme in die Geschichte und wohl auch ins Paradies ein. Den Spagat zwischen Prunk im Diesseits und Vorbereitung aufs Jenseits beherrschte er mühelos in bester katholischer Renaissancemanier. Seine »strenge Kirchlichkeit« (Hubensteiner) ließ ihn Arme speisen und Prostituierten nach einem Besserungsschwur eine Mitgift schenken. Sie ließ ihn die Büßergeißel gegen sich selbst schwingen und bei glühender Hitze im härenen Gewand auf Wallfahrt gehen. Im Gegensatz dazu ergötzte er sich durchaus wieder an seinen Kammerzwergen und Leibmohren, den Löwen und Elefanten im Privatzoo oder aufwendigen Jagden mit riesigem Personal.

Der Bau von St. Michael in München, der größten Renaissancekirche nördlich der Alpen, ist die steinerne Symbiose von Pracht und Glauben. Diese Art von Religion, sieghaft wie im Himmel also auch auf Erden, wollte Wilhelm seinen Untertanen nahebringen. Er ordnete persönlich an, die Fronleichnamsprozession als Triumphzug des Glaubens zu inszenieren. Über 1000 Kriegsknechte in eigens angefertigten Uniformen standen Spalier. Die Handwerkszünfte stellten lebende Bilder, Trompeten und Schalmeien untermalten den Weg der Büßerkongregationen in schwarzen Kapuzenmänteln und mit schweren Holzkreuzen auf dem Rücken. Dahinter die Ratsherren und der gesamte Hofstaat in prächtigen Gewändern. So etwas habe die Welt noch nicht gesehen, staunte ein Nürnberger Besucher. Wer da noch dem grämlichen Protestantismus anhing, war selbst schuld.

Baiern war unbestritten die katholische Vormacht im Reich. Denn der Habsburger Kaiser Rudolf II., ein Sonderling mit einer Vorliebe für Astrologie, Drechselarbeiten und erotische Gemälde, verkroch sich die meiste Zeit im Prager Hradschin, anstatt zu regieren. So fiel Herzog Wilhelm die Führungsrolle fast automatisch zu, als der eben gewählte Erzbischof von Köln, bis vor Kurzem gut katholisch, plötzlich zum Protestantismus übertreten wollte, um seine Geliebte, eine Gräfin, heiraten zu können.

Dies hätte niemanden sonderlich gestört, wäre der Erzbischof von Köln nicht einer der sieben Kurfürsten gewesen. Den Verlust einer Kurstimme konnte und wollte das katholische Lager nicht hinnehmen. Außerdem verstieß der Schritt des Erzbischofs gegen den Augsburger Religionsfrieden. Darin war festgeschrieben, dass ein geistlicher Herrscher bei einem Konfessionswechsel auf sein Territorium zu verzichten habe. Wie das Leben so spielt, konnten die Baiern gleich einen geeigneten Nachfolger präsentieren. Ernst, ein jüngerer Bruder Wilhelms, war bereits Bischof von Lüttich und Hildesheim, regional also schon bestens vernetzt. Vergebens hoffte der religiöse Wendehals in Köln auf substanzielle Unterstützung seiner neuen Glaubensgenossen. Und so konnte ein bairisches Heer praktisch ohne Gegenwehr in Köln einmarschieren und Ernst als Erzbischof und Kurfürst etablieren. Für die kommenden 200 Jahre regierten Wittelsbacher Erzbischöfe am Rhein. Sie hielten im deutschen Nordwesten den Katholizismus und in Köln den Karneval am Laufen und gaben den Wittelsbachern das vage Gefühl, alles zusammengenommen irgendwie doch eher zur Großmacht als zum Regionalstaat zu taugen.

Doch auch Wilhelm der Fromme wurde ein Opfer dieses immerwährenden bairischen Dilemmas: zu groß, den Verlockungen einer führenden Rolle zu widerstehen, aber zu klein, sie dann auch durchzuhalten. Das Kölner Unternehmen riss ein neues riesiges Loch in die schon durch großzügige Bauten und Schenkungen, vor allem an die Jesuiten, zerrütteten Staatsfinanzen. 1588 betrugen die Schulden zwei Millionen Gulden.

Um den Haushalt kreativ auszugleichen, rief der wundergläubige Wilhelm 1590 Marco Bragadino, einen notorischen Hochstapler und Alchimisten, an seinen Hof, dem trotz zahlreicher Misserfolge noch immer der Ruf vorausging, Gold in beliebigen Mengen herstellen zu können. Außerdem sollte er nebenbei den Herzog von dessen chronischen Kopfschmerzen heilen. Weder die Sanierung des Haushalts noch der Kopfschmerzen glückte, nach einem halben Jahr kostspieliger Experimente ohne Ergebnis dämmerte Wilhelm, einem Betrüger aufgesessen zu sein. Nachdem man ihm die Folterinstrumente gezeigt hatte, bekannte Bragadino seine totale Inkompetenz. Er wurde auf dem Weinmarkt zu München, dem heutigen Stachus, geköpft.

Wilhelm blieb nichts anderes übrig, als sich sein Versagen in der Finanzpolitik einzugestehen. Er rang sich zu einer, im Wittelsbacher Reich bis dahin unerhörten, Schuldenbremse durch: Er dankte 1598 zugunsten seines Sohnes Maximilian ab, dem im Gegensatz zum Vater schon in jungen Jahren der Ruf eines Sparkommissars anhaftete. Er sollte ihn in seiner langen Regierungszeit glänzend bestätigen. Sein Vater zog sich in ein frommes, wenn auch immer wieder von größeren Jagden aufgelockertes Privatleben zurück.

Dort konnte er sich an der großen Wertschätzung der römischen Kurie für sein Wittelsbacher Geschlecht »als Hauptsäule des katholischen Glaubens, das seinesgleichen in Deutschland nicht hat«, still erfreuen. Und er hätte bestimmt als Kompliment aufgefasst, was der bayerische Historiker Sigmund von Riezler 300 Jahre später kritisch anmerkte: »Sich selbst überlassen und von dem grausamen Druck der Ketzerverfolgung verschont, wäre das bairische Volk trotz einer gewissen Wahlverwandtschaft seiner Natur mit dem Katholizismus von der unwiderstehlichen Hochflut des protestantischen Geistes fortgerissen worden.«

Maximilian I.

Stets die gleichen skeptisch-besorgten Augen. Und fast immer ein Blick schräg von der Seite, als störe ihn gerade jemand dabei, weiter vorauszuschauen. Es gibt Dutzende Porträts des Herzogs und späteren Kurfürsten Maximilian I. vom Jüngling bis zum Greis. Sie ändern sich kaum. Außer dass das Haar über der Stirn weniger wird und die lange, scharfe Wittelsbacher-Nase über dem ergrauenden Zwirbel-Schnurrbart mehr. Es ist kein majestätischer Anblick, so sehr sich die Hofmaler auch bemühten, der imperialen Statur des Herrschers mit Prunkharnisch und Hand am Degenknauf aufzuhelfen. Maximilian sieht einfach so aus wie ein überarbeiteter Ordensgeneral, der nicht aufgibt, die ganze Welt zu bekehren, wohl wissend, dass er es nie schaffen wird. Wären die Jesuiten nicht schon da gewesen, Maximilian hätte sie gut erfinden können.

Doch er war nun einmal Herzog und von der Pflicht durchdrungen, seinen Baiern ein guter Herrscher zu sein. Was für seine Baiern gut war, bestimmte natürlich er selbst. Maximilian war anders als sein Vater Wilhelm der Fromme, dem das Geld noch rascher durch die Finger geglitten war als die Perlen des Rosenkranzes. 1598 hatte ja Wilhelm wegen der drückenden Staatsschulden zugunsten seines Sohnes abgedankt. Maximilian war nicht weniger fromm als der Vater. Er ging wallfahren bis ins hohe Alter und hing an der Reliquiensammlung in seiner Privatkapelle. Sie enthielt neben vielen anderen heiligen Überresten einen Dorn der Schmerzenskrone Jesu, einen Finger des Apostels Petrus und ein Bein der heiligen Anna, einen Teil der Gehirnschale Maria Magdalenas sowie das Tischtuch des Letzten Abendmahls, alles kostbar geschmückt, wenn auch ohne Echtheitszertifikat. Aber der junge Herzog besaß Weitsicht und einen methodischen Geist.

Kaum hatte der 25-Jährige angefangen zu regieren, tat er etwas, das Europas verschwenderische Herrscher in höchstes Erstaunen versetzte: Er gab nicht mehr Geld aus, als er hatte. Mit diesem unerhörten Schritt schaffte er es, von der Mithilfe und späteren Hinrichtung dubioser Goldmacher absehen zu können und binnen weniger Jahre den Staatshaushalt dauerhaft zu sanieren. Die Landstände waren vom Sparwillen des neuen Herrn anfangs so beeindruckt, dass sie versprachen, einen Teil der Restschulden aus Vaters Zeiten zu übernehmen. Als dann das Herzogtum Baiern praktisch schuldenfrei wurde und Wilhelm sogar auf ein deutliches Plus in der Staatskasse zurückgreifen konnte, hatten sie ihren stärksten politischen Hebel verloren. Maximilian musste den Landständen keine Zugeständnisse mehr machen, weil er ihr Geld nicht mehr brauchte. Ihre Macht welkte dahin, Maximilian berief sie kaum mehr ein, und sie verabschiedeten sich Ende des Jahrhunderts fast unbemerkt durch die Hintertür der bairischen Geschichte.

Was Maximilian sicher bei seinem Sanierungskurs half, anders als den meisten Wittelsbachern zuvor und danach: Ihm war der Hang zur Mäßigkeit offensichtlich angeboren. »Überflüssigem Essen und Trinken, Spielen, zu vielem Jagen, Ritterspielen und anderen Vanitäten fragen Ihre Durchlaucht nicht nach, halten ein gutes Regiment, überlesen die Supplikationen und andere Schriften zum Unterschreiben selbst«, notierte lobend ein Besucher aus der Reichsstadt Augsburg. Für das gute Regiment saß er von vier Uhr morgens bis in die Nacht hinein am Schreibtisch und dekretierte, korrigierte und kritisierte. Noch die winzigsten Details entschied Ihre Durchlaucht höchstpersönlich, etwa die wichtige Frage, welche Räume der Hofkammer durchgehend zu heizen seien. Von seinen Räten und sonstigen Beamten, die inzwischen meist bürgerlich und akademisch waren, verlangte er ähnlichen Einsatz und konnte, falls ihm deren Arbeitseifer missfiel, in seinen Randnotizen an Aktenstücken sehr sarkastisch werden. »Was tun die Herren denn eigentlich auf der Ratsstube? Äpfel braten?«

Den Herren seiner Verwaltung wies er mit peniblen »Instruktionen« klar umrissene Aufgaben zu, wohl wissend, dass diese Arbeitsbeschreibungen allein aus ihnen noch keine guten Staatsdiener machten. Es sei »so gar nit am Befehlen, Fürschreiben und den Instructiones gelegen, sondern notwendig dahin zu sehen und zu trachten ist, dass die Beamten selbst das Ihrige getreulich tun«. Ungetreuliche Staatsdiener, gar solche, die in ihre eigenen Taschen arbeiteten, verfolgte Maximilian unnachsichtig.

1606 entließ er seinen Hofkanzler, der nach alter Gewohnheit Bestechungsgelder angenommen hatte. Die so lahme wie zeitlose Ausrede, es habe sich bei den Schenkungen um keine persönliche Bereicherung, sondern vielmehr um »Verehrungen in das Amt« gehandelt, also materielle Anerkennung für die Arbeit seiner Behörde, wischte er vom Schreibtisch. Er verbot Nebentätigkeiten seiner Beamten, bezahlte sie dafür aber anständig und pünktlich. Und er gewährte ihnen Renten, sobald sie aus dem Dienst schieden, bezeichnenderweise »Gnadengelder« genannt. Auffällig tüchtige Angestellte belohnte er gerne in Naturalien. So erhielten die Hofräte, die sich das lukrative Staatsmonopol auf Weißbier ausgedacht hatten, ein paar Extrafässer Bier.

Ein funktionierender Staatsapparat war für den rastlosen Arbeiter eine wichtige Voraussetzung seiner Herrschaft. Doch es gab wichtigere, die er am Abend seines Lebens für seinen einzigen Sohn niederschrieb:

»Die vornehmsten Grundfesten zur Erhaltung der fürstlichen Macht und Gewalt werden, nach Gott, in vier Hauptstücke abgeteilt:

1. ist das Kriegsvolk, dessen Anzahl nach Notdurft proportioniert sein soll
2. das bare Geld in genügsamer Menge
3. die Schanzen oder Festungswerke, um nicht allein dem Feind den Eingang zu erwehren, sondern auch die unruhig und aufrührerischen Bürger und Untertanen in Zaum zu halten
4. die Wohlgewogenheit des Volkes oder der Untertanen – und diese letzte Grundfeste ist die sicherste und stärkste von allen.«

Die damals geschätzt 800 000 Untertanen hinter sich, auch genug Soldaten, Geld und Befestigungen, gegen Feinde, aber auch gegen diese Untertanen, sollten sie doch einmal nicht »wohlgewogen« sein: Aus Maximilians Kurzanleitung für erfolgreiches Regieren spricht nüchterne Vernunft, doch diese vier Grundpfeiler kommen erst – und weit – nach Gott, dem Lenker allen Geschicks. Den Allmächtigen auf seiner Seite zu haben war für den von Jesuiten erzogenen Maximilian das Alpha und Omega jeder Herrschaft. Gottgefällig zu sein bedeutete jenseits aller persönlichen Frömmigkeit für den Fürsten geradezu ein politisches Muss. Denn nur so konnte »die schuldige Ehre Gottes befördert und alles Übel und Unglück von uns abgewendet« werden.

Gut 600 Jahre zuvor hatte mit Heinrich II. schon einmal ein bairischer Kaiser sein universales Herrschertum ganz ähnlich mit der Verantwortung vor Gott begründet. Zwei wesentliche Unterschiede bestehen: Maximilian wusste, dass seine angestrebte Symbiose von Gott und Staat wohl nicht den Erdkreis umfassen, sondern auf Baiern beschränkt bleiben würde. Und er nahm dafür nicht nur sich selbst, sondern genauso seine Untertanen in die Pflicht. Wenn sie von früh bis spät mit Gott waren, würde Gott auch mit ihnen und dem Land der Baiern sein. Dass es der katholische und nicht der protestantische Gott war, verstand sich von selbst: Seit seines Vaters Zeiten gab es kaum mehr Protestanten im Herzogtum.

Sichtbare Gottgefälligkeit wurde dekretiert: Das Mitführen eines Rosenkranzes war Bürgerpflicht, Maximilian war ein großer Marienverehrer und ernannte die Gottesmutter während des Dreißigjährigen Krieges offiziell zur Schutzpatronin Baierns. Sie ist es noch heute. »Maria, Maria« wurde damals sogar der Schlachtruf des bairischen Heeres. Die Beichte an Ostern war obligat. Der arme Sünder musste sich sein Sündenbekenntnis mit einem Beichtzettel bestätigen lassen, der dann zur Kontrolle der Obrigkeit übergeben wurde – ein Verfahren, das sich übrigens innerkirchlich bis über die Mitte des 20. Jahrhunderts hinaus hielt. Wiederholt säumige Christen saßen bei Wasser und Brot ein. Selbst für die Aufnahme ins Krankenhaus war der aktuelle Beichtzettel Voraussetzung.

Maximilian erneuerte einen Erlass seines Großvaters, nach dem während des Gebetläutens – am Tag dreimal – jede Arbeit einzustellen war. Reiter hatten dann aus dem Sattel, Reisende aus der Kutsche zu steigen und auf den Knien ein Vaterunser und ein Ave Maria zu beten. Beamte am Hof mussten jeden Tag eine Messe hören und am Donnerstag mit brennenden Kerzen von der Kanzlei in einer Art wöchentlicher Fronleichnamsprozession zur Kirche wandeln. Bei Amtsantritt hatten sie einen Eid auf das katholische Glaubensbekenntnis abzulegen.

Ganz besonders lag Maximilian die allgemeine Keuschheit am Herzen – seine und die seiner Untertanen. Das unterschied ihn etwa vom allerkatholischsten Kaiser Karl V., der 1546 durchaus mal nebenbei zu Regensburg mit einer schönen Bürgerstochter einen Sohn gezeugt hatte, welcher als Juan de Austria mit dem glänzenden Sieg gegen die Türken bei Lepanto in die Geschichte einging. Selbst eine so gloriose späte Rechtfertigung der außerehelichen Begierde hätte für den sittenstrengen Maximilian keinen Fehltritt entschuldigt.

Ehebruch war Ehebruch war Ehebruch.

Wer zum ersten Mal den Verlockungen des Fleisches erlag, wurde bei Wasser und Brot inhaftiert und dann vor versammelter Gemeinde an den Pranger gestellt. Beim zweiten Mal gab es Landesverweis für sieben Jahre. Der dritte Ehebruch war definitiv der letzte: Tod durch Enthauptung. Sagte ich der dritte? Ja, aber nur, wenn man ein Mann war. Für Frauen reichte schon der zweite Seitensprung, und Kopf ab. An der größeren Nachsicht für fremdgehende Männer hatten auch die 1000 Jahre seit den Gesetzen der ehrwürdigen Lex Baiuvariorum nichts geändert.

Um der Versuchung von vorneherein keine Chance zu geben, verfügte der fromme Wittelsbacher Frauenkleidung, die den Busen gänzlich zu bedecken hatte, und lange Hosen für Männer, die keine strammen Wadeln sehen ließen. Verboten wurden auch das Fensterln, das Tanzen an Wochentagen sowie »das grobe Halsen,

Drucken und Aufheben« – also so ziemlich alles, was heute weltweit als echt bayerisch gilt. Natürlich ebenfalls das gemeinsame Bad von Männern und Frauen oder nur ein einziger Schlafraum für das männliche und weibliche Gesinde.

Auch über das sechste Gebot hinaus war der Katholik Maximilian von geradezu puritanischer Strenge. Das entbehrt nicht der Ironie, waren doch die puritanischen Calvinisten Maximilians Erzfeinde. In der Fastenzeit war loses Kartenspiel und Würfeln verboten, der Denksport Schach hingegen erlaubt. Die Wirtshäuser blieben während dieser Wochen nur Sonntag- und Montagnachmittag geöffnet. Die Fleischbänke hatten durchgehend zu, in ganz München durften ganze zwei Metzgereien Kranke und Hinfällige versorgen, aber bloß, wenn diese Armen eine vom Pfarrer ausgestellte Befreiung von der Fastenpflicht vorweisen konnten.

Besonders schmerzlich konnte es für Delinquenten werden, falls sich ihre Vergehen direkt gegen Gott wandten. Für Fluchen und Gotteslästerung, durch die »Gottes Majestät auf das allerschrecklichste profaniert und geschändet werde«, arbeitete ein Mandat von 1605 einen allerschrecklichsten Strafenkatalog aus. Neben den vergleichsweise milden Sanktionen Landesverweis, Zwangsarbeit in Ketten und Am-Pranger-Stehen sah er Armeausrenken am Wippgalgen, Abschneiden von Gliedern sowie das Ausreißen oder Durchbrennen der Zunge vor. »Es ist nicht Grausamkeit, sondern Frömmigkeit um Gottes Willen Verbrechen zu bestrafen«, von dieser frühchristlichen Maxime des Kirchenvaters Hieronymus war Maximilian tief durchdrungen.

Noch schlimmer, als den Allerhöchsten zu lästern, war es, mit Gottes ewigem Gegenspieler, dem Teufel, im Bunde zu sein. Die Hexenverfolgung ist keine bairische Erfindung. Ganz Europa schickte zwischen 1400 und 1700 im guten Glauben Hexen wegen ihrer Buhlschaft mit dem Satan auf den Scheiterhaufen. Protestanten und Katholiken standen sich in nichts nach. Martin Luther etwa befürwortete die Hexenverbrennung. Bei all seiner sonstigen Nüchternheit war auch Maximilian ein Kind seiner Zeit und überzeugt von der körperlichen Omnipräsenz des »Leibhaftigen«, wie der Teufel denn auch erschaudernd genannt wurde.

Maximilian machte schwarze Magie für die Kinderlosigkeit seiner ersten Ehe verantwortlich und erließ mehrere Mandate gegen Hexen und Zauberer, obwohl er kein Eiferer der Hexenverfolgung war. Diese Verordnungen listeten penibel die todeswürdigen Vergehen von der Teufelsanrufung bis zur Pulverherstellung aus ausgegrabenen Leichen auf. Erwiesene Hexerei konnte nur mit dem Feuertod gesühnt werden. Aus theologischer Sicht stellte er eine Gnade dar, denn nur das komplette Verbrennen reinigte die Seele des oder der Verurteilten. Erwiesen war die Hexerei auf jeden Fall durch das Geständnis der Unglücklichen, das bei Verstocktheit aus ihnen herausgefoltert wurde. Wie absurd und pseudorational aus heutiger Sicht das Aufspüren teuflischer Machenschaften war, zeigt der umfangreiche Fragenkatalog für juristisch korrekte Hexenverhöre, der zu Maximilians Zeit gültig war.

Als begabter Administrator und misstrauischer Mensch wusste Maximilian, dass jedes Gesetz nur so gut ist wie seine Überwachung. Einen flächendeckenden Polizeiapparat gab es noch nicht. Also setzte er, auch da ganz in Einklang mit dem Zeitgeist, Spitzel und Denunzianten ein. Sie sollten Rechtsbrecher vom liederlichen Würfelspieler bis zur dämonischen Hexe der verdienten Strafe zuführen und taten das auch. Lebten die Menschen in ständiger Angst, irgendwo, irgendwann sträflich zu fehlen? Oder waren sie in Einklang mit diesem Überwachungsstaat? Froh, dass Recht und Ordnung nach göttlichem Gebot herrschten?

Angst und Gefahr waren um 1600 ständige Begleiter auf dem Lebensweg. Angst vor Bestrafung, auch wenn sie die Menschen wohl immer wieder packte, fiel da nicht sonderlich aus dem Rahmen. Das enge Korsett aus Vorschriften und Verboten, das uns heute die Luft zum Atmen nähme, ist damals den Menschen sicher auch Halt und Stütze in einer unsicheren Welt gewesen. Noch waren Freiheit und Selbstverwirklichung für den Normalmenschen nicht erfunden. Und noch immer war die Religion als verbind-

◆◆

Kelheimer Hexenhammer

Es waren keine Sadisten, die ihre Neigung austobten. Achtbare Geistliche sprachen sich für die unnachsichtige Verfolgung von Hexen aus, und achtbare Richter fällten ihre Urteile gegen sie. Die Welt musste vor dem allgegenwärtigen Satan gerettet werden, dessen teuflische Werkzeuge die Hexen waren. Dabei sollte nicht Willkür walten, die Beschuldigten hatten das Recht auf ein juristisch einwandfreies Verfahren.

Die Hexenprozesse hatten nur einen kleinen Defekt: Die Angeklagten wurden »hochnotpeinlich« befragt, das heißt sie wurden mit steigender Intensität systematisch und viehisch gefoltert, bis sie – fast immer – gestanden. Es gab sehr bald Einwände, von theologischer und juristischer Seite, gegen diese Art der Wahrheitsfindung. Doch bis weit ins 17. Jahrhundert hinein deckte ein theologisches Totschlagargument die Rechtmäßigkeit der erfolterten Urteile: Der allmächtige Gott würde die Verurteilung Unschuldiger nicht zulassen.

Der akribische Verhörkatalog des »Kelheimer Hexenhammers« von 1590 zeigt exemplarisch den pseudorationalen Irrsinn, mit dem man dem Teufelspakt der Hexen auf die Schliche kam. Hier zwölf der 101 Fragen:

- In was für Gestalten anfangs der schlimme Teufel zu ihr gekommen sei, morgens, mittags, abends oder nachts?
- Ob sie schreiben und lesen könne? Und ob sie sich dem Teufel verschrieben habe? Und mit wem? Und ob er ihr dabei die Hand geführt habe und welche?
- Ob er ihr an der Stirne herumgefingert habe und es so aussah, als ob er sie ihr aufkratzen wolle?
- Welche Menschen und welches Vieh sie mit teuflischem Pulver und Salben umgebracht habe?
- Was sie den heiligen Hostien an Schändungen angetan und wie oft sie diese aus dem Mund genommen habe?
- (Bei Ausritten auf dem Hexenbesen, d. V.) habe sie vorne oder hinten gesessen?
- Wie konnte sie bei Dunkelheit oben in der Luft erkennen, wo sie sich gerade befand?
- Wie habe sie es fertiggebracht, dass ihr Ehemann inzwischen (während der Ausflüge zum Hexensabbat) nicht erwacht sei?
- Wie oft sie in Keller gefahren sei, wem diese Keller gehörten und ob es Wein-, Bier- oder Metkeller gewesen seien?

- Wie oft sie nachts auf welche Friedhöfe gekommen sei und geholfen habe, Kinder auszugraben?
- Was sie mit dem Kinde getan habe, ob gekocht und auf welche Art, gesotten und gebraten und wo sie es verzehrt habe, wer beim Verzehren dabei war und ob es ihnen gut schmeckte?
- Wie oft der Teufel im Jahr außer bei den Hexentänzen mit ihr Unzucht getrieben, an welchem Ort, im Haus oder sonstwo?

licher Wegweiser zum Jenseits das weitaus Wichtigste auch hier auf Erden. Der Glaube an einen allmächtigen Gott stand turmhoch über jeder menschlichen Kritik. Darin waren sich Reich und Arm, Katholiken und Protestanten einig. Umstritten war nur das Wie. Und dabei hatten die Wittelsbacher ein für alle Mal den »alten, heiligen Glauben« und seine Verteidigung für sich und ihr Land festgeschrieben.

Man kann nicht sagen, dass Maximilian seinen Untertanen den Katholizismus nur einbläute. Aus tiefer, eigener Überzeugung lebte er ihn auch vor. Er förderte ihn, wo er konnte, durch Schenkungen, Klostergründungen, Schulstiftungen, Wallfahrten und fromme Bruderschaften. Das fand breite Zustimmung und Nachahmung und prägte für immer das katholische Baiern. »Heilig ist dein Handeln, bester Fürst«, schrieb ein Hofpoet Maximilians in gepflegtem Latein, »einen großen Teil des bairischen Landes nehmen die Heiligtümer ein, sodass es mühevoll wird, sie einzeln aufzuzählen, weil die ganze Region nichts ist als Religion und als eine einzige gemeinschaftliche Volkskirche erscheint.«

Das ist berufsmäßig überschwänglich. Im Kern aber hatte er recht – bis fast in unsere Tage.

Religiöser Eifer und energischer Einsatz für das ehrwürdige Haus Wittelsbach gingen bei Maximilian Hand in Hand. Nur wenn Baiern stark war, blühte auch der Glaube, und umgekehrt. Ein schlagkräftiges Heer diente beiden Zielen. Maximilian stellte eine 20000 Mann starke Söldnerarmee auf und übertrug 1609 das Kommando dem erprobten Feldherrn Johannes von Tilly, einem wallonischen Adeligen, der wie der Herzog jesuitisch erzogen und marienbegeistert war. Jenseits dieses Berufsheeres mit Soldaten aus ganz Europa befahl der Landesherr eine allgemeine Wehrertüchtigung seiner Untertanen.

Bauern und Bürger in beträchtlicher Zahl wurden mit Spieß und Muskete ausgerüstet und durften jeden Sonntag nach der Messe üben. Für die besten Schützen setzte man Preise aus. Wer auf dem Land heiraten oder in der Stadt das Bürgerrecht erlangen wollte, musste sogar beweisen, dass er »gut im Schuss« war. Maximilian hielt anfangs viel von dieser Miliz, den »Landfahnen«. Im Dreißigjährigen Krieg blieben die Teilzeitsoldaten dann jedoch weit hinter den Erwartungen zurück. Der Herzog, inzwischen Kurfürst, musste zu seinem Bedauern feststellen, dass »die für sie aufgewendeten Ausgaben fast vergeblich und umsonst geschahen«, und sich primär auf die teuren Söldner verlassen. Immerhin wurde das bairische Wildschützwesen durch die Gewehre in Volkes Hand wesentlich gefördert.

Da es im Hause Habsburg zu Beginn des 17. Jahrhunderts sowohl in der Kaiserfrage als auch bei den Staatsfinanzen wieder einmal drunter und drüber ging, fiel dem stramm regierten Gottesstaat Baiern die katholische Führungsrolle im Reich fast zwangsläufig zu. In den 100 Jahren seit Luthers Reformation war aus dem anfänglichen Streit um den rechten Glauben des Christenmenschen auch ein sehr diesseitiger Kampf um die Vormacht im Reich zwischen dem katholischen und dem protestantischen Lager geworden.

Fast alle protestantischen Fürsten waren 1608 der sogenannten Union beigetreten, die Katholiken reagieren ein Jahr später mit Gründung der »Liga« unter Herzog Maximilian. Die Habsburger blieben draußen vor der Tür, was Maximilian nur recht war. Er wollte seinem katholischen Bündnis nicht auch noch den internationalen Dauerkonflikt zwischen Habsburg und Frankreich aufhalsen. Außerdem sah er in den Habsburgern sowieso unangenehme Emporkömmlinge, dem Haus Wittelsbach an Alter wie Ehre weit unterlegen und nur auf den eigenen Vorteil bedacht.

Die kalkulierte Distanz zur Hofburg in Wien endete, als der protestantisch gesinnte böhmische Adel die kaiserlich-habsburgischen Räte 1618 in Prag aus dem berühmten Fenster stürzte und ein Jahr später den calvinistischen Friedrich von der Pfalz zum König von Böhmen kürte. Was zu viel war, war zu viel! Ein Protestant, noch dazu der übelsten calvinistischen Sorte, auf dem böhmischen Thron! Und, oh doppelte Schande, auch noch einer aus dieser abwegigen anderen Wittelsbacher Linie, die zu Unrecht den Kurfürstenhut trug! Das war beleidigend. Und es war eine Gefahr für das Gleichgewicht im Reich und für den wahren Glauben.

Maximilian vergaß seine Aversionen gegen die Habsburger nicht, doch er unterdrückte sie. Im Herbst 1619 schloss er als Haupt der katholischen Liga mit Kaiser Ferdinand, den protestantische Feinde von allen Seiten bedrängten, ein Militärbündnis. Sein edelmütiger Beistand hatte einen Preis. Der Kaiser musste versprechen, dem Baiernherzog sämtliche Kriegskosten zu ersetzen oder ihm alle Eroberungen als Pfand zu überlassen. Außerdem sagte er ihm den lange ersehnten Kurfürstenhut zu. Welchen Maximilian aber tunlichst selbst seinem entfernten Pfälzer Verwandten Friedrich vom Kopf ziehen möge.

Ohne zu zögern machte sich Maximilian ans Werk. Er band die spanischen Habsburger in das Bündnis ein. Sie sollten das Pfälzer Stammterritorium am Rhein angreifen. Seinen Feldherrn Tilly setzte er nach Böhmen in Marsch. Das bairische Heer erfocht zusammen mit kaiserlichen Truppen, in einer knapp zweistündigen Schlacht am Weißen Berg bei Prag, mit der legendären Unterstützung der Jungfrau Maria einen glänzenden Sieg. Der böhmische Adel wurde um ein paar Köpfe kürzer gemacht, das Königreich Böhmen wieder Habsburg und dem katholischen Glauben zugeführt. Friedrich flüchtete nach Holland und ging als glückloser, fescher »Winterkönig« in die tschechische und deutsche Geschichte ein.

Kurfürsten

Kurfürsten hießen die weltlichen und geistlichen Würdenträger, die vom späten Mittelalter an bis zum Ende des Deutschen Reichs 1806 den Deutschen König bzw. Kaiser »kürten«, das heißt wählten. Sie taten dies nicht immer zum Besten des Reichs, häufig überwogen Hausmachtinteressen, und noch häufiger hielten sie für ihre Stimme die Hand auf: So musste zum Beispiel Kaiser Karl V. 800 000 Gulden »Handsalbe« an den höchst ehrenwerten Wahlverein für seine Kür bezahlen.

Bis 1623 gehörten die drei Erzbischöfe von Mainz, Köln und Trier, der König von Böhmen, der Pfalzgraf bei Rheine, der Herzog von Sachsen und der Markgraf von Brandenburg dem Kollegium an. War ganz zu Anfang die Besetzung des Siebener-Gremiums noch umstritten – vor allem die bairischen Wittelsbacher beanspruchten wie ihre Pfälzer Verwandten den Kurfürstenhut –, schrieb die »Goldene Bulle« Karls IV. 1356 die Kurfürsten fest. Baierns Herzöge, mit Karl IV. verfeindet, wurden ausgeschlossen, obwohl im Hausvertrag von Pavia sie sich mit den Pfälzer Wittelsbachern geeinigt hatten, die Kurwürde abwechselnd zu tragen.

Erst 1623 bekam der Baiernherzog Maximilian I. den lang ersehnten Titel, nachdem der inzwischen evangelische Pfalzgraf und »Winterkönig« Friedrich die erste große Schlacht im Dreißigjährigen Krieg bei Prag ausgerechnet gegen die katholischen Wittelsbacher Brüder verloren hatte und damit auch seinen Kurfürstenhut. Im Westfälischen Frieden von 1648 erhielt jedoch das Pfälzer Haus die Würde wieder zurück. Von nun an gab es acht Kurfürsten.

Inzwischen aber war das »Heilige Römische Reich Deutscher Nation« zu einem losen Staatenbund abgesunken. Da die Macht der Kaiser schwand, bedeutete auch die Zugehörigkeit zum exklusiven Klub der Kaisermacher zunehmend eher Prestige als wirklichen Einfluss. Zeitweise gab es neun, dann wieder acht und am Ende des Deutschen Reichs sogar zehn Kurfürsten. Die letzte Kaiserwahl fand 1792 statt. 1806 erlosch mit der von Napoleon erzwungenen Abdankung Franz' II. das Deutsche Kaiserreich und mit ihm die Kurfürsten-Herrlichkeit.

Unter Mithilfe der Spanier eroberten und besetzten die Baiern die beiden Teile des Pfälzer Kurfürstentums, die Rheinpfalz und die Oberpfalz. Seine eigene aufmüpfige Provinz Oberösterreich – sie neigte dem Protestantismus zu – gab Kaiser Ferdinand dem Sieger Maximilian nolens volens zusätzlich als Pfand. Er war einfach zu pleite, die gewaltigen Kriegskosten von zwölf Millionen Gulden wie versprochen zu ersetzen.

Feierlich erhielt Maximilian 1623 auch formell die Kurfürstenwürde, anstelle der feindlichen Pfälzer Brüder, vom Kaiser übertragen. Ein Ziel, das sämtliche bairischen Herrscher seit Kaiser Ludwig 300 Jahre lang erfolglos angestrebt hatten, war endlich erreicht. Das Kurfürstentum Baiern stand nach weiteren glanzvollen Siegen des getreuen Tillys gegen protestantische Truppen als überregionale politische Größe da. Frankreich, England und Spanien behandelten den neuen Kurfürsten als fast gleichrangigen Partner im europäischen Kräftespiel. Wieder einmal war Weiß-Blau Baiern in die Europa-Liga aufgestiegen.

Maximilian navigierte geschickt zwischen den Parteien, ohne jedoch zu vergessen, dass das gemeinsame katholische Anliegen ihn im Ernstfall an Habsburg band. Sorgen bereitete ihm vor allem ein angeblicher Verbündeter. Der so zwielichtige wie begabte böhmische Adelige Albrecht von Wallenstein hatte auf eigene Kosten ein riesiges Heer angeworben und dem stets finanziell klammen Habsburger Kaiser Ferdinand zur Verfügung gestellt. Durch mehrere Siege machte er sich für Ferdinand unentbehrlich, erhielt das Herzogtum Mecklenburg und wuchs sich zur ernsten Bedrohung für Maximilians Führungsrolle des katholischen Lagers aus. Maximilian hatte außerdem den nicht unbegründeten Verdacht, dem Aufsteiger aus Böhmen gehe es in erster Linie um den eigenen Vorteil und nicht um die katholische Sache.

Sorgen bereitete ihm auch das besetzte Oberösterreich. Dort gingen seine Truppen so brutal und die jesuitischen Gegenreformatoren so eifernd vor, dass sich die mehrheitlich protestantische Bevölkerung gegen »Baierns Joch und Tyrannei« erhob, »weil's gilt die Seel und auch das Guet«. In einer denkwürdigen Episode gewährte der Statthalter Maximilians rebellischen Bauern die »Gnade«, gegeneinander um ihr Leben zu würfeln. Das Würfelspiel auf Leben und Tod endete mit 17 Hinrichtungen.

Nach mehreren empfindlichen Schlappen für bairische und kaiserliche Truppen warfen die vereinigten katholischen Streitkräfte den Aufstand 1626 schließlich blutig nieder. Aber Maximilian hatte die Lust an seinem Pfand verloren. Es belastete zusehends die Beziehungen zu Wien. Er ließ sich 1628 die Oberpfalz, die seit 1621 sowieso de facto von ihm beherrscht wurde, für alle Zeiten vom Kaiser übertragen und gab ihm dafür das heikle Oberösterreich gratis zurück. 200000 neue Untertanen nördlich der Donau wurden rekatholisiert. Baiern kam seiner heutigen Gestalt einen Schritt näher.

Schon schien es, als könne der bairische Kurfürst »so geachtet, geschätzt, geehrt und nicht ohne bange Furcht von allen verehrt« die Speerspitze einer neuen katholischen Gegenoffensive sein und den Protestantismus im ganzen Reich zu einer Randreligion degradieren. Außerdem hatte er, unterstützt von den anderen Reichsfürsten, beim Kaiser die Absetzung seines ärgsten Rivalen Wallenstein durchgedrückt. Der undurchsichtige Heerführer war den etablierten Herrschern einfach zu schnell zu mächtig geworden.

Doch da landete 1630 König Gustav Adolf im deutschen Norden, um seinen schwer bedrängten Glaubensbrüdern beizustehen – und ganz nebenbei die Vormachtstellung Schwedens an der Ostsee abzurunden. Der Schwedenkönig war genauso glühend Protestant wie Maximilian Katholik, trotzdem verlor er, wie der bairische Kurfürst auch, seinen Vorteil nie aus den Augen. Er hatte keine Skrupel, Hilfsgelder des katholischen Königs von Frankreich anzunehmen, der mit ausdrücklicher Billigung des Papstes den Ketzerkönig aus dem Norden gegen den habsburgischen Erbfeind unterstützte.

Gustav Adolfs Soldaten, durch endlose frostige Winternächte und nordische Minimalküche abgehärtet, waren den barocken Söldnerhaufen von Tilly trotz anfänglicher Unterzahl zumindest ebenbürtig. Als Tillys Truppen 1631 bei der Eroberung und Zerstörung von Magdeburg über Tage plünderten, brandschatzten und mordeten in einem Ausmaß, das selbst die an Gräuel gewöhnten Zeitgenossen entsetzte, schlossen sich die meisten protestantischen Reichsfürsten Gustav Adolf an. Tilly ließ sich bei Breitenfeld nahe Leipzig auf eine Schlacht ein und wurde vernichtend geschlagen. Die Protestanten feierten den schwedischen König als »Retter des Glaubens«.

Wie in der antiken Tragödie hatte sich durch diese Niederlage Kurfürst Maximilians Stern, der so geglänzt hatte, jäh verdunkelt. Maximilian war nicht mehr die treibende Kraft. Er war der Getriebene. Und bald der Vertriebene. Zeitweise musste er vom Exil im Fürstbistum Salzburg aus regieren. Sein bewährter Feldherr hatte nach dem Desaster von Breitenfeld jeden Mut verloren. Maximilian versuchte noch, Tilly brieflich aufzurichten: »Derlei Ereignisse bringt der Krieg mit sich, und es sind da viele tapfere Generäle, welche der Allmächtige danach wieder mit ansehnlichen und berühmten Siegen begnadigt hat. Und so sollt Ihr wie auch Wir das zweifelsfreie Vertrauen in den Allmächtigen haben, dass er seine Kirche und Religion nicht im Stich lässt und alles zu Besten wendet.« Doch Tilly – laut einem Protokoll des Kriegsrats »ganz perplex und gleichsam verloren, in seinen Ratschlägen ganz unentschlossen« – hatte das Schlachtenglück verlassen. Als er vergeblich versuchte, die schwedische Armee bei Rain am Überqueren des Lechs zu hindern, zerschmetterte eine Musketenkugel seinen Oberschenkel. Sterbend zog er sich zusammen mit dem Kurfürsten in die Festung Ingolstadt zurück.

Maximilian musste seine Hauptstadt München aufgeben. Mit Bangen erwartete man dort die Schweden. Würden sie so schonungslos vorgehen wie die Truppen Tillys in Magdeburg? Rund um die Uhr wurden Bittprozessionen abgehalten – nur der Allmächtige konnte noch helfen. Dem ungeachtet handelte eine Abordnung aus der Stadt mit Gustav Adolf den Verzicht auf Plündern und Morden gegen das enorme Lösegeld von 300 000 Gulden aus. Beim Einritt in die Residenz soll Gustav Adolf das berühmte

Wort von München und Umgebung geprägt haben: »Ein goldener Sattel auf einer dürren Mähre.« Der König hielt sein Versprechen. Soldaten, die sich Übergriffe zuschulden kommen ließen, wurden zur Überraschung der Bürger am Marktplatz aufgeknüpft. Nach drei Wochen eher angenehmer Besatzung – die Münchner belieferten die Schweden mit Märzenbier und tauschten dafür schwedisches Beutegut ein – zogen die Feinde ab, doch für die Ortschaften um München kannte der König keine Gnade. Krieg ist Krieg. Sie gingen in Flammen auf.

Inzwischen hatte der Habsburger Kaiser den undurchsichtigen Wallenstein als Retter in der Not aus dem vorläufigen Ruhestand zurückgeholt und zum Oberbefehlshaber der katholischen Heere ernannt. Wallenstein stellte am 16. November 1632 die Schweden in der Schlacht von Lützen. Sie endete mit einem knappen Sieg für Gustav Adolf. Den der Sieger aber nicht mehr erlebte: Feindes Kugel holte ihn im Kampfgetümmel tödlich von seinem Schimmel.

Mit dem Tod des gefährlichsten Widersachers der katholischen Sache endete der große Krieg der Konfessionen keineswegs. Auch nicht mit der Ermordung seines Gegenspielers Wallenstein, den Kaiser Ferdinand 1634 in Eger umbringen ließ. Selbst der Kaiser hatte jetzt endlich – wie Maximilian ja schon seit Längerem – den dringenden Verdacht gewonnen, dass der vorgebliche Retter des Katholizismus heimlich mit den Schweden verhandelte. Der Krieg wurde nur unstrukturierter, willkürlicher und erbarmungsloser. Der schwedische Kanzler Oxenstierna, im bairischen Volksmund »Ochsenstern« genannte, führte ihn starrköpfig fort. Der Kaiser wollte seinerseits auch nicht nachgeben. Die spanischen Habsburger mischten sich verstärkt ein, und das war dann für das katholische Frankreich der letzte Anstoß, 1635 in den Krieg einzutreten – aufseiten der Protestanten, die im eigenen Land verfolgt wurden. Nun ging es nicht mehr um Glaubensfragen. Nun ging es nur noch um die nackte Macht, die Vorherrschaft in Europa.

Irgendwo dazwischen der bairische Kurfürst. Maximilian hatte den Krieg an vorderster Stelle begonnen, ohne Begeisterung, doch im festen Glauben, dies der katholischen Sache, dem Deutschen Reich und dem Hause Wittelsbach schuldig zu sein. Diese Führungsrolle war dem Kurfürsten seit Tillys Niederlagen entglitten. Nun musste er schmerzlich erfahren, dass Baiern eben doch nur eine Mittelmacht war, jetzt, da sich der innerdeutsche Konflikt zu einem europäischen ausgeweitet hatte. Maximilian hatte nicht mehr den Krieg im Griff, sondern der Krieg ihn und sein Land. Dabei war es nicht so, dass sich die Waagschale eindeutig zugunsten der Feinde neigte. Auch die katholische Seite errang zwischen 1632 und 1648 immer wieder Erfolge, doch gerade das fast höhnische Hin-und-her-Schwanken des Kriegsglücks dehnte dieses blutige Patt ins scheinbar Endlose aus. Und Baiern, als eine treibende Kraft, war ein Hauptschauplatz des wechselseitigen Mordens.

Am meisten litten, wie immer, die einfachen Leute. Dass der Krieg den Krieg ernährt, galt als allseits akzeptierte militärische Maxime. Die Heere »versorgten« sich vor Ort, pressten aus der Bevölkerung heraus, was nur immer herauszuholen war. Die Bürger in den Städten mussten Sondersteuern aufbringen und trotzdem bei Einquartierungen die Soldaten auf ihre Kosten ernähren. Sie zahlten, wie die Münchner, hohe Summen an den heranziehenden Feind, um Plündern, Brandschatzen und Morden zu verhindern oder wenigstens auf ein erträgliches Maß zu drücken.

Die Menschen hinter befestigten Mauern hatten aber zumindest die Chance, einigermaßen glimpflich davonzukommen. Die Landbevölkerung war den Schrecken des Krieges völlig schutzlos ausgeliefert. Man stahl ihr Vieh, raubte ihre Ernten, vergewaltigte ihre Frauen und brannte ihre Dörfer nieder – irgendwie musste man ja seine Söldner bei guter Gesundheit und bei Laune halten. Außerdem war es viel ökonomischer, den Feind durch die Verwüstung ganzer Landstriche zu schwächen, als teure Söldner in Schlachten mit ungewissem Ausgang zu verlieren. Ob Freund oder Feind anrückte, machte kaum einen Unterschied, der Krieg ernährte beide. Die Sitten verrohten zusehends über die zeitübliche Brutalität hinaus. Besonders die schwedischen Invasoren, unter Gustav Adolf eher noch diszipliniert, verwilderten. Die Gräuel des Dreißigjährigen Krieges stehen heute in jedem Schulbuch: Schwedentrunk, Ans-Scheunentor-Nageln und vieles mehr.

»Sind etlich Städte, Märkte, Klöster, Kirchen, Schlösser und Dörfer in Asche gelegt, die Leute erbärmlich gemartert, die Klosterfrauen und geistlichen Herren schändlich behandelt worden, sodass viele sich in die Wildnis, die Moore und Höhlen verkrochen und erbärmlich umkamen. Weil es Winter war, ist die Flucht desto elender gewesen. Sind viele Personen, sonderlich die Kinder erfroren, verhungert und erbärmlich umgekommen«, notierte die Äbtissin von Frauenchiemsee gegen Kriegsende in ihrer Chronik.

Die gepeinigten Bauern rächten sich an versprengten Soldaten und brachten sie oft nicht weniger bestialisch um. »Sie schnitten ihnen die Ohren und Nasen ab, hackten ihre Hände und Füße ab, stachen ihnen die Augen aus und ließen sie dann liegen.« Die Antwort der Soldaten war naturgemäß noch mehr Gewalt und Grausamkeit. Angesichts der Gräuel hatte Kurfürst Maximilian schon in einem frühen Stadium des Krieges zornig dekretiert, verwundete oder kranke schwedische Soldaten, deren man habhaft wurde, zu töten.

Als wären die Verheerungen des Krieges noch nicht genug, suchten mehrere Pestwellen Baiern heim. Die Soldateska aus halb Europa hatte die Seuche eingeschleppt. Die Flüchtlinge von überallher, die in den Städten Schutz suchten, trugen dann zur Verbreitung bei. Genau in dem Jahr, als die katholische Sache wieder einmal die Oberhand zu gewinnen schien, starben in München 1634 Tausende von Menschen, ein böses Vorzeichen. In der Freien Reichsstadt Nürnberg war während eines Pestausbruchs schwarzes Tuch vergriffen, zu viele Menschen trugen Trauerkleidung. In der neuen Provinz Oberpfalz entvölkerten sich ganze Landstriche.

Nach über zwei Jahrzehnten eines Kampfes, der immer mehr zur hoffnungslosen Agonie verkommen war, sah der inzwischen alt gewordene Maximilian ein, dass es keine Sieger, nur Besiegte geben würde. Er wolle und könne dem Leid seines Volkes nicht länger zusehen, es müsse Frieden werden, schrieb er an den Kaiser in Wien. Frieden konnte nichts als das Festschreiben des Status quo bedeuten. Es kann Maximilian, der von früh bis spät katholisch dachte und handelte, nicht leichtgefallen sein, sich das Scheitern der großen Rekatholisierung des Deutschen Reiches einzugestehen. Doch als die päpstliche Kurie protestierte, schrieb er genervt zurück, es sei besser zu retten, was noch zu retten sei, als das Unrettbare mit hohem Risiko zurückholen zu wollen.

Der Kaiser in Wien zierte sich lange. Er hing noch immer längst illusorischen Supermachtphantasien mittels einer Habsburger Allianz aus Spanien und dem Deutschen Reich gegen Frankreich an. 1648 verwüsteten französische und schwedische Heere noch einmal gründlich das Kurfürstentum Baiern. Dann musste auch der realitätsferne Herr in der Wiener Hofburg auf den resignierten Pragmatismus Maximilians einschwenken. Im Herbst 1648 beendete der Frieden von Münster und Osnabrück endlich das 30-jährige Blutvergießen.

Beim Geschacher um die Friedensordnung kam Maximilians Baiern erstaunlich gut weg. Der bairische Kurfürst blieb Kurfürst. Die Oberpfalz durfte Maximilian behalten. Seine stramme Rekatholisierung der neuen Provinz wurde gebilligt und festgeschrieben. Dass die calvinistischen Wittelsbacher die rechtsrheinische Pfalz und ihre Kurfürstenwürde zurückerhielten und es jetzt im Reich acht anstelle der bisher sieben Kurfürsten gab, war ein Wermutstropfen, mehr nicht.

Konnte der alte Mann in der Münchner Residenz mit diesem Ergebnis zufrieden sein? Kaum ein anderer Fürst, der vor 30 Jahren bei Kriegsbeginn geherrscht hatte, war noch am Leben. Er hatte überlebt. Sich selbst überlebt? Die Zahl seiner »wohlgewogenen« Untertanen war um ein Drittel geschrumpft. Die Kassen waren beinahe leer. Handel und Gewerbe lagen danieder. Wie viel Maximilian grübelte, morgens in der Frühmesse, welche Sünden an seinen Untertanen er dem Beichtvater anvertraute, wir wissen es nicht. Aber wir wissen, dass sein Glaube ungebrochen war. Als 79-Jähriger reiste er im Herbst 1651 nach Ingolstadt, um dort zu wallfahren. Im zugigen Innenraum der Salvatorkirche, Jesus dem »Retter der Welt« geweiht, erkältete sich der vor Christi Majestät kniende Monarch schwer. Er verstarb am 27. September 1651 frühmorgens im Ingolstädter Schloss. Seine letzten Worte sind nicht überliefert. Überliefert ist die schriftliche Mahnung an seinen noch unmündigen Sohn aus dem Jahr zuvor: »Wer vom Krieg redet, redet viel Übles. Die können es bezeugen, die es erfahren, die seine Grausamkeit mit eigenen Augen gesehen haben; nicht die, die solches nur angeordnet und nicht gesehen haben.«

Der Blaue Kurfürst

 *Bevor die bairische Geschichtsschreibung* nach dem frommen, energischen Kurfürsten Maximilian zu seinem draufgängerischen, leichtlebigen Enkel Max Emanuel weitergeht, wischt sie meist schnell über den Herrscher dazwischen hinweg. Für Historiker, die Größe an großen Plänen, großen Schlachten und großem Ego festmachen, ist Ferdinand Maria, Maximilians einziger Sohn, nicht sonderlich ergiebig. Schon den zeitgenössischen Lobrednern fiel anlässlich seines Todes nur der Beiname »Pacificus«, der Friedfertige, ein. Und in diesem Prädikat scheint leichte Geringschätzung mitzuschwingen.

Sicher, Ferdinand Maria war nicht wie sein Vater eine herausragende Figur im Glaubenskampf. Aber Maximilians ernste Größe hatte Hunderttausenden das Leben gekostet. Und Ferdinand Maria war kein schimmernder Ritter, wie sein Sohn Max Emanuel es werden sollte, der keiner Eroberung aus dem Weg ging, nicht im Bett und nicht im Felde, doch dafür trieb Max Emanuel Baiern in den Ruin. Ferdinand Maria hielt einfach Maß und Frieden, so lange er regierte. Das ist ein überragender Verdienst. Spektakulär ist das nicht. Aber friedliche Herrscher haben es in der Weltgeschichte ganz selten zum Beinamen »der Große« gebracht. Und wenn man wie Ferdinand Maria 18 Jahre nur »ohne besondere Vorkommnisse« regiert, eingeklemmt laut Hubensteiner zwischen »einer der größten Herrschergestalten seiner Zeit«, sprich Maximilian, und »dem eigentlichen Repräsentanten des bayerischen Hochbarocks«, Max Emanuel, reicht es halt nur zum historischen Lückenfüller.

Der eher scheue und empfindsame zweite bairische Kurfürst mühte sich redlich, aber durchaus mit zunehmendem Erfolg, das verwüstete, wirtschaftlich darniederliegende Baiern wieder auf die

Beine zu bringen. Er lehnte alle Versuchungen bis hin zur Kaiserkrone ab, sich als Herrscher einer Großmacht auf dem Sprung zu gebärden. Frankreich hätte ihn gerne als Kaiser lanciert, um die Habsburger Dominanz im Deutschen Reich zu brechen. Ferdinand Maria ließ sich nicht auf das Vabanquespiel einer Kandidatur ein, hielt von Paris wie von Wien freundlich Abstand und beschränkte sein praktisches Wirken auf sein Kurfürstentum Baiern. Er freute sich sehr über einen spät geborenen Sohn und ließ als Dankeschön an den Himmel für diesen schon kaum mehr erwarteten Nachfolger die Theatinerkirche und als Dankeschön an seine Frau Adelheid Schloss Nymphenburg errichten. Sein Sprössling Max Emanuel sollte sich als der glänzendste Verschwender aller Zeiten auf dem bairischen Thron entpuppen. Das ist angesichts der Konkurrenz des pausenlos Schlösser bauenden Märchenkönigs Ludwig II. schon eine bemerkenswerte Leistung.

Den unwiderstehlichen Hang, Geld auszugeben, hatte Max Emanuel wohl von Mutterseite geerbt. Frau Kurfürst aus dem Hause Savoyen liebte Italien, Frankreich, die Oper und das Amüsement mit Niveau. Sie schrieb zahlreiche Komödien, die das Hoftheater unter rauschendem Beifall – wir sind in der Zeit des Absolutismus – aufführte. Man vergnügte sich auf Sauhatzen, Schlittenfahrten und Maskenfesten oder nahm für die Verkleidung zu einer neckischen »Bauernhochzeit« die Allongeperücke ab. Die Festmahle am Münchner Hof hatten Weltniveau, man verwandte auf »die Zusammenstellung und Zubereitung der Speisen die gleiche Sorgfalt wie auf das Aufstellen einer Schlachtreihe«. Letzteres versuchte Ferdinand Maria zum Glück nie.

Der Kurfürst machte bei Adelheids Capricen nur widerstrebend mit, doch er finanzierte sie. Er liebte seine Frau. Er liebte sie so sehr, dass er ihr anlässlich der Geburt von Max Emanuel zusätzlich zum Schloss Nymphenburg den Bau eines »Bucintoro« für die bairischen Hoheitsgewässer des Starnberger Sees ermöglichte. Die 30 Meter lange Galeere war der gleichnamigen Staatsbarke des Dogen von Venedig ziemlich genau nachgebaut, viel Blattgold und Wimpel sowie ein riesiger Neptun am Bug. Das bairische Flair brachten zwei vergoldete Löwen am Kajüteneingang und die 110 Ruderer ein: Letztere waren in Weiß-Blau gewandet. So ein Prachtschiff als Kinderstube und dann noch vor dem Einschlafen ein Feuerwerk über dem See, wie Kurfürstin Adelheid es so sehr liebte – eigentlich hätte Ferdinand Maria sich denken können, dass in seinem Söhnchen kein maßvoller Monarch heranwachsen würde. Der »Friedfertige« starb 1679 mit knapp 43 Jahren. So blieb es ihm erspart, mit anzusehen, wie Max Emanuel zu voller Verschwenderform auflief.

Ruhm, Pracht, Plaisir, immer in güldenen Lettern, waren das Dreigestirn, an dem Max Emanuel sich auf dem Weg zur Größe ein Leben lang orientierte. Als junger Mann, den die Frauen trotz einer scharfen, gekrümmten Nase und einer hängenden Unterlippe genauso liebten wie er sie, suchte er Heil und Glorie vor allem im Kriegsglück. Anders, als seine Mutter Adelheid es getan hatte, ließ er die Franzosen erst einmal links liegen und zog für den Habsburger Kaiser gegen die Türken zu Felde. In drei größeren Kampagnen gegen die »gottesunwürdigen Bösewichte« zeichneten sich Max Emanuel und seine bairischen Truppen 1683 vor Wien, bei der Rückeroberung von Ofen (dem westlichen Teil des heutigen Budapest) 1686 und besonders bei der Einnahme von Belgrad 1688 aus, wo er sogar den Oberbefehl führte.

Stets tadellos in Blau gekleidet, daher der Beiname »Blauer Kurfürst« bei Freund und Feind, kämpfte er gerne in vorderster Reihe, so unerschrocken wie unbesonnen. Max Emanuel sah sich als der blaue Ritter, als der Letzte aus König Artus' Tafelrunde. Keine Gnade im Kampf, doch Ehre auch den tapferen Besiegten. Nach der Einnahme von Ofen setzte er sich zu einem Festessen mit den unterlegenen türkischen Adeligen zusammen und unterhielt sich freundschaftlich mit ihnen, sehr zur Bestürzung der habsburgischen Generäle. Natürlich galt dieser Edelmut nur unter Gleichen und nach dem Sieg, vorher hatten auch seine Truppen alles niedergemacht, was ihnen im Weg stand, Frauen und Kinder eingeschlossen. Ein christlicher Beobachter: »Ich bin erstaunet, was da ist vorgegangen, dass auch Menschen viel grau-

samer als Bestien gegeneinander sich bezeigten.« Überlebende
wurden in die bairische Heimat verschleppt. In München war
es über Jahre modischer Trend, Türken als herrschaftliche Sänf-
tenträger zu nutzen, und der bairische Klerus verwendete viel
Schweiß und Fürbitte auf die Bekehrung ihrer schwarzen musel-
manischen Seelen.

Selbst tote Türken waren noch von großem Nutzen. Für die
Heilberufe. Man zog ihnen die Haut ab, dörrte die Leichen und
schickte sie säckeweise nach Westen. Für Apotheker und Ärzte
war Mumienpulver damals kostbarer Bestandteil besonders heil-
samer Mixturen. Waren türkische Mumien knapp, mussten sich
die Doctores mit den getrockneten Kadavern gehenkter Verbre-
cher begnügen, wie Ludwig Hüttl in seiner kenntnisreichen und
wohltuend distanzierten Biografie des Blauen Kurfürsten anmerkt.

Noch bevor er Belgrad erobert hatte, war Max Emanuel auf
seiner zweiten Spielwiese, Frauen, extrem erfolgreich gewesen. Er
hatte 1685 Maria Antonia, die Tochter Kaiser Leopolds und der
spanischen Infantin Margareta Theresa, geheiratet. Der Habsburger hatte seine Tochter dem bairischen Kurfürsten aus Dankbarkeit für die Türkenhilfe überlassen. Es war keine Liebesheirat.
Maria Antonia war nicht besonders schön, sie hielt den Kurfürsten nicht von seinen Amouren ab, doch sie eröffnete phantastische
Aussichten auf Ruhm und Größe. Sollten die Habsburger in Spanien und dem Deutschen Reich ohne Nachkommen bleiben,
konnte das Haus Wittelsbach möglicherweise ein Weltreich erben.

Max Emanuel nahm sich daher die Zeit, neben seinen Mätressen immer wieder einmal auch seine Gemahlin zu beglücken.
Nach zwei nicht lebensfähigen Kindern gebar Maria Antonia 1692
endlich einen Sohn, Joseph Ferdinand Leopold, der gesund genug schien, sich und die Wittelsbacher Großmachthoffnungen
am Leben zu erhalten. Die unglückliche Maria Antonia starb nach
ein paar Wochen an den Strapazen der Geburt.

Aus der Ferne nahm Max Emanuel gebührend Anteil. Wegen
seines Feldherrnruhms und seiner Habsburger Verwandtschaft
war er inzwischen Statthalter der Spanischen Niederlande, grob

dem heutigen Belgien, geworden und aus seinem schönen Stamm-land Baiern mit großem Gefolge nach Brüssel umgezogen. Seine Frau hatte er wohlweislich zu Hause sitzen lassen. In Brüssel hielt er wie gewohnt glänzend und teuer Hof, ohne nennenswert von Heimweh oder Trauer geplagt zu werden. Verlockende Frauen gab es auch dort genug für sein Credo: »Das Evangelium der Liebe ist die Abwechslung.« Um sich bei den Namen der Damen nicht peinlich zu irren, nannte er sie in seinen Liebesbriefen durch die Bank »mein teures Kind«.

Neben der amourösen Kür erfüllte Max Emanuel aber durch-aus wacker seine dynastische Pflicht. Er verlobte sich ein Jahr nach dem Hinscheiden seiner Frau mit einer Prinzessin von der Pfalz, die jedoch drei Wochen nach dem Gelöbnis überraschend verstarb. Zwei Jahre später heiratete er dann die polnische Königs-tochter Therese Kunigunde. Sie schenkte im zehn Kinder, von denen es die Hälfte zur Volljährigkeit und ein Sohn für kurze Zeit sogar zur Kaiserwürde brachte. Doch sein wichtigster Sprössling blieb der erstgeborene Joseph Ferdinand Leopold, die Nabel-schnur zum Habsburger Reich. Max Emanuel holte ihn zu sich nach Brüssel. Der Münchner Staatsrat sah mit Unbehagen, wie sich der Kurfürst immer weiter von seinen Stammlanden entfern-te, die er nach eigenen Worten eigentlich nur gut für die Wildsau-jagd hielt. Im Winter 1698 schien Max Emanuels kühner Traum Wahrheit zu werden. Der todkranke spanische König Karl II. setzte Joseph Ferdinand Maria, den kleinen bairischen Wittels-bacher mit spanischer Großmutter und Wohnsitz Brüssel, zu sei-nem Universalerben ein.

Knapp zwei Monate später befiel den stets kränkelnden Sieben-jährigen eine bösartige, fiebrige Magenentzündung. Die gängige Intensivmedizin mit Klistieren, Zur-Ader-Lassen, Diäten von Rebhuhnbraten oder Semmeln in Burgunderwein schlug nicht an. Auch kollaterale Bemühungen wie Wallfahrtsgelöbnisse nach Altötting oder Deggendorf brachten keine Besserung. Der Kur-fürst sah dem Niedergang seines Sohns leiderfüllt zu – besonders wenn er ihn am frühen Morgen nach der Rückkehr von einem

Maskenball oder einem Rendezvous in seiner Krankenkammer besuchte.

Als der kleine Prinz in den Morgenstunden des 6. Februars 1699 starb, brach Max Emanuel ohnmächtig zusammen. Sein Schmerz war echt, aber wohl »mehr über den Verlust des spanischen Weltreichs als über den seines Kindes« (Hüttl). Das Habsburger Blatt war vom Schicksal übertrumpft worden. Die Karten im Machtpoker mussten jetzt neu gemischt werden. In dieser Phase der Neuorientierung halfen der häufige Gang zu Canossa, einer schönen Venezianerin, und die Liaison mit einer Brüsseler Tänzerin in französischen Diensten dem trauernden Max Emanuel über die Ungerechtigkeiten des Lebens hinweg.

»Der Kurfürst scheint mir weichen Charakters und von mittelmäßigem Geist, obgleich er, des Esprit nicht bar, viele liebenswürdige Eigenschaften hat. Er ist durch und durch Fürst, das heißt, schwach in der Lebensweise und verderbt in den Sitten. Er tröstet sich mit Mätressen, er verbringt die Tage auf der Jagd, er bläst die Flöte, er kauft Bilder, er gerät in Schulden, er ruiniert sein eigenes Land und erweist dem, in das er versetzt wurde, keine Wohltaten.« Dieses Porträt zeichnete der französische Diplomat Fénelon vom Kurfürsten in dessen Brüsseler Jahren. Es sollte sich für den Rest von Max Emanuels Lebens kaum ändern.

Max Emanuel war kein finsterer Despot. Er war höflich und charmant zu jedermann und noch lieber zu jederfrau. Er ließ sich ja auch ohne Ansehen der Person im Bett auf hübsche Kammermädchen herab. Er verteilte Almosen, wenn er zur Jagd ausritt. Er wandelte Todesurteile immer wieder in geringere Strafen um und bemühte sich, die Grausamkeiten des Krieges nicht ausufern zu lassen. Er war allerdings auch durch und durch ein absoluter Herrscher, niemandem verantwortlich außer Gott und autonom in seiner Sucht nach Ruhm und Spaß. Ein Barockfürst aus dem Bilderbuch.

Dem Fürsten seiner Zeit war nicht unbedingt verboten, sich seinen Untertanen verpflichtet zu fühlen. Mancher tat das auch, siehe Kurfürst Maximilian, doch seine Untertanen konnten den

Herrscher zu nichts verpflichten. Die Beziehung Fürst–Volk glich einer Einbahnstraße. Alle Gewalt ging vom Fürsten aus. Er gewährte, und das Volk hatte zu gehorchen. Denn dem Herrscher war seine Macht ja direkt von Gott verliehen und sein Handeln nur dem Urteil des Allerhöchsten unterworfen. Er war Werkzeug der göttlichen Allmacht. Wer wollte wagen, die göttliche Allmacht in Zweifel zu ziehen? Von Gott erleuchtet, wusste der Fürst stets, was gut war für seine Untertanen, unendlich viel besser, als die Untertanen selbst es wussten, und so tat er stets das Richtige – in der Theorie. In der Praxis bedeutete das, der Fürst konnte machen, was er wollte, ohne Rücksicht auf die unter ihm. Das Gottesgnadentum im Mittelalter war noch von frommer Demut der Herrscher geprägt und begrenzt worden, doch Renaissance und Barock hatten das Menschenbild gewandelt. Das Individuum war mehr und mehr in den Vordergrund getreten, die Faszination der Persönlichkeit. Keiner konnte das neu gefundene Ich großartiger und hemmungsloser ausleben als die Person ganz oben, die auf Erden niemandem Rechenschaft schuldete.

Der geborene Egozentriker Max Emanuel plünderte ganz selbstverständlich und ohne jeden erkennbaren Anflug von schlechtem Gewissen die Staatskasse, um seine Kriege zu führen, seine Geliebten zu erobern und abzufinden, seine Feste zu feiern und seine Lustschlösser zu bauen. Die Untertanen wurden mit ständig neuen Sondersteuern geplagt, etwa der Abgabe von einem Gulden auf jeden Sack Getreide. Wegen der Aufwendungen für seinen Brüsseler Hof verdreifachte sich die Steuerlast seiner braven bairischen Untertanen – trotzdem reichte das Geld nie aus. Ein Ausweg war das Versetzen von Schmuck und Juwelen für Bargeld. Neben dem Reigen der Mätressen blieb diese Praxis die Konstante schlechthin im Leben des Blauen Kurfürsten. Man fragt sich allerdings, woher der scheinbar unerschöpfliche Vorrat an verhökerbaren Preziosen stammte. War Max Emanuel besonders knapp bei Kasse, überschrieb er auch Einkünfte aus dem staatlichen Salzmonopol, aus Mautgebühren oder Mühlensteuern an Bankiers in ganz Europa.

Der alte Adel und der hohe Klerus murrten. Die Bürger in den Städten seufzten. Die Bauern litten. Der wortgewaltige Volksprediger Abraham a Sancta Clara reimte:

»Man frisst und sauft sich voll und toll,
Dem Bauern schert man ab die Woll'
Durch Anlag und durch Gaben,
Bis letzt der arme Unterthan,
Samt Bauern und dem Edelmann
Kein Kreutzer Geld mehr haben.«

Doch offen muckte niemand auf gegen Verschwendung und Misswirtschaft. Wie die Sonne hoch am Himmel ungerührt ihre Bahn zieht, so war der Kurfürst in seinem Glanz dem Erdenleben seiner Untertanen unerreichbar weit entrückt. Gefahr drohte ihm nur von Seinesgleichen und von seinem ehrgeizigen Selbst. Seinesgleichen, das waren in den Augen Max Emanuels die gekrönten Häupter Europas. Der Kaiser natürlich und die Könige, allen voran der englische Herrscher und selbstverständlich Ludwig XIV., der Sonnenkönig in Versailles. Der Wittelsbacher war überzeugt, dass er eigentlich in deren Liga gehörte. Ihm und seinem uralten Geschlecht stand mehr zu als nur ein lumpiger Kurfürstenhut und das kompakte, doch leider bloß mittelgroße Baiern. Dazu kam, dass er mit ansehen musste, wie andere Herrscher der adeligen B-Prominenz, die Kurfürsten von Brandenburg und Sachsen, im Rang an ihm vorbeizogen und neuerdings als Könige von Preußen bzw. Polen royalen Glanz verbreiteten. Wenn sogar die, dann musste doch erst recht er eine Königskrone ergattern und sein Reich vergrößern. Die Heiratsallianz mit den Habsburgern hatte zu nichts geführt. Wohin nun sich wenden für den Aufstieg ins europäische Oberhaus?

Es gab nur eine Alternative. Realistisch, doch moralisch angreifbar: Übertritt ins Lager von Ludwig XIV. Erzfeind des Reichs und der Habsburger. Nach dem Ausscheiden der Wittelsbacher aus dem Rennen um die spanische Erbfolge stritten Frankreich und Habsburg um den Thron von Madrid. Ein großer europäischer Krieg stand bevor. Reichstreue hin oder her: Würde

Baiern Ludwig XIV. unterstützen, musste im Fall eines Sieges als Belohnung für Max Emanuel doch zumindest eine der verlockenden Außenbesitzungen Spaniens, die Niederlande oder Sizilien und Neapel, vor allem aber die so heiß ersehnte Königskrone abfallen.

1701 hatte Max Emanuel unter sanftem Druck der Franzosen die Spanischen Niederlande verlassen und war nach München zurückgekehrt. 1702 unterschrieb er einen Bündnisvertrag mit Ludwig XIV., nicht ohne vorher – und unter der Hand auch immer wieder nachher – mit dem Habsburger Kaiser über bessere Konditionen für ein Zusammengehen zu verhandeln, als sie der französische König bot. Doch diese Gespräche scheiterten stets an den überzogenen Geld- und Territorialforderungen des Kurfürsten sowie an seinem Beharren auf der Königskrone.

Als der Krieg für Baiern richtig begann, sah das Land sich auf drei Seiten von Habsburger Territorien eingeschlossen. Die französischen Verbündeten hatten an vielen Fronten zu kämpfen, in Spanien, Italien, Holland und den amerikanischen Kolonien. Denn sie standen einer großen Allianz angeführt von Habsburg, England, Holland und Preußen gegenüber, die alle ein übermächtiges Frankreich fürchteten. Für den Kriegsschauplatz Süddeutschland konnte Ludwig XIV. also nur ein sehr begrenztes Truppenkontingent abstellen. Max Emanuels Baiern musste hier die Hauptlast tragen.

Anfängliche Erfolge wie die Einnahme der Reichsstädte Ulm und Augsburg oder die zeitweise Besetzung Tirols versetzten den Kurfürsten regelmäßig in Euphorie und zogen feierliche Siegesmessen nach sich, doch diese Triumphe erwiesen sich als kurzlebig. Geführt von seinen herausragenden Feldherren Prinz Eugen und Marlborough ging der Feind systematisch gegen den militärischen Hurra-und-Hauruck-Stil Max Emanuels vor, der bei jeder Schlappe seiner Truppen zwischen Depression, Wut und Selbstmitleid schwankte.

Ganz im Widerspruch zu seiner sonst oft gezeigten Nachsicht ließ er den Befehlshaber einer Tiroler Festung, der gegen freien

Abzug kapituliert hatte, öffentlich köpfen »für die treulose Übergabe eines Platzes, den man hätte im Schlaf behaupten können«. Die Kommunikation mit den französischen Verbündeten klappte kaum, sehr häufig fing der Gegner die Kuriere ab und war über die französisch-bairischen Pläne bestens unterrichtet. Die weißblaue Heeresleitung leistete sich groteske Fehlurteile. Als Aufklärungstrupps berichteten, die Kaiserlichen schafften langläufige Kanonen in großer Menge in ihre Aufmarschgebiete, wiegelte der Generalstab ab. Es handle sich in Wahrheit um ausgehöhlte Tannenbäume. Nichts als Attrappen, um die bairischen Soldaten einzuschüchtern.

Die Truppen Max Emanuels und seiner französischen Verbündeten spielten in dem Kleinkrieg, der sich entwickelte, Baiern kaum weniger übel mit als die feindlichen Armeen. Noch immer ernährte der Krieg den Krieg. Wenn wir das Wort »verheeren« gebrauchen, denken wir kaum an seine ursprüngliche Bedeutung »von einem Heer heimgesucht werden« – ob Freund und Feind, spielte kaum eine Rolle. Für Baiern war Verheerung wieder einmal Realität. Durch die kriegsübliche Brandschatzung und Zwangsrekrutierung, durch Einquartierung von Truppen und deren Verpflegung, für die natürlich die Bevölkerung aufkommen musste, durch die Wegnahme von Vieh und Getreide und durch Kontributionen und Sondersteuern, die das ausgeplünderte Land kaum mehr aufbringen konnte. Die höheren Offiziere beider Seiten bereicherten sich zusätzlich auf Kosten des geschundenen Volks. Sie stellten »Schutzbriefe« gegen Barzahlung aus, die vor Kontributionen bewahren sollten und dann oft doch nichts waren als ein wertloser teurer Fetzen Papier.

1704 kam es bei Höchstadt an der Donau zur Schlacht zwischen zwei numerisch etwa gleich starken Armeen. Der Blaue Kurfürst gewann an der Spitze seiner Reiterei einmal mehr Ruhm durch seine persönliche Tapferkeit. Doch sein Reich verlor er, weil er die Schlacht verlor. Die besser geführten englischen und kaiserlichen Truppen vernichteten das bairisch-französische Heer, dessen Reste in wilder Flucht dem Rhein und Frankreich zustrebten. Max Emanuel schrieb seiner Frau: »Retten Sie sich und unsere Kinder. Das ist das Einzige, was wir noch besitzen. Wir haben heute alles verloren. Gott sei bei Ihnen. Mit mir geht's dem Rheine zu.« Er hätte besser schreiben sollen: Mit mir geht's den Bach hinunter. Aus dem König in spe war ein Kurfürst ohne Land geworden.

Trotzig versuchte Max Emanuel die nächsten Jahre, einen Schein von Souveränität aufrechtzuerhalten. Anfangs als Regent von Frankreichs Gnaden in Brüssel – nominell war er ja trotz seiner Rückkehr nach München immer Statthalter der Niederlande geblieben. Eine schöne Zeit »für Ruhm und Liebe« wünschten ihm maliziös die französischen Waffenbrüder beim Wiedereinzug in Brüssel. Nach mehreren Niederlagen der Franzosen gegen die feindliche Allianz schrumpfte sein Herrschaftsbereich zuerst auf einen schmalen Streifen Land um Mons in Südbelgien, und schließlich saß er seinem Gönner und Verbündeten Ludwig XIV. in Compiègne bei Paris praktisch auf dem Schoß, um ihn mit seinen hochfliegenden Plänen zu nerven. Seinen großartigen Lebensstil behielt er auch als Schattenfürst bei: die Damen, die Feste, die Schulden. Die letzten Juwelen wurden versetzt, die spärlicher fließenden Hilfsgelder der Franzosen am Spieltisch verloren. In Mons gaben zeitweise die Marktfrauen Kräuter und Butter nur noch gegen Barzahlung an Max Emanuels Hofschranzen ab.

Doch je mehr seine reale Macht schrumpfte, umso bombastischer wurden Max Emanuels Herrscherträume. Eine Königskrone, das unbedingt. Die Niederlande oder das Königreich Sizilien, obwohl dessen Bevölkerung »unruhig und aufsässig« schien. Dann aber auf jeden Fall zumindest Sardinien und Mailand. Warum nicht Ungarn? Und natürlich Baiern zurück. Oder vielleicht doch nicht, sollte der Habsburger Kaiser, der jetzt dort regierte, zu störrisch sein und die Kompensation in anderen Ecken Europas für ihn, den großen Kurfürsten, üppig genug ausfallen. So richtig hing er nicht am Baiernland. Wein, Weib und Gesang gab es woanders auch, und in München würde nur Gemahlin Kunigunde stören. Die Franzosen seufzten über ihren Paladin in Nimmerland.

Während Max Emanuel Luftschlösser baute und dabei sein Baiern nicht einmal bewusst verriet, sondern wie üblich einfach nur an sich selbst dachte, erhoben sich 1705 seine Untertanen gegen die Österreicher. Nicht aus tief verwurzelter Liebe zum Herrscherhaus oder gar zu ihrem abwesenden Kurfürsten, wie es die königstreue Geschichtsschreibung des 19. Jahrhunderts weismachen wollte.

Erstens standen nur die kleinen Leute, Bauern und Handwerker, gegen das Habsburger Besatzungsregime auf. Das Bürgertum, die Kirche und ein Großteil der bairischen Beamtenschaft sahen dieser Aufruhr der »Canaille«, wie man in besseren Kreisen die große Masse der Bevölkerung nannte, bestenfalls neutral, meist aber abweisend zu. Aufruhr bedeutete Gefahr für die eigenen Privilegien. Viele bairische Staatsbedienstete arbeiteten sogar beflissen mit den Besatzern zusammen, um Recht und Ordnung im Land zu wahren. Nur die Franziskaner, der Orden für die armen Leute, zeigten Sympathie für den Volksaufstand. Der munter feiernde Kurfürst im fernen Brüssel bekam vom Widerstand seiner viel geliebten Landeskinder erst so richtig etwas mit, als alles schon verloren war.

Zweitens waren es nicht die Österreicher an sich, gegen die sich Baierns arme Leute auflehnten. Sie revoltierten gegen die drückende Abgaben, Einquartierungen und Zwangsrekrutierungen, die ihnen – oft mit tätiger Hilfe der verbliebenen Beamten des Kurfürsten – von den Besatzern zur Weiterführung des Kriegs aufgezwungen wurden. Die Steuerlast im Rentamt Straubing etwa wurde gegenüber den Vorkriegszeiten verzehnfacht. »Lieber was anfangen und bald sterben, als so langsam in Hunger und Elend«, war der bittere Antrieb für die Aufständischen. Dass sich die Drangsalierten das alte, kurfürstliche Baiern als Gegenentwurf zur österreichischen Zwangsherrschaft zurückwünschten, war nicht Ausdruck »tief verwurzelter Anhänglichkeit« zum Hause Wittelsbach. Kurbaiern bedeutete schlicht mehr Frieden für sie. Das kleinere, gewohnte Übel, das sie nicht hinterfragten.

Der Staat wurde von den zeitgenössischen Machttheoretikern

wie ein Körper mit »vornehmeren und schlechteren« Funktionen angesehen. Der Fürst war das Haupt, die Geistlichkeit das Herz, Lehrer und Doktoren die Augen, Soldaten die starken Arme, Künstler und Handwerker die Hände und Bauern die Füße, »die den Kot umstampfen«. Diese statische, hierarchische Ordnung war auch für die Aufständischen verbindlich. Obrigkeit und Kirche gingen Hand in Hand. Beide waren unantastbar, da gottgegeben. Die Obrigkeit, so willkürlich sie sein mochte, schützte vor Anarchie. Die Kirche erhob mit weihrauchgeschwängerten Sonntagsmessen, Wallfahrten und Prozessionen die Herzen der Menschen hier auf Erden und verhieß ihnen als finalen Trost das Paradies am Ende der Tage, wo dann sogar alle Standesschranken fallen würden.

Wie wenig sich Bauern und Handwerker aus diesem Denken lösen konnten, zeigt der Verlauf ihrer Revolte. Sowohl im Oberland als auch in Niederbaiern errangen die erbärmlich bewaffneten, militärisch ungeübten Volksmilizen anfangs Überraschungserfolge, nahmen sogar die Städte Burghausen, Braunau und Schärding ein, doch ihr Aufbegehren war mehr ein hilfloser Aufschrei als eine Revolution. »Du Schelm, du Dieb, hast oft auch manchen armen Teufel geschunden, der die Schuh mit Weidenrinde zusammenbinden musste«, rief etwa die Menge einem Landpfleger in Reichenberg entgegen. Manchmal baten die Aufständischen geradezu rührend die Obrigkeit untertänig um »eine gerechtere Obrigkeit«. Auf einen gangbaren Weg zum Erfolg konnten sich die bunt zusammengewürfelten Haufen nicht einigen. Es gab ihn nicht.

Am frühen Morgen des 25. Dezember 1705 wurde das oberbairische Aufgebot, von dem überhaupt nur ein Drittel mit Gewehren ausgerüstet war, vor den Toren Münchens in der »Sendlinger Mordnacht« durch reguläre österreichische Truppen niedergemetzelt. Nach der ersten verheerenden Angriffswelle ergaben sich die Überlebenden auf die Zusicherung von Pardon. Viele warfen ihre Waffen weg, griffen nach ihren Rosenkränzen und beteten um ihr Leben. Sie wurden massakriert. Noch zweimal wiederholte sich dieses niederträchtige Ritual. Danach wurden die Übriggebliebenen in die Stadt geschleppt. Die Verwundeten ließ man dort auf den Straßen als abschreckendes »abscheuliches Exempel« liegen, wo viele verbluteten oder erfroren. Nur wenige Bürger wagten ihnen zu helfen. Die Umdeutung dieses einseitigen Gemetzels in einen heroischen Kampf der Aufständischen für ihren geliebten Kurfürsten, personifiziert im legendären Schmied von Kochel, ist eine patriotische Erfindung des 19. Jahrhunderts.

Zwei Wochen später brachten die kaiserlichen Truppen fast ohne Gegenwehr auch die aufrührerischen niederbairischen Bauern bei Aidenbach um. Die Zahl der Opfer dieser »Schlacht« schätzt man auf rund 5000. Eine große Säuberungs- und Verfolgungswelle mit Folter und Hinrichtungen folgte. Die Aufständischen hatten für alle Schäden aufzukommen. Habsburgs Oberfeldherr Prinz Eugen, der sprichwörtliche »edle Ritter«, klatschte der Mordnacht von Sendling Beifall und forderte, dass »weiter gegen diese Rebellanten mit der gleichen Rigor zu verfahren und gegen sie ein für alle Mal keine Barmherzigkeit zu haben wäre, in dem ich meinenorts finde, dass dieses Gesindel eines Glimpfs (Milde) oder Gnade nicht wert sei …«

Als Max Emanuel im Februar von der Niederschlagung des Aufstands erfuhr, blutete ihm sein großes, weiches Herz. »Wenn ich das Ende sehe, blutige Greuel und den Ruin des Landes, die grausamen Scenen und die Verurtheilungen zu Kerker und zum Tode nehmen gar kein Ende. Oh Gott! Wie viel unschuldiges Blut ist vergossen worden! Wenn ich mich verbergen kann, lasse ich den Thränen freien Lauf. Wenn ich nun wirklich mich in die Sache eingemischt hätte, würde ich nichtsdestoweniger die Armen auf die Schlachtbank geführt haben, ohne ihnen helfen zu können«, schrieb er seiner Gemahlin Theresa Kunigunde nach München. Doch da er sich ja nicht immer zum Weinen verstecken konnte, setzte er sich zwischendurch an den Spieltisch, betrog Kunigunde oder machte Ludwig XIV. unverdrossen Vorschläge, sein armes, ausgeblutetes Baiern für ein passenderes Königreich einzutauschen.

Nach über zehn Jahren eines Exils mit stark operettenhaften Zügen kehrte Max Emanuel 1715 in sein Kurfürstentum zurück. Der große Krieg hatte sich totgelaufen. Frankreichs weitgreifende Expansionsgelüste waren erfolgreich eingedämmt worden. An größeren Umwälzungen war jetzt niemand mehr interessiert. Eine bourbonische Seitenlinie durfte in Madrid regieren. Die spanischen Außenbesitzungen in den Niederlanden und Italien fielen an die Habsburger und das Haus Savoyen. Max Emanuel war von den Friedensverhandlungen ausgeschlossen worden. Man hatte allseits genug von seinen phantastischen Ansprüchen. Trotz hektischer Bemühungen seinerseits ging man im Frieden von Rastatt über die geforderte Königskrone als auch ein prestigeträchtigeres Reich für ihn einfach hinweg. Allerdings durfte er Baiern behalten – er musste es behalten.

Die Habsburger Besatzung zog ab, nicht ohne das Land vorher bis zum Letzten ausgepresst zu haben. Der Kurfürst wurde in München mit Freudenfeuern empfangen, deren schönstes die Jesuiten entfachten. In den elf Jahren, die ihm »im Schoos seiner Unterthanen« – so ein beflissener Hofpoet – verblieben, widmete er sich voller Hingabe untertänigen Schößen, der Pflege seiner Kunstsammlung mit Rubensgemälden als Höhepunkte und dem Neu-, Aus- und Umbau von Schlössern im französischen Stil, was uns Prachtstücke des Weltkulturerbes wie Nymphenburg, Schleißheim oder die Bauten Cuvilliés bescherte. Das gestalterische Talent des kleinwüchsigen Franzosen hatte der kunstsinnige Max Emanuel schnell erkannt, nachdem er ihn ursprünglich nur als Kammerzwerg engagiert hatte.

Sollte das launische Schicksal dem Hause Wittelsbach den gebührenden Platz unter den Königen Europas nur verweigern! Diese Pracht auf Weltniveau würde dann doch die wahre Größe des Geschlechts und seines herausragenden Sprosses beweisen! Für seine Untertanen bedeutete die ungebrochene Selbstverwirklichung des »glänzendsten Barockfürsten«, die nur von kurzen depressiven Schüben unterbrochen wurde, neue finanzielle Belastungen. Darunter waren so kreative Erfindungen wie eine Abgabe auf jede Feuerstätte und eine Lustbarkeitssteuer für Tanzveranstaltungen. Um der Staatspleite zu entgehen, wurde der Goldgehalt des Gulden unauffällig verringert, doch der Schuldenberg wuchs und wuchs. Als der Kurfürst 1726 einem Magenleiden erlag, war der Staat mit 26 Millionen Gulden im Minus, Schulden, die den bairischen Staatshaushalt noch bis ins 19. Jahrhundert hinein belasteten. Auf dem Totenbett bat der große Frauenheld seine Gattin um Verzeihung für alle ihr zugefügten Kränkungen. Danach instruierte der 63-Jährige seinen Nachfolger, den Kurprinzen Karl Albrecht, in der Kunst des rechten Regierens.

Dabei wird er ihn sicher auch ermahnt haben, die Chance, wenn sie sich denn böte, zu nutzen, die der frühe Tod des Sohns aus erster Ehe schon einmal vermasselt hatte: den Griff nach der Habsburger Krone. Noch war nicht aller Tage Abend für diese Wittelsbacher Obsession. Denn 1722 hatte der Kurfürst seinen Sohn mit Marie Amalie, der zweitältesten Tochter des Kaisers in Wien, verheiratet. Die Hochzeit hatte ihn damals vier Millionen Gulden gekostet, das bairische Steueraufkommen eines Jahres. Fast eine Million davon entfiel allein auf den Brautschmuck, doch die Investition schien dem Kurfürsten ein paar Schulden mehr durchaus wert. Männlicher Nachwuchs stand im chronisch söhneschwachen Hause Habsburg offensichtlich wieder einmal nicht an. Eine glänzende Opportunität für jeden Schwiegersohn, mein lieber Karl Albrecht. Gott befohlen. Als Papa verschieden war, ließ Karl Albrecht zuerst einmal 500 edle Reitpferde und 2000 Jagdhunde aus den kurfürstlichen Stallungen liquidieren.

Ende der Großmachtträume

Ausgeträumt? Aufgewacht? Es sah fast so aus, als Karl Albrecht 1726 das Erbe des Blauen Kurfürsten antrat. Der neue Herrscher beließ es bei einem 5000-Mann-Heer, kürzte Beamtengehälter, dezimierte sogar wie schon erwähnt die schier unübersehbaren Scharen von scharfen Hunden und edlen Rössern, auch von Hofmusikanten oder Balletttänzern aus Vaters Tagen trennte er sich. Er knauserte selbst am Licht, das die Münchner Residenz erleuchtete. Fortan seien »von den Kerzen die Stümpfeln jedes Mal zurückzunehmen und zu weiterem Nutzen zu verwenden«. So handelt ein Landesvater, der sich bescheidet. Einer, der seinem Großvater Maria Ferdinand nacheifert, dem Friedfertigen.

So handelt eigentlich keiner, den Großmachtphantasien plagen. Eigentlich. Denn bei aller Einsicht in die begrenzten Mittel seines verschuldeten Staates und seiner eher geringen Neigung zur Machtpolitik trug Karl Albrecht doch das unselige Wittelsbacher Zukurzgekommen-Gen in sich. Selbst er schien von Natur aus einfach nicht anders zu können, als nach einer Krone zu streben. Oder war es der historische Auftrag seines ehrwürdigen Geschlechts, dem er sich unbedingt verpflichtet fühlte?

Obwohl er einsah, dass Baiern es nie schaffen würde, nie schaffen konnte, sich als eigenständige europäische Großmacht zu etablieren, arbeitete Karl Albrecht rastlos auf die Erhöhung des Hauses Wittelsbach hin. Immerhin hielt er zwei Trümpfe in der Hand: Einmal hatte er durch seine Gemahlin, eine Prinzessin aus dem Habsburger Kaiserhaus, ein Bein in der Tür zur Wiener Hofburg. Und er bekam Rückhalt von den Feinden der Habsburger, Frankreich voran. Er war ein passender Verbündeter, nicht zu klein und nicht zu groß. Bei Bedarf konnte man ihn als Gegenspieler der

Österreicher im Deutschen Reich aufbauen – und gegebenenfalls wieder fallen lassen.

Im Rückblick hat man allerdings stets das Gefühl, dass er von Anfang an wusste, schließlich als tragische Figur zu enden. Beide Trümpfe in Karl Albrechts Hand stachen nicht. Zwar hatte Kaiser Karl VI. keinen Sohn, und so hielt sich der bairische Kurfürst, verheiratet mit einer Tochter von Kaiser Karls Vorgänger, als naher männlicher Verwandter für einen legitimen Nachfolger. Doch der aktuelle Kaiser hatte zwei Töchter und nie etwas von einer feindlichen Übernahme der Habsburger Länder durch die Wittelsbacher Dauerrivalen gehalten. Also hatte er bereits 1724 vorgesorgt und gegen jedes bis dato geltende Erbrecht in der sogenannten Pragmatischen Sanktion von 1724 festgelegt, dass von nun an und für alle Zeiten die Töchter des regierenden Herrschers auf dem Thron in Wien nachfolgen könnten, falls kein Sohn zur Hand sei.

Der Wittelsbacher musste verärgert hinnehmen, dass der Habsburger für seinen ungewöhnlichen Schritt bei den deutschen Fürsten eine Mehrheit fand. 1740 starb Kaiser Karl VI. Die ältere Tochter Maria Theresia trat gemäß der neuen Regelung die Regierung in Wien an. So juristisch spitzfindig die bairische Hofkanzlei Karl Albrechts Erbanspruch in der Folge auch vertrat, sie drang nicht durch mit ihren Argumenten. Der Griff nach dem Habsburger Erbe war nur mit Gewalt durchzusetzen. Die deutsche Kaiserkrone, die nun auch vakant war, hing ebenfalls von einem Erfolg gegen die junge Habsburger Herrscherin ab. Deutscher Kaiser konnte Maria Theresia nicht werden. Aber sie brachte als Kandidaten ihren Mann Franz von Lothringen ins Spiel. Karl Albrecht entschied sich für den Krieg. Gegen die dringliche Warnung seines Kanzlers: »Denken Sie an Ihren Herrn Vater und an das Los, das ihm und Baiern wurde.«

Karl Albrecht konnte gerade einmal 10 000 Soldaten bezahlen. Schon längst hatte er seine Sparpolitik aufgegeben. Baiern war verschuldet wie zu den besten Zeiten des Blauen Kurfürsten. Der Versuch, Großmacht zu spielen, kostete viel Geld. Zum Glück hatte er wahrlich selbstlose Freunde in den Franzosen, die Habsburg schwächen wollten. Dafür kam ihnen der ambitionierte Wittelsbacher gerade recht. Sie sprangen ihm mit Hilfszahlungen und einem bemerkenswert vertrottelten General an der Spitze einer mäßig begeisterten Truppe bei. Ähnlich uneigennützig kam der junge preußische König Friedrich II. dem Baiern zu Hilfe. Er hatte gerade ohne ersichtlichen Grund, sieht man von Machtpolitik und Ruhmsucht einmal ab, Maria Theresias reiche Provinz Schlesien besetzt und war froh über jede zweite Front, die österreichische Kräfte binden würde.

Da der Krieg in Schlesien die Habsburger Armee vollauf beschäftigte, ging der Feldzug des bairisch-französischen Heeres anfangs flott vorn. Es marschierte in Oberösterreich ein. Schon schien Wien – wieder einmal – in Reichweite, doch dann überlegten sich die Franzosen, dass sie zwar den Erbfeind Österreich schwächen, nicht aber anstelle der Habsburger mit Baiern eine neue Großmacht etablieren wollten. Sie traten auf die Bremse und lenkten das Heer nach Böhmen um. Dort könne man ja auch schöne Eroberungen machen. Wien war gerettet. Karl Albrecht zog nach kurzer Belagerung in Prag ein und durfte sich als König von Böhmen fühlen, wenn auch als König von Frankreichs und Preußens Gnaden.

Leider schloss der treue Verbündete Friedrich II. dann einen Waffenstillstand mit Maria Theresia. Schlesien war in seiner Hand, wozu weiter kämpfen. Plötzlich hatten die Österreicher gehörig Truppen für den Kampf gegen die Baiern verfügbar und machten sich daran, in Richtung München zu marschieren. Inzwischen war Karl Albrecht aus Prag in seine Hauptstadt zurückgekehrt. Doch sollte er dort auf das jetzt überlegene Heer Maria Theresias warten?

Er entschloss sich zu einem Schritt, der die wohl bizarrste Episode der bairischen Geschichte einleitete: Er setzte sich aus seinem Land in höchster Gefahr ab, um sich in Frankfurt zum Kaiser krönen zu lassen. Grundsätzlich kein Wahnsinnsunternehmen. Auch wenn die Habsburger seit 300 Jahren ununterbrochen den

Deutschen Kaiser gestellt hatten, wollte keiner der Kurfürsten jetzt Franz von Lothringen auf dem Thron sehen, nur weil er – oder gerade weil er – der Gemahl der Habsburger Regentin war. Die Mehrheit der Kurstimmen war Karl Albrecht sicher. Der Baier war für die Kurfürsten einer von ihnen. Er tat nicht wirklich weh, aber mit ihm als Kaiser konnte man Habsburg im Zaum halten.

Das Prestige der Kaiserwürde, so hoffte Karl Albrecht seinerseits, würden seine Chancen auf Unterstützung im Reich und einen für ihn günstigen Frieden steigern. Das war ein frommer Wunsch. Karl Albrecht hatte sich gründlich verschätzt. Im Zeitalter der Vernunft zählten Musketen und Kanonen für die Mächtigen mehr als ein ehrwürdiger Titel. Bei Musketen und Kanonen war Maria Theresia klar im Vorteil, und das bewog die meisten Reichsfürsten bei aller Sympathie für den bairischen Kurfürsten, sich vornehm zurückzuhalten, sobald es um militärische Hilfe für ihn ging.

Das hielt sie jedoch keineswegs ab, den Wittelsbacher mit großem Pomp und Getöse am 24. Januar 1742 nach altehrwürdigem Ritual zu wählen – einstimmig. Am 12. Februar fand dann in Frankfurt die Krönung zum Kaiser des Heiligen Römischen Reichs Deutscher Nation statt. Den Krönungsmantel hatte angeblich schon Karl der Große fast 1000 Jahre vorher getragen. Der Kurfürst ritt auf einem Schimmel mit silbernem Zaumzeug zur Kirche, kniete dort während der Krönungsmesse auf einem golddurchwirkten Kissen und ließ nach der Zeremonie 8000 Gulden unter die jubelnde Menge werfen, die sich heftig um die Münzen prügelte und sich dann an einem Brunnen, aus dem roter und weißer Wein gratis plätscherte, ebenso heftig betrank. Beim anschließenden Krönungsmahl scharwenzelten hohe Reichsbeamte devot und symbolisch als Mundschenk, Truchsess, Marschall und Kämmerer um den neuen Kaiser herum, als hätten sie es mit Friedrich Barbarossa in den Tagen der Kreuzzüge zu tun und nicht mit dem Herrscher einer Mittelmacht im Zeitalter der Vernunft, der drauf und dran war, zwar als Kaiser prächtig, doch leider ohne Land dazustehen.

Denn während Karl Albrecht sich in Frankfurt die anwesenden Kurfürsten gewogen machte, was guten Zuredens und noch besserer Bestechungsgelder bedurfte, rückten Maria Theresias Truppen siegreich gegen München vor. Der bairische Oberbefehlshaber Graf Törring schlich sich nach ein paar Schlappen mit seinem Heer in Richtung der Veste Ingolstadt davon und bestätigte glänzend den spöttischen Spruch, er gleiche einer Trommel: Man höre nur von ihm, wenn er geschlagen würde. Und so plagten schlimme Vorahnungen den Herrscher in der Ferne noch mehr als seine chronischen Gichtanfälle. In der Nacht vor der Krönung schlief er kaum. In der Nacht nach der Krönung schlief er wahrscheinlich noch weniger. Denn am Morgen, an dem er in Frankfurt als Kaiser erwachte, kapitulierte München vor den Österreichern. Er notierte in sein Tagebuch: »Meine Krönung ist gestern vor sich gegangen mit einer Pracht und einem Jubel ohne gleichen, aber ich sah mich zur gleichen Zeit von Stein- und Gichtschmerzen angefallen – krank, ohne Land, ohne Geld, kann ich mich wahrlich mit Hiob, dem Mann der Schmerzen, vergleichen.«

In den folgenden Jahren saß nun der Schmerzensmann als zweiter Kaiser aus dem katholischen Hause Wittelsbach gichtig und würdig zugleich beim Äppelwoi, zimmerte sich eine Art Hofstaat und kaiserliche Administration zusammen und versuchte von Frankfurt aus, in Baiern wieder Fuß zu fassen. Manchmal unterstützten ihn die Franzosen dabei, dann schien es für das bairisch-französische Heer voranzugehen, doch dann hielten sich seine Verbündeten wieder zurück, und das bedeutete Niederlagen. Auch Friedrich II., der Große, sprang mal bei und sprang mal wieder ab, gerade so, wie es ihm und Preußen nützte. Und so sah Baiern wieder einmal einen dieser Kriege ohne echten Sieger, der wie gewohnt das Land verwüstete und für die Bevölkerung kaum einen Unterschied zwischen Freund und Feind machte, auch wenn sich im kollektiven bairischen Bewusstsein die Pandurenscharen des Freiherrn Trenck als die schlimmsten Übeltäter festgesetzt haben. Diese Habsburger Truppen aus Kroatien und Slawonien haben

das Bairische um den nicht eben schmeichelhaften »Krowotten«
und den »Schlawiner« bereichert.

1744 begann Friedrich II. den Zweiten Schlesischen Krieg, um
seine Beute zu sichern. Ein Großteil von Maria Theresias Truppen zog nach Norden ab. Der Deutsche Kaiser konnte wieder in
seine Heimat zurückkehren. Auch wenn er heftig nach der Kaiserkrone und der Erhöhung des Hauses Wittelsbach gestrebt hatte,
anders als seinem Vater wäre ihm ein Tausch von Baiern gegen
eine attraktive Herrschaft irgendwo sonst in Europa nie in den
Sinn gekommen. Er mochte seine Baiern. »Mein Herz war ergriffen von der Zuneigung, die ich für meine treuen Untertanen
empfinde, und ließ mich in gleicher Weise all das fühlen, was ein
guter Fürst bei einer solch ergreifenden Gelegenheit überhaupt
nur empfinden kann«, schrieb er sich nach der Ankunft ins Tagebuch.

Die Euphorie dauerte nicht lange. Erneut von Feinden und
Ängsten bedrängt, erlag im Januar 1745 Karl Albrecht, Kaiser Karl
VII. für drei Jahre, einer Kombination aus Gicht- und Herzleiden.
Noch vom Sterbebett aus versicherte er seinen Untertanen, im
Falle einer Genesung wäre sein Anliegen gewesen, »alle erlittene
Not und Elend mit eben so vielem Guten zu ersetzen«. Bei der
Trauerfeier für den erst 47-Jährigen in der Münchner Theatiner-
kirche zierten die Nachbildungen der Kaiserkrone und des dop-
pelköpfigen Reichsadlers überlebensgroß ein barockes Prunkge-
rüst.

Karl Albrechts 18-jähriger Sohn Max Joseph setzte anfangs
den Krieg um die Kaiserkrone fort. Für wen eigentlich? Für sich
selbst? Oder einfach, weil er ihn vom Vater geerbt hatte? Einige
Monate und einige Niederlagen später – die Österreicher hatten
inzwischen wieder halb Baiern erobert – entschied er sich, einen
Schlussstrich zu ziehen. Im Frieden von Füssen garantierte ihm
Maria Theresia 1745 den Besitz von Kurbaiern ohne Abstriche,
doch die Gegenleistungen wogen schwer: ewigen Verzicht auf
die Kaiserkrone und jeden Erwerb Habsburger Territorien, Anerkennung der weiblichen Thronfolge in Wien und das demüti-

gende Versprechen, die Kaiserkandidatur des Franz von Lothringen, Maria Theresias Gemahl und Widerpart von Max Josephs Vaters, zu unterstützen.

Reagierte Kurfürst Max III. Joseph mit diesem für das Haus Wittelsbach spektakulären Schritt nur auf die aktuelle Lage? Sein Land war ausgeblutet, der Schuldenstand 32 Millionen Gulden, die Bereitschaft der Franzosen, ihn weiter finanziell und militärisch zu unterstützen, ging gegen null. Oder hatte der junge Mann über die Tagespolitik hinaus erkannt, dass die immerwährende Wittelsbacher Obsession, Habsburg zu überrunden, nie etwas anderes war und nie etwas anderes sein würde als eine Tagträumerei? Tatsache ist, er unterschrieb. Ob es ahnte oder nicht, er traf eine historische Entscheidung. Baierns manchmal geradezu tragikkomisches Großmachtstreben war nach 1000 Jahren Vergeblichkeit ein für alle Mal vorbei. Von jetzt an konzentrierte Baiern sich darauf, das zu sein, was es wirklich war: unter den deutschen Kleinstaaten der größte. Mit dem gebotenen Selbstbewusstsein, doch ohne den Drang, ganz hoch hinauszuwollen … »Mia san mia« hieß es von nun an und nicht mehr »mia san mehr«.

Hätte Baiern aber, so fragt man sich, in den 1000 Jahren seiner Bemühungen nicht doch einmal Erfolg haben können? Schließlich fingen auch die Habsburger als kleine Regionalfürsten an, kam das Königreich Preußen aus dem Nichts der Brandenburger Sümpfe. Baierns Tragik: Jedes Mal, wenn sich eine Chance bot, gab es gerade einen Stärkeren oder auch nur Glücklicheren, der diese Chance zunichte machte.

Herzog Tassilo herrschte über ein großes Gebiet, der Frankenkönig Karl entmachtete ihn. Auch Heinrich der Zänker stand für kurze Zeit einem riesigen Territorium vor, das bis an die Adria reichte. Otto der Große nahm ihm die Hälfte davon einfach weg. Heinrich der Löwe wurde von Friedrich Barbarossa mit Baiern belehnt, doch sein Baiern war schon um die Ostmark, das spätere Österreich, verkleinert, und sein Nachfolger Otto von Wittelsbach musste auch noch die Steiermark abgeben, sonst hätte Friedrich Barbarossa ihn nicht zum Herzog gemacht. Baiern war entscheidend geschrumpft und versuchte von da an über Jahrhunderte, den im Osten verlorenen Boden wiedergutzumachen. Der Dauerkonflikt mit den aufsteigenden Habsburgern nahm seinen Anfang.

Nur einmal, ein einziges Mal, so scheint es im Rückblick, standen die Vorzeichen für ein Großreich günstig. Unter Ludwig dem Bayern besaßen die Wittelsbacher mit Baiern, Tirol, Brandenburg und den holländischen Territorien die größte Hausmacht im Deutschen Reich. Hätte Ludwig den Bayern 1347 auf der Bärenjagd nicht der Schlag getroffen, ein Sieg über den Gegenkönig Karl IV. wäre damals durchaus realistisch gewesen. Doch die unselige Erbfolgeregelung im Hause Wittelsbach bis zum Jahr 1506, bei der jeder Sohn mit einer souveränen Herrschaft bedacht werden musste, ließ mit dem Tod Ludwigs ein mögliches Großbaiern implodieren.

Als Baiern dann im 16. Jahrhundert endlich wiedervereint war, hatten sich rundherum bereits gefestigte Territorialstaaten gebildet, die dem Herzogtum an Größe, Wirtschaftskraft und militärischer Stärke einfach überlegen waren: Frankreich, Spanien, England und natürlich das Habsburger Reich, das im Kern aus den vor langer, langer Zeit bestehenden bairischen Ostgebieten bestand. Alle Bemühungen, den Status quo zu revidieren und zum alten Glanz aus fernen Tagen zurückzufinden – den es in Wirklichkeit ja auch nur sehr sporadisch gegeben hatte –, scheiterten. Ob Wilhelm der Reiche, Kurfürst Maximilian, der Blaue Kurfürst oder als Letzter Kaiser Karl Albrecht, so unterschiedliche Wege sie auch einschlugen, sie mussten alle schmerzlich erfahren, dass ihr Baiern schlicht zu klein war, um auf der großen europäischen Bühne eine Hauptrolle zu spielen.

Max III. Joseph versuchte sich erst gar nicht als Protagonist. Er hielt sich weitgehend heraus aus den europäischen Wirrnissen, die dem Raub von Schlesien durch Friedrich II. über Jahre folgten. Er machte dafür milde Anstrengungen, das Baiernland im Sinn der Aufklärung zu reformieren. Da er aber lieber jagte und musizierte, als mit harter Hand zu regieren, außerdem das barockkatholische Baiern auch nicht gerade das ideale Betätigungsfeld für aufgeklärt-absolutistisches Herrschen war, blieben seine Neuerungen bescheiden.

Die Ständeprivilegien wurden praktisch nicht angetastet. Adel, Prälaten und gehobenes Bürgertum zahlten noch immer Steuern in einer so lächerlichen Höhe, die heute selbst US-Republikanern niedrig vorkäme. Handwerker und besonders Bauern wurden weiterhin für alle und von allen geschröpft. Selbst ein patriotischer Historiker wie Benno Hubensteiner stellt neben dem Lobpreis der allgemeinen weiß-blauen Lebenslust von damals fest: »Der Bauernalltag des 18. Jahrhunderts unterschied sich kaum von den Verhältnissen der Bauernkriegszeit, und immer noch beherrschte die Grundherrschaft das gesamte bäuerliche Leben. Um 1700 gehörte von 100 Höfen über die Hälfte der Kirche und den Klöstern, ein gutes Viertel dem Adel, fast der ganze Rest dem Landesherren, nur vier oder fünf waren freies Eigen.«

An der Spitze der Standespyramide setzte sich bis in die katholische Universität Ingolstadt und viele Klöster hinein aufklärerischer Wissensdurst durch. Physikalische Erkenntnisse, rationalistische Philosophie, historische Forschung jenseits der Heiligenlegenden wurden begierig aufgenommen und begrüßt – solange sie nicht im offenen Gegensatz zu den dogmatischen Glaubenssätzen der Kirche standen. Auswüchse der Theologie wurden im Namen der Vernunft korrigiert.

Schon seit 1720 hat man in Baiern kein Hexe mehr verbrannt. 1759 wurde in München vom Kurfürsten, auf das Betreiben aufklärerischer Professoren hin, die »Akademie der Wissenschaften« gegründet. Eine ihrer Hauptaufgaben sah sie darin, den Jesuiten das bairische Schulwesen zu entwinden. Die Gesellschaft Jesu mit ihrer rigorosen Theologie war in den Augen der Akademiker ein Hort klerikaler Reaktion, der Art von Religion, die sich mit ihrem »aufgeklärten« – aber ja durchaus auch katholischen – Blick auf die Welt nicht vertrug.

1773 verbot der Papst den Jesuitenorden, die Stütze der Gegenreformation. Der Orden hatte sich an allen aufklärerisch be-

Bairischer Hiasl

Er hatte die höchst absonderliche Ansicht, das Wild in den Wäldern sei für alle da. Ein aufrührerischer Gedanke, schließlich betrachteten der Adel und die hohe Geistlichkeit die Jagd als ihr heiliges Recht. Und so stand denn auf Wilddieberei die Todesstrafe. Das wusste auch Matthias Klostermayr, den alle Welt, Freund und Feind, nur den »Bairischen Hiasl« nannte, trotzdem bestand er auf seiner Meinung – bis zum bittren Ende.

1736 als Sohn eines Häuslers im kurbairischen Dorf Kissing geboren, brachte er es auf dem nahen Schlossgut Mergenthau schnell zum Hilfsjäger, flog dann aber raus, weil er sich erdreistete, einen Pater, der versehentlich eine Katze erlegt hatte, im Spaß »Katzenschütze« zu nennen. Das war zu viel der Despektierlichkeit. Dann versuchte der Hiasl sich als Bauernknecht, verliebte sich in die Tochter seines Dienstherrn und musste gehen, als er das Mädchen geschwängert hatte. 1766 verlegte sich der 30-Jährige ganz aufs Wildern.

Sehr schnell erwarb er sich durch seine Beredsamkeit, seine Treffsicherheit und seinen Mut den Ruf eines Teufelskerls. Er musste ja wirklich mit dem Teufel im Bunde stehen! War er vielleicht sogar kugelfest? Denn der Hiasl und seine stets anwachsende Bande entkamen jedem Hinterhalt und jedem Feuergefecht mit den Militärkommandos, die ihnen zunehmend im Nacken saßen.

Die »untersten Gesellschaftsklassen«, so ein zeitgenössischer Moralist, bewunderten und liebten den »Unhold«. Denn er dezimierte das Wild, das die Felder der Bauern verwüstete, verkaufte ihnen billig das Wildbret und schenkte es ihnen manchmal sogar. Und er demütigte die großen Herren, wenn er deren Steuereintreiber am hellen Tag überfiel und die Kasse mitnahm, ihre Jäger zusammenschoss und sich ganz offen in den Wirtsstuben bei Wein, Weib und Gesang vergnügte. Deshalb warnten die Bauern und Schankwirte ihn meist rechtzeitig vor anrückenden Kräften der Obrigkeit.

Neben diesem Frühwarndienst half dem Hiasl über Jahre die politische Situation im bairisch-schwäbischen Grenzgebiet, den Verfolgern zu entgehen. Zwar stammte er aus dem Bairischen, doch sein Hauptbetätigungsfeld lag jenseits des Lechs. Dort gab es einen Flickenteppich souveräner Territorien: Abteien, Bistümer, Grafschaften, Reichsstädte und Reichsritterschaften. Wurde der Bande der Boden zu heiß, wechselte sie schnell in einen anderen »Staat« über, wohin die Häscher ihnen nicht folgen durften.

1769 rafften sich die verhöhnten Herren zu einer konzertierten Aktion auf. Von nun an konnten ihre Kräfte auch im »Ausland« zehn Meilen weiter operieren. Im Januar 1771 umstellte ein Kommando von 300 Soldaten des Augsburger Fürstbischofs den Gasthof von Osterzell. Wahrscheinlich hatte ein Verräter sie auf die Spur vom Hiasl gebracht. Nach einem vierstündigen Feuergefecht ergab sich der Wilderer-Hauptmann mit seinen übrig gebliebenen Gefährten. Im September 1771 wurde er nach einem mehrmonatigen Prozess zu einem grausigen Tod durch Rädern, Köpfen und Vierteilen verurteilt. Da man sich aber bereits im Zeitalter der Vernunft befand, erdrosselte der Henker den Delinquenten vor großem Publikum mit einem Seil, bevor er ihn zerstückelte. Den jungen Schiller soll der bairische Wilderer und Sozialrebell zum edlen Banditen Karl Moor im Drama »Die Räuber« inspiriert haben.

◆◆◆

wegten Höfen Europas so unbeliebt gemacht, dass der Papst ihn opfern musste. Da die Herren der Akademie aber besser redeten als handelten, hatte das bairische Gymnasium trotz des Endes der Jesuitenschulen noch ein paar Jahrzehnte zu warten, bis es nach den Reformen des Grafen Montgelas seinen unaufhaltsamen Siegeszug durch das deutsche Schulwesen antreten konnte.

Unterhalb der gebildeten Stände fasste die Aufklärung kaum Fuß. Das gemeine Volk schwelgte weiter im theatralischen Katholizismus der Gegenreformation. Es schauderte in Scharen bei dramatischen Teufelsaustreibungen volksnaher Gottesmänner. Es blieb überwältigt von Wallfahrten, Prozessionen, prunkvollen Hochämtern und fand Trost und Erbauung in der rituellen Sinnlichkeit seines Glaubens. Weihrauchschiffchen, Weihwasserbecken, Abendleuten, Votivtafeln, Marterl, Kniefall und Fürbitten vor Wegkreuzen oder Feldkapellen – an Katalysatoren für spirituelle Erhebung aus einem harten, nüchternen Alltag fehlte es nie.

Und wenn ein Bauer am Sonntag beim Hochamt nach einer

Woche Plackerei hinter dem Pflug und düsteren Abenden bei Kienspanlicht in den sonnendurchfluteten Farben- und Formenrausch einer Rokokokirche eintauchte, dann öffnete sich für ihn die Tür zum Paradies. Dann erkannte er einen höheren Sinn hinter seinem Leben. Der Gedanke, dass er und seinesgleichen das Geld für dieses überirdische Bauwerk zusammengeschuftet hatten, kam ihm nicht. Wenn doch, war er stolz darauf.

Den bairischen Frühaufklärern war Religion als Fest der Sinne verdächtig. Kurfürst Max III. verbot 1772 sämtliche Passionsspiele in seinem Reich, darunter auch die berühmten Aufführungen von Oberammergau. Die Geschichte vom Leiden und Sterben Christi gehöre als »das größte Geheimnis unserer geheiligten Religion keinesfalls auf die Bühne«. Diese Haltung hatten übrigens schon vor der weltlichen Gewalt reformfreudige Bischöfe eingenommen. Katholisch ja, aber bitte schön vernünftig. Frommes Brauchtum wurde als Aberglaube geächtet, etwa das Berühren des Kruzifixes am Karfreitag mit Schmalz, Eiern oder Mehl. Diese Praktik sollte aus den profanen Lebensmitteln Konservierungsstoffe gegen Schimmel machen. Das Volk gehorchte unwillig und lebte seine barocke Theatralik ersatzweise bei Ritterdramen, Kasperltheater und Moritaten aus. Zeitstücke mit dem erhobenen Zeigefinger wie Lessings bürgerliches Trauerspiel »Emilia Galotti« waren dem Hoftheater und den höheren Ständen vorbehalten.

Ganz sorgender Landesvater, hielt der Kurfürst seine Untertanen nicht nur zu religiöser Vernunft, sondern auch zu Flachs- und Kartoffelanbau an. Besonders gegen die neumodische Kartoffel gab es Widerstände. Weil die Blüten giftig sind, trauten viele Menschen auch den Knollen nicht so recht, Ärzte verdächtigten sie sogar, Lepra auszulösen. Erst die Hungersnöte Ende des 18. Jahrhunderts verhalfen dem ertragreichen Erdapfel zu Platz eins auf dem Küchenzettel der armen Leute.

Mitten in Max Josephs Wirken für ein bescheideneres Baiern fiel ein Ereignis, das wie ein Abgesang auf Groß-Wittelsbach schien. 1761 erlag der Kölner Erzbischof und Kurfürst Clemens August auf dem Weg in seine Heimatstadt München einem Herzleiden. Er war der fünfte Wittelsbacher auf dem Kölner Kurfürstenstuhl gewesen. Fast 200 Jahre hatten die Münchner Wittelsbacher als die Musterkatholiken des Reiches ihre zweitgeborenen Söhne mit der Kölner Kurwürde standesgemäß versorgt und sich so eine einflussreiche Außenstelle im deutschen Nordwesten geschaffen. Doch jetzt war Schluss. Es gab keinen präsentablen Zweitgeborenen. Kurfürst Clemens August war als hoher geistlicher Herr dem Zölibat verpflichtet und konnte bedauerlicherweise selbst nicht für Nachwuchs sorgen, zumindest nicht für legitimen. Auch wenn seine Amouren ebenso berühmt waren wie seine Jagden und Feste, Kirchen und Paläste, alles in prächtigster, teuerster Rokokomanier. Und den einzigen vorhandenen Wittelsbacher Kandidaten, den tuberkulösen Prinz Johann Theodor, Bischof von Lüttich, lehnte der Papst wegen seines »unmoralischen Lebenswandels« ab. Zwei Frauenhelden mit Krummstab nacheinander waren doch zu viel. Die Kurfürstenwürde ging daher an einen glanzlosen schwäbischen Altadeligen, der sich – und auch das erst in fortgeschrittenem Alter – mit einer einzigen Geliebten begnügte und überhaupt ziemlich sparsam war. Offensichtlich dämmerte eine neue Epoche.

Über den Verlust von Köln hinaus war die Situation für die Wittelsbacher noch weit bedenklicher: Denn es fehlte nicht nur ein Zweitgeborener. Es wurde überhaupt nicht mehr geboren im Hause Wittelsbach. Schon Max Joseph selbst war der einzige männliche Erbe gewesen. Und seine Ehe war – und blieb – kinderlos. Die Münchner Linie stand vor dem Aussterben. Österreich lauerte. Endlich konnte man jetzt einmal den Spieß umdrehen und Baiern als erledigtes Reichslehen an sich ziehen. Schon arbeiteten Habsburger Generäle Einmarschpläne aus.

In seiner Not erinnerte sich Max Joseph an die »anderen« Wittelsbacher, die sich 1214 als Pfalzgrafen am Rhein festgesetzt hatten. War man ihnen denn nicht schon seit uralten Zeiten, genauer seit dem Hausvertrag von Pavia aus dem Jahr 1329, erbrechtlich verbunden? Damals hatte man festgelegt, sollte in einem der beiden Häuser ein männlicher Erbe fehlen, trete die andere

Linie die Nachfolge an. Gut, das war eine Weile her. Gut, man hatte sich ein paar Mal in den Haaren gelegen, besonders als die Pfälzer Vettern zu protestantischen Ketzern geworden waren und man sie im Dreißigjährigen Krieg sogar in der Schlacht am Weißen Berg bei Prag zum Teufel jagen musste, doch inzwischen waren die Kurfürsten vom Rhein wieder in den Schoß der wahren Mutter Kirche zurückgekehrt. Und lieber ein entfernter Verwandter auf dem Münchner Thron als ein verdammter Habsburger. Max Joseph und Karl Theodor, der Herrscher in Mannheim, ließen die alten Erbverträge aufleben. Und so trat, als Max Joseph, posthum »der Vielgeliebte« genannt, zum Jahresende 1777 an den Pocken starb, der Pfälzer Wittelsbacher Karl Theodor das Münchner Erbe an.

»Diesem neuen Kurfürsten klang noch zu sehr das weinselige, sorglose Lachen seiner Pfälzer im Ohr, als dass er die schwerfällige Bauernart der Altbaiern hätte verstehen können«, so begründet Hubensteiner die mäßige Begeisterung, die Karl Theodor entgegenschlug. Mäßig begeistert war auch der Kurfürst selbst über seinen Umzug ins Land des Bieres und der Schwere. Um ehrlich zu sein, er sah seine Regentschaft als Verbannung an, doch »pacta sunt servanda«, wie wir alle spätestens seit dem Universalgenie Franz Josef Strauß wissen.

Zuhause in seinem Flickenteppich von Kurfürstentum am Rhein hatte der Weltmann Karl Theodor bei den gebildeten Ständen einen guten Ruf. Er baute in Mannheim ein in Ausmaßen und Aussehen Versailles ähnliches Schloss, förderte Theater und Musik, seine Hofkapelle unter Johann Stamitz gehörte zu den großen Orchestern Europas. Karl Theodor gründete eine meteorologische Gesellschaft und ein Entbindungsheim, las Horaz im Urtext, stand im Briefwechsel mit dem berühmten Freigeist Voltaire und sammelte Bilder sowie Mätressen, deren Kinder er herzlich liebte und großzügig versorgte. Mit seiner Gemahlin brachte er leider außer einem Sohn, der nur einen Tag alt wurde, keine Kinder zustande. Beim einfachen Volk war sein Ansehen etwas geringer. Irgendjemand musste ja für all die schönen Dinge bezahlen.

Emanuel Schikaneder

Für den Sohn eines Straubinger Tagelöhners hätte es Emanuel Schikaneder auch ohne Mozart weit gebracht. Verfasser erfolgreicher Theaterstücke. Prinzipal einer Wanderbühne. Theaterdirektor in Wien. Frauenheld bei Arm und Reich. Stolzer Besitzer eines Rokoko-Palais. Schon nicht schlecht, wenn man bedenkt, dass Schikaneders Mutter als frühe Witwe den Lebensunterhalt für sich und die Kinder durch den Verkauf von Rosenkränzen und Heiligenbildchen neben dem Regensburger Dom bestritten hatte.

Unvergänglich aber wurde der Theatermensch durch und durch wegen eines einzigen Opern-Librettos. Des Librettos für Mozarts »Zauberflöte«. Als sich der groß gewachsene, gut aussehende Niederbaier 1791 an das Buch für die »Zauberflöte« setzte, wusste er natürlich nicht, dass er für die Unsterblichkeit schrieb. Er hatte ja schon Dutzende von Bühnenstücken verfasst, als er noch mit seiner Schauspieltruppe durch Baiern und Österreich gezogen war, und noch mehr jetzt, wo er es in Wien zum Direktor gebracht hatte.

Seine Werke waren nicht fürs feinsinnige aristokratische Publikum gedacht. Er schrieb fürs Volk, fürs zahlende Volk, und spielte gerne selbst die Hauptrolle seiner Stücke. Er ließ es krachen und blitzen auf der Bühne, ließ derbe Scherze los und schreckte nie vor Zauberei und Wunderbarem zurück. So etwas wollte sein Publikum, und er gab es ihm. Die Moritat über die Ersäufung der Herzogs-Geliebten »Agnes Benauer« im mittelalterlichen Straubing war sein erster großer Erfolg gewesen. Es folgten Stücke wie »Der dumme Gärtner aus dem Gebirge oder die zwein Anton«, »Nadir und Nadine«, »Der Königssohn aus Ithaka« und Ähnliches.

Nun aber wollte dieser kleine, sarkastische und von seiner Genialität tief überzeugte Wolfgang Amadeus Mozart eine Oper in deutscher Sprache und mit Freimaurer-Hintergrund für das Wiener Publikum! Dem Komponisten war gerade sein italienischer Librettist Da Ponte weggebrochen. Der Kaiser hatte dem Textdichter von »Le nozze di Figaro«, »Cosi fan tutte« und »Don Giovanni« seine Gunst entzogen. Mozart suchte einen neuen Mann, der auf die Bühne bringen konnte, »was Effekt macht«. Er kannte und schätzte Schikaneder schon aus den Jahren, als sie beide noch auf der Jagd nach Ruhm und Geld durch halb Europa zogen. Außerdem war der Mann aus Straubing wie Mozart den aufklärerischen Gedanken der Freimaurer verpflichtet.

Schikaneder lieferte, was Effekt macht. Am 30. September 1791 wurde die »Zauberflöte« im Wiener Theater auf der Wieden uraufgeführt. Als »große Oper von Emanuel Schikaneder«. »Die Musik ist von Herrn Wolfgang Amade Mozart, Kapellmeister und wirklicher K. K. Kammerkompositeur«, vermerkte der Theaterzettel weiter unten. Die Oper für deutsche Ohren in deutscher Sprache, bei der wie in Shakespeare-Stücken Ernst und Komik alternieren, wurde zum Riesenerfolg. Mozart überlebte den Triumph nur knapp zwei Monate. Emanuel Schikaneder zehrte über ein Jahrzehnt davon. Er baute sich sein eigenes Theater, kaufte ein Schlösschen für sich und seine Frau Eleonore, die er wie schon immer betrog, inszenierte weiter volkstümliche, bunte Stücke – und übersah die Zeichen der Zeit.

Ludwig van Beethoven, in dem Schikaneder das nächste musikalische Genie nach Mozart schnell erkannte, lehnte ihn als Librettisten für seine Oper »Fidelio« als zu flach ab. Die Französische Revolution und Napoleons Kriege hatten die Welt, auch die des Theaters, verändert. Schikaneders heitere Volksstücke und Singspiele waren aus der Mode. 1805 hatte Mozarts Textdichter immerhin noch die Genugtuung, dass Beethovens »Fidelio« wenigstens in seinem Theater uraufgeführt wurde – mit dem Libretto eines anderen. Die Kriegswirren vernichteten Schikaneders Vermögen. 1812 starb der 61-Jährige in einer armseligen Wiener Vorstadtwohnung, geistig verwirrt, doch durch seinen Beitrag zu Mozarts Meisterwerk »unsterblich wie die Mücke im Bernsteine« (Ludwig Börne).

◆◆◆

Im Reichsteil Baiern seines Doppelkurfürstentums »Pfalzbaiern« kam er einfach nicht an. Auch wenn seine neuen Untertanen ihm die Trockenlegung des Donaumooses bei Neuburg und in München den Englischen Garten sowie das Residenztheater zu verdanken hatten. Zu viele weinselige, sorglose Pfälzer Lachsäcke bei Hofe. Außerdem knickte der Neue gleich nach Regierungsantritt gegenüber den Habsburger Forderungen nach bestem altbairischen Heimatboden ein. Karl Theodor gestand gegen vage Versprechungen für eine Vergrößerung seiner Rheinpfalz dem

Erzfeind halb Niederbaiern um Straubing zu. Der Kuhhandel platzte, weil der Preußenkönig Friedrich II. die Konkurrenz in Wien nicht gestärkt sehen wollte. Nachdem ein Habsburger Heer große Teile Niederbaierns und der Oberpfalz besetzt hatte, marschierte Friedrich in Böhmen ein. Bevor es zu einem richtigen Krieg kommen konnte, schloss man Frieden. Die Österreicher zogen aus Niederbaiern ab, und die Baiern mussten einem »Preiß'n« als Retter des Vaterlands dankbar sein. Zum Trost erhielten die Österreicher allerdings das bis dahin bairische Innviertel südöstlich von Passau.

Kein guter Start also für den Herrn aus Mannheim. Endgültig aber verschi... und verscherzte er es sich mit den Baiern, als er wie sein unseliger Vorgänger Max Emanuel ihr schönes, na ja, schon auch etwas überschuldetes Land am Stück gegen die katholischen Niederlande, sprich das heutige Belgien, an Habsburg abgeben wollte, um sich am Rhein ein Großreich namens »Burgund« zu schaffen. Dieser Fiebertraum wurde nie Realität, doch dem bairischen Volk bekannt und von ihm heftig verurteilt.

Die gemeine Undankbarkeit, die ihm seiner Meinung nach zu Unrecht von allen Seiten entgegenschlug, verhärteten das Herz des bisher so liberalen Karl Theodor. Er fing an, aufklärerisch mit aufrührerisch gleichzusetzen, und unterdrückte jedes Gedankengut, das seiner Herrschaft gefährlich werden konnte. Dabei übersah er, dass westlich des Rheins dieses Gedankengut längst aus den Diskussionszirkeln entwichen und auf der Straße angekommen war. Die Französische Revolution traf Karl Theodor mitten ins absolutistische Herz. Alles für das Volk, nichts durch das Volk, war immer sein Wahlspruch und der seiner Brüder und Schwestern im Geiste von Friedrich dem Großen bis Katharina der Großen gewesen. Und jetzt marschierte ein sogenanntes Volksheer mit einem unerhörten Schandlied namens »Marseillaise« und dem Ruf »Freiheit, Gleichheit, Brüderlichkeit!« auf den Lippen gegen Europas ehrwürdige Dynastien. Degoutant!

Obwohl Karl Theodor die Expansionsgelüste der Habsburger noch immer fürchtete und das Königreich Preußen ihm langsam zu groß und gefährlich wurde, trat er mit beiden Mächten in ein Bündnis gegen die französische Revolutionsarmee ein. Das Heer des Pöbels erwies sich als überlegen. Karl Theodors Stammlande am Rhein wurden von den Franzosen besetzt. Die Revolutionsarmee drang nach Baiern vor. Karl Theodor floh zeitweise nach Sachsen. Nach dem Frieden von Campo Formio 1797, den ein kleiner korsischer General namens Napoleon Bonaparte mit Habsburg schloss, musste der Kurfürst auf alle linksrheinischen Besitzungen verzichten. Er verstand die Welt nicht mehr. Verbittert und kinderlos starb Karl Theodor zwei Jahre später.

Die Reformen des Grafen Montgelas

 *»Ein stark gepuderter Kopf,* hell vom Verstande, sprühende Augen, eine lange, hervorstehende Nase, ein großer, etwas spöttischer Mund gaben ihm ein mephistophelisches Ansehen, obgleich die kurzen Beinkleider und die galamäßigen weißseidenen Strümpfe keinen Pferdefuß zu verstecken hatten. Kein Feind der sinnlichen Freuden und Genüsse, liebte er auch die Scherze und Gespräche der Tafel, weshalb er immer auch seine Gäste mit aus dem Künstler- und Gelehrtenstand wählte.« Ein weltoffener Edelmann alter Schule mit einem Schuss von brillantem Teufel, so also empfand der bairische Reichsarchivar Ritter von Lang den Schöpfer des modernen Baiern, Graf Maximilian von Montgelas.

Fromme Zeitgenossen sahen in dem Münchner mit französischem Vater und bairischer Mutter ausschließlich den nach Schwefel riechenden Teufel, der erfolgreich den »Ruin des Klerus« und der althergebrachten Religiosität betrieb, »Aberglauben«, wie er verächtlich meinte. Oder, falls seine Kritiker national entflammt von einem »Deutschland, einig Vaterland« träumten, einen schlimmen Machiavellisten, der bedenkenlos in der Politik die Seiten wechselte, falls es ihm für sein Baiern vorteilhaft erschien, ohne Rücksicht auf das große deutsche Vaterland.

Die Kritik aus beiden Richtungen hatte nicht ganz Unrecht, doch sie wollte oder konnte nicht erkennen, dass Montgelas' Handeln sich durchgehend an einem politischen und moralischen Kompass ausrichtete: im Namen der Vernunft ein modernes Baiern zu schaffen und, nicht weniger wichtig, auch zu sichern. Dazu mussten alte Zöpfe abgeschnitten und die Macht der Kirche und des Adels zurückgedrängt werden. Den Aufbau des neuen Staats durften aber auch nicht Wankelmut oder Inkompetenz des Volkes gefährden. Er finde die Baiern noch nicht reif dafür, ihr Schicksal selbst in die Hand zu nehmen, vertraute Montgelas einem Gesprächspartner an. Man müsse sie vielmehr an die Hand nehmen. »Revolution von oben«, wie seitdem das Schlagwort für seine große staatsmännische Leistung zu Recht heißt.

1799 kam Montgelas mit Herzog Max Joseph aus dem Haus Pfalz-Zweibrücken nach München. Nur weil Kurfürst Karl Theodor ohne direkten Nachfolger gestorben war, konnte diese unscheinbare Wittelsbacher Seitenlinie als nächste Verwandtschaft ziemlich unerwartet die große bairische Erbschaft antreten. Zum Glück war mit dem Vater des neuen Kurfürsten das Haus Pfalz-Zweibrücken gerade noch rechtzeitig zum katholischen Glauben zurückgekehrt, doch Max Josephs Gemahlin war und blieb Protestantin. Es ist eine schöne Ironie der Geschichte, dass das nostalgisch verklärte Bilderbuch-Baiern des 19.Jahrhunderts ausgerechnet mit einem »zuagroast'n« Pfälzer ohne uralten katholischen Hintergrund beginnen sollte und sein Gesicht einem aufklärerischen Reformer verdankt, der, obwohl in München geboren, mit Bodenständigkeit und altbairischer Lebensart wenig im Sinn hatte.

Offiziell unterstand Montgelas seinem Kurfürsten, doch er war ihm über. Das ließ er Max Joseph aber nicht merken. Er führte seinen »Gebieter« so geschickt an der Leine, dass der glauben konnte, selbst entschieden zu haben, wenn er ein Memorandum seines Ersten Ministers durch die eigene Unterschrift zum Gesetz machte. Montgelas' überlegenen Verstand hatte Max Joseph schon in Zweibrücken geschätzt. Nun hatte er ihn bitter nötig. Denn die Franzosen, inzwischen geführt vom ehemaligen Artillerieleutnant Napoleon, hatten die Pfalz erobert und den Wittelsbachern weggenommen. Jetzt blieb dem kleinen Herzog aus Zweibrücken nichts anderes übrig, als sich im ungleich größeren Baiern zu beweisen. Max Josephs Sympathien – wie auch die Montgelas' – waren, trotz des Verlusts seiner Stammlande durch Napoleon, eindeutig aufseiten Frankreichs. Im Sog des aufgeklärten Despotismus Napoleons glaubten beide Baiern in ihrem

Sinne modernisieren zu können. Montgelas hatte schon 1796 im Exil den Weg für seinen Fürsten skizziert: gleiche Steuerpflicht für alle Stände, Reform des Gerichtswesens und des Strafrechts, Abschaffung der Folter, eine straffe zentralistische Verwaltung, Verbesserung des Bildungswesens von der Schule bis zur Universität, die Einführung der Pressefreiheit und das Ende jeder Zensur. »Je aufgeklärter die Menschen sind, desto mehr lieben sie ihre Pflicht und stehen zu einer Regierung, die sich wirklich um ihr Glück bemüht.«

Leider stand der sofortigen Volksbeglückung die politische Lage im Weg. Kaum im Amt, musste Max Joseph die bairische Armee in den Krieg schicken. Denn von seinem Vorgänger Karl Theodor hatte er die Koalition mit Habsburg und Russland geerbt. Mit den Österreichern konnte es sich der Kurfürst nicht verderben. Sie standen höchst verhasst, doch als nominelle Bundesgenossen, mit über 100000 Mann im Land und warteten nur auf einen Vorwand, sich Baiern einzuverleiben. Also marschierte Baiern im Zweiten Koalitionskrieg gegen Frankreich brav und verdrossen mit. Gemeinsam gab man München im Sommer 1800 gegen die vorrückenden Franzosen auf, gemeinsam erlitt man im Dezember die vernichtende Niederlage von Hohenlinden.

Der Kurfürst und sein Vordenker Montgelas suchten Zuflucht im neutralen Bayreuth. In Abwesenheit wurde ihr Land wie üblich von Freund und Feind verheert. Im Frieden von Luneville 1801 musste Pfalzbaiern, so wie andere deutsche Herrschaften auch, auf seine linksrheinischen Gebiete verzichten. Sie fielen an Frankreich. Für Kern-Baiern gab Napoleon sehr zum Ärger der besiegten Habsburger allerdings eine Bestandsgarantie ab. Und er sicherte dem Kurfürsten wie allen Fürsten, die ihre Besitztümer jenseits des Rheins verloren hatten, vertraglich territoriale Entschädigungen »aus dem Schoß des Reichs« zu. Max IV. Joseph konnte nach München zurückkehren.

Doch woher diese Ersatzländereien nehmen, wenn nicht stehlen? Warum eigentlich nicht stehlen? Es gab ja reichlich Diebesgut auf dem Boden des Heiligen Römischen Reiches Deutscher

Nation. Freie Ritterschaften, die nur über eine Handvoll Dörfer herrschten, Grafschaften, zu groß zum Sterben, zu klein zum Leben, Reichsstädte ohne Ende und ohne ausreichende Hausmacht. Mit ihnen war in den Zeiten der Vernunft kein Staat zu machen, darin waren sich Deutschlands größere Fürsten im Namen der Aufklärung und der Vergrößerung ihrer Macht einig. Ballast aus dem finsteren Mittelalter, historische Zufallsgebilde, die sich längst überlebt hatten. Besonders aber waren die geistlichen Herrschaften Objekte ihrer Begierde. Unabhängige Bistümer und Abteien bis hinauf zu den Territorien der kurfürstlichen Erzbischöfe in Mainz, Köln und Trier, über das ganze Reich verteilt, oft sehr wohlhabend, oft sehr groß – ein lohnendes Ärgernis für jeden weltlichen Fürsten moderner Gesinnung.

Das große Feilschen begann. Wer konnte sich mit Napoleons Hilfe die Filetstücke der Beute sichern? Der Habsburger Kaiser, als Oberhaupt eigentlich zuvorderst dem Erhalt des Deutschen Reichs verpflichtet, wies die Richtung und wertete dieses ihm anvertraute Reich zum »sinkenden Gebäude« ab. Er befahl seinen Unterhändlern, in erster Linie doch bitte schön an den Erhalt des Hauses Habsburg zu denken.

Die Abgesandten der größeren deutschen Staaten von Preußen bis Baden hechelten Napoleon und seinem Außenminister Talleyrand hinterher. Nur nicht zu spät und zu kurz kommen. Der preußische Historiker Georg Heinrich Pertz: »In Paris begann ein Handel mit deutschen Bistümern, Abteien und freien Reichsstädten, wobei die fürstlichen Bewerber vor dem Ersten Consul (Napoleon, d. V.), seinen Gesandten und Geschäftsmännern mit goldbeladenen Händen erschienen und vor Talleyrands Mätresse … um die Wette krochen.« Die Kriecherei nahm manchmal groteske Züge an. »In Talleyrands Hause wurde ein Pflegekind, die kleine Charlotte, erzogen. Sie war gleichsam eine wichtige Person. Wie oft habe ich die Matadore, die alten Leute (die Gesandten, d. V.) mit diesem kleinen Kind spielen sehen, manchmal ängstlich, ob sie es könnten lächeln machen und bemerkt werden«, so ein deutscher Diplomat.

Die Baiern schacherten besonders eifrig mit. Seit dem Friedensschluss von Luneville hatte sich für Montgelas das Bündnis mit Habsburg erledigt. Napoleon war der starke Mann Europas. Nur über den Ersten Konsul der Republik, der sich bald zum Kaiser der Franzosen krönen lassen sollte, konnte Baiern seine Ziele erreichen. Diese Ziele waren ehrgeizig, aber nicht vermessen wie die Großreichphantasien diverser erlauchter Wittelsbacher in der Vergangenheit. Hinter Habsburg und Preußen wollte man die dritte Kraft auf deutschem Boden sein. Ein wohlgeordneter, geschlossener Staat. Eine respektierte Mittelmacht. Nicht mehr und nicht weniger. Durchaus bewusst, dass ohne die Anlehnung an eine der Großmächte Europas selbst dieser Status stets gefährdet war. Jetzt schien es opportun, sich der Siegermacht Frankreich zuzuwenden

Für einen modernen Flächenstaat waren der Meinung Montgelas' nach die weltlichen und geistlichen Exklaven in und um Kurbaiern die Splitter im Fleisch. Besonders die geistlichen Territorien hatten keine Daseinsberechtigung mehr. Es waren nicht nur nüchterne Machtargumente, die Montgelas antrieben. Sicher, die Arrondierung Baierns war ein vernünftiges Ziel, seine Vergrößerung ein zweites. Doch über diese rationale Politik hinaus wandte sich Montgelas mit aufklärerischem Eifer – oder Eifern, je nach Sichtweise – nicht nur gegen die geistlichen Territorien als souveräne Mächte, sondern gegen den Reichtum und die Privilegien der Kirche überhaupt. (Ablauf, Ausmaß und Folgen der Säkularisation behandelt das nächste Kapitel.)

Bei Napoleon konnte Montgelas für seine expansionistische, antiklerikale Politik Verständnis erwarten. Schließlich hatte Frankreich bereits im Zug der Revolution Klöster und Kirchen enteignet. Außerdem sah Napoleon ein starkes Baiern auf Kosten der deutschen Klein- und Kleinststaaten mit Wohlwollen. Ein ausgehöhltes Deutsches Reich würde den Habsburger Kaiser entscheidend schwächen. Kühl rechnend, doch keinesfalls mit blutendem Herzen, näherte sich Montgelas immer mehr Frankreich an.

Napoleon half Baiern beim Streit um das Bistum Passau, das

auch von Habsburg beansprucht wurde, obwohl man es beim allgemeinen Schachern nach Luneville schon Baiern zugeteilt hatte. Österreichische Truppen hatten die Stadt im Handstreich besetzt. Wien setzte auf die normative Kraft des Faktischen. Max Joseph rief Napoleon zu Hilfe: »Sie haben den in den gegenwärtigen Umständen für Deutschland geeignetsten Weg gewiesen. Sie werden nicht dulden, dass ein Teil dieses großen Werkes gestört wird.« Napoleon stellte den Störenfrieden ein Ultimatum, andernfalls … Die Habsburger Truppen zogen sich zurück. Das große Werk der Neuordnung Deutschlands im Sinne Napoleons schritt voran.

1803 wurde vom Immerwährenden Reichstag in Regensburg einstimmig der »Reichsdeputationshauptschluss« verabschiedet. Er war die, im Namen Napoleons, in trockenem Paragrafendeutsch verfasste Grabrede auf den eigenen Tod, den Tod des ehrwürdigen Heiligen Römischen Reiches Deutscher Nation. Für Frankreich wurde der Besitz des linken Rheinufers festgeschrieben. Östlich des Rheins hörten 112 souveräne Kleinstaaten auf zu bestehen. Gewinner waren die deutschen Mittelstaaten, allen voran Preußen, Württemberg, Baden und das Kurfürstentum Pfalzbaiern. Max Joseph verlor zwar endgültig alle pfälzischen Besitzungen, darunter sein Stammländchen Zweibrücken-Birkenfeld, und hätte Pfalz eigentlich aus dem Namen streichen können, doch die Neuzugänge rund um das alte Kurfürstentum machten prozentual sowohl an Quadratkilometern als auch an Bevölkerungszahl diese Verluste mehr als wett. Napoleon hatte sich als wahrhaft großmütiger Freund Baierns gezeigt, weil es brav alle linksrheinischen Gebiete an ihn abtrat – was hätte es auch anderes tun sollen! – und für ihn einen wertvollen Vorposten gegen Habsburg bedeutete. Doch auch Montgelas' Kalkulation war aufgegangen. Baiern hatte einen großen Schritt hin zum Flächenstaat getan.

Nach 1803 röchelte das Deutsche Reich todkrank noch drei Jahre vor sich hin. Napoleon hingegen sah sich in der Nachfolge Karls des Großen und setzte sich 1804 in Paris die Kaiserkrone selbst aufs Haupt. Der Papst, seit 1000 Jahren für diesen hehren Akt zuständig, musste dabei zuschauen – was für eine Demütigung. Im Gegenzug erklärte sich in Wien Franz II. vorsichtshalber zum Kaiser von Österreich. Für seine deutsche Kaiserwürde, die er dem Namen nach noch trug, sah er zu Recht keine Zukunft mehr, doch wollte er irgendwie Kaiser bleiben. Kurfürst Max Joseph gratulierte Napoleon aus vollem Herzen. Aber er traute sich aus Angst vor Habsburger Repressalien doch nicht, dessen Krönung beizuwohnen.

Denn noch hielt Baiern einen Schein von Neutralität aufrecht. Aber 1805 schlossen Russland, Großbritannien und Österreich ein neues Bündnis. Der korsische Emporkömmling auf seinem angemaßten Kaiserthron sollte endlich davongejagt werden. Jetzt musste Baiern Farbe bekennen. Österreich drohte unverhohlen mit einer Besetzung, falls der Kurfürst abseits stünde. Max Joseph, ein eher zögerlicher Charakter, war hin und her gerissen. Im Schoß der Familie fand er wenig Verständnis für seine frankophile Neigung. Seine zweite Gemahlin nannte Napoleon »diesen erbärmlichen Bonaparte«, über den »die Erde zusammenstürzen soll«. Sein Sohn Ludwig hasste nicht nur Napoleon, sondern den ganzen welschen Freiheits- und Fortschrittsfimmel. Rückblickend urteilte er über den Vater: »Er voll Vorliebe für die Franzosen, für Tricolore, für Republik, für Napoleon, ihnen entschiedener Freund, ich entschiedener Feind, ja ein glühender Feind der Franzosen, ob sie weiß oder tricolor, voll teutschem Sinn – ihm völlig fremd. Ich für das Geschichtliche, Bestehende, er für Neuerungen, für die Aufhebung von Klöstern, ich für Erhaltung, er sorglos für guten Finanzstand, ich sehr dafür. Die Pfalz gab er hin, das treue angestammte Land, ich sehnte mich nach ihr.«

Das flammend teutsche Herz des Kronprinzen setzte sich nicht durch. Max Joseph hörte letztendlich doch auf den kühlen Rechner Montgelas und schloss mit Napoleon im August 1805 einen Geheimvertrag. Der Kaiser garantierte Baiern seinen Besitzstand und versprach ihm für den Fall eines Sieges »angemessenen« Gebietszuwachs. Außerdem verpflichtete er sich, eine Armee von

100000 Mann nach Baiern zu schicken, die die 20000 bairischen Soldaten verstärken sollten. Ganz geheim blieb das Abkommen jedoch nicht. Die gereizten Österreicher machten sich daran, in Baiern einzumarschieren. Joseph und der Hof wichen vorsichtshalber nach Würzburg aus, das seit zwei Jahren bairisches Territorium war. Erst als die versprochene französische Armee tatsächlich vor Würzburg auftauchte, wurde durch die Unterschrift des Kurfürsten das Bündnis mit Napoleon offiziell wirksam. Baierns Überleben hing nun von der ruhmreichen Grande Armée ab.

Es hätte eine schlechtere Lebensversicherung geben können. Die Grande Armée erfüllte alle Erwartungen. Sie trieb die österreichischen Truppen vor sich her, besiegte sie bei Ulm, machte dann in Augsburg halt. Napoleon verschreckte im Vorbeigehen die Würdenträger der noch freien Reichsstadt, die sein Heer beherbergen musste, mit der zynischen Bemerkung: »Meine Herren, Ihr Pflaster ist schlecht. Ich muss sie einem Fürsten geben.« In München wurde der Kaiser jubelnd empfangen, schien er doch den widerlichen Habsburgern ihre ewigen Eroberungsgelüste heimzahlen zu können. Bairische Truppen durften Tirol besetzen, ein uraltes Wittelsbacher Wunschobjekt. Napoleon marschierte kampflos in Wien ein und schlug im Dezember 1805 bei Austerlitz in Mähren eine österreichisch-russische Armee vernichtend. Kaiser Franz II. musste um Waffenstillstand und Frieden betteln. Napoleon war nun der mächtigste Mann der Welt. Und Baiern stand auf der richtigen Seite.

So kam im Januar 1806 endlich einmal wieder ein bairisches Heer siegreich aus dem Feld zurück. Hofpoeten jauchzten auf: »Freut euch des Friedens, singet im Jubelton, preiset den Kaiser Napoleon.« Der sonst so gottesfürchtige Volksmund schäumte in einem »Glaubensbekenntnis« geradezu rührend revolutionär und blasphemisch über: »Ich glaube an den Kaiser Napoleon, mächtigen Schöpfer der Republiken und Königreiche, an Maximilian Joseph, seinen eingeborenen Sohn, unsern Herrn, der empfangen ist von der heiligen Vorsehung … gelitten unter Franz dem Zweiten, gekreuzigt, doch nicht gestorben und begraben, abgestiegen zu den Franken, … wiederauferstanden von der Todesangst, aufgefahren nach München, sitzend zur rechten Hand Napoleons, des mächtigen Vaters, von dannen er kommen wird zu richten die Getreuen und Heuchler, Gemeinschaft von Europas Potentaten, Ablass der österreichischen Schulden durch Bezahlung, Auferstehung des bairischen Nationalruhms und ein friedliches Leben. Amen.«

Anlass für allgemeines Jubilieren hatte es auch schon am Neujahrstag 1806 gegeben. Napoleon, »der mächtige Schöpfer«, hatte den bairischen Kurfürsten als einen seiner treuesten Verbündeten zum König erhoben. Der uralte Traum der Wittelsbacher war endlich Wahrheit geworden. Die Tatsache, dass auch das eher mickrige Württemberg gleichzeitig Königreich wurde, minderte die Grandeur des Augenblicks kaum. Um den Eindruck zu verwischen, nur König von Napoleons Gnaden zu sein, griff man in München tief in die historische Mottenkiste und schwadronierte in offiziellen Verlautbarungen vom »wiederhergestellten Königreich der Agilolfinger«, das es allerdings nie gegeben hatte – doch wer wusste das 1000 Jahre später schon.

Napoleon wohnte den Proklamationsfeiern bei. In seinem typischen, wie Licht und Schatten wechselnden Konversationsstil charmierte er erfolgreich die frischgebackene bairische Königin, die ihn ja einmal als »erbärmlichen Bonaparte« bezeichnet hatte. Dann aber haute er Max Joseph um die Ohren, wieso der Wittelsbacher jetzt König, und nicht nur das, sondern überhaupt noch Herr über Baiern sei: »Wenn Sie diesmal (im letzten Krieg, d. V.) nicht an meiner Seite gewesen wären, wäre jetzt Prinz Murat an Ihrer Stelle.«

Diese gefährliche Neigung Napoleons, seine zahlreichen Verwandten oder seine verdienten Generäle – Murat war beides – auf fremde Throne zu setzen, war Montgelas und Max Joseph geläufig. Deshalb hatten sie der von Napoleon gewünschten Ehe zwischen Prinzessin Auguste Amalie, der Tochter Max Josephs, und Napoleons Stiefsohn Eugéne de Beauharnais zugestimmt. Mit dem Franzosenkaiser in der Verwandtschaft saß die Baiernkrone deutlich fester auf dem Haupt. Umgekehrt wollte Napoleon mit dieser Einheirat das Haus Wittelsbach noch enger an sich binden. Die allseits als Schönheit bezeichnete Prinzessin sträubte sich anfangs, doch ihr Vater bat sie flehentlich, einzuwilligen.

Ganz die tragische Heroine eines Schiller-Dramas, seufzte das 17-jährige Mädchen schließlich Ja: »So viel es mich auch kostet, wenn die Ruhe eines geliebten Vaters und das Glück eines Volkes davon abhängen. Ich lege mein Schicksal in Ihre Hände, aber so grausam es auch sein mag, es wird mir durch das Bewusstsein versüßt werden, dass ich mich für mein Vaterland geopfert habe.« Auch Napoleons Stiefsohn Eugéne – aus einer früheren Ehe der französischen Kaiserin Josephine – konnte sich als Opfer auf dem Altar der Ehe fühlen. Napoleon befahl ihm einfach, die bairische Prinzessin zu heiraten – und keine Widerrede! Mitte Januar wurde in München getraut. Zwei Mal Minus ergibt mathematisch ein Plus: Die Ehe aus Berechnung verlief ausgesprochen glücklich und kinderreich.

Das Königreich Baiern schien gut abgesichert und auf stetem Wachstumskurs. Napoleon händigte der Münchner Verwandtschaft die versprochenen Gebietszuwächse aus, darunter Tirol, das fränkisch-preußische Markgrafentum Ansbach, einen Sack voll schwäbischer Kleinststaaten geistlicher und weltlicher Prägung und – man hatte es ja schon kommen sehen – die freie Reichsstadt Augsburg mit ihrem schlechten Straßenpflaster. Gerade die Berge des schönen Tirols sollten den Baiern noch große Probleme bereiten. Das aber war im Rausch des erwachenden königlich-bairischen Selbstbewusstseins noch nicht abzusehen, sodass ein Adjunkt der Hofbibliothek sich anlässlich der Krönung in ungeahnte poetische Höhen wagte:

»Wessen Haupt nun prangt mit blau und weißer Kokarde,
Der ist nicht mehr Schwab, nicht mehr Bürger des Reichs,
Nicht mehr Pfälzer, nicht Frank, nicht Untergeb'ner
                        des Krummstabs,
Auch Tyroler nicht mehr, Bruder nur – Bojer ist er
Mit Gemeinsinn beseelt von der blau und weißen Kokarde.«

König Max I., vormals Kurfürst Max IV. Joseph, stand die schwere Aufgabe ins Haus, dieses weiß-blaue Konglomerat, in dem es jetzt neben wahren Baiern Franken wie Schwaben und sogar eine Menge Protestanten gab, kraft seiner Würde und Montgelas' aufklärerischem Tatendrang tatsächlich mit Gemeinsinn zu beseelen. Es gelang trotz aller Widerstände und Rückschläge so gut, dass das Königreich Baiern selbst das Verschwinden seiner Könige überdauern sollte, wie die Geschichte des Freistaats und seiner ungekrönten Herrscher noch in der zweiten Hälfte des 20. Jahrhunderts beweist.

Zuerst einmal aber hatten sich die Baiern ihrem Wohltäter Napoleon dankbar zu zeigen. Das fiel nicht immer leicht, da die über 100000 französischen Waffenbrüder, die im Land standen, es sich auf Kosten ihrer Gastgeber gut gehen ließen. Montgelas' junger Frau Ernestine, durchaus eine Franzosenfreundin, platzte in einem Brief an Talleyrand der plissierte Kragen: »Hat man, seit die Welt besteht, je so gefräßige Verbündete gesehen wie euch, die ihr euch zu einem Aufenthalt ohne Ende niedergelassen habt, ohne eine Miene zu machen zu zahlen?« Die spontane Ernestine verhielt sich grundsätzlich nicht sonderlich konventionell. Zu ihren Liebhabern zählten ein russischer Botschafter und der ihrem Gatten dienstlich direkt unterstellte bairische Finanzminister, der offensichtlich nicht nur rechnen konnte und praktischerweise seinen Amtssitz im Montgelas'schen Palais hatte. Montgelas ertrug die Eskapaden seiner Frau mit Würde. Außerdem war er immer sehr beschäftigt.

Der Minister musste etwa all seine Kraft aufbringen, um den König davon überzeugen, im Sommer 1806 dem von Napoleon ins Leben gerufenen »Rheinbund« beizutreten. Dieser Verbund aus 16 Staaten sollte in Deutschland die dritte – und napoleonfreundliche – Kraft neben Österreich und Preußen bilden. Napoleon dachte sogar an eine Einheitsverfassung für das Gebilde, diese Idee einer gemeinsamen Konstitution scheiterte jedoch. Die Königreiche Baiern und Württemberg sperrten sich erfolgreich. Sie wollten ihre, durch Napoleon gerade erworbene Souveränität jetzt von eben diesem Napoleon nicht gleich wieder eingeschränkt sehen.

So blieb der Rheinbund im Wesentlichen ein Militärbündnis zur Unterstützung Frankreichs und ein Werkzeug zur Demontage des Heiligen Römischen Reiches Deutscher Nation. Kaum war er geschlossen, erklärten seine Mitglieder unter Hinweis auf ihre volle Souveränität den Austritt aus dem Deutschen Reich. Der letzte Kaiser Franz II., seinem ererbten Titel nach noch immer »zu allen Zeiten Mehrer des Reichs«, gab wenige Tage später resigniert auf: »Wir erklären demnach, dass Wir das Band, welches Uns bis jetzt an den Staatskörper des Deutschen Reiches gebunden hat, als gelöst ansehen ... und die bis jetzt getragene Kaiserkrone und geführte kaiserliche Regierung, wie hiermit geschieht, niederlegen.« Napoleon hatte ihn übrigens ultimativ zu diesem Schritt aufgefordert. Das »sinkende Gebäude« war endgültig in sich zusammengestürzt. Über Baierns König stand kein Deutscher Kaiser mehr.

Zwei Jahre und einen neuerlichen siegreichen Krieg weiter – diesmal wurde Preußen geschlagen und halbiert, Russland zu einem »Freundschaftspakt« gezwungen – lud Napoleon zum Fürstentag nach Erfurt. Die Rheinbund-Staaten hatten geschlossen anzutreten, der Kaiser wollte seinen Gast Zar Alexander beeindrucken. Baiernkönig Max musste in Erfurt schmerzlich erfahren, dass Herrscher seiner Statur im paneuropäischen System Napoleons nur noch eine Nebenrolle spielten. Der Kaiser ließ seinen wackersten Verbündeten ziemlich links liegen. Als Max es wagte, eine Napoleon nicht genehme Meinung zu äußern, strafte der Herr Europas ihn für seinen Fürwitz ab: »Schweigen Sie, König von Baiern.«

Ohne größere Widerrede nahm die bairische Regierung auch die beiden nächsten Kriege Napoleons hin. Der erste gegen das erneut aufmüpfige Österreich verlief wie gewohnt. Nach Anfangserfolgen des Gegners in Baiern siegte das Feldherrentalent des Franzosenkaisers. Er stieß erneut bis Wien vor, gewann 1809 die Entscheidungsschlacht von Wagram, und die Habsburger mussten wieder einmal um Frieden bitten. Napoleon ließ Österreich relativ glimpflich davonkommen. Das Königreich Baiern, dessen Heer und Bevölkerung heftig unter den Kampfhandlungen gelitten hatten, erhoffte sich für seine treue Gefolgschaft ansehnliche Beute. Doch im Gebietsschacher des Friedens von Schönbrunn gestand Napoleon dem Bundesgenossen nur wenig zu, beim munteren Ländereientausch hin und her vergrößerte sich Baierns Einwohnerzahl unter dem Strich um lediglich 200 000.

Das Missvergnügen am großen Bruder wuchs. Das Volk empfand die Franzosen im Land zunehmend nicht mehr als Herolde der Freiheit und Schutzengel gegen Habsburg, sondern als arrogante, nur auf den eigenen Vorteil bedachte fremde Vormacht. Im Dezember erfuhr Max Joseph, dass sich der Kaiser von seiner Gemahlin Josephine scheiden lassen und neu heiraten wollte. Eigentlich kam die Nachricht nicht unerwartet. Die Ehe war kinderlos – Napoleon brauchte dringend einen direkten Erben. Doch für Baiern bedeuteten seine Pläne einen doppelten Schlag.

Schwiegersohn Eugéne de Beauharnais würde nicht mehr Mitglied der kaiserlichen Familie sein und der liebe Schwiegervater Napoleon demnach nicht mehr unbedingt die Rückversicherung in Paris. Noch schockierender war die Wahl der Braut: ausgerechnet die Tochter des österreichischen Kaisers. War Baiern jetzt überflüssig? Würde es sogar das Opfer einer Annäherung zwischen Frankreich und Österreich werden? Auf jeden Fall war die bairische Politik nun eingezwängt und festgefahren. »Es ist mir gleichgültig, ob Baiern eine Million Einwohner mehr oder weniger hat«, sagte Napoleon mitleidlos. Max Joseph fühlte sich verkauft. »Mein Vater aber liebet Napoleon nimmer«, äußerte sich Kronprinz Ludwig, der bekennende Napoleonhasser, befriedigt, Vaters Hass auf Österreich sei allerdings noch immer größer »wie leider bei so vielen alten Baiern.«

Auch die Zustände in der neuen Provinz Tirol trübten die Stimmung des Königs. Das Bergbauernvolk, das unter den Habsburgern über Jahrhunderte weitgehend Autonomie genossen hatte, blieb auch nach dem Anschluss 1806 im Herzen seinem Kaiser in

Wien treu, unerschütterlich barock-katholisch und in aufklärerischen Augen mehr der Nacht des Mittelalters als der Morgenröte einer neuen Zeit zugetan. Die Segnungen der Montgelas'schen Reformen lehnten die Tiroler ab. Was im sonstigen Baiern größtenteils als Fortschritt begrüßt wurde, empfanden sie als Wittelsbacher Anmaßung und Unterdrückung.

Die Pockenimpfung etwa, die Baiern als erster Staat in Mitteleuropa 1807 eingeführt hatte, bekämpften sie als neumodisches Teufelszeug erbittert. Der obligate Wehrdienst, der seit 1805 nach französischem Vorbild in Baiern das stehende Berufsheer abgelöst hatte, bedeutete für die Tiroler erzwungene Kollaboration mit den bairisch-französischen Besatzern. Als man ihnen dann auch noch eine Steuererhöhung zur Finanzierung des Militärs aufdrückte und die weihrauchgeschwängerte Christmette mit anschließendem feuchtfröhlichem Wirtshausbesuch als unzeitgemäß verbot, griffen die Schützen der Landesmilizen zu ihren Vorderladern, mit höchst aufrührerischen Liedern auf den Lippen: »Der boarische Kini, der Hungerleider, der Kirchenausrauber, der Vakentreiber« (Schweinetreiber, d. V.).

Solange Napoleon das Gros seiner Truppen an anderen europäischen Kriegsschauplätzen benötigte, gelang den Tirolern immer wieder, die ziemlich schwachen bairisch-französischen Besatzertruppen in heroischen Kämpfen bevorzugt am Berg Isel zu besiegen und ihr heiliges Tirol halbwegs zu befreien. Als aber nach der Niederlage von Wagram Österreich mit Frankreich einen Waffenstillstand schloss, hatte Napoleon freie Hand und freie Truppen. Die tapferen Tiroler standen alleine und verlassen da, obwohl ihnen ihr Kaiser Franz zugesichert hatte, sie nie, nie im Stich zu lassen – und sie das blauäugig auch noch geglaubt hatten. Dieser Wortbruch hinderte die Opfer politischer Kunst trotzdem nicht, sich weiter heroisch für ihren »Franzl« zu betätigen, bis die gegnerische Übermacht sie erdrückte. Zu Mantua wurde dann 1810 der legendäre Andreas Hofer als einer der Rädelsführer des Aufstands erschossen. Wie bei so vielen Volkshelden herrscht Uneinigkeit über seine letzten Worte. »Franzl, Franzl, das verdank ich dir …«, habe er sterbend geklagt, so eine Überlieferung. »Ach wie schießt ihr schlecht!«, behauptet eine andere. Letzterer Satz schaffte es in die offizielle Tiroler Landeshymne, die Klage über den treulosen Franzl in Wien hingegen nicht.

Das Königreich Baiern blieb fürs Erste im Besitz von Tirol und in der Abhängigkeit von Napoleon, der übrigens den reformatorischen Übereifer der bairischen Beamtenschaft in der neuen Provinz heftig kritisierte. Im Namen Montgelas' habe man »die Gebräuche und Einrichtungen in diesem Land auf den Kopf gestellt«. Kein Wunder, dass die Tiroler revoltierten. Vielleicht wäre es besser, sie ins Königreich Italien einzugliedern, »wenn sie keine Baiern sein wollen«. Im Moment aber hatte Napoleon Wichtigeres zu tun. Er rüstete auf für den Krieg gegen das Zarenreich, um in Europa ein für alle Mal Ordnung zu schaffen. Die Armee, die er 1812 dann nach Osten marschieren ließ, war größer und internationaler als jede zuvor. Alle Bundesgenossen – viele von ihnen waren besiegte Feinde von einst – mussten Kontingente abstellen. Baiern schickte über 30 000 Landeskinder in den Krieg, »der so unvermutet gekommen ist wie ein Fluch vom Himmel«, so die Königin. Auch ihr Gemahl schätzte Napoleons Eroberungsdrang immer weniger. »Was soll man aber machen, wenn man keine 200 000 Mann hat, um eine Ablehnung zu stützen,« meinte er resigniert.

Noch hoffte Baiern dank Napoleons Feldherrengenie, zumindest auf der richtigen Seite zu stehen. Doch wie allgemein bekannt, endete mit der Katastrophe der Grande Armée im russischen Winter der Nimbus von Napoleons Unbesiegbarkeit. Nur kümmerliche Reste des geschlagenen 600 000-Mann-Heeres kehrten zurück. Von den mehr als 30 000 bairischen Soldaten überlebten nur knapp 3000. Die Schrecken des Rückzugs in den Worten eines einfachen bairischen Soldaten: »Alle wehklagenden Stimmen wurden gleichgültig angehört, denn alle Herzen waren vor lauter Elend versteinert, alle Menschenfreundlichkeit hatte unter uns aufgehört … Ging man in eine Hütte hinein, da traf man tote Soldaten aller Nationen. Denn aus Hunger, Kälte und Mat-

Baiern in der Grande Armée

Über 30 000 bairische Soldaten zogen im Sommer 1812 als Bundesgenossen Napoleons mit der Grande Armée nach Russland. Gerade einmal 3000 kamen im Winter zurück. Weit mehr als die russische Gegenwehr hatten Hunger, Frost und Krankheiten Napoleons Riesenheer von 600 000 Mann aufgerieben. In seinem Tagebuch schildert der Infanterist Joseph Deifel aus Essing an der Altmühl die Schrecken des Rückzugs und eine Begegnung mit dem geschlagenen Kaiser:

»Nun hörte man Kanonendonner von der Ferne, und die Trainsoldaten wurden immer mehr, aber ohne Gewehr und alles, keinen guten Fetzen Montur am Leibe, stimmlos vor Schmerzen der erfrorenen Glieder, abgezehrt bis zur Haut, die nur zur Bedeckung der Gebeine ward. Nun wird zur Gegenwehr kommandiert. Alles, was hier war, musste zur Stadt hinaus, dem Feind entgegen … Die Gegenwehr hielt nicht an, denn die Kälte war zu groß, alles löst sich auf in die größte Unordnung. Menschen fallen hin durch Kält und Kugel und der Kosaken Piken, so dass sie hoch dalagen vor dem Tor.«

»Kameraden müssen verlassen werden in dem allergrößten Elend, Hunger, Blöße und Kälte und aller Krankheit preisgegeben. Keine Träne sieht man fließen. Das war der größte Trost: dass die Sterbenden zumeist lächelnd in ihrer Phanasie gestorben sind, die Erbarmungswürdigen …«

»Als es bereits Tag wurde, kommt ein fremder Mann zur Tür herein, sehr behutsam, das Haupt gesenkt, er sieht keinen von uns, leise schlich er zum Feuer her, wo wir alle vier standen. Nur fünf bis sechs Minuten, dann geht er wieder ab, ohne etwas zu uns zu reden, mit gesenktem Haupt geht er wieder zur Tür hinaus. Aber kaum hatte er die Tür geschlossen, so schrie der Kürassier: »Kameraden, Brüder, Brüder! Der Kaiser Napoleon, der Napoleon ist der gewesen, der da stand am Feuer.« Er war der Mann, der gleichgültig hinsah, wenn alles im Blut ertrank. Tod und Kummer sah er nicht an, er ritt vorüber, sah auf seinen Sattelknopf mit beiden Augen. Er sah auch uns nicht an. Vielleicht war er uns neidig unseres Feuers wegen, als wie ich öfters den Hunden und Schweinen neidig war, wenn ich sah in Hütten und Ställen, dass sie es warm hatten …«

tigkeit schürten sie Feuer und kochten Luderfleisch, aber sie erloschen mit dem Feuer. Einige wollen gesehen haben, dass sich einige selbst angenagt sollen haben.«

Nach dem Russland-Desaster war Napoleons Stern im Sinken. Es könnte an der Zeit sein, schloss Montgelas, sich von ihm abzusetzen. Das richtige Timing war die Kunst. Wechselte man zu früh die Seiten, würde der Zorn des noch immer mächtigen Kaisers furchtbar sein. Wechselte man zu spät, wäre man als schäbiger Kriegsgewinnler der letzten Stunde abgestempelt. Wechselte man gar nicht, bedeutete dies aller Voraussicht nach das Ende eines selbstständigen Baierns. Behutsam wie immer spielte Montgelas erst einmal auf Abwarten, bis sich die Nebel über Napoleons Schicksal lichten würden.

Sein König schwankte. »Sie sehen, ich zaudere, um nicht zwischen Hammer und Amboss zu geraten«, schrieb Max Joseph seinem Sohn. Ludwig war, wie zu erwarten, bedingungslos für einen sofortigen Beitritt zur Koalition aus Russland, England, Preußen und Österreich, die Napoleon endgültig vom Thron stoßen wollte. Volkes Meinung unterstützte den Kronprinzen. Auch in Baiern sah man im Kaiser der Franzosen nach so vielen Jahren Krieg, Elend und Verwüstung übereinstimmend den notorischen Störenfried, der in seinem grenzenlosen Ehrgeiz ganze Nationen bevormundete oder niedertrampelte. König Max Joseph, dieser ehrlichen Haut, widerstrebte es, seinem Noch-Verbündeten ohne Vorwarnung in den Rücken zu fallen: »Ich mache keinen Schritt vorwärts, ehe ich den Kaiser von meinem politischen Wechsel verständigt habe. Ihn zu verraten wäre eine Feigheit, die mit der Loyalität meines Charakters nicht zusammengeht.« Feuerkopf Ludwig schalt er: »Ihr Hass gegen den Kaiser und die Franzosen ist Ihre fixe Idee.«

Gerade noch rechtzeitig, nämlich wenige Tage vor der Völkerschlacht bei Leipzig, sah der König auf diskretes Drängen von Montgelas und die viel unverblümteren Vorhaltungen seines militärischen Oberbefehlshaber Wrede keinen anderen Weg mehr, als die Fronten zu wechseln. Im Vertrag von Ried trat Baiern am

8. Oktober 1813 auf die Seite Österreichs über. »Ein brausender Patriotismus in Schnauzbärten und himmelblauen Röcklein« der plötzlich deutsch empfindenden Münchner Gesellschaft untermalte diesen Schritt, wie Ritter von Lang spöttisch bemerkte. Doch es war nicht dieser Hurrapatriotismus oder die tiefe Abneigung seiner Frau und seines Sohnes gegen den korsischen Emporkömmling, die Max Joseph zu seinem Schritt bewog. Es war die kühle Staatsräson seines Ministers. Rückblickend bemerkte Montgelas in dritter Person: »Graf Montgelas hat nie eine besondere Vorliebe gehabt, weder für Frankreich noch für eine andere Macht. Er hat sich 1805 mit ihm verbündet, weil er dadurch die Interessen seines Landes zu fördern glaubte. Aus dem gleichen Grund hat er es 1813 verlassen, ohne Erbitterung, ohne Hass oder Leidenschaft.«

Der wohlüberlegte Schachzug zahlte sich aus. In Maßen. Napoleon verlor die Schlacht. Er musste das linksrheinische Deutschland räumen und schließlich als Kaiser von Frankreich auf die Insel Elba abdanken. Der Wiener Kongress, den auch die fast bizarre Rückkehr Napoleons an die Macht für 100 Tage vom Tanzen und Feilschen nicht abhalten konnte, behandelte den Siegerstaat Baiern zwar als Waffenbruder, doch sie ließen Max Joseph durchaus spüren, dass er ein wackliger Alliierter der allerletzten Stunde und außerdem verglichen mit dem österreichischen Kaiser und dem preußischen König in Deutschland kein ganz Großer sei. Max Joseph klagte resigniert: »Unser Leben hier ist sehr angenehm, nur wissen wir ganz und gar nicht, was vorgeht und was mit uns geschehen wird. Das Wiener Kabinett geht mit uns geradezu so vor wie seinerseits die Franzosen. Man sagt uns gar nichts.«

Am Ende der langen Sprachlosigkeit stand neben der garantierten Souveränität Baierns die Rückgabe Tirols an Österreich, als Ausgleich dafür wurde dem Königreich das Gebiet um Würzburg und Aschaffenburg zugeschlagen. Auf der linken Rheinseite erhielt Baiern nun doch wieder ein anständiges Stück Pfalz. Dieses Land seiner Väter, nach dem sich der Kronprinz so sehr sehnte, hatte aber keine Verbindung zum übrigen Baiern. Einen Korridor über die rechtsrheinische Kurpfalz um Mannheim und Heidelberg hatte Wien zwar einmal vage in Aussicht gestellt. Doch dort saß jetzt schon der Großherzog von Baden, und warum sollte man den Baiernkönig, diesen langjährigen Napoleonfreund, so überaus großzügig belohnen. Die Pfalz blieb eine Exklave, Baiern ein achtbarer Mittelstaat, der anerkennen musste, dass seine historische Rolle als Gegenpol zu Habsburg von jetzt an ein stark vergrößertes Preußen spielte, und das viel wirkungsvoller, als man es jemals selbst gekonnt hatte, doch immerhin, das Wittelsbacher Baiern hatte überlebt. Sogar vergrößert und als Königreich – Graf Montgelas, der bairische Mephisto, hatte verteufelt geschickt laviert.

Säkularisierung

Bei all seinen unbestreitbaren Erfolgen scheint ein großer, schwarzer Fleck Graf Maximilian von Montgelas, dem »Architekten des modernen Baierns«, die weiße Weste bis heute zu besudeln: die Säkularisation. Für seine Feinde zu Lebzeiten, die sich in unzähligen, meist anonymen Pamphleten äußerten, war er eine »verdorbene Seele« – und das ist noch eine der netteren Beschimpfungen. »Rachsüchtig, grollend, unduldsam wie nur je ein Ketzerrichter« sah ihn auch lange Zeit ein großer Teil der bairischen Geschichtsschreibung, wenn es um die Säkularisation ging.

In den Augen des bekennenden Aufklärers Montgelas und seiner Brüder im Geist war ihr Schlag gegen eine verweltlichte Kirche ein epochaler Schritt. »Die philosophischen Geschichtsschreiber werden von der Aufhebung der Klöster, wie sie es von der Aufhebung des Faustrechts taten, eine neue Zeitrechnung anfangen, und man wird sich dann den Ruinen der Abteien ungefähr mit eben den gemischten Gefühlen nähern, mit welchen man jetzt die Trümmer der alten Raubschlösser betrachtet«, so Johann Christoph von Aretin, einer von Montgelas' engsten Mitarbeitern.

Dabei war es nicht so, dass die katholische Welt generell gegen den Zeitgeist stand, dem Montgelas und seine Jünger zum Sieg verhelfen wollten. Wie am Vorabend der lutherischen Reformation gab es auch jetzt innerhalb der Kirche Stimmen, die fanden, dass die Zustände im Hause Gottes zum Himmel schrien. Der Münchner Cajetan Weiller, immerhin für die Ausbildung des Priesternachwuchses verantwortlich, nannte die Kirchengeschichte »eine Summe von Verbrechen und theologischem Wortgezänke«. Der junge Joseph Görres – er sollte nach der Napoleonzeit zur Speerspitze des deutschen politischen Katholizismus werden – ätzte über die Bischofsstäbe der geistlichen Kurfürsten, sie seien »inwendig mit Blei ausgegossen, mit Dolchen versehen, auswendig mit künstlichen Schlangen umwunden. Das obenauf befindliche Auge Gottes ist blind«.

Im Kern, so fühlten viele Gläubige, hatten Kritiker wie Görres ja recht. Hatte nicht Jesus seine Jünger gelehrt: »Mein Reich ist nicht von dieser Welt.« Warum mussten Bischöfe und Äbte Herrscher hier auf Erden sein, mächtiger, reicher und skrupelloser als viele ihrer weltlichen Kollegen? Eine vernünftige Antwort gab es nicht, doch wie weit durfte und sollte die Kirche zurückgebaut werden, um nicht mehr Staat im Staate, sondern Magd und Mutter des Christenvolks zu sein? Montgelas beantwortete diese Frage mit bemerkenswerter Radikalität. Die Säkularisation in Baiern, über Jahrhunderte der katholische Staat schlechthin, ging hier weiter als überall sonst. Sie bedeutete nicht nur Entmachtung sondern darüber hinaus Enteignung der Kirche.

Für die Entmachtung, die im gesamten Deutschen Reich und nicht nur in Baiern stattfand, gab es gute Gründe. Die Doppelfunktion des hohen Klerus als geistliche und weltliche Würdenträger hatte im frühen Mittelalter begonnen. Besonders Otto der Große hatte Bistümer und Abteien bewusst zum politischen Gegengewicht der alteingesessenen Adelsherrschaften gemacht, mit Gefolgsleuten besetzt und großzügig mit Grund und Boden ausgestattet. Im Lauf der Zeit entwickelten sich die kirchlichen Grundherren zusehends zu souveränen Fürsten. Ihre Territorien waren dann über die Jahrhunderte mehr und mehr zu Versorgungseinrichtungen, zum »Brotkorb«, des Adels verkommen. Die großen Geschlechter sahen die geistlichen Staaten als Erbhöfe an. Dort konnte man zweitgeborene Söhne standesgemäß als Bischof oder Abt ohne Einbußen an adeliger Lebensqualität unterbringen und schuf sich noch dazu eine Außenstelle der Macht. Ausgerechnet Baiern hatte ja das berühmteste Beispiel für diese »geistliche Zweitdynastie« geliefert: In Köln regierten nachgeborene Wittelsbacher fast 200 Jahre als kurfürstliche Erzbischöfe in großer Pracht und Selbstherrlichkeit (siehe Kapitel Reformation).

Im barock-absolutistischen Zeitalter erlagen die adeligen Herren mit dem Krummstab endgültig der Versuchung, »den Fürsten oder Weltmann über den Bischof siegen zu lassen«, wie der Historiker Heribert Raab formuliert. Prinz Johannes Theodor wurde schon mit 16 Jahren von seinem Vater, dem Blauen Kurfürsten, geradezu auf den Bischofsstuhl von Regensburg geprügelt. Er wehrte sich heftig gegen die Bürde des Priesteramts. Keuschheitsgelübde. Stille Einkehr. Demut und Bescheidenheit. Um Himmels willen! Doch Papa öffnete ihm die Augen: »Ich begehre nicht, dass du ein Kartäuser oder Mönch werden solltest, sondern ein mächtiger Reichsfürst … der zu unseres Hauses großem Vorteil beitragen könne.« Sein Sohn beherzigte diese goldenen Worte und verbrachte seine geistlichen Herrscherjahre trotz des Priestergelöbnisses in standesgemäßer Leichtlebigkeit.

Was sollten diese geistlichen Fürstentümer also noch, jetzt, wo die Vernunft herrschte? Diese Zwitter aus Diesseits und Jenseits, deren gesalbte Herren ihre eigentliche Aufgabe, den Menschen den Weg zu Gott zu ebnen, fast aus den Augen verloren hatten? Weg mit diesem Anachronismus! Hin zu einer dienenden, nützlichen Kirche mit – wie Görres es ironisch formulierte – »knapp anliegend steifleinernem Habit statt des alten reich gestickten Purpurmantels, ein Rohrstengel statt des Szepters verlorener Landesherrlichkeit, dazu die Dornenkrone der Dienstbarkeit«. Diese Relikte aus alten, vernunftfernen Zeiten standen dem modernen Staat im Wege, den Montgelas sich anschickte, vom Reißbrett auf die bairische Wirklichkeit zu übertragen.

Ironie der Geschichte: Als Reformer wie Montgelas die verweltlichte Kirche im Namen des Fortschritts zur Strecke brachten, hatte sich die Amtskirche bereits selbst auf den Weg hinaus aus dieser Verweltlichung gemacht. Auch auf die Kirchenfürsten hatte die Aufklärung abgefärbt. Sie waren häufig gar nicht mehr die barocken, verschwenderischen Genussmenschen mit juwelenbesetztem Hirtenstab, selbst wenn ihre Gegner dieses Feindbild unverdrossen pflegten. Die späten geistlichen Herrscher befleißigten sich nicht selten bescheidener Lebensführung. Sie nahmen die

Seelsorge ernst und hielten sie für wichtiger als die Staatsgeschäfte. Sie richteten Schulen und Krankenhäuser ein. Der letzte Abt des Klosters Banz dachte sogar in einem Anflug von Endzeitstimmung ernsthaft darüber nach, seine prächtige Abtei in ein dem Gemeinwohl dienendes Lehrerbildungsinstitut, eine Armenanstalt oder eine Wollspinnerei umzuwandeln. Kostspielige Armeen waren zudem nie ein Kennzeichen der geistlichen Herrschaften gewesen. Die Steuerlast für die Untertanen war daher meist geringer als in weltlichen Fürstentümern. »Unter dem Krummstab ist gut leben«, diese volkstümliche Redensart war um 1800 berechtigter denn je.

Doch auch Kirchenfürsten, die die Zeichen der Zeit erkannt hatten, mussten erfahren, dass hausinterne Reparaturen nicht mehr genügten. Ihre einzigartige Staatsform zwischen Himmel und Erde hatte sich schlicht und einfach überlebt. 1802 verkündeten die beiden Großmächte Frankreich und Russland den reichsfreien Bistümern und Abteien das nahe Ende. Ihre Territorien wurden nach dem Frieden von Luneville als Kompensationsmasse dringend gebraucht. Erst einmal herrschte großes Entsetzen. Dann aber ergaben sich die geistlichen Reichsstände in ihr Schicksal.

Als 1803 in Regensburg von der buntscheckigen deutschen Staatenwelt das Diktum der beiden Großmächte mit dem Reichsdeputationshauptschluss formal abgesegnet wurde, enthielten sich die geistlichen Stände resigniert der Stimme. Widerstand war zwecklos. Hilfe war von nirgendwo zu erwarten. Die traditionellen Bewahrer des Glaubens, voran das Kurfürstentum Baiern, rührten keinen Finger zu ihren Gunsten. Ganz im Gegenteil: Baiern hatte viele der Bistümer bereits im Vorgriff besetzt und wartete schon ungeduldig auf den Rest der von Napoleon versprochenen Beute. Der Kurfürst und spätere König von Baiern trat die Nachfolge der Fürstbischöfe von Würzburg, Bamberg, Freising, Augsburg, Eichstätt und Passau an. Unter dem Krummstab lebte – sei es gut oder schlecht – von jetzt an niemand mehr auf bairischem Boden.

Weit mehr als der Entmachtung verdankte Graf Montgelas aber der Enteignung der Kirche seinen dämonischen Ruf. Der

Reichsdeputationshauptschluss

Der »Immerwährende Reichstag«, der seit 1663 permanent in der Freien Reichsstadt Regenburg tagte, schuf im Frühjahr 1803 mit dem »Reichsdeputationshauptschluss« ein neues Deutschland. Gleichzeitig schaffte sich das ehrwürdige, schwerfällige Gremium mit diesem umfänglichen Gesetzeswerk praktisch selbst ab. Denn mit der Neuordnung Deutschlands läutete das Totenglöcklein für das »Heilige Römische Reich Deutscher Nation«, damit auch für den Immerwährenden Reichstag als dessen Ständevertretung.

Die versammelten Gesandten der Kurfürsten, der übrigen weltlichen und geistlichen Fürsten, der Städte und ein Generalbevollmächtigter des Kaisers – der Fürst von Thurn und Taxis – begingen diese Selbstdemontage nicht ganz freiwillig. Nach den Siegen der Franzosen gegen deutsche, russische und englische Truppen in den sogenannten Koalitionskriegen zwischen 1792 und 1800 war es klar, dass das revolutionäre Frankreich unter Napoleon die linksrheinischen Teile des Deutschen Reichs, die es besetzt hielt, nicht wieder aufgeben wollte.

Der Friede von Luneville 1801, den Napoleon diktierte, sah daher die Entschädigung der betroffenen deutsche Fürsten durch Territorien links des Rheins »aus dem Schoß des Reichs« vor. Der Immerwährende Reichstag hatte die delikate Aufgabe, dieses Diktat umzusetzen. Das alte Reich war ein bunter Flickenteppich aus Hunderten souveräner Herrschaften: Reichsstädten, Bistümern, winzigen Reichsritterschaften, Abteien, Grafschaften und Fürstentümern. Nach monatelangen Beratungen blieben 112 der altehrwürdigen reichsfreien Gebilde auf der Strecke. Die größeren deutschen Staaten taten nichts dafür, das alte, gewachsene Reich zu retten. Sie setzten vielmehr alles daran, einen möglichst großen Teil des Kuchens für sich zu ergattern, ganz vorne mit dabei das Kurfürstentum Baiern, ebenso der Habsburger Kaiser.

Leidtragende des Deputationshauptschlusses waren neben vielen weltlichen Ministaaten wie die freie Reichsstadt Augsburg oder die Grafschaft Ortenburg vor allem kirchliche Herrschaften bis hin zu den bedeutenden kurfürstlichen Bistümern der Erzbischöfe von Mainz, Köln und Trier. Sie wurden aufgelöst und weltlichen Fürstentümern zugeschlagen. Der Sonderstatus geistlicher Besitztümer hatte im Denken der Zeit keinen Platz mehr. Das Zeitalter der Vernunft hatte die uralte Verbindung von Thron und Altar aufgekündigt und wollte moderne Staaten schaffen, die »nur noch dem Wohl, nicht mehr dem Heil der Menschen dienten« (Hans Maier). Die deutsche Flurbereinigung, von Napoleon gefördert und vom Zeitgeist gewünscht, löschte Struktur und Idee des Heiligen Römischen Reiches Deutscher Nation aus. 1806 dankte der Habsburger Franz II. als letzter Deutscher Kaiser ab.

»frivole sakrilegische Raub« an den rund 300 Klöstern im Lande machte ihn für weite gläubige Kreise zum Teufel in Ministergestalt. Die bairische Delegation hatte 1802 in Regensburg bei den Verhandlungen über Art und Umfang der territorialen Kompensationen für den Verlust linksrheinischer Besitzungen den berühmten Paragrafen 35 durchgedrückt. Er bedeutete weit über die Eingliederung selbstständiger kirchlicher Herrschaften hinaus die Enteignung der Klöster nicht nur in den neu erworbenen Gebieten, sondern auch im eigenen Stammland. »Alle Güter der fundierten (gegründeten, d. V.) Stifte, Abteien und Klöster« seien »der vollen Disposition der Landesherren sowohl zum Behufe des Aufwands für Gottesdienst, Unterricht und andere gemeinnützige Anstalten als auch zur Erleichterung ihrer Finanzen« zu überlassen.

Montgelas setzte den Enteignungsparagrafen mit aller Härte um. Baiern war nach den Kriegen gegen Napoleon hoch verschuldet. Und die Klöster waren reich. Skrupel, diesen Reichtum zur »Erleichterung der Finanzen« einzuziehen, hatte der Aufklärer Montgelas nicht. Wie war die Kirche denn so reich und prächtig geworden? Durch die frommen Gaben unwissender Gläubiger, von den Schenkungen und Stiftungen großer Herren bis hin zum Kleingeld im Opferstock. Gegeben aus vollem, bangem Herzen, um sich den Himmel zu verdienen. Und durch der Hände Arbeit ihrer Hörigen über Jahrhunderte, während die Geistlichkeit es sich hat wohlergehen lassen. Schluss mit der Fettlebe! Her mit dem Geld!

»Die Säkularisation gab das Übermaß dessen, was die Kirche von Gutem dieser Welt an sich gezogen hatte, weltlichen Händen zurück«, verteidigte der liberale Sigmund von Riezler, Ordinarius für Bayerische Geschichte, 100 Jahre später Montgelas' Politik. Kirchennahe Historiker sehen dagegen bis heute in der Montgelas'schen Enteignungswelle »einen der dunkelsten Punkte der bayerischen Geschichte« oder »eine Barbarei und ein Verbrechen an der bayerischen Kultur«.

Die Enteignungskommissare gingen in der Tat oft mit penibler bis gehässiger Rücksichtslosigkeit vor, getreu ihrer Religion namens Vernunft. »Überflüssige« Kirchen wurden in Lagerhäuser oder Brauereien, Klöster in Zuchthäuser umgewandelt, wenn man sie nicht gleich meistbietend auf Abbruch versteigerte. Nonnen und Mönche wurden von Gendarmen aus ihren Abteien in sogenannte Sammelklöster abgeführt, wo sie, mit einer kleinen Staatsrente ausgestattet, gemeinsam auf das Aussterben ihres Ordens warten durften. Was nicht niet- und nagelfest war, kam unter den Hammer: Orgeln, Schweine, Glocken, Sättel, Monstranzen, volle Wein- und Bierfässer standen unterschiedslos zur öffentlichen Versteigerung. Wagenladungen kostbarer Bücher und Handschriften aus den Klosterbibliotheken schaffte man nach München. Was den Kontrolleuren vor Ort an Gedrucktem weniger wertvoll erschien, landete bei Altpapierhändlern.

Unersetzliche Kunstschätze von kostbar eingefassten Reliquien bis hin zu Reichs-Kleinodien ließen die gewissenhaften Säkularisierungsbeamten säuberlich in ihre Gold-, Silber- und Juwelenanteile zerlegen und als Wertstoffe in unterschiedlichen Kisten getrennt entsorgen. Viele Ladungen gelten heute als verschollen. Etwa das hochverehrte Gertrudenkreuz aus dem Domschatz von Bamberg, mit dessen Verschwinden auch der in den Kreuzbalken eingelassene Finger der Heiligen Gertrud verloren ging.

Die unerbittliche Entrümpelung Baierns brachte nicht den erhofften finanziellen Erfolg. Das kapitalistische Grundgesetz von Angebot und Nachfrage war den starren, an festen Einnahmen und Ausgaben geschulten Rechnern der kurfürstlichen Staatsfinanzen nicht so recht geläufig: Die ungeheure Menge an Kirchen- und Klostergut, die plötzlich den Markt überschwemmte, führte zu einem rapiden Preisverfall. Die Erlöse aus Versteigerungen und Verkäufen blieben weit hinter den Erwartungen zurück.

Auf längere Sicht bedeutete das Ende der Klöster sogar ein Minusgeschäft. Der Staat hatte sich verpflichtet, den überflüssig gewordenen geistlichen Damen und Herren Pensionen bis an ihr irdisches Ende zu bezahlen. Bei der sprichwörtlichen Langlebigkeit des Klerus überstieg die Summe dieser Ausgaben unter dem Strich deutlich die Einnahmen aus den Enteignungen. Bauern, Händler und Handwerker, die bisher gut von und mit ihrer geistlichen Herrschaft gelebt hatten, verloren ihre Arbeit, ihre Kinder die Chance, bei den Mönchen Lesen und Schreiben zu lernen. Gewachsene Wirtschafts- und Kulturräume verkümmerten.

Der aufgeklärte Staat machte bei der Säkularisation des Kirchenguts noch nicht halt. Er nahm sich vor, auch den Glauben zu säkularisieren, und verlor so die Herzen der Menschen, um deren »Glück er sich doch wirklich bemüht«, so hatte es Montgelas ja einst als Regierungsmaxime formuliert. Die große Mehrheit im Lande wollte das bemühte Glück einfach nicht annehmen. Sie hing an ihrem bodenständigen Katholizismus, wie ihn Kurfürst Maximilian I. im Dreißigjährigen Krieg verbindlich durchgesetzt und der Glanz der Gegenreformation zu sinnlicher, wuchernder Blüte gebracht hatte. Erste Schritte, den Wildwuchs des Volksglaubens rational zu beschneiden, hatte es ja schon 40 Jahre früher unter Kurfürst Max Joseph III. gegeben. Jetzt aber wurde der Verzicht auf Wallfahrten, Fronleichnamsprozessionen, Passionsspiele, Palmesel, Weihnachtskrippen, fromme Bruderschaften und die Festtage unzähliger Heiliger, die nebenbei auch Urlaubstage waren, flächendeckend von oben dekretiert. »Öffentliche, oft unschickliche religiöse Vorstellungen« hatten im Baiern der Vernunft keinen Platz mehr.

Dabei waren die Aufklärer um Montgelas keine Atheisten. Sie glaubten durchaus an den christlichen Gott und sahen darüber hinaus die Religion als wichtig für die Moral des Volkes an. Deswegen blieben Pfarrkirchen bei der Säkularisation auch meist unangetastet. An die Stelle der kirchlichen Pfründe trat ein staatlicher, wenn auch nicht eben üppiger Sold für die Priester. Doch zeitgemäß war in den Augen der Reformer nur eine vernünftige Religion ohne die Schlacken von Aberglauben und überkommenem Brauchtum.

Ihr aufklärerischer Purismus überschritt häufig die Grenzen zur Lächerlichkeit. Aus den Steinen abgerissener Heiligenstatuen am Wegesrand wurden – vernünftig, vernünftig – Ruhebänke für müde Wanderer gemacht. Der Mönch im Wappen von München musste 1808 per königlichem Dekret als »unschicklich für die heutige Zeit« verschwinden, da er »noch zu sehr an Mönchsbarbarei erinnert«. Nach dem Sturz des allmächtigen Montgelas durfte er zehn Jahre später wieder seinen angestammten Platz einnehmen.

Das unverständige Volk sträubte sich gegen diesen keimfreien Glauben. Es reichte Petitionen und Bittgesuche für das Althergebrachte ein. Vergeblich. Es dichtete bittere Spottlieder:

»Viel Kirchen sie jetzt plündern,
Die Wallfahrt hebt man auf,
Den Gottesdienst sie mindern,
Vertilgen die Ablass auch,
Die Brüderschaft desgleichen,
Alles was zum Seelennutz,
All dies muss jetzund weichen,
Der Kirche nur zum Trutz.«

Manchmal griffen die Menschen zur Selbsthilfe. In Bamberg legten die Bürger für den vom Staat geschätzten Geldwert des »Heiligen Nagels« (angeblich vom Kreuz Christi, d. V.) zusammen und kauften so die Reliquie für sich zurück. Von auswärts zugezogene Freigeister wie die Professoren an der Universität Landshut nannten die altgläubigen Baiern ihrer Frömmigkeit wegen »dummes Pfaffenvolk«. In die niederbairische Herzogsstadt hatte Kurfürst Max Joseph im Jahr 1800 die Landeshochschule aus Ingolstadt verlegt, um die Wissenschaft dem katholischen Dunstkreis zu ent-

Hep-Hep-Unruhen

»Mit Feuer, Dolch und Schwert sind wir fest entschlossen, uns von dem jüdischen Ungeziefer zu reinigen und es würde mir sehr leid tun, wenn Euer Wohlgeboren diesem meinem Warnungsbrief nicht Genüge leisten werde, indem die Ihrige Behausung ohne Rettung in einen Aschehaufen verwandelt werden wird.«

Den menschenverachtenden Antisemitismus, wie ihn gut 100 Jahre später das Nazihetzblatt »Der Stürmer« propagierte, nimmt dieser anonyme Drohbrief von 1819 vorweg. Er war an einen Würzburger gerichtet, der sich für seine jüdischen Mitbürger einzusetzen erdreistete. Gerade war das ehemalige Fürstentum Würzburg im neuen Königreich Baiern aufgegangen. Gerade hatten die Reformen des Grafen Montgelas Baiern im Sinn der Aufklärung modernisiert. Gerade hatte man die Juden 1813 fast gleichberechtigt neben die Staatsbürger christlichen Glaubens gestellt. Da waren in Würzburg die sogenannten Hep-Hep-Unruhen ausgebrochen.

Aufgeputscht vom gellenden Ruf »hep, hep«, mit dem sonst Hirten ihre Schafe und Ziegen vor sich hertrieben, scheuchte Anfang August 1819 ein Mob aus Studenten, Handwerkern und anderen braven Bürgern jüdische Geschäftsleute mehrere Tage durch die Stadt, verprügelte sie auf offener Straße, warf die Fensterscheiben ihrer Geschäfte ein und riss ihre Firmenschilder herunter. Nichtjüdische Würzburger, die sich vor ihre jüdischen Mitbürger stellten, wurden als »Verräter« oder »bestochene Handlanger« beschimpft, verhöhnt oder – siehe oben – durch drohende Briefe eingeschüchtert. Die meisten der 400 Juden Würzburgs flohen aus der Stadt und kehrten erst zurück, als es den Soldaten der Garnison gelungen war, die Ruhe wieder einigermaßen herzustellen.

Diese Judenhatz, ausgerechnet beim Anbruch des Zeitalters der Vernunft, in Baiern hatte moderne Züge. Natürlich spielte gerade im ehemaligen katholischen Fürstbistum noch immer das klassische christliche Ressentiment gegen die Juden als die Leugner und Henker Christi eine Rolle, doch viel mehr nährten die Ängste der kleinen Handwerker und Händler vor Fleiß und Geschick der geschäftstüchtigen Kinder Israels die Hep-Hep-Unruhen. Denn seit der staatlich verordneten Juden-Emanzipation standen den bisher diskriminierten Juden auch Berufe offen, die jahrhundertelang den Christen vorbehalten waren. Jetzt waren die Juden dem Ghetto entwichen. Jetzt lauerten sie überall. Man musste sich wehren.

Der Vorbote eines massiven sekulären, nicht mehr primär religiös begründeten Antisemitismus war kein isoliertes Würzburger Phänomen. Die Hep-Hep-Unruhen griffen in den folgenden Wochen auf große Teile Süddeutschlands über, erreichten sogar Hamburg, Danzig und Kopenhagen und flauten nur langsam ab. Noch kam es nicht zu Pogromen. Noch schützte der aufgeklärte Staat seine jüdischen Bürger, wenn auch manchmal zögernd und widerwillig. Noch stempelte nicht die Rasse den Juden generell zum Volksschädling, doch der Weg hin zur »Endlösung« für das »Ungeziefer« zeichnete sich bereits ab.

◆◆

ziehen. Die Meinung dieser, weithin als überheblich angesehenen, Neu-Baiern teilte nur eine dünne, meist städtische Bildungsschicht. Die überwältigende Mehrheit des »Pfaffenvolks« ging mit seinem Glauben in Deckung und wartete auf bessere Zeiten. Sie kamen mit dem Sturz von Montgelas. Aber die alte Religiosität, die man dann wieder offen zeigen konnte, sollte doch nicht mehr ganz die alte sein. Denn auch das Königreich Baiern war nicht mehr das alte. Montgelas' Reformen hatten das Mittelalter aus Baiern endgültig vertrieben. Eins hatte die viel geschmähte und viel bejubelte Säkularisation auf jeden Fall erreicht. »Die Kirche war im Staat und nicht der Staat in der Kirche«, so Montgelas. Im souveränen Baiern des 19. Jahrhunderts sollte Religion weiterhin sehr wichtig, doch nicht mehr Staatsräson sein.

Wegen der Säkularisation ist Graf Montgelas bis heute umstritten. Als »Architekt des modernen Baierns« ist er es nicht. »Der sicherste Beweis dafür, dass Baiern das irdische Paradies Deutschlands ist, liegt in der Tatsache, dass diese Provinz bisher imstande gewesen ist, eine Regierung zu ertragen, die allgemein als die schlechteste aller schlechten Regierungen Europas anerkannt ist.« So abfällig ironisch hatte sich Montgelas 1796 im Ansbacher Exil über das spätabsolutistische Kurfürstentum unter Karl Theodor geäußert. Mit diesem Zustand räumte er in seinen 18 Jahren als allmächtiger Minister gründlich, manchmal zu gründlich, auf. Das Baiern unter Max Joseph, sein Baiern also, war 1817, als Montgelas gehen musste, nicht wiederzuerkennen. Es war modern, es war effizient. Es war keine fürstliche Herrschaft mehr. Es war ein Staat.

»Herrscher von Gottes Gnaden«, dafür hatte Montgelas nur abfälligen Spott übrig: »Eine Schimäre, erfunden von der Geistlichkeit, gestützt vom Depotismus zum Unglück des menschlichen Geschlechts.« Der souveräne Staat stand für ihn als höchste Ausformung der Vernunft mit fast religiöser Weihe über allem. Der Fürst hatte Diener des Staates zu sein, wenn auch erster Diener mit weitreichenden Kompetenzen. Vorbei die Zeiten, in denen ein bairischer Kurfürst sein Reich nach Lust und Laune wie sein Spielzeug behandeln konnte. Undenkbar selbst die bloße Absicht, Baiern à la Karl Theodor und Blauer Kurfürst für ein anderes Land umzutauschen, das die Neigungen des allergnädigsten Herrschers wegen seines Klimas, seines Reichtums oder seiner Frauen mehr delektierte.

Im Königreich Baiern wurde jetzt streng zwischen der Privatschatulle des Herrschers und dem Staatsvermögen unterschieden – eine solche Unverschämtheit hätte frühere Herrscher einfach sprachlos gelassen. Max Joseph teilte die Staatsphilosophie seines Ministers. Als oberster Staatsbeamter stand er jeden Tag sehr früh auf, hielt Besprechungen schon um sechs Uhr morgens ab, wühlte sich durch Aktenberge, bis ihm die Augen wehtaten. Sein Vorbild war verbindlich. Vorbei waren für Baierns Amtsträger die Zeiten des fröhlichen Kanzleischlendrians, wo man lukrative Posten kaufen oder erben konnte, für jedes gnädigst gewährte Bittgesuch ganz unverfroren die Hand aufhielt und als adeliger Pfründeinhaber durch Abwesenheit glänzte, weil die Sonne gerade so schön für die Hirschjagd schien.

Fachminister, die direkt dem König und Montgelas verantwortlich waren, traten an die Stelle des unüberschaubaren Dickichts von Geheimräten, Hofkollegien und privilegierten Wichtigtuern am Hof. Der Adel verlor das alte Recht, in ständischen Ausschüssen der Staatsmaschinerie Sand ins Getriebe zu streuen.

Beamte auf allen Ebenen wurden jetzt nicht mehr nach Geblüt oder hochmögender Fürsprache, sondern nach Ausbildung und Kompetenz eingestellt, relativ gut besoldet und so gegen Korruption weitgehend immunisiert.

Die starre Handwerksordnung der Zünfte wurde aufgebrochen. Ein jeder konnte den Beruf ergreifen, den er wollte, hatte aber eine staatliche Konzession einzuholen. Der Staat übernahm das Bildungswesen von der Volksschule bis zur Universität und führte eine allgemeine Schulpflicht zwischen dem sechsten und zwölften Lebensjahr ein. Neben der Landesuniversität Landshut blieben nur die beiden Universitäten in Würzburg und Erlangen in den hinzugewonnenen Gebieten bestehen, mehrere kirchliche Hochschulen, die nach Meinung der Reformer eher dem Glauben als der Erkenntnis dienten, wurden geschlossen. Und ganz unerhört, Adel und besitzendes Bürgertum mussten genauso Steuern bezahlen wie der gemeine Mann auch. Das Entsetzen der Betroffenen war groß. War nicht gerade das niedere Volk seit Menschengedenken dazu ausersehen, die Steuerlast für die anderen ohne Murren zu schultern? Was bei Gott waren das jetzt für Zeiten!

Die Zensur wurde abgeschafft und eine nur wenig eingeschränkte Pressefreiheit eingeführt. Die neue Freiheit brachte Montgelas hübsche Schmähschriften ein – selbst schuld, er wollte seine Baiern ja so aufgeklärt wie möglich. Unabhängige Gerichte mit einheitlicher Rechtsprechung traten an die Stelle einer willkürlichen Justiz, bei der die Richter meist in Personalunion Regierungsämter bekleidet hatten, was ihrer Objektivität nicht gerade förderlich war. Folter und barbarische Leibstrafen wie das Zwicken mit glühenden Zangen, die der Hofjurist Kreittmayr Mitte des 18. Jahrhunderts noch im bairischen Strafgesetzbuch belassen hatte, wurden endgültig gestrichen. Sie waren allerdings schon seit Längerem kaum mehr angewandt worden.

Das Religionsedikt von 1803 stellte die drei christlichen Bekenntnisse – Katholiken, Lutheraner, Reformierte – gleichberechtigt nebeneinander. Den Altbaiern, die bislang per Gesetz Katholiken zu sein hatten, schien das fast so schlimm, wie es eine Aufhebung des Reinheitsgebotes für Bier gewesen wäre. Der Münchner Magistrat etwa hatte sich noch drei Jahre zuvor verzweifelt dagegen gewehrt, einen ketzerischen protestantischen Weinwirt als Bürger aufzunehmen, doch nun waren durch die Erwerbungen in Schwaben und Franken mehr als ein Viertel der über drei Millionen Baiern Protestanten. Sogar die Frau des Herrschers war es! Zwangsbekehrung oder Vertreibung wie einst verboten sich in den Zeiten der Aufklärung als Mittel, den religiösen Frieden zu bewahren. Toleranz war unumgänglich, abgesehen davon, dass der Zeitgeist sie forderte. So war Baiern nun nicht mehr katholisch, sondern nur noch christlich.

Auch die etwa 60 000 Juden, vor allem in den neuen Landesteilen – aus dem alten Herzogtum waren Juden offiziell bis in die Napoleonzeit hinein noch immer verbannt gewesen –, wurden zu einer Art Staatsbürger. Gewissensfreiheit, Zulassung zu allen Berufen und die Möglichkeit, Grund und Boden zu erwerben – Meilensteine auf dem Weg aus der Stigmatisierung, in die sie ein feindseliges Christentum über Jahrhunderte getrieben hatte. Einen Rest von Ausgrenzung schrieb aber auch das Juden-Edikt von 1813 fest: »Jede Einwanderung und Niederlassung fremder Juden im Königreiche ist durchaus verboten. Die Zahl der Judenfamilien an den Orten, wo sie dermal bestehen, darf in der Regel nicht vermehrt werden, sie soll vielmehr nach und nach vermindert werden, wenn sie zu groß ist.«

Die Reformen Montgelas' erscheinen uns heute als sein bleibendes Erbe und die Voraussetzung für unseren modernen Rechtsstaat. Die Mehrheit der Menschen seiner Zeit hat diese Revolution von oben, die aus Untertanen Bürger machte, wohl kaum so einschneidend und positiv wahrgenommen. Die meisten waren Bauern wie einst. Eine gute Ernte bedeutete noch immer mehr als gesetzliche Gleichberechtigung, oder wie das neumoderne Wort sonst hieß. Zensur und Pressefreiheit, da zuckten sie nur die Achseln. Die vorgesehene Befreiung von der Grundherrschaft blieb auf halbem Wege stecken. Was für die einfachen Leute mehr zählte, war die verordnete Vertreibung aus ihrem barocken Glaubensparadies, und es waren die anonymen Gewalten im fernen »Minga«, die ihr Leben reglementierten. Die Beamten vor Ort erlebten sie oft nur als Befehlsempfänger, so pflicht- und buchstabengetreu, dass man sie nicht einmal mit einer schönen Martinsgans gnädig stimmen konnte.

Die jungen Männer mussten seit 1805 zum Wehrdienst einrücken. Der Einsatz des Lebens auf dem Schlachtfeld war jetzt patriotische Bürgerpflicht und nicht mehr bezahlte Söldnertätigkeit. Man kam dabei zwar mit Menschen aus anderen und andersgläubigen Landesteilen zusammen, die auch noch ganz anders redeten, trotzdem aber gute Kameraden waren, das ließ schon ein gesamtbairisches Nationalgefühl wachsen. Doch bereits der Untergang des bairischen Heeres im Russlandfeldzug Napoleons machte klar, dass für das Vaterland zwar ehrenvoller, doch genauso erbärmlich gestorben wurde wie für den miserablen Sold eines Berufssoldaten.

Der Jubel über das moderne, aufgeklärte Baiern Montgelas'scher Prägung hielt sich also in Grenzen. Abgesehen von der Empörung über den Kahlschlag der Religion herrschte umgekehrt aber doch ein weitverbreitetes Gefühl vor, die alte Zeit, gut oder schlecht, habe unwiderruflich ausgedient und etwas Neues müsse an ihre Stelle treten. Besonders deutlich wird das in den eben erworbenen Landesteilen im Westen und Norden des Königreichs Baiern. Es hätte generell den Rahmen dieses Buchs gesprengt, durch die Jahrhunderte parallel zu Kernbaiern die Geschichte der Territorien nachzuzeichnen, die jetzt in der Napoleonzeit ein Teil Baierns wurden. Besonders verwirrend aber ist die Zeit ihres Anschlusses. Wie ein Kaleidoskop, dessen Muster sich bei jeder Erschütterung neu zusammenfügt, veränderte sich mit jedem Krieg und jedem Friedensschluss die bunt gescheckte Landkarte – meist zugunsten Baierns –, bis 1816 schließlich 83 Duodezstaaten aller Größenordnungen im Königreich der Wittelsbacher aufgegangen waren. Baiern hatte damit fast die heutige Gestalt. Als letzter Zuwachs kam erst mehr als 100 Jahre später nach dem Ersten Weltkrieg durch eine Volksabstimmung das kleine Herzogtum Coburg-Gotha hinzu.

Weder in den einverleibten Kirchenstaaten wie Würzburg oder dem Bistum Augsburg noch in den weltlichen Fürstentümern, etwa Ansbach und Bayreuth, stand die Bevölkerung gegen die bairische Übernahme auf. Das Gleiche gilt für die ehemals Freien Reichsstädte, unter ihnen Nürnberg, Augsburg, Regensburg und Rothenburg, vom eher skurrilen Anachronismus handtuchgroßer Reichsritterschaften gar nicht zu reden. Wer sollte sich schon für eine souveräne Ritterschaft Geyern oder Wettingen verkämpfen? Im ehemals fürstbischöflichen Würzburg und Bamberg empfing eisiges Schweigen die neuen Herren, das war es dann aber auch. Die öffentliche Verlesung der Anschlussurkunde sicherte in der Reichsstadt Memmingen vorsorglich eine Militäreskorte, und den Bürgern wurden unter Strafe »jegliche Unmutsäußerungen« verboten, die auch brav unterblieben. In Nürnberg wehklagte die Frau eines reichen Kaufmanns beim Einmarsch der bairischen Truppen: »Ihr armen Kinder, jetzt seid ihr Fürstenknechte.« Kurz darauf wurde zwar der bairische Stadtkommandant Graf Thürheim von einer wütenden Menge »mit Kot und Steinwürfen, auch mit Fußtritten« verfolgt, doch deren Zorn hatte er nur erregt, weil er anrückendes feindliches Militär als »zusammengelaufenes Gesindel aus Schustern, Schneidern und Leinewebern« bezeichnete und sich die Zuhörer, selbst meist Handwerker, in ihrer Berufsehre schwer getroffen fühlten.

Schon ein Jahr später saß das Nürnberger Bürgertum mit Thürheim und anderen bairischen Würdenträgern einträchtig in der Gesellschaft »Museum« zusammen, ganz im Zeichen der »Vereinigung Nürnbergs mit den königlich bairischen Landen«.

Denn vom Flächenstaat Baiern, in dem die Zollschranken durch königlichen Erlass gefallen waren, erwartete man gerade in Nürnberg wie überhaupt in den neuen Gebieten wirtschaftlichen Aufschwung und Entschuldung. Das wog den Verlust der Selbstständigkeit mehr als auf. Allein Nürnberg brachte als Morgengabe Schulden von 14 Millionen Gulden in die Zwangsehe mit München ein. Insgesamt erhöhte die Eingliederung der neuen Landesteile das Defizit des Königreichs um 57 Millionen Gulden und trug so zur Hälfte zum riesigen Schuldenberg von über 100 Millionen für die Jahre nach 1816 bei. Der Aufschwung zu blühenden Landschaften ließ auf sich warten. Die geschickte Hand, die er sonst bewies, in der Finanzpolitik hatte Montgelas sie nicht. »Als Außenminister könnte man keinen besseren haben, als Innenminister ist er passable, als Finanzminister verdiente er, gehenkt zu werden«, urteilte selbst seine spitzzüngige Gattin Ernestine, die ihn durchaus liebte, obwohl sie ihn betrog.

Ihr Gemahl wurde zwar vom König nicht aufs Schafott, aber in die Wüste geschickt. Im Februar 1817 überredete Kronprinz Ludwig seinen widerstrebenden Vater zur Entlassung Montgelas' nach 21 Jahren treuer Dienste. Eine angebliche Krankheit seines Intimfeindes war der Vorwand. Der eigentliche Grund war Ludwigs wachsende Abneigung gegen diesen Halbfranzosen, dem eine romantische, schwärmerisch deutschnationale, religiös eingefärbte Politik, wie sie Ludwig vorschwebte, einfach nicht in den gestrigen, kühlen Kopf gehen wollte.

Das Ende seiner Allmacht nahm Montgelas mit derselben Würde hin wie die Capricen seiner Frau. Er blieb dem König weiterhin verbunden, ohne jemals wieder ein Regierungsamt zu bekleiden. Montgelas erlebte als interessierter Zuschauer den Erlass der Konstitution von 1818, die auf einem Entwurf von ihm aus dem Jahr 1808 fußte, seine Reformen festschrieb und darüber hinaus den bairischen Bürgern eine Art Volksvertretung mit zwei Kammern zugestand. Der Revolutionär von oben war sich nicht so sicher, ob das Volk schon reif dafür sei, sich selbst zu vertreten, doch das hatte er nicht mehr zu entscheiden. Eine der Kammern besetzte der Adel und vom König bestimmte Personen, die andere wählte das Volk – so weit es Grundbesitz oder Vermögen hatte. Wer arm war, blieb ohne Stimme. Wer Jude war, blieb es auch. Dem Parlament stand das Vetorecht beim Haushalt und bei neuen Steuern zu. Selbst aktiv konnte es weder in der Gesetzgebung noch bei der Kontrolle der Regierung werden.

Neben Württemberg und Baden hatte das Königreich Baiern jetzt eine der fortschrittlichsten Verfassungen in Deutschland. Sie blieb genau 100 Jahre bis zum Abdanken der Wittelsbacher in Kraft. Sie trug entscheidend dazu bei, dass sich die neuen Landesteile nicht als Opfer fürstlicher Expansionspolitik, sondern als integrierte Gebiete eines Staates empfanden. »Erst mit der Verfassung hat sich unser König Ansbach, Bayreuth, Würzburg und Bamberg und alle anderen Fränkischen Lande erobert«, lobte der Staatsrechtler Anselm von Feuerbach. Jetzt würden »Baiern wie Franken und Schwaben und Rheinländer stolz und freudig fühlen, dass sie sich gleicher Rechte, gleicher Pflichten freuen können«, so eine enthusiastische Reaktion aus Würzburg.

Im unfreiwilligen Vorruhestand litt Montgelas an Koliken, Ischias und Gicht, am meisten aber am frühen Tod seiner lebenslustigen Ernestine, die 1820 an Tuberkulose starb. Er kümmerte sich als Witwer um die sorgfältige Erziehung seiner acht Kinder und als Teilzeitberater seines alten Weggefährten Max Joseph auch immer wieder diskret um die bairische Politik. Selbst sein alter Feind, der Kronprinz, fing an, ihn ein wenig zu schätzen, und suchte seinen Rat – ohne unbedingt darauf zu hören. Der in die Jahre gekommene Max Joseph überließ das praktische Regieren jetzt mehr und mehr seinem Sohn. Er war es ja aus der Montgelas-Ära gewohnt, unter einem anderen König zu sein. Es sollte sich bald herausstellen, dass Ludwig nicht die gleichen Vorstellungen vom Herrschen hatte wie sein Vater, doch die von Max Joseph unterschriebene Verfassung beachtete er penibel.

Der altersmilde Herrscher mit den gemütlichen Hängebäckchen verdiente sich durch volksnahe Auftritte und Aussprüche – »ich bin nicht immer König und glücklich, wenn ich es einmal vergessen kann« – den simplen Ehrennamen »der gute Max« und wurde an einem Morgen des Jahres 1825 tot im Bett aufgefunden – mit einem Lächeln im Gesicht. Graf Montgelas überlebte den König um 13 Jahre. Als er 79-jährig starb, fuhr in Bayern bereits die erste Eisenbahn zwischen Nürnberg und Fürth.

Ludwig I., König und Poet

Und plötzlich gab es Bayern. Bayern mit Ypsilon. Bisher hatte es 1000 lange Jahre Baiern geheißen, doch Ludwig I., der 1825 seinem Vater Max Joseph auf dem Thron folgte, liebte alles Griechische. Er las Homer und Thukydides im Urtext, erschauerte in Ehrfurcht vor ionischen Säulen, bedichtete unermüdlich antike Göttinnen und Helden. Er verfügte sofort nach Regierungsantritt, dass auch sein Königreich von Hinterfirmiansreuth bis Untergeiersnest hellenische Heiterkeit ausstrahlen möge. Dazu war das Ypsilon im Namen ein erster Schritt. Weitere sollten folgen.

Ludwig war ein schwerhöriger Stotterer mit überlauter Stimme, in mehreren Fremdsprachen zu Hause und in der Lage, neben einem zwölfstündigen Arbeitsalltag insgesamt vier Bände Poesie zu verfassen. Er war ein janusköpfiger Herrscher, der das Rad der Geschichte gleichzeitig vor und zurück drehen wollte. Der neue König begann seine Regierungszeit mit liberalem Schwung.

Schon als De-facto-Regent in den letzten Jahren seines Vaters hatte er den Gemeinden Spielraum zur Selbstverwaltung zuerkannt, den das zentralistische Staatsmodell Montgelas' ihnen verweigert hatte. Unter dem Beifall der Liberalen schaffte er gleich im ersten Regierungsjahr die Pressezensur ganz ab. Dann ordnete er die Finanzen. Ludwig strich den Haushalt zusammen, kürzte die Beamtengehälter, verkleinerte das Heer und brachte es so fertig, die Staatsschulden, mit denen sein Vater nie fertiggeworden war, binnen weniger Jahre deutlich zu drücken.

In den umliegenden Staaten, Österreich voran, wurde sein liberaler Kurs mit Besorgnis gesehen. Unter der Führung des österreichischen Fürsten Metternich waren die europäischen Königshäuser gerade dabei, die Welt im Namen der Restauration so weit wie möglich wieder zu gestalten, wie sie vor der Französischen Revolution und Napoleon so schön war – vor allem für sie. Doch Ludwig antwortete auf Metternichs Vorhaltungen, er sei nur Gott und der Verfassung verpflichtet. Gewiss sei der Kaiser in Wien nicht Gott noch Fürst Metternich die bayerische Verfassung. Und damit vielen Dank.

Die fortschrittlichen Kräfte fingen schon an, Ludwig als wahren Bürgerkönig zu preisen. Es hätte ihnen allerdings zu denken geben können, dass offizielle Schreiben an Ludwig mit der – vorgedruckten! – Anrede »Allerdurchlauchtigster Großmächtigster König. Allergnädigster König und Herr!« zu beginnen hatten. Nach erstem Bürger klang das nicht. Das klang nach Allmacht aus längst vergangenen Tagen. Das sollte es auch. Ludwig liebte die Vergangenheit. Er verklärte sie. Er lebte in ihr. Dem Heute ins Auge zu blicken war Herrscherpflicht, der er sich stellen musste. Es war Ludwig eine Herzensangelegenheit, zum Wohle aller, aus der glorreichen Vergangenheit so viel wie möglich in die neue Zeit der Dampfmaschinen und der bürgerlichen Freiheiten herüberzuretten.

Ludwig fühlte »teutsch«, und nichts war für ihn teutscher als das Mittelalter. Das bedeutete aber nicht, dass er sich nach einem starken Deutschen Reich wie zu den Zeiten Ottos des Großen oder Friedrich Barbarossas sehnte. Für die Gegenwart wünschte Ludwig keinen zentralistischen deutschen Nationalstaat. Im praktischen Regierungsleben achtete er sehr darauf, dass Bayern seine volle Souveränität behielt und um Himmels willen keinen Habsburger oder Hohenzollern als Kaiser vor die Nase gesetzt bekam. Umso mehr verklärte er die Welt des Mittelalters mit ihren Herrschern und Helden, an die er – natürlich ohne Verlust bayerischer Hoheitsrechte! – anknüpfen wollte.

Er schwärmte über das mittelalterliche Nürnberg in einem tief empfundenen Gedicht: »Dreißig Kaiser haben hier gewohnt, Als das Deutsche Reich noch nicht entweiht, Haben in der hohen Burg gethronet, In des alten Glanzes Herrlichkeit.« Mit »Otto«, »Konradin« und »Teutschlands Errettung« schrieb er umfäng-

Der Deutsche Bund

Der Deutsche Bund war eine lose föderative Konstruktion der deutschen Fürsten, die das Entstehen eines konstitutionellen deutschen National-staats verhindern sollte. Die europäischen Großmächte befürworteten seine Gründung auf dem Wiener Kongress 1815: Sie hatten so wenig In-teresse an einem starken geeinten Deutschland wie die Herrscher der 35 Königreiche, Großherzogtümer, Herzogtümer, Fürstentümer und Land-grafschaften, die neben vier Freien Städten (Hamburg, Bremen, Lübeck und Frankfurt) Mitglieder waren. »Unabhängigkeit und Unverletzlich-keit der einzelnen deutschen Staaten« war ausdrücklich Zweck des Bun-des.

Das Gebilde strotzte vor Ungereimtheiten aus vorrevolutionären Zei-ten. Die beiden größten Staaten, das Königreich Preußen und das Kaiser-reich der Habsburger, gehörten nur mit dem Teil ihrer Herrschaft dazu, der auch schon im Mittelalter Reichsgebiet gewesen war. Dafür waren aber die Könige von Dänemark, den Niederlanden und England Mitglie-der, sie herrschten in Holstein, Luxemburg und Hannover. Einziges eini-germaßen funktionierendes Gemeinschaftsprojekt war das Bundesheer – solange die beiden militärischen Großmächte Preußen und Österreich an einem Strang zogen.

Sie taten es bei der Unterdrückung liberaler Bestrebungen, verschärf-ten 1819 mit den Karlsbader Beschlüssen – bei bayerischem Widerstand – Pressezensur und Repressalien gegen aufmüpfige Studenten und erstick-ten 1848/49 die bürgerliche deutsche Revolution. Der preußische Kö-nig wies die ihm von den braven Revolutionären angebotene deutsche Krone verächtlich zurück. Den Rest besorgten preußische und österrei-chische Truppen.

Berlin und Wien waren sich 1864 auch einig, im Namen des Deut-schen Bundes, Schleswig und Holstein den Dänen gemeinsam abzuneh-men. Doch der schwelende Dauerkonflikt, wer von den beiden Mächten nun auf deutschem Boden das Sagen hatte, eskalierte an der Schleswig-Holstein-Frage. Preußens Ministerpräsident Otto von Bismarck machte Österreich und dem Deutschen Bund klar, dass Preußen beide Provinzen an seiner Nordgrenze für sich beanspruche, und ließ sie besetzen.

Preußens Imperialismus schreckte den Bund auf. Die Bundesexekution gegen den Unruhestifter wurde beschlossen, doch das schöne Bundes-heer aus den Truppen Österreichs und fast aller deutschen Mittelstaaten

– Bayern, Württemberg, Sachsen und Hannover voran – hatte keine Chance gegen das »aufständische« Preußen. Die Schlacht von Königgrätz besiegelte 1866 Preußens Vormacht. Österreich war draußen aus Deutschland, und der Deutsche Bund löste sich zum mäßigen Bedauern der Deutschen auf.

liche Dramen aus heldischen Tagen – war aber doch selbstkritisch genug, ihre Aufführung seinem Hoftheater zu ersparen. Er stellte das altdeutsche Dinkelsbühl unter Denkmalschutz, rettete es vor der Spitzhacke und für den Mittelaltertourismus unserer Tage. Zur Vollendung des Regensburger, des Speyerer und des Kölner Doms im gotischen beziehungsweise romanischen Stil trug er finanziell mehr bei, als seine Privatschatulle eigentlich hergab. Manchmal verirrte sich sein vaterländisches Herz auch in die Gegenwart, etwa wenn er die Rückgewinnung der einst zum Reich gehörigen Länder Elsass und Lothringen vom Erbfeind Frankreich anmahnte.

Ein aus der gemeinsamen Vergangenheit gespeistes Nationalgefühl war für ihn die wahre Klammer, alle Deutschen zu verbinden. Der politisch schwache Deutsche Bund, der seit dem Wiener Kongress die 39 Staaten auf dem Gebiet des ehemaligen Deutschen Reichs repräsentierte, schien dem bayerischen König als übergeordnete Institution mehr als ausreichend. Für seinen Spagat zwischen bayerischer Krone und gesamtdeutscher Seele fand er den griffigen Satz: »Wir wollen Deutsche sein und Bayern bleiben.«

Sein Bayern sollte altdeutsch erstarken, veredeln aber sollte es der Geist der griechisch-römischen Antike und der italienischen Renaissance. Durch die Hofbaumeister Klenze und Gärtner ließ er das Königreich, besonders die Hauptstadt München, mit Tempeln, Triumphbögen, Loggien und Rinascimento-Fassaden überziehen. Die Bauwerke von »edler Einfalt, stiller Größe« im Winkelmann'schen Sinne – Ludwig schätzte Winkelmann fast so sehr wie Schiller – beherbergten gerne die Büsten bedeutender Deutscher in griechischem Gewande.

Die Walhalla bei Regensburg, die Befreiungshalle nahe Kelheim, das Pompejanum in Aschaffenburg als Nachbildung einer römischen Villa, und dann in München die Glyptothek, die Pinakothek, die Ruhmeshalle, die Ludwigstraße mit Siegestor und Feldherrnhalle gingen in Bau. Egal, ob es bei der Befreiungshalle und dem Siegestor um die Erinnerung an das Niederwerfen des bösen Napoleon ging, bei der Ruhmeshalle um das Gedächtnis herausragender Bayern auch fränkischer, pfälzischer oder schwäbischer Zunge, die man jetzt im neuen Staat ja nicht mehr außen vor lassen konnte, oder bei der Walhalla um Germaniens unsterblich Verblichene: An Stelen wie an Kapitellen durfte es nie fehlen.

Ludwig geruhte ab und zu durchaus, auf Spaziergängen oder bei Wirtshausbesuchen, wie er selbst es ausdrückte, »sich dem Bürger gleich zu machen«. Manchmal allerdings sah er sich bei seinen folkloristischen Ausflügen gezwungen, mit dem Spazierstock unverschämten Subjekten, die vor ihm nicht, wie es sich geziemte, ihr Haupt entblößten, den Biedermeier-Zylinder vom Kopf zu schlagen. Das war er sich als »Allergnädigster König und Herr« dann doch schuldig. Seine antiken Tagträume stießen sich leider häufig mit dem bairischen Volksempfinden. Für die Münchner Feldherrnhalle im Pseudo-Renaissancestil etwa musste die populäre Wirtschaft »Zum Bauerngirgl« weichen. Es ist mehr als fraglich, ob die fröhlichen Zecher für Ludwigs Verschönerungsprogramm Verständnis aufbrachten.

In dem München, das sie liebten, rollten an Markttagen Leiterwägen hinter Ochsengespannen durch die Stadttore. Das Wasser für die Bürgerhäuser musste am Brunnen geschöpft werden. Auf freier Straße wurden noch immer Hufe beschlagen, Schweine geschlachtet, Pferde in offenen Bächen mitten in der Stadt durch die Schwemme getrieben, Abfall und Exkremente nach Altväter Sitte meist auf Straßen, Plätze oder bestenfalls in Abortgruben geschüttet. Und jetzt sollten da auf einmal Paläste mit Säulen und halb nackerten Figuren stehen. Narrisch. Und teuer! »Baut wird bei uns, nix als baut, und wenn der letzte Heller draufgeht«, grummelte es im Volk. Ludwigs Sendungsbewusstsein focht das nicht an. Er wusste es besser, wie er eigentlich immer alles besser wusste. »Ich will aus München eine Stadt machen, die Teutschland so zur Ehre gereichen soll, dass keiner Teutschland kennt, wenn er nicht München gesehen hat.« Am Ausbau einer systematischen Kanalisation hatte Ludwig kein besonderes Interesse. Er hatte zu viele Tempel im Kopf. Erst die Choleraepidemie von 1854 mit über 3000 Toten brachte unter Ludwigs Nachfolger Max II. ein Umdenken.

Neben der antiken Kunst und der teutschen Geschichte war die katholische Religion für Ludwig die dritte Säule seines Königtums. Natürlich gab es jetzt Protestanten im großen Bayern. Und gleichberechtigt waren sie seit Montgelas auch. Ludwig akzeptierte das, doch seinem Herzen stand der Spalterglaube Luthers ohne Heilige, Klöster und Ohrenbeichte, wie ihn vor allem Neubayern in Franken und Schwaben pflegten, nicht besonders nah. Außerdem verdächtigte er in bester Wittelsbacher Tradition Luthers Lehre, revolutionäres Aufbegehren zu fördern. Die Büste des Reformators aus Wittenberg bekam bei der Eröffnung der Walhalla folgerichtig auch erst einmal keinen Platz unter den großen Deutschen aus Marmor.

Obwohl er ja geborener Pfälzer war, schlug Ludwigs Herz altbairisch-katholisch. Es war zwar nicht mehr der Katholizismus ohne Widerrede, den Kurfürst Maximilian I. im Zeitalter der Glaubenskriege seinen Untertanen verordnet hatte. Es war eine entrümpelte Religion ohne direkten Zwang und weltliche Hoheitsrechte, liberalen Forderungen gegenüber in Maßen aufgeschlossen, solange sie mit der christlichen Offenbarung im Einklang standen. Diesen Katholizismus hatte der Theologe Johann Michael Sailer den jungen Ludwig an der Universität Landshut gelehrt. Einen Glauben, der durch die Kraft der Überzeugung ein katholisch imprägniertes Bayern schaffen sollte.

Ludwig erlaubte wieder Wallfahrten, Prozessionen, Passionsspiele, wenn auch mit eingedampftem Pomp. Er ließ viele der unter Montgelas aufgelassenen Klöster neu erstehen und stiftete für ihre Ausstattung heftig aus seiner Privatschatulle. Seine Lieblinge der neuen alten Ordensszene waren, wen wundert es bei seiner Schwäche für das Mittelalter, die Benediktiner, aber auch die Bettelmönche der Franziskaner und Kapuziner, die Montgelas noch als Drohnen und Volksverdummer angesehen hatte. Für Ludwig aber gehörten sie zu Bayern wie der Hopfen und selbstverständlich das Haus Wittelsbach. Nur die Jesuiten holte Ludwig nicht zurück. Er mochte sie nicht. Sie waren wohl zu rational für sein romantisches Gemüt. »Ich habe meine Benediktiner und für das Landvolk die Franziskaner und Kapuziner. Die Jesuiten sind gut für anderswo.«

Orden wie etwa die Barmherzigen Schwestern oder die Englischen Fräulein (Englisch kommt von Engel, nicht von England, d. V.) hatten sich ebenfalls um Krankenpflege, Armenfürsorge und katholische Unterrichtung der Jugend zu kümmern. Schulbesuch wurde für alle bayerischen Kinder endgültig Pflicht. Der Unterricht hatte streng nach Konfession getrennt stattzufinden, was er im Freistaat Bayern im Prinzip bis kurz vor der Mondlandung tat. Die Oberaufsicht über die Schulen lag in den Händen der Geistlichkeit.

1826 zog die Landshuter Universität auf königliches Geheiß in die Hauptstadt München um. Als Antwort der aufklärerischen Vernunft auf die stockkatholische erste bayerische Universität Ingolstadt gegründet, hatte sie nur 25 Jahre bestanden. Ein Grund für den Ortswechsel war, dass Ludwig München, seine Stadt der Kunst, weiter aufwerten wollte. Es kam ihm aber auch sehr gelegen, auf diese Weise die alten Landshuter Professoren Montgelas'scher Prägung, »starre Aufklärer« (Hubensteiner), relativ geräuschlos entsorgen zu können. An den neuen Lehrstühlen in München siegte »die romantische Geistigkeit, ging es um die Durchdringung von Glauben und Wissen« (noch einmal Hubensteiner), und so gaben dort schnell religiös bewegte Wissenschaftler den Ton an.

In der breiten Bevölkerung war Ludwigs Rekatholisierung höchst populär. Gerade auf dem Land, wo noch immer 80 Prozent der Bayern lebten, hatte man nie dem prallen barocken Glauben abgeschworen, ihn nur vor den unduldsamen Augen der Aufklärer versteckt. Jetzt schienen die alte Zeiten zurückzukehren. Ein Lobgedicht der Dillinger Franziskanerinnen pries 1829 den König als »Beherrscher Bayerns, der nie duldet, dass das Alte sinke, unverschuldet«. Die Feinheiten der romantischen Geistigkeit interessierten außerhalb der akademischen Welt allerdings mäßig: Hauptsache, man konnte wieder so richtig katholisch sein!

Die liberalen Kräfte im Lande, zu finden meist unter den Studenten und im städtischen Bürgertum besonders der fränkischen und pfälzischen Gebiete, hatten fünf Jahre kaum Grund, trotz Ludwigs katholischer Ausrichtung mit dem König unzufrieden zu sein. Dies änderte sich mit dem Jahr 1830 dramatisch. Beginnend mit der Juli-Revolution in Frankreich brachen an vielen Orten Europas Revolten und Unruhen aus. Sie wurden primär vom stärker werdenden Bürgertum getragen und wandten sich gegen die überkommenen Monarchien, die nach dem Einschnitt der Napoleonära ihre absolutistische Herrschaft von Gottes Gnaden mit geringen Abstrichen auch im neuen Jahrhundert fortsetzen wollten. In Deutschland fand diese Revolution zwar nur auf dem Papier statt, dort dafür aber umso heftiger.

Was er dank der von ihm doch so großzügig gewährten Pressefreiheit in Münchner Gazetten lesen musste, empörte und verstörte Ludwig. Schwarz auf weiß wurde da Aufruhr gepredigt, an Thronen gerüttelt, sogar von einem Deutschland als Republik geschwafelt! Was zu weit geht, geht zu weit. Wenn die Menschen so unvernünftig und undankbar waren, musste man sie kraft höherer Einsicht zügeln. Ludwig widerrief die Abschaffung der Zensur, sein liberales Sahnestück. Er ließ gegen aufmüpfige Studenten Polizei aufmarschieren und maßregelte Professoren, die demokratischer Neigungen verdächtig waren.

1832 versammelten sich am Hambacher Schloss in der bayerischen Pfalz trotzdem an die 30000 Menschen. Sie ließen ein geeintes, republikanisches Deutschland hochleben und schwenkten zum ersten Mal in der deutschen Geschichte schwarz-rot-goldene Fahnen. Besonders die Abgesandten der Burschenschaften waren wie Studentenvertreter immer und überall verbal kaum zu bremsen: »Ohne Beseitigung der Fürstenthrone gibt es kein Heil für unser Vaterland, kein Heil für Europa, kein Heil für die Menschheit ...«

Das war Aufruf zur Revolution und zum Umsturz aller Werte! Und ausgerechnet auf bayerischem Boden, noch dazu in der Pfalz, seiner geliebten Heimaterde, musste die skandalöse, aufrührerische Veranstaltung stattfinden. Ludwig fühlte sich nicht nur politisch bedroht, sondern auch persönlich gekränkt. Hatte er nicht seinem Volk eine Verfassung gewährt, sie trotz vieler Bedenken auch eingehalten und stets das Wohl seiner Untertanen im Auge gehabt? Und nun wandten sich diese Elemente, mehrheitlich höchstwahrscheinlich protestantisch, gegen ihn! Undankbares Pack. Nun gut, dann musste er eben andere Saiten aufziehen. Liberal war gestern.

Ludwig schwenkte auf die Linie Metternichs ein, der unter Österreichs Führung durch Repression die alte Ordnung für die deutsche Staatenwelt retten wollte. Die Rädelsführer des Hambacher Treffens wurden verhaftet und wanderten ins Gefängnis. Der König schickte den alten Haudegen Wrede mit 8500 Soldaten zu einer Demonstration militärischer Macht in die Pfalz. Die Burschenschaften wurden verboten. In 142 Prozessen standen auffällig gewordene Revoluzzer vor Gericht. Es gab mehrere Todesurteile, die jedoch alle in letzter Instanz zu langen Freiheitsstrafen umgewandelt wurden. Der Würzburger Bürgermeister und Universitätsprofessor Behr, der sich erdreistet hatte, die Verfassung noch über den König zu stellen, musste neben einer Kerkerstrafe vor einem Bild des »allergnädigsten Herrn« Ludwig Abbitte wegen Majestätsbeleidigung tun. Der Bürgerkönig war auf dem Weg zu dem autokratischen Herrscher, der stets tief drin in ihm gesteckt hatte.

Der junge Poet Georg Büchner, so radikal wie genial, wütete

wortgewaltig gegen den liberalen Paulus, der für ihn zum despotischen Saulus geworden war: »Sehet an das von Gott gezeichnete Scheusal, den König Ludwig von Bayern, den Gotteslästerer, der redliche Männer vor seinem Bild niederzuknien zwingt und die, welche die Wahrheit bezeugen, durch meineidige Richter zum Kerker verurteilen lässt ... und fragt dann: Ist das eine Obrigkeit von Gott, zum Segen verordnet?«

Ludwig sah sich natürlich anders. Der katholische Wortführer Görres hatte ihn schon bei Regierungsantritt aufgefordert, ein Bayern zu schaffen, das »wieder werde, was es zuvor gewesen: ein Schild und Eckstein der deutschen Kirche«. Sein Bayern mit griechischen Säulen und selbst verfassten Sonetten zu beglücken war für Ludwig das eine. Jetzt aber griffen Aufruhr und liberale Gottlosigkeit um sich. Jetzt war er gefordert. Die Verteidiger der alten Ordnung standen mit dem Rücken zur Wand. Es wurde ja nicht nur den Königen ihr gottgewollter Auftrag abgesprochen. Philosophen wie Feuerbach oder Strauß waren dabei, sogar die Göttlichkeit Jesu anzuzweifeln und das Christentum als fixe Idee zu bezeichnen.

Es war also dringend geboten, wieder Schild und Eckstein der Kirche zu werden, umgekehrt musste die Kirche Schild und Eckstein seiner Herrschaft sein. Dass Kirche katholische Kirche bedeutete, verstand sich fast von selbst. Ludwig und seine konservativen Minister sahen in den Protestanten zunehmend ein Sicherheitsrisiko für ihr Wunschbild eines Bayernlandes, in dem sich die Untertanen freudig und gläubig um den König scharten. Das uralte, erfolgreiche Wittelsbacher »Bündnis von Thron und Altar« erlebte seine Auferstehung, der gemäßigte Katholizismus von Ludwigs frühen Herrscherjahren hatte ausgedient. Jetzt wurde stramm katholisch durchregiert.

Außenpolitisch waren Ludwigs Erfolge eher mäßig. Auf deutschem Boden gaben Österreich und Preußen den Ton an. Sie verhinderten die Landbrücke zwischen Bayern und der Pfalz, die vom Wiener Kongress 1816 so halb zugesagt worden war. Heidelberg und Mannheim blieben badisch, so sehr Ludwig sich auch bemühte, sie als ehemaligen Wittelsbacher Besitz wieder einzugemeinden. Man hatte den Bayern nicht vergessen, dass sie sehr, sehr lange treu zu Napoleon gestanden hatten. Vergeblich erinnerte Ludwig immer wieder an seinen persönlichen Napoleonhass.

Die Ernennung des 17-jährigen Ottos, seines zweitältesten Sohns, zum König von Griechenland war 1832 ein schöner PR-Erfolg, mehr nicht. In seiner Begeisterung für alles Hellenische hatte Ludwig in der Befreiung Griechenlands von den Türken irrtümlich die Wiedergeburt der Zeiten des Leonidas und Perikles gesehen. Sein Haus schien ihm prädestiniert, das neue Hellas zur Blüte zu führen. Die europäischen Großmächte waren froh, in den Wittelsbachern ein passables Herrschergeschlecht für diesen isolierten, zurückgebliebenen Außenposten Europas gefunden zu haben, das auch bereit war, Soldaten dorthin zu entsenden. Die weiß-blaue Herrlichkeit in Griechenland überdauerte Ludwigs Regierung nur ein paar Jahre, solange »Geld und Bajonette vorhanden« waren, wie noch der weise, alte Montgelas voraussagte. Das griechische Abenteuer kostete Bayern zwei Millionen Gulden. Geld, das Bayern, wenn auch erst 50 Jahre später, tatsächlich von Griechenland zurückgezahlt wurde, aus heutiger Sicht eher erstaunlich.

Jenseits seiner bitteren Fehde mit den Feinden von Thron und Altar war Ludwig zu Hause wesentlich erfolgreicher. Ludwigs Herz schlug für die Landwirtschaft. Er kümmerte sich bis ins kleinste Detail um Rinderzucht, Ackerbau und Obstveredelung. Der aufkommenden Industriegesellschaft, die ausgehend von England ganz Europa umkrempelte, stand der Romantiker auf dem Thron eher ablehnend gegenüber. Er liebte die alte, fest gefügte Gesellschaft mit Bauern, Handwerkern, Mönchen und Gelehrten, jeder an seinem Platz, und nicht diese neue, rußige, wimmelnde Welt voll besitzloser Arbeiter, die in den »Fabriken sitzend eine Seele und Körper verkümmernde Lebensart führen«. Diese Art von Existenz konnte nur Entwurzelung bedeuten. Und dahinter lauerten Aufruhr und Anarchie. Doch Ludwig war Realist genug,

Otto von Griechenland

Prinz Otto war nur dritte Wahl. Auch wenn sein Vater Ludwig I. hieß, vom Freiheitskampf der Griechen gegen die Türken schwärmte und aus seinem Königreich Bayern mit Säulenhallen und Statuen im Geist des Perikles ein zweites Hellas machen wollte. Die Großmächte England, Frankreich und Russland hätten lieber Prinz Leopold von Sachsen-Coburg auf dem neu zu schaffenden Thron eines befreiten Griechenlands gesehen oder Ottos älteren Bruder Karl, entschieden sich aber dann doch für den schönen 17-jährigen Jüngling aus dem Hause Wittelsbach. Vater Ludwig stimmte zu, als die drei Schutzmächte eine Anleihe von 60 Millionen Franc als Starthilfe für den neuen König der Hellenen zusagten. Seinerseits versprach er, seinem Sohn 3500 bayerische Soldaten und eine Grundausstattung erprobter bayerischer Beamten mitzugeben.

1833, zwölf Jahre nachdem die Griechen ihren Befreiungskrieg begonnen hatten, landete Otto in Nafplion – und fühlte sich sofort zu Hause: »Ungetrübt thronte über uns die ätherische Himmelskuppe, geschmückt mit dem freundlichen, heiteren Blau, Bayerns und Griechenlands Nationalfarbe.« Doch obwohl die griechische Nationalversammlung sich einstimmig für den jungen Wittelsbacher entschieden hatte, musste Otto sehr schnell erkennen, dass das Verhältnis der Griechen zu ihrem bayerischen Herrn nicht so ungetrübt war wie der Himmel. Das Land war nicht das Arkadien, von dem Otto wie sein Vater geträumt hatte. Griechenland war arm, verwüstet, der orthodoxen Kirche hörig, von Räuberbanden geplagt, von Großgrundbesitzern ausgebeutet und bar funktionierender Bildungs- und Verwaltungsstrukturen.

Otto und seine weiß-blauen Helfer bemühten sich wacker, dagegen anzugehen. In Athen baute Friedrich von Gärtner das Königsschloss. Otto gründete eine Universität und eine Nationalbank. Er führte ein Strafprozessrecht ein und reformierte das Militär. Er bekämpfte das Räuberunwesen. Da aber die Banditen zur Zeit des Aufstands gegen die Türken zu den verwegensten Freiheitskämpfern gezählt hatten, machte er sich damit nicht nur Freunde.

Otto zeigte sich gerne in der Landestracht und sprach nach ein paar Jahren flüssig Griechisch, doch er und seine deutsche Frau Amalia brachten keinen Thronfolger zustande. Als tiefgläubiger Katholik wollte er außerdem nicht zur Landesreligion, dem orthodoxen Glauben, übertreten. Vor allem aber wollte Otto – ganz wie Papa in München – zwar ein guter, doch ein absoluter Herrscher sein, keinem Parlament oder einer sonstigen demokratischen Verirrung in der Sorge für das Volkswohl verantwortlich. Die Statur für diesen absolutistischen Alleingang hatte er nicht. Der König »war weder ruchlos genug, gefürchtet, noch mitfühlend genug, geliebt, oder kompetent genug, respektiert zu werden«, so der amerikanische Historiker Thomas Gallant.

1843 kam es zu einer Militärrevolte. Otto wurde gezwungen, eine Verfassung zuzulassen, die aus Griechenland eine konstitutionelle Monarchie machte. Er musste seine bayerischen Soldaten nach Hause schicken. Die Basis seiner Macht dünnte aus. 1853 machte er den Fehler, sich auf die Seite Russlands zu schlagen, das einen Aufstand der Griechen in Kleinasien gegen die Türken unterstützte. Frankreich und England, die beiden anderen Garantiemächte der griechischen Unabhängigkeit, verbündeten sich aber im sogenannten Krimkrieg mit der Türkei gegen Russland, besetzten den Hafen von Athen und zwangen Griechenland zur Neutralität. Erneut hatte Otto an Prestige verloren.

1862 endete nach 30 Jahren turbulenter Regierung das Abenteuer »ein Wittelsbacher auf dem griechischen Thron«. Noch immer war kein Nachfolger orthodoxen Bekenntnisses in Sicht, sämtliche Brüder Ottos in München, die infrage gekommen wären, lehnten es als gute Katholiken für sich und ihre Nachkommen ab, zu diesem Irrglauben überzutreten. Als eine neue Revolte ausbrach, ließen Frankreich, England und Russland den König aus Bayern als perspektivlos fallen. Ohne größeren Widerstand kehrte er per Schiff Griechenland den Rücken und verstarb 1867 auf seinem Alterssitz in Bamberg. Seine letzten Wort sollen »mein Griechenland, mein liebes Griechenland!« gewesen sein.

zu erkennen, dass an der neuen Zeit kein Weg vorbeiführte, da mochte er noch so viele griechische Tempel bauen und Dramen aus der Ritterzeit verfassen. Er arrangierte sich.

Seit 1834, mit der Gründung des Deutschen Zollvereins unter tatkräftiger Mithilfe Ludwigs zwischen den Staaten des Deutschen Bundes, die manchmal absurden Maut- und Zollschranken gefallen waren, wuchs Deutschland als großer Wirtschaftsraum zusammen. Ludwig ließ den »Ludwig-Donau-Main-Kanal«, den Vorläufer des heutigen Rhein-Main-Donau-Kanals, bauen. So führte er sein Land näher an den deutschen Norden heran und schuf außerdem zu Wasser eine direkte Verbindung mit der bayerischen Exklave Pfalz. Am pfälzischen Rheinufer entstand ein Hafen, wie der neue Kanal auch einfach nach dem König benannt: »Ludwigshafen«.

Der König richtete polytechnische Schulen in München, Augsburg und Nürnberg ein, um seine Landeskinder für das Maschinenzeitalter fit zu machen, und behinderte trotz seiner Abneigung gegen »die Fabrik« die ersten Ansätze einer Industrialisierung seines agrarisch geprägten Bayerns nicht. So entstanden etwa 1838 in München die Lokomotivfabrik Maffei und 1840 in Augsburg die Sander'sche Maschinenfabrik als Vorläufer von MAN.

Die erste deutsche Eisenbahnlinie zwischen Nürnberg und Fürth, ein frühes Ruhmesblatt der bayerischen Technologiegeschichte, betrachtete der König noch mit Missvergnügen: Dieser Lärm, diese irrwitzige Geschwindigkeit! Fürchteten ernst zu nehmende Wissenschaftler nicht sogar Anfälle von Wahnsinn durch das unmenschliche Tempo? Obwohl auch sie wieder einmal nach ihm hieß, hatte nicht er, sondern privates Geld die »Ludwig-Eisenbahn« finanziert. Der König wohnte der Jungfernfahrt im Jahr 1835 nicht einmal bei: Das Streitross der Ritterzeit stand ihm entschieden näher als das Dampfross der Gegenwart.

Doch sechs Jahre danach nahm der Staat Bayern den Eisenbahnbau schon selbst in die Hand. Ludwig hatte sich überzeugen lassen. Die Strecke von Lindau bis Hof und weiter durch Sachsen bis Leipzig trug wieder seinen Namen: Ludwig-Nord-Süd-Bahn. Diesmal hatte sie es verdient. Das Festgedicht zur Einweihung pries den Bayernkönig denn auch als Visionär des Schienenstrangs: »Und fragt dereinst nach vielen, vielen Tagen / Die Nachwelt, wer die neuen Bahnen brach, / So wird es laut ihr die Geschichte sagen: / Der teutsche Ludwig war's, ein Wittelsbach!«

1837 löste die ultrakatholische Regierung Abel das auch schon sehr konservative Kabinett des Fürsten Wallerstein ab. Der späte Konvertit Carl Abel, der in seiner Jugend liberaler Protestant gewesen war, trat für die unbedingte, gottgewollte Autorität des Königs ein und handhabe die Zensur der liberalen Presse so virtuos wie hinterhältig. Er förderte die katholische Kirche, wo er konnte. Die Protestanten benachteiligte er entsprechend. Der typische Übereifer des Spätberufenen trieb ihn manchmal bis an den Rand der Lächerlichkeit: Sein Erlass, auch protestantische Offiziere hätten bei der katholischen Fronleichnamsprozession das Knie vor dem Allerheiligsten zu beugen, wurde nach ein paar Jahren wieder vom König kassiert.

Ludwig war zwar überzeugt katholisch und autokratisch, aber kein Fanatiker. Fanatismus entsprach nicht seiner Künstlernatur. Außerdem beschäftigten ihn schöne Frauen zu sehr, poetisch und auch physisch, was absolute Hingabe an hohe Ziele bekanntlich nicht fördert. Er sah den bigotten Übereifer des Herrn Abel nach anfänglicher Zustimmung mit wachsendem Unbehagen, schritt aber trotzdem lange nicht dagegen ein. Zu sehr fühlte er sich der historischen Wittelsbacher Rolle als Schirmherr der Kirche verpflichtet. Zu sehr glaubte er, auf die katholische Kirche als Stütze seiner königlichen Sendung nicht verzichten zu können.

Bis Lola Montez kam.

Lola und das dicke Ende

 *Die Dame mit den berühmt* veilchenblauen Augen traf am 3. Oktober 1846 per Postkutsche in München ein und schon ein paar Tage später König Ludwig mitten ins Herz. Ludwig war 60 Jahre alt. Seine acht überlebenden Kinder waren alle schon erwachsen. Der Hobbypoet hatte sich damit abgefunden, »nicht mehr der Liebe Leidenschaft fühlen« zu können, und dichtete daher anstelle der zahlreichen Herz-und-Schmerz-Sonette seiner Jugend jetzt eher staatstragend Abgeklärtes wie »Späteres Königsgefühl«. »Wenn des Guten Saat, die er gestreuet, / Aufgegangen jetzt der König sieht, / Dass, was er gegründet, gut gedeihet, / Dass er sich vergebens nicht bemüht …«

Lola Montez riss ihn aus dem herrscherlichen Spätherbst. »Ich kann mich mit dem Vesuv vergleichen, der erloschen galt, bis er plötzlich ausbrach … Esslust und Schlaf verlor ich zum Teil, fiebrig heiß wallte mein Blut. In des Himmels Höhen erhob es mich, meine Gedanken wurden reiner, ich wurde besser.« So schilderte er in einem Brief an seinen engsten Vertrauten, den Freiherrn von der Tann, das Wiederbelebungswunder, das die skandalumwitterte Tänzerin an ihm vollbracht hatte. Der Volksmund kolportierte später, Ludwig habe bei der ersten Audienz auf Lolas beachtliche Oberweite gedeutet und gefragt: »Natur oder Kunst?« Worauf sie eine Schere ergriff und das Kleid vorne weit aufschnitt. Natur. Und der König war hingerissen. (Sollte diese Geschichte nicht stimmen, wofür einiges spricht, so ist sie doch schön erfunden.)

Es ist nicht so, dass außereheliche Begierde den König erst in reifem Alter befallen hätte. Als 24-jähriger hatte Ludwig 1810 seine Therese aus dem bescheidenen Hause Sachsen-Hildburghausen geheiratet. »Das Ideal des Weibes uns wollt der Himmel es zeigen, / Da gab er gütig dich, schuf dich zu unserm Glück.« Verse wie dieser belegen, dass er die Mutter von neun Kindern – eine Tochter starb nach ein paar Monaten – Zeit seines Lebens als Ehefrau und Mutter schätzte und achtete. Doch geliebt hat er sie wohl nicht. Er betrog sie jedenfalls durchgehend in 40 Ehejahren. Als guter Katholik bereute er das manchmal, doch nicht nachhaltig, und sie litt still vor sich hin.

Seine Abenteuer besang Ludwig jedes Mal mit frischer Glut: »Nicht sätt'gen kann ich je mich, dich zu sehen, / In Deinem Anblick ist mein Wesen trunken, / Zur Flamme ward in mir der Liebe Funken, / In Liebe nur vermag ich zu bestehen.« Mehrere seiner Angebeteten schafften es in Ludwigs berühmte Schönheitsgalerie, in der am Ende seines Lebens 36 Bildnisse besonders hübscher Frauen hingen. Fast alle vom Hofmaler Joseph Karl Stieler porträtiert, doch längst nicht alle von Ludwig verführt – unter anderem zierte ja auch das Porträt seiner Tochter Alexandra Amalie die Wände.

Ludwig war also ein erotischer Gewohnheitstäter. Doch dieses Mal war es nicht ein weiteres der oft flüchtigen Abenteuer, das den alternden König in einen Feuer speienden Vesuv verwandelte. Lola Montez versetzte Ludwig schlicht ins Liebesdelirium. Die »spanische Tänzerin« hieß bürgerlich Eliza Gilbert, war Irin aus einer Offiziersfamilie, verbrachte einen Teil ihrer Jugend in Indien, dort holte sie sich die Malaria und dort verließ sie gerade 20-jährig auch ihren ersten Ehemann. Sie taufte sich in »Maria de los Dolores Porry y Montez« um, lernte notdürftig Spanisch und bestand von nun an unerbittlich auf ihrer spanischen Herkunft, obwohl man sie immer wieder als Hochstaplerin enttarnte. Sie schaffte es unter anderem zur Geliebten des Komponisten Franz Liszt, zur Geliebten eines französischen Adeligen, der dann von einem Nebenbuhler im Duell getötet wurde, und zur Geliebten von Heinrich LXXII. (in Worten »dem Zweiundsiebzigsten«!), leicht debiler Duodezfürst der Herrschaft Reuß tief drin im Thüringer Wald.

Fast immer beendete jäh ein Skandal die Bühnen- und Bettgastspiele der Zigarren paffenden Lola – sogar aus dem winzigen Fürstentum Reuß musste sie raus. Sie hatte auf einen jungen Mann, der für sie auf Geheiß des Fürsten ein Ständchen singen sollte und dies nicht zu Lolas Zufriedenheit tat, ihren riesigen, bissigen Hund gehetzt. Neben ihren tiefblauen Augen und ihren langen Beinen zeichnete Lola Montez eine ausgeprägte Neigung zu spontanen Ohrfeigen und Reitpeitschenhieben aus. Von Ausweisung zu Ausweisung pflasterten abgewatschte Domestiken ihren Weg quer durch Europa.

Auch in München wusste man um den Ruf der Femme fatale. Geschieden, haltlos, Zigarren rauchend und immer auf Geld aus. Die »München Bürgerschaft« war, wie ein damaliger Beobachter feststellte, »ausschließlich katholisch, und zwar sehr entschieden katholisch – die ältere Generation nicht ohne Beigeschmack von Intoleranz«. Das konnte nicht gut gehen. Pflichtschuldigst informierte der Intendant des Hoftheaters seinen König über das bewegte Vorleben der Dame. Umsonst, Ludwig wollte das alles nicht so genau wissen. Er war Lola schon verfallen. Der erste künstlerische Auftritt Lolas vor dem König fand als eingeschobener spanischer Tanz ausgerechnet zwischen zwei Akten der Oper »Der verwunschene Prinz« statt.

Verwunschen, nein, verhext habe das lose Weibsstück den König, hieß es sehr schnell in Bayern. Ludwigs neue Favoritin blieb ihrem Ruf auch in München nichts schuldig. Sie gab das Geld ihres sonst so sparsamen Liebhabers mit vollen Händen aus. Sie hielt prächtig Hof im – von Ludwig gestifteten – Palais an der Barerstraße über ergebene Burschenschaften und halbseidene Karrieristen. Sie ohrfeigte und peitschte wie gewohnt – etwa den Tierarzt, der ihr Riesenbiest von Hund nicht zufriedenstellend kurierte.

Wenn der Vesuv Ludwig zeitweilig etwas abkühlte, befeuerten ein schneidiger Leutnant Nussbaumer und später Elias Peißner, der schmucke Präsident der Burschenschaft »Alemannia«, Lolas Liebesleben. Ludwigs Argwohn über Lolas Treue war zwar geweckt, doch er konnte oder wollte ihm nicht nachgeben. Liebesblind sah er auch über das himmelschreiend schlechte Spanisch der angeblichen Spanierin hinweg. Dabei beherrschte er selbst die Sprache, in der er mit Lola turtelte, gut genug, dass er die Fehler hätte bemerken müssen. Sie war eben seine »muy querida Lolitta (!), Seele meiner Seele, mein Leben!«.

Auf der Straße johlte die Menge, wenn sich Lola Montez zeigte, zu ihrem Schutz von zwei Polizisten eskortiert. Anonyme Plakate beschimpften sie als »große Hure« und wünschten sogar, was für ein Sakrileg im königstreuen Bayern, das Königshaus zum Teufel, da es dem Land nur »Spott und Schande« bringe. Karikaturen verhöhnten Ludwig als willenlose Marionette oder als Hund an der Leine einer peitschenschwingenden Madame, gern vor einem einladenden Himmelbett.

Ludwigs Verwandtschaft in allen Fürstenhäusern Europas bat den König brieflich, das unwürdige Verhältnis zu beenden. Die gehobene Münchner Gesellschaft, die stets Einladungen beim König als hohe Ehre empfunden hatte, blieb jetzt mit lahmen Entschuldigungen dem Hof fern. Nur ja nicht mit der Montez an einem Tisch sitzen! Auch Ludwigs Kinder versuchten mit allem Respekt, ihren Vater den Armen seiner Circe zu entwinden. Vergeblich. Je mehr man ihn drängte, umso erbitterter hielt er an Lola fest. »Jetzt erst recht!« war schon immer die charakteristische Reaktion des Königs auf Widerrede oder Widerstand gewesen. Nun dichtete er: »Ich glaub' dir, und wenn der Schein auch trüget, / Du bist getreu und du bist immer wahr, / Die Stimme in dem Innern mir nicht lüget, / Sie sagt: Dein liebendes Gefühl ist wahr.«

Sein eigenes liebendes Gefühl ging so mit dem König durch, dass er auf Reisen die Geliebte brieflich bat: »Trage das Flanellstück auf beiden Seiten und schicke es mir dann …« Als er Lolas Unterwäsche per Post erhalten hatte, meldete er Vollzug: »Ich lege das Flanellstück auf meine Brust und auch etwas tiefer. Sag mir, ob du es an beide Stellen gelegt hast.«

Liebte Lola Montez den Menschen Ludwig oder nur den König? Aus ihren zahlreichen Briefen an ihn kann man echte Zuneigung herauslesen. Auch nach dem Ende der Affäre ließ sie nie ein schlechtes Wort über »mi querido Louis« verlauten, doch über ihr munteres Liebesleben nebenbei belog sie Ludwig bis zum Schluss. Und fast immer pumpte sie in ihren Briefen nach heißen Liebesschwüren ihren Louis ganz selbstverständlich um Geld an.

Nach ein paar Monaten als bürgerlicher Geliebter reichte Lola im Boudoir um Beförderung ein. Sie wollte standesgemäße Mätresse sein. Gräfin vielleicht? Oder nur Baronesse? Vorher aber musste sie laut Gesetz bayerische Staatsbürgerin werden. Zu Ludwigs Überraschung weigerte sich der sonst so willfährige Minister Abel, die »unaussprechliche Frau« einzubürgern. Zusammen mit dem gesamten Kabinett trat er im Februar 1847 zurück. Etwas Unerhörtes geschah: Der König ernannte mit Georg von Maurer einen liberalen Protestanten aus der Pfalz zum neuen Regierungschef im katholischen Musterland Bayern.

Der abrupte Kurswechsel zurück zum Liberalismus war eher eine der typischen Trotzreaktionen Ludwigs als ein Gesinnungswandel. Der undankbare Abel hatte seine geliebte Lola und ihn, den König, gleichermaßen brüskiert. Weg mit dem undankbaren Abel. Und Schluss mit dem orthodoxen Katholizismus, der zu engstirnig war, die Vereinigung zweier großer Seelen zu verstehen! Ludwig entließ katholische Professoren, die sich lobend über Abels konsequente Verweigerung geäußert hatten. Als die mehrheitlich katholischen Studenten der Universität München vor das Haus Lolas zogen, um gegen diese Entlassungen zu protestieren, schlossen sich ihnen ein paar Tausend Bürger an. Johlend. Pfeifend. Die Hure da drin, die jetzt höhnisch lachend und ein Champagnerglas schwenkend am Fenster stand, war der Grund allen Übels! Dragoner mussten mit gezogenem Säbel die Straßen räumen.

Der wütende Ludwig verfügte ein Kanzelverbot für politische Themen, in denen die Pfarrer bisher am Sonntag staatstragend geschwelgt hatten. Die Büste Martin Luthers bekam endlich ihren Ehrenplatz in der Walhalla. Der arme Bürgermeister Behr, der noch immer für seine »Majestätsbeleidigung« einsaß, wurde aus dem Gefängnis befreit. Ludwig kündigte in einem Gedicht pathetisch wie immer die Allianz von Thron und Kanzel auf: »Zittert, die ihr mich zu eurem Sklaven machen wolltet. Eure eigenen Taten haben euch verdammt, wegen Undanks und Verleumdung aller Art!«

Fortschrittliche Kreis tauften die neue Regierung Maurer »Kabinett der Morgenröte«. Ganz wohl war es den Liberalen jedoch nicht bei Ludwigs politischer Kehrtwende. »Wenn die Freiheit … in Deutschland von der Zwischenkunst einer feilen Tänzerin abhängt, dann ist diese Freiheit den Lohn nicht werth, den man für sie fordert«, so Jacob Venedey, einer der verurteilten Teilnehmer des Hambacher Fests aus dem Pariser Exil. Still und heimlich unterschrieb Maurer Lolas Einbürgerungsurkunde. Der erste Schritt zur Erhöhung der Abenteurerin war getan.

Die politische Morgenröte verblasste schnell. Zu seinem 61. Geburtstag am 24. August machte »der allergnädigste König und Herr« sich und seiner Favoritin das schönste Geschenk: Er erhob Lola in den Grafenstand. Gräfin von Landsfeld. Der arme Maurer hatte widerstrebend das Diplom ausgestellt. Ludwig hatte ihn ultimativ dazu aufgefordert, denn er müsse ein königliches Versprechen erfüllen: »Wenn Sie es nicht machen, wird es trotzdem geschehen, und sollte es zu meinem eigenen Schaden sein. Ich werde nicht nachgeben.«

Beim König hatte sich Maurer durch sein Zögern unbeliebt gemacht. Lola hasste den Minister, hätte er doch ihre Erhebung in den Adelsstand beinahe verhindert. Sie intrigierte geschickt gegen ihn, warf ihm außenpolitisches Versagen vor, besonders in der Griechenlandfrage, die Ludwig ja sehr am Herzen lag. Sie fand ein offenes königliches Ohr. Im Dezember 1847 reichte Maurer seinen Rücktritt ein. Ihm folgte auf Empfehlung von Lola der notorische Intrigant und ehemalige Ministerpräsident Prinz Wallerstein als Regierungschef, sekundiert vom notorischen Denunzianten Franz von Berks. Berks hatte 1832 seine politische Karriere damit gestartet, den Würzburger Bürgermeister Behr der Polizei ans Messer zu liefern.

Die neue Regierung stand für nichts. Der Volksmund taufte sie verächtlich »das Kabinett Lola«. Karikaturen zeichneten seine Mitglieder als menschliche Wetterfahnen. König Ludwig stand politisch im Niemandsland. Die Konservativen hatte er verprellt. Den Liberalen ging er nicht weit genug. Einig waren sich beide Richtungen im Hass auf Ludwigs große Liebe. Als Lola im Februar 1848 wagte, sich bei einer Protestaktion gegen ihre Person und ihr Gefolge auf dem Odeonsplatz in großer Aufmachung mit gezogener Pistole mitten in eine wütende Studentenmenge zu begeben, musste sie sich in die Theatinerkirche retten. Erst ein Militäreinsatz konnte sie aus ihrem unfreiwilligen Asyl auf den Stufen des Hochaltars befreien.

Außer sich vor Zorn verfügte ihr Louis daraufhin die Schließung der Universität bis Oktober und gab den Studenten drei Tage Zeit, aus der Stadt zu verschwinden. Wenig später musste er seinen Befehl widerrufen. Seine Familie, voran Gattin Therese, bestürmte ihn, das Militär zeige immer weniger Neigung, sich für »Fräulein Gräfin« unbeliebt zu machen. Der gebrochene Liebhaber bat Lola, München, ja Bayern zu verlassen. Lola gehorchte und setzte sich unter Tumulten mit Jüngling Peißner, stets zu Diensten, in die Schweiz ab. Ludwig küsste in zahllosen Briefen wie gewohnt Lolas Füße, weinte und weinte das Briefpapier nass, auf dem er ihr ewige Treue schwor. Minister Wallerstein, Chef des Wetterfahnen-Kabinetts, witterte, dass sich der Wind gedreht hatte, und verkündete: »Niemand ist mehr zwischen König und Volk.« Vivat unserem Landesvater!

Außer Ludwigs wehem Herzen hätte jetzt alles wieder gut werden können, wäre die Welt nicht größer als Bayern. Wieder einmal waren es diese Franzosen! Ludwig hatte ihnen ja nie getraut. Schon 1830 hatten sie den Aufstand geprobt. Jetzt gingen sie erneut gegen ihren König auf die Barrikaden, und ganz Europa folgte diesmal ihrem Beispiel. Nieder mit den Herrschern von Gottes Gnaden. In vielen Städten Europas sollte es bald zu blutigen Barrikadenkämpfen kommen. Die bürgerliche März-Revolution von 1848 hatte begonnen.

Selbst auf das königstreue Bayern griff der Aufruhr über. Rote Fahnen flatterten, Polizeistationen wurden angegriffen und zerstört und Barrikaden besetzt. Doch während es in Paris, in Wien oder Berlin Tote gab, endete Bayerns Revolution am 6. März in einem begeisterten Vivat für den Landesvater. Denn Ludwig versprach, die wichtigsten Forderungen der Revolutionäre zu erfüllen, darunter Pressefreiheit, Verantwortlichkeit der Minister, öffentliche Gerichtsverfahren, ein liberales Wahlgesetz und die Vereidigung des Militärs nicht mehr auf den König, sondern auf die Verfassung. Der »Allergnädigste König« tat das allerdings nicht aus Überzeugung. Er sah keinen anderen Ausweg. »Erniedrigend«, soll er angesichts der jubelnden Untertanen gemurmelt haben. So abhängig von Volkes Stimme wollte er wirklich nicht König sein.

Lola hatte er schon verloren. Jetzt verlor er zunehmend auch noch die Lust am Regieren. Dazu trug ausgerechnet Lola in bizarrer Weise bei. Als spiele sie eine Hosenrolle auf der Opernbühne, reiste sie als Mann verkleidet mit falschem Bart aus der Schweiz nach München, um Ludwig zu treffen. Am 8. März kam sie mitten in der Nacht bei der Familie einer ihrer Bediensteten an, doch die zu helle Stimme verriet den jungen Herrn. Ein Offizier, der im selben Haus wohnte, alarmierte die Polizei. Zwei Gendarmen drangen in die Wohnung ein, spürten Lola unter dem Sofa ihres Gastgebers auf, enttarnten sie und nahmen sie auf die Wache mit. Der König wurde informiert und eilte herbei. Drei Stunden Seligkeit in der Arrestzelle des Polizeireviers. Am frühen Morgen aber musste Lola das Land wieder heimlich verlassen, nicht ohne das Versprechen im Reisegepäck, von »querido Louis« auch weiterhin 20 000 Gulden Unterhaltsbeihilfe jährlich zu erhalten.

Ein paar Tage später erregte das Gerücht, Lola sei wieder – oder noch immer? – in der Hauptstadt, die aufgewühlten Münchner Gemüter. Der Verdacht war unbegründet, doch neue Unruhen brachen aus. Zur gleichen Zeit zwang der Volkszorn in Wien Fürst Metternich zum Rücktritt. Die Galionsfigur eines autoritären, reaktionären Europas über Jahrzehnte floh aus Österreich. Europas Herrscherhäuser wankten. König Ludwig war zum Handeln verdammt. Es bedeutete schon tiefste Erniedrigung für ihn, per Dekret erklären zu müssen, die Gräfin Landsfeld besitze nicht mehr die bayerische Staatsbürgerschaft. Seine bisher so untertänige Bürokratie verschärfte den Erlass vom 17. März 1848 eigenmächtig, so sehr hatte die Autorität Ludwigs bereits gelitten. Sollte die Gräfin Landsfeld weiterhin versuchen, so hieß es darin, die Ruhe des Landes zu stören, seien alle Gerichts- und Polizeibehörden angewiesen, »besagte Gräfin zu Haft zu bringen und auf die nächste Festung zu schaffen«. Das war endgültig zu viel für den liebeskranken König.

Als ihm seine Berater dann auch noch vorschlugen, Majestät könne das Gespenst der Revolution am besten bekämpfen, indem Majestät Ihr Königtum in eine konstitutionelle Monarchie nach dem Beispiel Englands umwandle, entschloss sich Ludwig zur Abdankung. Minister, die einer Volksvertretung und nicht ihm verantwortlich wären? Undenkbar. Am 20. März verabschiedete er sich feierlich von der Krone und seinen Bayern: »Ich lege die Krone nieder zugunsten meines geliebten Sohnes, des Kronprinzen Maximilian. Treu der Verfassung regiere ich, dem Wohl des Volkes war mein Leben geweiht.« Seinem zweitältesten Sohn Otto, dem König von Griechenland, gegenüber benannte er deutlich den einen Grund: »Nach unserer Verfassung, in welcher das monarchische Prinzip waltete, herrscht und regiert der König, das aber konnte ich nicht mehr sein, nachdem die Empörung gesiegt.« Der andere Grund, Lola Montez, kam in diesem Brief nicht vor.

Einen Tag vor der Erklärung an sein Volk hatte er in die Schweiz an die Dame seines Herzens geschrieben: »In dieser Stunde habe ich abgedankt, freiwillig. Mein Plan ist, im April in Vevey anzukommen und dort in deine Arme zu fallen.« Der Plan ging nie in Erfüllung. Ludwig sah seine Lolitta nicht wieder. Drei Jahre schickte er ihr noch Geld. 1851 schrieb er ein letztes Gedicht an und über sie: »Die Krone habe ich durch Dich verloren, / Ich grolle aber Dir darum doch nicht, / Die Du zu meinem Unglück bist geboren, / Du warst ein ganz verblendend, sengend Licht!«

Die verlorene Krone saß jetzt auf dem Haupt von Maximilian, der weder zu poetischen noch erotischen Vulkanausbrüchen neigte. Ludwigs ältester Sohn hatte in seiner Jugend viel und brav studiert und entwickelte sich zu einem Regenten mit Augenmaß. Ganz selten entschied er spontan oder selbstherrlich. Seine Entschlüsse rang er sich geradezu ab, nachdem er jede Menge Gutachten gelesen und Experten gehört hatte. Das trug ihm den Ruf des unsicheren Zauderers ein. Man kann sein langes Abwägen aber auch als differenzierte Meinungsbildung ansehen, die sich auf möglichst viele Fakten stützte. »Die Herren haben mehr Gesinnung und Ansicht als jene Detailbegründung, auf welche ich ausgehe«, rügte er einmal eine ideologisch vor sich hin schwadronierende Professorenrunde.

Zwischen zwei so schillernden Persönlichkeiten wie Ludwig I. und Ludwig II., der uns als Maximilians Nachfolger noch bevorsteht, fristet der unspektakuläre König Maximilian II. bis heute in der bayerischen Geschichte ein Nischendasein. Die Parallele zu Ferdinand Maria aus dem 17. Jahrhundert drängt sich auf, der ähnlich eingezwängt zwischen zwei beherrschenden Figuren, Kurfürst Maximilian und Max Emanuel, dem Blauen Kurfürsten, ähnlich stiefmütterlich behandelt wird. Maximilian II. hat das so wenig verdient wie Ferdinand Maria. Denn er hat auf seine unspektakuläre Art Bayern vielleicht mehr verändert als die beiden Ludwige zusammen.

Maximilian nahm sich vor, im Einklang mit seinem Volk zu regieren. Er sah nicht, wie sein im Ruhestand grollender und schmollender Vater, nur den »Sieg der Empörung« in den Forderungen der bürgerlichen Revolution. Er hielt diese Forderungen – nicht alle, doch viele – für zeitgemäß. »Der Geist, der Europa durchdringt, gebietet es.« Für die Zweite Kammer des Reichsrats wurde jetzt das allgemeine Wahlrecht für alle Steuerzahler ohne Ansehen von Stand und Besitz eingeführt – selbstverständlich nur für Männer, das Weib war nicht für Politik gemacht, darin waren sich Konservative und Liberale einig. Die Minister mussten sich vor dem Parlament verantworten. Berufen oder entlassen aber konnte sie weiterhin nur der König.

Presse- und Meinungsfreiheit wurden endgültig festgeschrieben, ebenso das Recht, Vereine zu gründen. Die Obrigkeit behielt aber ein wachsames Auge auf das Vereinsleben. Bei jeder Versammlung musste für einen oder zwei Polizisten Platz frei gehalten werden. Frauen und Kindern war die Teilnahme selbstverständlich streng untersagt. Falls das Auge des Gesetzes Aktivitäten feststellte, die »die religiösen, sittlichen und gesellschaftlichen Grundlagen des Staates zu untergraben drohen«, konnte der Verein sofort geschlossen werden. Ein wichtiger Schritt zum Entstehen von »politischen Vereinen«, sprich Parteien oder Gewerkschaften, war trotz dieser Restriktionen getan.

Ein Fossil der Rechtspflege, die niedere Gerichtsbarkeit des Grundadels, verschwand endlich – der Aufklärer Montgelas war 50 Jahre früher noch daran gescheitert, dieses überlebte Adelsprivileg abzuschaffen. Von nun an konnten Hühnerdiebe oder Störenfriede nicht mehr nach Gutsherrenart abgestraft werden. Die Grundherrschaft hörte auf zu bestehen. Die Bauern wurden Eigentümer von Grund und Boden, ihre materielle Abhängigkeit von einem großen Herren, der nie gesät und trotzdem durch der Hände Arbeit seiner Untertanen immer gut geerntet hatte, ging zu Ende. All diese Reformen machten aus Bayern längst noch keinen demokratischen Rechtsstaat, doch sie brachten das Land auf den Weg.

Man kann darüber streiten, ob König Maximilian seine Reformen aus innerer Überzeugung einleitete oder sie angesichts der in ganz Deutschland um sich greifenden Revolution als notwendiges Übel ansah nach dem Motto: »Es muss sich etwas ändern, damit sich nichts ändert.« Nach dem Scheitern einer Neugründung des Deutschen Reichs durch die Frankfurter Nationalversammlung und der endgültigen Niederschlagung der bürgerlichen Revolution durch die Truppen der deutschen Fürsten im Frühjahr 1849 äußerte er jedenfalls mehrfach sein Missbehagen über die liberalen Zustände in seinem Königreich, obwohl er selbst sie zu verantworten hatte.

Sicher ist dagegen, dass auch Maximilian im Zweifelsfall eine

Wittelsbacher Maxime über alles stellte: Wir sind souveräne Herrscher vor Gott, und dabei muss es bleiben. Als die gewählte Frankfurter Nationalversammlung aller Deutschen eine Reichsverfassung verabschiedete und dem preußischen König die deutsche Kaiserkrone anbot, lehnten Maximilian und seine Regierung dies strikt ab. Bayern durfte nicht unter preußische Vormundschaft fallen. Zum Glück wies der preußische Herrscher Friedrich Wilhelm IV. in spätabsolutistischer Manier die ihm von einer Untertanenversammlung angetragene Kaiserwürde als »Krone aus Dreck und Letten gebacken« zurück und ersparte so Maximilian eine Zerreißprobe.

Die Pfälzer Bayern, die besonders eifrig für ein neu erstandenes Deutsches Reich eingetreten waren, fanden sich mit dem kategorischen Nein ihrer Landesherrn und dem Ende ihrer Reichsträume nicht so ohne Weiteres ab. Revolutionär gesinnte Kräfte riefen eine »Provisorische Regierung der Rheinpfalz« und eine allgemeine Volksbewaffnung aus. Ihr Schritt, so idealistisch wie dilettantisch, war chancenlos.

Die deutschen Fürsten hatten längst die Schockstarre vor dem zunehmend zahnlosen Gespenst der Revolution überwunden. Die bayerische Regierung erklärte »die Rheinpfalz als eine im Zustand der Aufruhr befindliche Provinz« und die sogenannte Provisorische Regierung zu einer Ansammlung von Hochverrätern. Wie die Revolten im übrigen Deutschland wurde auch die Aufruhr in der Pfalz schnell – zum Glück fast unblutig – niedergeschlagen, die Aufständischen waren militärisch schlicht zu schwach. Zu Maximilians stillem Ärger beendete ausgerechnet preußisches Militär, das sich damals als Ordnungspolizei für Gesamtdeutschland gerierte, den Pfälzer Aufstand. Das bayerische Heer trudelte zwei Tage zu spät auf dem Schauplatz ein.

Viele der Anführer flohen oder gingen ins Gefängnis. Zigtausende liberaler Pfälzer wanderten aus, vor allem in die USA. Dort wurden sie als »Forty-Eighters«, die Achtundvierziger, bekannt. Maximilian besetzte alle höheren Regierungs- und Verwaltungsposten der Verdrussprovinz mit ergebenen Kräften aus den bairischen Kernlanden, ließ die ihm zu liberalen Pfälzer Zeitungen zensieren und dann durch einen gezielten Inserateboykott in die Pleite treiben. Innerhalb weniger Jahre mutierte die Pfalz von einer Hochburg französisch infizierter Revolutionäre zum weißblauen Musterland.

Jetzt, wo die Gefahr einer Abspaltung der Pfalz vorbei war, wandte Maximilian sich dem zu, was man modern »nation building« nennt. Damit prägte er Bayern bis heute. Für ihn hatte es königstreu und bodenständig, aber nicht rückständig zu sein. »Hebung des monarchisch, nationalen Volksgeists«, nannte der König sein Programm. Das Tragen von lokalen Trachten wurde gefördert und belobigt, selbst Maximilian trat manchmal in einer Art veredelter Tracht auf, die an den heutigen Alpensmoking gemahnt. Volkslieder der heimeligen Art aus allen Regionen sollten zu Zitherbegleitung im Land erklingen und die verderblichen revolutionären Weisen sanft verdrängen.

Die zerfallende Burg Hohenschwangau hatte Maximilian schon als Kronprinz restaurieren, ausbauen und mit altdeutschen Gemälden bevorzugt von Wittelsbacher Herrschern schmücken lassen. Das Schloss war ausdrücklich zur Besichtigung frei gegeben: Der Bürger sollte sehen, was er seit eh und je an seinen Wittelsbachern hatte. Als König ließ er in München die etwas leblos wirkenden Häuserreihen der Maximilianstraße und als königliche Stiftung für hochbegabte Landeskinder das Maximilianeum auf der linken Isarseite errichten. Heute ist das Maximilianeum nicht mehr das Heim von Hochbegabten. Es beherbergt den Bayerischen Landtag.

Unter Maximilians Regierung wurden aber auch viele der grandiosen Bauvorhaben zu Ende gebracht, die unter König Ludwig wegen jäher Abdankung nicht mehr fertiggestellt worden waren. Sein Sohn hatte sich bei Amtsantritt vertraglich zum Fertigbauen verpflichten müssen, ansonsten wäre es wohl nichts geworden mit der Königskrone. Die Feldherrn-, die Ruhmes- und die Befreiungshalle, das erzene Standbild der Bavaria auf der Theresienwiese sowie Siegestor und Propyläen, alle Teil von Ludwigs antikem Verschönerungsprogramm, wurden erst unter Maximilian eingeweiht. Der ausgediente Papa saß stets gerührt-gereizt in der ersten Reihe.

Maximilian war, trotz Zithermusik, Volksliederpflege und Trachten-Förderung, kein Nostalgiker wie sein Vater. Der Rückgriff auf die Vergangenheit diente ihm primär zur Legitimation des Wittelsbacher Herrschaftsanspruchs. Maximilian war der Gegenwart zugewandt. Hatte Ludwig I. Wissenschaft und Technik misstrauisch beäugt und nur zögernd gefördert, tat es Maximilian mit mehr Überzeugung und Begeisterung. Noch war Bayern ein Agrarstaat. Von vier Millionen Einwohnern arbeiteten 1860 gerade einmal 30000 in einer Fabrik, doch das würde sich ändern, und sein Land sollte dann nicht hinterherhinken. Also beschloss er, »dem Geist alle Tore zu öffnen, dass Bayern nicht zurückstehe hinter der Entwicklung der Zeit«.

Maximilian leitete die Gründung der Technischen Hochschule München in die Wege, die unter seinem Sohn Ludwig II. 1868 eröffnet wurde. Er holte Justus von Liebig als Professor nach München, der bekanntlich den Stickstoff-Kunstdünger sowie den Bouillon-Würfel aus Fleischextrakt erfand. Das Landeskind Max Pettenkofer aus dem Donaumoos stieg zum führenden Professor Europas für hygienische Medizin auf. Ihm verdankte München seine vorbildliche Kanalisation.

Herausragende Eigengewächse wie Pettenkofer waren aber im immer noch gemütlichen, spätbiedermeierlichen Bayern die Minderheit. So heftig der König sich gegen einen deutschen Einheitsstaat unter preußischer Führung wehrte, so sehr war er von der Überlegenheit des norddeutschen Kultur- und Geisteslebens überzeugt. Und so stammte der Geist, dem Maximilian alle Tore öffnen wollte, vor allem aus dem deutschen, protestantischen Norden. Die »Nordlichter« kamen gerne und machten sich an der Universität und überhaupt im Kulturbetrieb breit. Sie missfielen den Altbayern zutiefst. Sie galten als arrogant, besserwisserisch und ziemlich gottlos. Sie machten sich außerdem darüber lustig, dass in Bayern im Jahr pro Kopf 250 Liter Bier getrunken wurden, bloß weil sie es zu Hause nur auf armselige 50 Liter pro Preuße brachten.

Ein Herr Heyse und ein Herr Geibel dichteten am bayerischen Volksgeschmack kunstvoll und blutlos vorbei. Und ein Professor Heinrich Sybel, ein Preuße, was sonst, den der König auf den Münchner Lehrstuhl für Geschichte geholt hatte, war schon früher unliebsam aufgefallen, als er den verehrungswürdigen Heiligen Rock von Trier als Fälschung bezeichnet hatte. Und jetzt propagierte er unter dem Deckmantel historischer Wissenschaftlichkeit ein Deutsches Reich unter preußischer Leitung! »Und führe uns nicht in Versuchung sondern erlöse uns von dem Sybel. Amen«, beteten die wahren Bayern. Die ambivalente Anziehungskraft von München für »Nordlichter« und die kritische Haltung der Einheimischen den »Zuagroast'n« gegenüber hat sich bis heute erhalten.

Sybel musste tatsächlich 1861 gehen. Irgendwann wurde Maximilian die wissenschaftlich eingefärbte Preußenwerbung des Professors zu viel. Denn als Außenpolitiker bemühte der König sich Zeit seiner Regierung gerade, dieses preußische Deutschland zu vermeiden. Bayern musste souverän bleiben. Die erste Voraussetzung dazu war ein bipolares Deutschland, also ein starkes Österreich, das Preußens Machtanspruch neutralisierte. Deswegen widersetzte sich Maximilian allen Bestrebungen, Österreich aus der deutschen Staatenwelt auszugrenzen. Um aber nicht Gefahr zu laufen, zwischen den beiden deutschen Großmächten zerrieben zu werden, musste Bayern sich als starke dritte Kraft etablieren. Allein war es dazu nicht mehr in der Lage. »Trias« hieß die rettende Idee der bayerischen Politik, ein Verbund der Königreiche Bayern, Württemberg, Hannover, Sachsen sowie das Großherzogtum Baden und die hessischen Fürstentümer, die mit einer Stimme sprechen sollten. Und Bayern als dem größten unter den Zwergen würde natürlich die Führungsrolle dieses dritten Deutschlands zustehen.

Doch kurzsichtige Eifersüchteleien der betroffenen Staaten untereinander ließen diesen an und für sich vernünftigen Plan scheitern. Preußen und Österreich allein bestimmten die Zukunft Deutschlands. Bayerns König durfte, wie die anderen deutschen Herrscher auch, lediglich Zaungast spielen.

Mit wachsender Besorgnis sah Maximilian, wie Preußens Ministerpräsident Otto von Bismarck auf die finale Machtprobe mit Österreich hinarbeitete. Würde Österreich verlieren, waren ein »kleindeutsches« Reich unter Preußen und der Verlust der bayerischen Souveränität kaum zu verhindern. Er sollte recht behalten, doch er erlebte diesen Abstieg der Wittelsbacher Herrlichkeit nicht mehr. 1864 stach Maximilian II. sich mit seiner Krawattennadel in die Brust, holte sich eine Blutvergiftung und starb so gemessen und unaufgeregt, wie er regiert hatte. Sein Vater Ludwig, der etwas unzeitgemäß noch immer auf Erden wandelte, meinte ziemlich herzlos, Maximilian sei gerade noch rechtzeitig gestorben, »um seinen Ruhm zu wahren«.

Der unglaubliche Ludwig II.

Kein König in der bayerischen Geschichte hat sich so vor seinem Volk versteckt, trotzdem ist bis heute kein König so populär. Wenn man in Bayern einfach »der Kini« ohne Zusatz sagt, meint man nur einen: Ludwig II. Am »ewigen Rätsel«, wie Ludwig II. sich einmal selbst bezeichnete, versuchten sich nach aktuellem Stand über 3000 Publikationen, ein halbes Dutzend Kinofilme und händereibend eine unüberschaubare Kitschindustrie von der Henkeltasse bis zum Musical. Wieso nur?

Grenzgänger nennt der bayerische Historiker Hermann Rumschöttel treffend den Seltsamsten der Wittelsbacher, der bis zu seinem mysteriösen Tod im Starnberger See zwischen der Realität und einer ganz persönlichen Scheinwelt hin und her wechselte. Zum König erzogen, streng, knausrig und nüchtern, wie es dem Wesen seiner Eltern entsprach, wich er schon in früher Jugend in das weite, luftige Reich der Phantasie aus, das bevorzugt germanische Sagengestalten und Dramenhelden von Shakespeare bis Schiller bevölkerten. Bereits beim 13-jährigen Ludwig machte der Hofarzt mit allem Respekt »förmliche Halluzinationen« aus. Vater Maximilian zuckte über seinen Ältesten resigniert die Achseln: »Was soll ich mit dem jungen Herrn sprechen? Es interessiert ihn nichts, was ich anrege.«

Kaum dass Ludwig, gerade mal 18 Jahre alt, im März 1864 seinem Vater auf dem Thron gefolgt war, flehte der Kabinettssekretär Franz von Pfistermeister den Münchner Philosophieprofessor und Theologen Johannes Huber um therapeutische Hilfe an: »Der König hat eine maßlose Phantasie, wir begreifen ihn nicht, er will sterben, wir brauchen aber einen tatkräftigen König.« In langen Gesprächen versuchte Huber, Ludwigs hochfliegende Gedanken mit dem wahren Leben zu versöhnen und stellte dabei »ohne Zweifel etwas Unheimliches in ihm bei aller Offenheit und Liebenswürdigkeit« fest. Und Huber, den skeptischen und sensiblen Mentor, packte, was auch heute angesichts des Porträts des jungen »Märchenkönigs« die Menschen noch immer fasziniert: »Wie er so neben mir saß an seinem Schreibtisch, ergriff mich der ganze Adel und die Schönheit seiner äußeren Erscheinung mit bezwingender Gewalt.«

Im März 1864 hatte der schöne Jüngling seinen Amtseid geleistet, wie es sich für einen bayerischen König des 19. Jahrhunderts gehörte: »Meines geliebten Bayernvolks Wohlfahrt und Deutschlands Größe seien die Zielpunkte meines Strebens. Ich baue auf Gott, dass er mir Licht und Kraft schicke, sie zu erfüllen.« Großvater Ludwig I., 77, still going strong, meinte, sein Enkel werde es nicht leicht haben, so jung wie er sei und so schwierig die Zeiten. Preußen und Österreich gewannen im Krieg mit Dänemark gerade einträchtig Schleswig-Holstein für sich. Bayern war – wie der Rest des Deutschen Bundes – gegen diesen Krieg gewesen: Wer im deutschen Norden so rücksichtslos Hausmachtpolitik betrieb, wer weiß, was da dem Süden drohte. Und es war zu befürchten, dass die Verteilung der Kriegsbeute den Entscheidungskampf der momentanen Zweckverbündeten um die deutsche Zukunft auslösen könnte: »Großdeutsch« mit Preußen und Österreich oder »Kleindeutsch« mit und unter Preußen allein. Die Konsequenzen für Bayern schienen unabsehbar. Das Königreich war in Gefahr.

Der neue Herrscher hätte also getreu seinem Eid genug zu tun gehabt, doch da kam ihm Richard Wagner dazwischen.

Für Ludwig war es Liebe auf den ersten Blick. Für den schuldengeplagten Exrevolutionär und Egomanen Wagner war es die Chance seines Lebens. Den 15-jährigen Ludwig hatte eine Aufführung des »Lohengrin« tief erschüttert. Kaum war er König, ließ er seinen Pfistermeister nach dem Schöpfer des Wunderwerks suchen. Der Kabinettssekretär spürte Wagner auf der Flucht vor seinen Gläubigern in Stuttgart auf und brachte ihn nach München. Schon nach dem ersten persönlichen Treffen kapitulierte

Ludwig bedingungslos: »Die niederen Sorgen will ich von Ihrem Haupte auf immer verscheuchen, die ersehnte Ruhe will ich Ihnen bereiten, damit Sie im reinen Äther Ihrer wonnevollen Kunst die mächtigen Schwingen Ihres Genius ungestört entfalten können.«

Von nun an hatte Wagners Kunst goldenen Boden. Der König bezahlte sofort die Schulden des »Gottmenschen«, wie er Wagner tatsächlich nannte, von schönen 16 000 Gulden und gewährte ihm, nein, schätzte sich glücklich, ihm eine jährliche Apanage von 8000 Gulden gewähren zu dürfen. Für eineinhalb Jahre hieß nun Ludwigs Regierungsprogramm mehr oder weniger Richard Wagner, denn so hieß auch der Sinn seines Lebens, selbst nach dem Weggang des Meisters aus München. Ein Brief von 1872: »Sie bleiben bis zu unserem zugleich eintretenden Tod mein König und Gott, der Herr meines Lebens, der Grund meines Daseins. Meine Krone trage ich um Ihretwillen.« Wagner tönte ähnlich. Jetzt in München sei seine Schaffenskraft wundersam beflügelt »in der Nähe der höchsten Glorie meines Lebens, der Sonne, die in meine Nacht leuchten sollte, des Erlösers, des Heilands meines Daseins«.

Da Wagner als Dichter deutlich für Schwulst anfällig war, kann man hinter seinen hymnischen Zeilen durchaus echte Zuneigung vermuten, und es gibt viele weitere Briefe, die diesen Eindruck stützen. Trotzdem bleibt, anders als beim lauteren Gefühlsbombast Ludwig, stets das ungute Gefühl, der große Komponist ziele nicht nur auf die innige Seelenverwandtschaft mit dem »herrlichen, begabten Jüngling« ab, sondern habe auch dessen verlockend gefüllte Privatschatulle im Auge.

Als Genius glaubte Wagner, ein Anrecht darauf zu haben, so trivialer Probleme wie Geldsorgen enthoben zu sein. Als Wagner nach einem Jahr spendabler Seelenfreundschaft vom König weitere 40 000 Gulden forderte, um in Zukunft nur von den Zinsen seiner Kunst leben zu können, schrieb er Ludwig: »Schenken Sie königlich und überlassen Sie es meinem Gewissen, wie ich dereinst dies königliche Vertrauen erwidere.« Nach einigem Hin und

Her bekam er das Geld. Nicht in Scheinen, sondern in Münzen, das war die kleine Rache der genervten königlichen Bürokratie am genialen Schnorrer.

Es war nicht der 32 Jahre ältere Mann, dem der homoerotische Ludwig verfallen war. »Ein Tag, Geliebter! wird es offenbaren, dass rein und heilig, ewig unser Bund«, bezeugte er selbst in einem Gedicht. Ludwigs sexuelles Begehren, sollte er es jemals ausgelebt haben, ging in Richtung jüngerer, stark behaarter Männer. Ludwig war dem Werk Wagners hörig. Und dabei war für ihn nicht Wagners geniale Musik ausschlaggebend. »Der König ist ganz unmusikalisch und nur mit einem poetischen Gemüt begabt«, stellte sein Idol 1876 sehr nüchtern fest. Mythische Germanentragik und mystische Ritterromantik trafen den Zeitgeschmack des historisierenden 19.Jahrhunderts. Doch für Ludwigs »poetisches Gemüt« waren Wagners forciert altertümelnde Dramentexte mehr als literarische Mode. Sie waren eine Offenbarung.

Mochten ordinäre Geister des Meisters raunende Stabreime auch parodieren, an Wagners wabernden Worten weidete sich wonniglich wähnend Ludwig. Und das phantastische Inventar der Wagner-Opern wie Gralsucher, Venusgrotten, Schwanenritter, Drachentöter, Walküren, Zauberringe, Zaubertränke, Liebestode und finale Götterdämmerungen möblierten Ludwigs überreizte Gegenwelt und prägten die Aufenthalte des Grenzgängers im Irrealen für den Rest seines Lebens. Am liebsten sah er sich selbst als Wagners Bühnenfigur Parsifal. Wie dieser »reine Tor« wolle er als Weltenrichter die Menschheit erlösen, gestand er Wagner, der ihn von da an im vertrauten Kreis auch Parsifal nannte.

Die schnöde Umwelt diesseits der Grenze sah nur die sklavische Abhängigkeit des Königs von einem – wie sie widerstrebend zugeben musste – genialen Musikus. Sie missbilligte die Geldverschwendung, schlug bei den – dann allerdings nie realisierten Plänen – für ein neues, grandioses Opernhaus in München die Hände über dem Kopf zusammen. Sie entrüstete sich über das Verhältnis, das dieser gottlose Künstler mit Cosima von Bülow, Tochter des Komponisten Liszt, der Frau von Wagners Dirigentenfreund

Hans von Bülow, zu unterhalten schien, das aber Parsifal/Ludwigs verklärtem Blick lange entging. In Erinnerung an die verzehrende Liebe von Großvater Ludwig I. zu Lola Montez taufte die Presse Wagner hämisch »Lolus«.

Während es selbst Minister ausgesprochen schwer hatten, für eine kurze Audienz beim König vorgelassen zu werden, war Ludwig im Herbst 1865 beglückt, als Wagner gleich mehrere Tage bei ihm auf Schloss Hohenschwangau weilte. Das politische München befürchtete, Lolus würde nun ganz vom König Besitz ergreifen und Bayerns Politik bestimmen wollen. War er nicht ein 1848 in Sachsen steckbrieflich gesuchter Revolutionär? »Der bezahlte Musikmacher, der Barrikadenmann von Dresden ... beabsichtigt nunmehr, den König von seinen Getreuen zu trennen ... und für die landesverräterische Idee einer rastlosen Umsturzpartei auszubeuten«, schrieb der regierungstreue »Neue Bayerische Courier«.

Wagner verlangte daraufhin in einem schlecht getarnten anonymen Artikel die Ablösung des Ministerpräsidenten von der Pfordten und des Kabinettssekretärs Pfistermeister, die er nicht zu Unrecht hinter den Angriffen vermutete. Damit aber überreizte Lolus wie vor ihm schon Lola. Alle Minister solidarisierten sich mit Pfordten und Pfistermeister und drohten geschlossen mit Rücktritt. Kandidaten von außen für eine neue Regierung fanden sich nicht. Tief betrübt musste Grenzgänger Ludwig aus den süßen Gefilden der Weltenrettung wieder einmal ins gemeine Diesseits der Realpolitik überwechseln. »R. Wagner muss Bayern verlassen. Ich will meinem theuern Volk zeigen, dass sein Vertrauen, seine Liebe mir über alles geht«, wies er von der Pfordten an. Dem theuren Freund schrieb er: »Worte können den Schmerz nicht schildern, der mir das Innerste zerwühlt.« Am frühen Morgen des 10. Dezembers 1865 gegen sechs Uhr setzte sich Wagner mit »bleichen, verworrenen Zügen und das lange, schlaffe Haar grau schimmernd« in einen Zug Richtung Schweiz.

Kaum war Wagner nebst Cosima in eine Villa an den idyllischen Vierwaldstättersee entschwunden, vermisste Ludwig ihn

Adele Spitzeder

Im Theater kam sie nicht so recht voran, obwohl sie aus einer Münchner Schauspielerfamilie stammte und als höhere Tochter erzogen worden war. Engagements an Provinztheatern, aber ein Lebensstil für die große Bühne, das zahlte sich nicht aus. 1866 kehrte Adele Spitzeder als 31-Jährige ziemlich pleite wieder nach München zurück. Sechs Hunde und eine Geliebte im Schlepptau. Sie brauchte dringend Geld. Wie im übrigen Deutschland ließ die Gründerzeit auch in Bayern einen neuen, wilden Kapitalismus wuchern. Erlaubt war, was reich machte. Fräulein Spitzeder half sich erst einmal aus der finanziellen Klemme, in dem sie sich Geld zu Wucherzinsen lieh. Mit dem Bargeld in der Hand entdeckte sie das Schneeballsystem, ohne zu ahnen – wie sie bis zu ihrem Lebensende beteuerte –, dass sie sich auf das klassische Finanzbetrugs-Schema schlechthin einließ.

Als ersten Kunden überredete Adele einen Zimmermann, bei ihr sein Erspartes anzulegen. Dafür versprach sie ihm zehn Prozent Zinsen. Im Monat! Sie zahlte bar und zwei Monate im Voraus. Mein Gott, was für ein Geschäft! Adele Spitzeders großartige Konditionen sprachen sich herum. Bald standen Schlangen vor der Türe ihres Hotelzimmers. Bald standen Säcke mit Bargeld neben ihrem Bett. Und Adele bezahlte pünktlich die versprochenen Zinsen. Die kleinen Leute aus den Münchner Vorstädten hatten Vertrauen zu ihr. Adele sprach Dialekt mit ihnen, Adele ging schwarz gekleidet zur Kommunion und zur Fronleichnamsprozession. Anfangs vertrauten ihr besonders die Arbeiter der Giesinger Lederfabrik ihre Spargroschen an. Da viele davon aus Dachau stammten, hieß Adeles Geldinstitut bald »Dachauer Bank«.

Die Dachauer Bank expandierte. Der Schneeball wurde zur Lawine. »Fräulein Spitzeder« bezog ein luxuriöses Haus, von dort wickelte sie unterstützt inzwischen durch Dutzende von – nebenbei höchst skurrilen – Mitarbeitern inklusive einem Butler in goldbetresster Livree und einem Kutscher als erstem Finanzberater ihre Geschäfte ab. Ihren Kunden sagte sie ganz offen, keine Sicherheiten für das ihr anvertraute Geld bieten zu können. Das verschreckte niemanden, bei der Rendite. Bauern verkauften ihre Höfe, um von den Zinsen ihrer Einlagen bei Adele Spitzeder zu leben. Ihr Kundenstamm wuchs auf 30000 Personen an. Und als die Wunder-Bankerin 1871 dann auch noch mitten in München eine »Volksküche« mit niedrigen Preisen einrichtete, war ihr Ruf als »Engel der Armen« gesichert. Trotz ihres inzwischen fürstlichen Lebenswandels war sie »oane von de unsrigen«.

Nur die liberale Presse, von den klassischen Geldhäusern angetrieben, schäumte gegen die Wohltäterin, diesen »Besenstiel mit vom Leid durchfurchten Gesicht«, über deren lesbische Neigungen man nur hinter vorgehaltener Hand flüsterte. Adele bestach ein paar Journalisten, die auch brav ihren Heiligenschein wieder aufpolierten. Im Spätherbst 1872 krachte das System Spitzeder zusammen. 40 größere Gläubiger wollten gleichzeitig ihre Einlagen zurück. Adele war nicht flüssig. Sie hatte zu viel vom eingesammelten Geld weiterverliehen, bevorzugt an verschuldete Adelige, von denen sie jetzt nicht einen Gulden zurückbekam. Der Konkurs war da. Adele blieb auf Schulden von acht Millionen Gulden sitzen. Ihre Kleinsparerklientel verlor alles. Einige der ärmeren Gläubiger erhängten sich. Adele Spitzeder ging für drei Jahre ins Gefängnis. Bis an ihr Lebensende war sie sich keiner Schuld bewusst, im Gegenteil: »Eigennutz und Habsucht, Neid und Geiz waren mir stets in der Seele zuwider, und wo ich helfen konnte, da half ich.«

zutiefst. Die Miete für das neue Domizil bezahlte er ihm sowieso. Zwar stand der Entscheidungskampf um die deutsche Vormacht zwischen Preußen und Österreich an, doch trotz aller Kriegsgefahr konnte Ludwig nicht anders, als Wagner an dessen Geburtstag, dem 22. Mai 1866, in Triebschen bei Luzern zu besuchen: »Ich liebe kein Weib, keine Eltern, keinen Bruder, keinen Verwandten, niemanden innig und von Herzen, aber Sie!« Seine Eskapade löste daheim heftige Kritik aus. In Bayern lief bereits die Mobilmachung. Die Regierung versuchte verzweifelt, den Frieden im Deutschen Bund und Bayerns Neutralität zu erhalten. Bismarcks geschickte Diplomatie auf einen Krieg hin zwang Bayern, sich für eine Seite zu entscheiden. Wie die meisten anderen Mittelstaaten auch optierte man für Österreich. Nur ein bipolares deutsches System schien Ländern wie Bayern, Sachsen oder Hannover eine Chance, ihre Unabhängigkeit zu bewahren.

Ludwig hatte eine Abneigung gegen Krieg und Militär. (Nach dem ruhmbesessenen Blauen Kurfürsten hatten das eigentlich alle Wittelsbacher Herrscher.) Ästhet, der er war, nannte er das Offizierskorps »meine geschorenen Igelköpfe«. Doch zurück vom Seelenbad in Triebschen musste er nun erleben, wie seine Truppen gegen Preußen zu Felde zogen. Nach einem kurzen, umjubelten Auftritt im bayerischen Hauptquartier bei Bamberg verkroch Ludwig sich vor der schnöden Realität auf die Roseninsel im Starnberger See.

Die entscheidende Schlacht bei Königsgrätz in Böhmen ging für Habsburg am 3. Juli 1866 verloren. Bayerns Truppen hatten bis dahin nicht eingegriffen. Als alles vorbei war, lieferten sie sich im Fränkischen noch ein paar sinnlose und kläglich endende Scharmützel mit den militärisch weit überlegenen Preußen. Ludwig schrieb dem Freund in Triebschen: »O wie furchtbar, wie entsetzlich traurig sieht es in der Welt jetzt aus, die Geister der Finsternis herrschen … Wenn wir unter Preußens Hegemonie zu stehen kommen, dann fort, ein Schattenkönig ohne Macht will ich nicht sein!«

Der Friede mit Preußen ließ Ludwig II. als König im Halbschatten zurück. Anders als der König von Hannover, der sein Reich an Preußen verlor, durfte Ludwig sein Land behalten. Doch der bayerische Verhandlungsführer von der Pfordten wurde durch Bismarck mit der Drohung, einen Großteil Frankens zu annektieren, massiv genötigt, das endgültige Ausscheiden Österreichs aus Deutschland anzuerkennen und mit dem Sieger Preußen ein geheimes Schutz- und Trutzbündnis zu schließen. Im Fall eines Konflikts würde man sich gegenseitig mit »voller Kriegsmacht« zur Seite stehen – unter preußischem Oberbefehl, versteht sich. Das roch heftig nach Hegemonie. Aber irgendwie blieb Bayern doch noch einigermaßen unabhängig. Von seinen Ministern bedrängt, beschloss Ludwig, das königliche Glas lieber halb voll als halb leer zu finden. Er stellte Abdankungsgedanken zurück und stimmte widerstrebend zu. Seine Neigung, aus der trüben Wirklichkeit ins lichte Reich der Träume zu wechseln, aber wuchs.

Freund Wagner war stets der unsichtbare Dritte, als Ludwig sich im selben Jahr um Sophie Charlotte, seine eigene Cousine, bemühte. Die jüngere Schwester von Sisi, dem weiblichen Kitsch-Pendant unseres Ludwigs heutzutage, hatte es dem König vor allem angetan, weil sie ihm begeistert und offensichtlich talentiert Wagner-Arien vorsang. Ein ausgedehnter Briefverkehr folgte. Nach ein paar Monaten wollten trotz aller Wagner-Schwärmerei Sophie, noch mehr aber ihre Eltern wissen, wie es denn um eine mögliche Heirat stehe. Dieses profane Ansinnen erwischte Ludwig kalt. »Rein geistige Beziehungen« seien, was ihn mit Sophie verbinde. »Bei den meisten jungen Leuten mischt sich Sinnlichkeit in ihre Neigung zum anderen Geschlecht, das verdamme ich«, hatte er einmal Minister von der Pforten anvertraut. Diese Sünde wollte er nun wirklich nicht begehen.

In einem Abschiedsbrief bedeutete er der armen Sophie, dass ihre Ehe immer eine tragische Menage á trois, rein geistig, versteht sich, gewesen wäre. »Du weißt, dass ich nicht viele Jahre mehr zu leben habe, wenn Er dahin ist, der treu geliebte Freund, ja dann ist auch meine Zeit aus, dann darf ich nicht länger mehr leben. Der Hauptinhalt Unseres Verkehrs war stets, Du wirst mir bezeugen, R. Wagners merkwürdiges, ergreifendes Schicksal.« Sophie war wenig angetan, nur als Vehikel für Ludwigs Wagner-Manie zu dienen. Sie brach zusammen.

In einer Anwandlung von Zerknirschung und Ritterlichkeit entschloss sich Ludwig, Sophie jetzt doch zu lieben: »Die Knospe, die unbewusst in meiner Seele keimte, ist aufgegangen, ist Liebe zu dir … Willst Du meine Gattin werden?« Sie wollte noch immer. Er verlobte sich mit ihr. Den Hochzeitstermin aber verschob er dann mehrmals. Schließlich stellte ihm Herzog Max, der Brautvater, ein Ultimatum für das Jahresende 1867. Ludwig hielt das für unerträglich und, Skandal! Skandal!, entlobte sich. Er schrieb Sophie einen unendlich langen, etwas wirren Brief mit der Kernaussage: »Treue Bruderliebe zu Dir wurzelt tief in meinem Herzen, nicht aber die Liebe, die zur Vereinigung in der Ehe erforderlich ist.« In seinem Tagebuch atmete er auf: »Sophie abgeschrieben.

Kaiserin Sisi

»Rose vom Baierland / Just im Erblüh'n / Sollst nun am Donaustrand / Duften und glüh'n.« So enthusiastisch begrüßte ein Habsburger Hofpoet die 16-jährige bayerische Herzogstochter Elisabeth aus einer Wittelsbacher Seitenlinie, damals von ihrer Verwandtschaft »Sisi« und heute von der ganzen Welt wegen der höchst populären Filme mit Romy Schneider und Karlheinz Böhm fälschlich »Sissi« genannt.

Am 24. April 1854 fand die Märchenhochzeit mit dem österreichischen Kaiser Franz Joseph statt – dynastisch ein Erfolg, emotional ein Missverständnis. Der penible, phantasiearme, fleißige Franz Joseph liebte seinen »Engel Sisi«, aber er verstand seine Gemahlin nie. Sie gebar ihm pflichtschuldig vier Kinder, doch am steifen österreichischen Hof fühlte Sisi sich wie »in einem Kerker«. Sensibel, übernervös und selbstverliebt entfloh sie mit zunehmender Konsequenz dem Hofzeremoniell und Franz Joseph.

Ruhelos reiste die Kaiserin ohne ihren Gatten durch Europa und Nordafrika, schwärmte einmal von Madeira, dann von Korfu, dann wieder von den Bergen und Seen der Schweiz. Sie begeisterte sich für Ungarisch – und, in Ehren, den ungarischen Freiheitshelden Graf Andrássy. Sie lernte die Sprache fast perfekt, später stürzte sie sich mit demselben Enthusiasmus auf Neugriechisch. In Heinrich Heine sah sie eine verwandte Seele, schrieb Gedichte in seinem Stil und glaubte, bei spiritistischen Sitzungen mit dem verstorbenen Dichter in innigen Dialog treten zu können.

»Wolkenkraxeleien«, sagte Franz Joseph, der am liebsten über Akten saß, mit hilflosem Kopfschütteln zu den Eskapaden seiner Frau. Ein weiterer enger Seelenverwandter der Kaiserin war ihr Cousin Ludwig, König von Bayern, der wie sie der Realität entschwebte. Sie nannte den acht Jahre jüngeren Ludwig in einem Gedicht »Adler«, er sie »Möwe«. Beide waren sich in ihrer Ablehnung triebhafter Sinnlichkeit einig. Niedere amouröse Abenteuer passten nicht in ihre phantasiegeschwängerte Welt.

Für den europäischen Hochadel war es aber schon Skandal genug, dass sich Franz Josephs Frau mit kleinem Gefolge in der Welt herumtrieb, in England und Irland an Jagdrennen über Stock und Stein teilnahm und sich in Heidelberg Fechtunterricht geben ließ. Eine Kaiserin im Damensattel! Eine Kaiserin auf dem Paukboden!

Und eine Kaiserin, der ihre pure Schönheit wichtiger war als imperiale Insignien. Jeden Tag ließ sich Sisi stundenlang ihr üppiges kastanienbraunes Haar kämmen, das offen bis zu den Fersen reichte. Sie hungerte bis hin zur Magersucht für ihre Wespentaille, lebte manchmal nur von einer Orangendiät und wog bei 1,72 Meter Größe stets unter 50 Kilo. Da ihre Zähne nicht perfekt waren, lächelte und redete sie meist mit halb geschlossenem Mund. Als die Jahre an ihrer Schönheit nagten, verbarg sie ihr Gesicht meist hinter einem Schleier, Fächer oder Schirm.

Nach dem Selbstmord ihres einzigen Sohnes Rudolf auf Schloss Mayerling im Januar 1889 zog sich die 51-jährige Sisi auf die Rolle der trauernden Mutter zurück. »Sie neidet Rudolf den Tod und ersehnt ihn Tag und Nacht«, notierte Marie Valerie, die Lieblingstochter der Kaiserin. Noch unsteter als zuvor trieb es Sisi – von nun an ganz in Schwarz – von Ort zu Ort. Marie Valerie im Frühjahr 1898: »Die tiefe Traurigkeit, die Mama früher doch nur zeitweilig umfing, verlässt sie jetzt nie mehr.« Am 9. September 1898 erstach Luigi Lucheni mit einer scharf geschliffenen Feile die 60-jährige Kaiserin in Genf, als sie auf dem Weg zu einem Fährboot war. Der italienische Anarchist wollte als Schrecken der Hocharistokratie Aufsehen erregen.

◆◆

Das düst're Bild verweht; nach Freiheit verlange ich, nach Freiheit dürstet mich, nach Aufleben nach qualvollem Alp.« Der treu geliebte Freund hatte ihn wieder ganz für sich allein. Mit Frauen war Ludwig endgültig durch, vom Briefverkehr mit ein paar schönen weiblichen Seelen mal abgesehen.

Vier Jahre nach Abschluss des preußisch-bayerischen Bündnisses trat der Ernstfall ein. Frankreich geriet mit Preußen wegen der spanischen Erbfolge aneinander. Der vakante Thron in Madrid sollte auf spanischen Wunsch an eine Seitenlinie der Hohenzollern gehen. Frankreichs Kaiser Napoleon III., ein Neffe des ersten Napoleon, fürchtete, von zwei Reichen der Hohenzollern in die Zange genommen zu werden, und protestierte beim preußischen König.

Mit der berühmten Emser Depesche verschärfte Bismarck den Konflikt so heftig und beleidigend, dass Frankreich Preußen am 19. Juli 1870 den Krieg erklärte. Bismarck verstand meister-

haft, die Franzosen in der öffentlichen Meinung als die Aggresso-
ren dastehen zu lassen und den Krieg zu einem gesamtdeutschen
Anliegen umzudeuten. Im Einklang mit seinem Kabinett und der
öffentlichen Meinung sagte Ludwig, wie alle anderen deutschen
Fürsten, Preußen Waffenhilfe zu. »Zum Wohle Deutschlands
und zum Heile Bayerns.« Mit der Absicht, wie er später erklärte,
durch erwiesene Bündnistreue den unverlierbaren Anspruch auf
Bayerns Selbstständigkeit erworben zu haben.

Der Krieg, in dem das bayerische 55 000-Mann-Heer tapfer
kämpfte, endete mit einer totalen Niederlage Frankreichs. Den
Sieg der vereinigten deutschen Streitmacht nutzte Bismarck als
politischen Hebel: »Kaiser und Reich müssen die Folge dieses
Krieges sein.« Selbst im weiß-blauen Bayern gewannen im allgemeinen Siegestaumel deutschnational gesinnte Kräfte die Oberhand. Ludwig war hin und her gerissen zwischen königlich-bayeri-
schem Souveränitätsanspruch und Einsicht in die normative Kraft
des Faktischen. Der Sog der preußischen Reichspolitik schien ihm
zu seinem Leidwesen unwiderstehlich. Und Bismarck hofierte ihn
väterlich. Nicht ohne Hintergedanken: Wenn der größte deutsche
Staat, nach Preußen, in der Kaiserfrage aktiv würde, hätte das Sig-
nalwirkung für alle Zauderer.

Von Zahnschmerzen geplagt, schickte Ludwig aus Hohenschwangau Anfang Dezember 1870 den berühmten »Kaiserbrief«
nach Versailles und trug König Wilhelm von Preußen die Krone
eines wiedererstandenen Deutschen Reiches »auf Grund der Ei-
nigung der Fürsten an«. Sein jüngerer Bruder Otto, der später
unheilbar geisteskrank wurde, zu diesem Zeitpunkt aber noch bei
klarem Verstand war, hatte ihm flehentlich abgeraten: »Wie kann
es denn für einen Herrn und König eine zwingende Gewalt geben, seine Selbstständigkeit dahinzugeben und außer Gott noch
einen Höheren über sich anzuerkennen?« Ludwig verteidigte seinen Schritt: »Auch mir war das Opfer im vollsten Sinn des Wortes ein entsetzliches! … Ich habe nur aus politischer Notwendigkeit mit innerstem Widerstreben so gehandelt.« Im Spiegelsaal
zu Versailles wurde am 18. Januar 1871 der Hohenzoller Wilhelm

zum »Deutschen Kaiser« ausgerufen. Ludwig blieb Preußens Erhöhung, lieber vor sich hinbrütend, fern. Zeitweise dachte er wieder ans Abdanken.

Im Bayerischen Landtag wurde die Reichsverfassung drei Tage später, ganz knapp mit nur zwei Stimmen über der erforderlichen Zweidrittelmehrheit, angenommen. Einige Sonderrechte, mehr, als Bismarck sie jedem anderen der 25 deutschen föderativen Staaten zugestand, sollten dem Königreich die bittere Pille Souveränitätsverlust versüßen. Bayern durfte den Oberbefehl über sein Heer behalten, allerdings nur in Friedenszeiten. Post und Eisenbahn standen unter eigener Verwaltung, die Schnaps- und vor allem die Biersteuer blieben Landessache, man konnte weiter Gesandte – wozu genau? – hinaus in die Welt entsenden. (Bis 1934 schickte Bayern, wie schon einmal erwähnt, einen eigenen Vertreter an den Heiligen Stuhl.)

So konnte man noch ein bisschen Selbstständigkeit spielen. Allerdings war das bayerische Königreich, als eigenständige Macht im deutschen Kaiserreich, nur noch ein schwacher Abglanz von dem Bayern, das im frühen Mittelalter bis an die Adria und die Puszta gereicht, mit Kaiser Ludwig über ganz Deutschland geherrscht, unter Kurfürst Maximilian das Reich für den Katholizismus gerettet und zur Napoleonzeit immerhin im europäischen Kräftespiel mitgemischt hatte. Jetzt war man als bayerischer Herrscher zum Flügeladjutanten Preußens degradiert.

Der wegen Wagners Vertreibung in Ungnade gefallene ehemalige Vorsitzende des Ministerrats von der Pfordten klagte nach der Abstimmung: »Heute haben die Abgeordneten Bayerns ihren König und ihr Land unter die preußische Militärherrschaft mediatisiert. Finis Bavariae.« Ludwig II. wütete in privaten Briefen über die »räuberische Hohenzollern Bagage« und das »unselige Kaiserthum, das allen richtig denkenden deutschen Fürsten ein Gräuel sein muss und das leider nicht fernzuhalten war«.

Zu seinem Glück geriet keines dieser Frustrationsschreiben in preußische Hände. Sonst hätte Väterchen Bismarck wohl die sechs Millionen Reichsmark zurückgehalten, die er Ludwig zur

Belohnung für seine Dienste als Steigbügelhalter nach und nach aus dem »Welfenschatz« der entthronten Könige von Hannover zukommen ließ. Dieses Schmiergeld brauchte Ludwig dringend. Er hatte 1868 begonnen, Königsschlösser in die schöne Voralpenlandschaft zu setzen. Jetzt, wo ihm sein Reich von dieser Welt, nach der Machteinbuße, noch trivialer und vulgärer vorkam, wollte er sich erst recht seine Phantasiewelten schaffen, »Paradiese, wo mich kein Erdenleid erreichen soll«.

Mit dem Bau der berühmt-berüchtigten Schlösser Neuschwanstein, Linderhof und Herrenchiemsee mauerte sich Ludwig buchstäblich im Irrealen ein. Auch die Wittelsbacher vor ihm hatten eifrig gebaut: barock, klassizistisch, hellenisierend und neugotisch. Ihre Prachtbauten waren aber bewusst auf Außenwirkung angelegt: Steinerne Zeugnisse der Macht, die bei den Untertanen Ehrfurcht und Bewunderung erregen sollten. Ludwigs Vater Maximilian II. hatte sein Schloss Hohenschwangau noch ausdrücklich zur Besichtigung fürs Volk frei gegeben. Ludwig reservierte seine Schlösser ebenso ausdrücklich nur für sich und seine Träume. Das gemeine Leben hatte hier nichts zu suchen. »Der Blick des Volkes würde sie (die Schlösser) entweihen, besudeln«, gab Kabinettssekretär Ziegler 1886 einen Ausspruch des Königs zu Protokoll.

Nach 1871 entzog sich Ludwig noch mehr als bisher schon. In München ließ er sich während der in der Verfassung festgeschriebenen Anwesenheitspflicht von zwei Monaten pro Jahr kaum noch sehen. Am liebsten überbrückte er die Zeit durch Separatvorstellungen im Hoftheater für sich ganz allein oder einen kleinen Kreis Auserwählter. Bis zu seinem Tod kam er auf 209 dieser Exklusivaufführungen von Dramen und Opern. Dass Wagners Werke die meistgespielten Stücke waren, wird nicht sonderlich überraschen.

Die Kunst des Meisters liebte und verehrte er noch immer glühend. Seit er jedoch von Wagners niederer, sinnlicher Liebe zu Cosima erfahren hatte, war seine Anbetung des Gottmenschen etwas weniger inbrünstig. Immerhin aber gewährte er großzügig ein Darlehen von 400000 Mark für den Bau des Bayreuther Festspielhauses. Dort haben bis heute Wagners Werke das Monopol, was wegen Wotan, Woglinde und Co. zunehmend Inszenierungsprobleme schafft. Als Wagner 1883 in Venedig einem Herzleiden erlag, meldete der erschütterte Ludwig Besitzrechte an: »Die Leiche gehört mir. Ohne meine Verordnung soll wegen der Überführung in Venedig nichts geschehen.« Der feierlichen Beisetzung in Bayreuth aber blieb er fern, Graf Pappenheim vertrat ihn offiziell. Den Sarg durfte laut königlichem Befehl nur der Kranz Ludwigs schmücken, alle anderen Trauergebinde wurden in die zweite Reihe verbannt.

Ludwig verkroch sich die meiste Zeit des Jahres auf seine Schlösser oder auf einsame Berghütten. Mit seinen Ministern verkehrte er fast nur noch schriftlich. Zugang zu ihm hatte lediglich sein geplagter engster Hofstaat. Da der König ein ausgesprochener Nachtmensch war – das Abendessen nahm er erst gegen sechs oder sieben Uhr morgens ein –, wurde auch für sie häufig die Nacht zum Tage. Die Bayern, das »unzweifelhaft königstreueste Volk Europas«, so ein preußischer Diplomat, hatten schon zu Beginn von Ludwigs Regierungszeit die viel zu seltenen repräsentativen Auftritte ihres schönen jungen Herrschers bedauert. Sie schätzten Landesväter zum Anfassen wie Maximilian II. Im Lauf der Jahre verstummten die Klagen. Man hatte sich resignierend an den Schattenkönig gewöhnt. Ludwig verschwand als reale Figur zunehmend aus dem öffentlichen Bewusstsein.

Auch wenn der König isoliert in höheren Sphären schwebte, ging ihm der Kontakt zur Realität bis zum Schluss nicht völlig verloren. Immerhin verschliss er im Lauf seiner Regierungszeit sechs Ministerpräsidenten, von politischer Apathie kann man da nicht sprechen. Er unterschrieb Tausende von Dekreten, verlangte schriftlich von seinen Ministern Erklärungen bis ins Detail und entschied selbst in kleinsten Angelegenheiten: So lehnte er einen Helm für die bayerische Infanterie ab, da er ihm der verhassten preußischen Pickelhaube zu ähnlich schien. Glücklich machte ihn das Regierungsgeschäft nicht, doch was blieb ihm anderes übrig, als sich immer wieder »herabziehen lassen zu müssen in den Strudel der Alltagswelt, die mich anwidert, selbst wenn ich für sie sorgen muss« (Brief an Wagner 1872).

Seine gesamte Regierungszeit hielt er an liberalen, leicht kirchenfeindlichen Ministerien fest. Das hatte weniger mit liberaler Gesinnung oder mit Kirchenferne zu tun als mit Ludwigs Verteidigung der gottgewollten Autorität des Königs und seiner Hoheitsrechte. Im Landtag hatte die stockkatholische Patriotenpartei die Mehrheit. Um ganz klarzumachen, dass nicht eine parlamentarische Mehrheit, sondern allein er, der König, die Regierung bestimmte, übertrug er durchgehend Gegnern der Patrioten aus dem liberalen Lager die Regierungsgeschäfte.

Ähnlich lagen die Dinge in der Kirchenpolitik. Anders als in Preußen, wo unter Bismarck ein säkularer, protestantisch geprägter Staat im »Kulturkampf« erbittert gegen einen von Rom gesteuerten Katholizismus anging, kämpfte der Katholik Ludwig nicht gegen die Kirche an sich. Er wandte sich aber mit Erfolg gegen Versuche des seit 1870 per Dogma unfehlbaren Papstes Pius IX., im Zug des päpstlichen Kreuzzugs gegen den Liberalismus ihm die Herrscherrechte zu beschneiden. Vor allem das alte Privileg der bayerischen Könige auf die Ernennung der Bischöfe gab Ludwig nicht aus der Hand.

»Epigonalen Absolutismus« bescheinigt Christof Botzenhart dem vorletzten Wittelsbacher König, der im falschen Jahrhundert regierte. »Die Krone soll für des Volkes Heil sorgen, nicht aber ihre geheiligten Rechte mit meuterischen, aller Unterwürfigkeit, allen Gehorsams baren Untertanen teilen«, schrieb Ludwig 1870 seinem Kabinettssekretär. Unglücklicherweise gab es da eine bayerische Konstitution und seit 1871 obendrauf auch noch eine Reichsverfassung. Das setzte herrscherlicher Allmacht im wahren Leben gewisse Grenzen. Aber es gab ja noch die andere Welt jenseits der Grenze. Dort konnte man noch richtig König sein.

Bei seinem ersten Stein gewordenen Traum Neuschwanstein ließ Ludwig sich völlig von seiner Wagner-Vergötterung inspirieren. Die paar Türmchen, Erker und Rundbogen zu viel erinnern mehr an das Bühnenbild einer Gralsburg als an eine echte Burg der Ritterzeit, prägen aber vor allem dank Walt Disney bis heute das amerikanische Bild vom Mittelalter. Im Innern ehrten gemalt, gegossen oder gemauert Tristan und Isolde, Lohengrin und sein unvermeidlicher Schwan oder die bläulich leuchtende Venusgrotte Tannhäusers – mit einem erstaunlich prosaischen Bierfass zum königlichen Gebrauch anstelle des Liebeslagers – die Kunstwelt des großen Meisters. (Kurz vor dem Ersten Weltkrieg notierte Arthur Schnitzler: »Schloss Neuschwanstein. Was für ein Gemisch von Snob und Schmock und Naivling, dieser wahnsinnige Ludwig. – Gegend so schön; Schloss (innen) unerträglich.« Im Jahr 2011 haben fast 1,4 Millionen zahlende Besucher das unerträgliche Schloss besichtigt.)

Mit zunehmender Isolation nahm in Ludwigs Gemüt die Wahnidee eines königlichen Absolutismus mehr und mehr Raum ein. Dabei gab es in Bayern inzwischen ein paar Tausend Kilometer Eisenbahnstrecke. Vor allem Nürnberg und Augsburg entwickelten sich zu bedeutenden Industriestandorten. In Nürnberg stellte die Firma Schuckert »Dynamomaschinen« in großem Stil her, die den Siegeszug der Elektrizität einleiteten. Linde in Augsburg belieferte die bayerischen Brauereien mit elektrisch betriebenen Kälteaggregaten, die bedauerliche Abhängigkeit der Bierproduktion vom launischen Rohstoff Natureis hörte auf. Ebenfalls aus Augsburg kamen leistungsfähige Rotations-Druckmaschinen. Krauss-Maffei in München produzierte bis 1886, Ludwigs Todesjahr, 1800 Dampflokomotiven.

In diesem Bayern an der Schwelle der industriellen Revolution, des Kapitalismus und der Arbeiterbewegung gefiel sich Ludwig ganz exklusiv als Wiedergeburt des französischen Sonnenkönigs. Das Rokoko-Schlösschen Linderhof am Alpenrand, das programmatisch eine Reiterstatue Ludwigs XIV. zierte, und noch mehr das monumentale, nie ganz vollendete Herrenchiemsee mit dem Versailles exakt nachgebauten Spiegelsaal waren Ausdruck seines schon zitierten »epigonalen Absolutismus«, der den Kontakt nach draußen ganz bewusst ablehnte. Nicht zufällig liegt Herrenchiemsee ganz für sich allein auf einer Insel.

Grenzgänger Ludwig sah jedoch zwischen Allongeperücke und Elektrizität keinen Widerspruch, solange der technische Fortschritt den Glanz seiner Herrschaft stärkte. Bei seinen berühmten nächtlichen Schlittenausfahrten ritten phantastisch gewandete Lakaien voraus, doch den vergoldeten Schlitten beleuchtete ein batteriegespeistes, elektrisches Licht. Auch die verschiedenen Grotten in den verschiedenen Schlössern waren elektrisch blau oder rot beleuchtet, ein dampfgetriebener Dynamo von Schuckert sorgte dafür. Moderne Stahlträger stützten die Gewölbe. Tropfsteine waren aus dem neuen Werkstoff Zement gefertigt. Es gab fließendes, heißes Wasser, Warmluftheizungen und als Höhepunkt der Modernität zwei Telefonanschlüsse im dritten und vierten Stock der trutzigen Burg Neuschwanstein (wenn auch noch ohne Fernverbindung zu Richard Wagner).

Mit Dienern, die sich nur gebückt nähern durften, umgeben von Pfauen und Schwänen, die er gerne selbst gedankenverloren fütterte, mit Gondelfahrten auf künstlichen Seen, angetan mal mit einer Ritterrüstung, dann mit einem wallenden blauen Königsmantel, wie einst Ludwig XIV. ihn getragen hatte, lebte Ludwig, das äußerte er dem Schriftsteller Felix Dahn gegenüber, »die Poesie des Königtums«. Sein Rollenspiel ging so weit, dass stets für vier Personen gedeckt werden musste, obwohl Ludwig allein speiste. Dinner for One: Bei seinen einsamen Mahlzeiten trank der König Personen aus der Zeit des Ancien Régime wie etwa »Madame Pompadour, der Maintenon oder der Dubarry zu und führte Gespräche mit ihnen«.

War Ludwig sich bewusst, Sonnenkönig in seiner selbst gewählten Einsamkeit nur zu spielen? Akzeptierte er die Realität des bürgerlichen Jahrhunderts da draußen letztendlich, auch wenn er sie verachtete und hasste? Es scheint, dass er manchmal sogar glaubte, das Rad der Zeit tatsächlich zurückdrehen und als absoluter Herrscher regieren zu können. Über Jahre investierte Ludwig in die Vorbereitung eines Geheimbunds »Die Coalition«, um »in Bayern das absolute Regierungssystem wieder herzustellen«. Je mehr Macht der König habe, umso besser für seine Untertanen.

Ludwig: »Das Prinzip der Volksautorität, das sich immer mehr ausbildet und mit seiner Galle alles begeifert, muss ausgerottet werden, damit nach und nach das der absoluten Monarchie an dessen Stelle gesetzt werden kann.« Zur Umsetzung des kühnen Vorhabens kam es allerdings nie.

Ebenso verwegen war der Plan, anstelle von Bayern ein Reich irgendwo auf dem Globus zu erwerben, wo man dann ohne Preußen, ohne Parlament, Pressefreiheit und sonstige lästige Hemmnisse schön absolut regieren könne. Ein Emissär wurde 1873 und 1875 auf zwei Weltreisen geschickt. Er kam mit phantastischen Vorschlägen zurück. Afghanistan, Samoa, Somalia, Mallorca, die Kanaren, die westafrikanische Moskitoküste standen unter anderem auf der Liste. Der Hofsekretär Bürkel hatte zu tun, dem König jedes dieser Neubayern auszureden. Samoa zu dünn besiedelt, Somalia von einer »rachsüchtigen Bevölkerung« bewohnt, Afghanistan klimatisch angenehm, doch kulturlos und muselmanisch, Moskitoküste, schon der Name nennt das Unheil, Mallorca oder die Kanaren, womöglich kaufbar, da Spanien nahe der Pleite, doch den Preis von mindestens 50 Millionen, wer soll den bezahlen? Nicht zu vergessen die übrigen europäischen Mächte, Gott weiß, wie die reagierten? Majestät möge die Finger davon lassen, empfahl Bürkle untertänigst, und immer daran denken, »dass es kein Land der Erde gibt, wo das dynastische Gefühl so tief verwurzelt, wo die Anhänglichkeit an den Landesherrn so fest steht, als Bayern«. Majestät nahm Abstand.

Vom Gefühl seiner gottgegebenen Majestät war Ludwig II. tief durchdrungen. 1875 tadelte er seinen gleichaltrigen Vetter Ludwig wegen dessen saloppen Benehmens: »Durchlauchtigster Fürst! Wie schon früher habe ich auch bei Gelegenheit des jüngsten Besuches Eurer Königlichen Hoheit und Lieben bemerkt, dass dieselben mit Mir in einem zu freien und die verwandtschaftlichen Beziehungen unpassend hervorkehrenden Ton sich bewegen, wie solcher vor dem Könige nicht angemessen erscheint.« Ironie der Geschichte: Der so Gerüffelte saß 37 Jahre später als letzter Wittelsbacher selbst auf dem bayerischen Thron.

Schon früh hatte Ludwig sich einen von Ludwig XIV. inspirierten gestelzten »Königsschritt« angelernt. Seine Umgebung sah diese royalen Gehversuche mit unterdrücktem Grinsen: »Es sprach diese Gangart aller Natur Hohn. Weit ausschreitend warf er seine langen Beine von sich, als ob er sie von sich schleudern wolle, und trat dann mit dem Vorderfuß auf, als wolle er mit jedem Schritt einen Skorpion zermalmen. Dabei streckte er den Kopf ruckweise seitwärts und senkte ihn dann automatenhaft auf die niedere Erde herab.«

In der Jugend hatte die strahlende Schönheit des Monarchen seine Sonderlichkeiten für die Umwelt mehr als kompensiert. Jetzt, wo er sich den Vierzigern näherte, ging dieses Plus verloren. Der 1,90 Meter große König verfettete zusehends. Er wog weit über 100 Kilo, hatte enorm dicke Oberschenkel und eine »Wampn«, wie der Bayer sagt. Sein Gesicht war aufgedunsen, sein Gebiss ein Desaster. Weil ihm die Vorderzähne fehlten, sprach er oft mit zusammengepressten Lippen. So wurden seine unverständlichen Anweisungen noch unverständlicher.

Immer seltener fand er aus dem Reich seiner Phantasie in die Realität zurück. Das Geld, das ihm aus der »Zivilliste«, dem Budget für die königlichen Privatausgaben, zur Verfügung stand, war längst aufgebraucht. Die Schulden häuften sich, doch neben den drei Schlössern im Bau errichtete Ludwig unbeirrbar Luftschlösser: eine gigantische Burg Falkenstein spukte durch seinen Kopf, gegen deren Entwurf Neuschwanstein wie ein bescheidenes Schlösschen wirkt, oder ein riesiger byzantinischer Palast am Alpenrand. Ludwig erwog, das byzantinische, vielleicht sogar das chinesische Hofzeremoniell mit Niederknien und Sich-auf-den-Boden-Werfen einzuführen. Er ließ in Neuschwanstein ein Verließ im Stil des Mittelalters – eiserne Ketten, ein Lager aus Stroh, ein irdener Wasserkrug – für unbotmäßige Diener einrichten. Den Befehl zur Bestrafung nahm das Hofpersonal pflichtschuldigst entgegen, führte ihn dann aber nie aus.

Der Personenkreis, der den König persönlich erreichte, schrumpfte immer mehr und bestand am Schluss nur noch aus seiner direkten Dienerschaft. Selbst der Kabinettssekretär wurde nicht mehr vorgelassen. Ludwig soll sogar seinem Friseur die Aufgabe übertragen haben, geeigneten Ersatz für in Ungnade gefallene Minister zu suchen. »Sehr häufig gehe aber seine Majestät auch zu Gewalttätigkeiten über, schlage und stoße die Dienerschaft mitunter sogar blutig«, bezeugte ein Lakai. Und die Schulden wuchsen weiter. Denn der König war unter keinen Umständen bereit, auf seine, wie er sagte, »Hauptlebensfreude«, das Bauen, zu verzichten. Lieber wolle er sich töten oder das »schändliche Land« verlassen und Herrenchiemsee in die Luft sprengen.

Als Anfang 1886 Ludwigs ungedeckte Ausgaben an die 20-Millionen-Grenze herangingen, waren Regierung und Parlament nicht mehr bereit, seine Bauwut mitzutragen. Vernünftiges Regieren schien ihnen mit einer Majestät nicht länger möglich, die sich versteckte und in eine Traumwelt verirrte. Außerdem machten böse Anspielungen auf das »Anderssein«, sprich die Homosexualität, Ludwigs die Runde. Die ersten Gerüchte, der Ministerrat wolle den König zur Abdankung zwingen, kamen auf.

Die Regierung, die seit 1880 vom gewiegten Juristen Johann von Lutz geleitet wurde, fühlte bei Prinz Luitpold, Ludwigs Onkel, vor, ob er die Regentschaft übernehmen würde. Luitpold zögerte, ohne ein ärztliches Gutachten, das seinen Neffen explizit für geisteskrank erkläre, würde er sich wie ein Verräter fühlen. Lutz beschloss, ein Gutachten einholen zu lassen. Er beauftragte Professor Dr. Bernhard von Gudden, eine anerkannte Koryphäe der Psychiatrie, aber auch ein guter Bekannter des Ministerpräsidenten. Der Professor bekam Ludwig nie zu Gesicht. Er stützte sich nur auf die Aussagen Dritter über Ludwigs Benehmen und auf dessen persönliche Krankheitsgeschichte sowie die seiner Familie: Ludwigs Bruder Otto, auch er ein Patient Guddens, war seit 1875 geistesgestört und entmündigt.

Ludwig erfuhr nicht einmal, dass die Wissenschaft über ihn zu Gericht saß. Vier weitere Nervenärzte studierten bei einer vierstündigen Sitzung mit Gudden dessen Gutachten und kamen sehr, sehr schnell allein durch die Lektüre zum gleichen Ergebnis wie

Gudden: Der König leide an Paranoia und sei unheilbar geisteskrank. Am 9. Juni 1886 stellte die Ministerialkonferenz ohne förmlichen Beschluss die Regierungsunfähigkeit und Entmündigung des Königs fest. Prinz Luitpold trat die Regentschaft an. Nominell wurde der geisteskranke, weggesperrte Otto jetzt bayerischer König, ohne jemals zu regieren. Er blieb es bis 1913.

Bis heute wird heftig über den Wert von Guddens Befund diskutiert. War es ein Gefälligkeitsgutachten Guddens für den Spezi Lutz? Forcierte Lutz den Entmündigungsprozess, um sein Amt zu retten, das er wohl los gewesen wäre, hätte Ludwig sich halten oder in Würde abdanken können? Bismarck meinte aus der Ferne, exakt aus diesem Grund habe die Regierung Lutz König Ludwig »geschlachtet«. Ein großer Teil der Psychiatrie unserer Tage hält Guddens Gutachten für wissenschaftlich unsauber, einseitig und übertrieben, die Diagnose Paranoia schlicht für falsch. Andererseits räumt auch die Fraktion Pro-Ludwig ein, dass der König die Grenze normalen, rationalen Verhaltens weit überschritten hatte, selbst wenn er nicht geisteskrank im klinischen Sinn war. So wie der »Weltenrichter« konnte das Oberhaupt einer konstitionellen Monarchie im ausgehenden 19. Jahrhundert nicht regieren.

Die letzten drei Tage im Leben des Märchenkönigs würden einer Posse gleichen, hätten sie nicht ein tragisches Ende. Zwei Anläufe musste die Kommission unter Professor Gudden machen, den König aus Neuschwanstein an einen sicheren Ort zu bringen. Beim ersten Mal hatten sie im frühen Morgengrauen Glück, mit dem Leben davonzukommen. Der alarmierte Ludwig ließ die Herren aus München durch die ahnungslose örtliche Gendarmerie festnehmen, befahl, sie zu fesseln, und drohte, ihnen die Augen ausstechen zu lassen. Beides erfolgte nicht, doch in der bekannt unverbrüchlichen Königstreue rottete sich das Landvolk von Schwangau vor dem Schloss bedrohlich zusammen – während Ludwig in München nur noch eine halb vergessene Erinnerung war, gab er hier durch seine exzentrischen Ausfahrten Stoff zum Träumen und durch seine kostspielige Bautätigkeit Lohn und Brot.

Leicht verstört zog sich die Kommission unverrichteter Dinge nach München zurück. Der nächste Versuch zwei Tage später war erfolgreich. Inzwischen hatte Luitpold offiziell die Regentschaft übernommen. Ludwig war kein König mehr. Diesmal wusste die Gendarmerie Bescheid. Gudden eröffnete dem angetrunkenen Ludwig in seinem Schlafzimmer: »Majestät sind von vier Irrenärzten begutachtet worden, und nach deren Ausspruch hat Prinz Luitpold die Regentschaft übernommen.« Mit ehrerbietiger Unerbittlichkeit forderte der Arzt Ludwig auf, mit ihm die Kutsche nach Schloss Berg am Starnberger See, seinem zukünftigen Aufenthalt, zu besteigen. »Wie können Sie mich für geisteskrank erklären, Sie haben mich ja vorher gar nicht angesehen und untersucht«, war die Antwort. Dies sei ein »Komplott« und Luitpold kein Prinzregent, sondern »ein Prinzrebell«, doch der Patient, der Ludwig jetzt nur noch war, fügte sich.

Auf Schloss Berg war alles schon vorbereitet, bis hin zu Löchern in den Türen der königlichen Gemächer, um den Patienten beobachten zu können. Professor Gudden inspizierte den Schlosspark, er wollte Sicherheitsrisiken für den Kranken ausschließen. Der Professor befürchtete Selbstmordabsichten bei Ludwig, der ja so häufig vom Suizid gesprochen hatte. Wagner hatte er nicht überleben wollen, ebenso wenig den Verlust von Bayerns Souveränität und jetzt schon gar nicht die Schmach, als Wahnsinniger behandelt zu werden.

Am regnerischen Abend des 13. Juni 1886 traf Ludwig nach einem üppigen Mahl mit Bier, fünf Gläsern Wein und zwei Gläschen Arrak Professor Gudden zu einem schon am Mittag vereinbarten Spaziergang im Park. Als die beiden nach zwei Stunden noch nicht zurück waren, begann man sie zu suchen. Erst wurden der »Hut des Königs mit der Diamantagraffe«, dann sein Rock und schließlich beide Regenschirme am Seeufer gefunden. Gegen 23 Uhr entdeckte man von einem Kahn aus die beiden Leichen nur 16 Meter vom Ufer entfernt im Wasser treibend, Ludwig in Hemdsärmeln, der Arzt im Mantel.

Die Dynamik der Tragödie treibt bis heute die Gemüter um, »Historiker und Hysteriker«. Die unvermeidlichen Verschwörungstheorien blühen, vom Killer mit einem Luftgewehr bis zum Doppelselbstmord durch Chloroform. Am wahrscheinlichsten scheint, dass der König, ein ausgezeichneter Schwimmer, über das Wasser fliehen wollte. Der 65-jährige Arzt versuchte, ihn daran zu hindern, wurde vom viel größeren und kräftigeren Ludwig niedergerungen, unter Wasser gedrückt und ertrank. Ludwig erlitt einen Schock, starb an Herzversagen oder suchte den Freitod, nachdem ihm bewusst wurde, was er angerichtet hatte.

Gegen Ende der Trauerfeier für den toten König in der Münchner Michaelskirche eine Woche später zogen laut einem Zeitungsbericht dunkle Wolken auf. »Angesichts der hocherschreckten Menge auf der Straße fuhr eine mächtige Feuergabe, ein Blitz herab auf die St. Michaelskirche, dem ein entsetzlicher Donnerschlag folgte. Der Blitz hatte nicht gezündet, nur einige Leute an die Mauer der Kirche geschleudert. Das war das himmlische Finale zu dem irdischen Trauerakt.« Und zu einem fast außerirdischen Leben. Noch im Jahr von Ludwigs Tod wurden Neuschwanstein, Linderhof und Herrenchiemsee für das Publikum geöffnet.

Wittelsbachs Abendrot

Was nach dem Märchenkönig folgte, war die »gute, alte Zeit«. Und ihr Gesicht war Prinzregent Luitpold, nach Ludwig II. der populärste Herrscher des Königreichs Bayern, obwohl er nie eine Krone trug. Gegensätzlicher können Berühmtheit und Verklärung kaum zustande kommen: Hier das »ewige Rätsel« Ludwig, der gerade wegen seiner Ent- und Verrücktheit die Menschen faszinierte und noch immer fasziniert, mehr Mythos, mehr Legende als Person aus Fleisch und Blut. Da der bodenständige Luitpold, in Aussehen und Benehmen, von ein paar vererbten herrscherlichen Privilegien mal abgesehen, so deckungsgleich mit seinen treuen Untertanen, dass sie ihre Welt in ihm verkörpert sahen und ihn dafür liebten. Bis zu seinem Tod im Jahr 1912 repräsentierte Luitpold als »Reichsverweser« 26 Jahre das Königreich Bayern und eine Epoche, die dann nach den Schrecken des Ersten Weltkriegs im allgemeinen Bewusstsein zur Idylle überhöht wurde. Als weiß-blaues Klischee hat sie bis heute überlebt.

Luitpold begann nicht als Liebling des Volkes. Man verdächtigte den immerhin schon 65-jährigen Exgeneral der Artillerie, bei Entmachtung und Tod Ludwigs die Hand im Spiel gehabt zu haben, um selbst herrschen zu können. »Man wird sagen, ich sei der Mörder«, hatte Luitpold sofort nach Erhalt der Todesnachricht befürchtet. Ein Gstanzl machte die Runde: »Und an Max ham's vergift, / an Ludwig dertränkt, / jetzt steht's nimmer lang o, / wird der Otto aufg'hängt.« Besonders unter den Menschen rund um Neuschwanstein hielt sich heftige Kritik am traurigen Ende ihrer Lichtgestalt im »vollständigen Narrengefängnis« Schloss Berg. Schließlich drohte die Obrigkeit all jenen, die »böswillige Äußerungen« hinsichtlich Ludwigs Geisteszustand und Luitpolds

Regentschaft machten, Strafverfolgung an. Langsam legte sich die Erregung, denn Luitpold tat alles, dem Eindruck von Herrschsucht zu entkräften. Das war nicht Berechnung, das lag in seiner Natur.

Der pensionierte Offizier hielt sich so streng an die Verfassung wie einst an die militärische Dienstvorschrift. Das Regieren überließ er weitgehend seinen Ministern und einer tüchtigen Staatsbürokratie. Er sah sich selbst als eine Art Frühstücksdirektor des Unternehmens Königreich Bayern. Er repräsentierte es auf allen Ebenen: Hofjagden mit gekrönten Häuptern, Eröffnungen von Gymnasien und Krankenhäusern, Einweihungen von Denkmälern aller Art, Gala-Diners, Schirmherrschaften und Prämierungen von Zuchtbullen und Kunstschaffenden.

Als erster Bürger des Staates lud der Prinzregent regelmäßig Persönlichkeiten aus Kultur und Wissenschaft zu sich nach Hause in die Residenz ein. Besonders die Malerei lag Luitpold, den Arbeiten aus seiner Jugend als begabten Zeichner ausweisen, am Herzen. Er besuchte – und eröffnete natürlich! – Kunstausstellungen, überraschte aber auch Maler oft unangemeldet in ihren Ateliers. Anders als sein Vater Ludwig I. mit dem Hellenen- und sein Neffe Ludwig II. mit dem Germanen-Tick wollte er der Kunst keine Richtung weisen. Er war sowohl beim arrivierten Malerfürsten und Maurersohn Franz von Lenbach zu Gast wie beim »jungen Wilden« Max Slevogt. Über einen Ankauf für die Staatsgalerien, dessen Naturalismus den Unwillen seiner Begleitung erregte, meinte Luitpold: »Das Bild gefällt mir auch nicht, trotzdem habe ich meine Zustimmung gegeben; denn ich habe die Ansicht, dass die bayerische Staatssammlung die Aufgabe hat, die künstlerische Entwicklung darzustellen, die es in München gibt.«

Der rüstige Regent mit dem Rauschebart reiste in jeden Winkel des Bayernlandes und ließ dabei geduldig die unvermeidlichen Fackelzüge, Loblieder und Blaskapellen über sich ergehen. Ganz im Gegensatz zu seinem Vorgänger kannte Luitpold keine Berührungsängste. Die Minister, die vor Ludwig stramm zu stehen hatten, falls er sie überhaupt empfing, wurden von Luitpold höflich gebeten, doch Platz zu nehmen und mit ihm eine Zigarre zu rauchen. Das steife spanische Hofzeremoniell aus den Tagen der Glaubenskriege blieb zwar für offizielle Anlässe in Kraft, doch viel wohler fühlte sich der Prinzregent auf der Jagd oder beim Eisstockschießen in Lederhose, abgetragenem Trachtenjanker und Filzhut mit Gamsbart. Auf einem Jagdausflug begrüßte ihn einmal eine 80-jährige Sennerin namens Therese: »Grüaß de Gott, Prinzregent Poidl!« Er mit einem Lachen: »Ja grüaß de, Reserl!« Den Kindern in seinem Hofrevier Oberstdorf spendierte er an seinem Geburtstag eine allerhöchste Wurstsemmel und ab dem dritten Schuljahr (!) einen Schoppen, für Nichtbayern einen Viertelliter, Bier.

So geballte Volkstümlichkeit musste einfach zu einem Ehrenplatz für Luitpold in den Herzen des königstreuesten Volks Europas und zur Verklärung der Prinzregentenjahre führen. Deren heile Welt zeichnete etwa Ludwig Ganghofer in Alpensagas wie »Der Hergottschnitzer von Oberammergau« oder »Edelweißkönig«. Schon zu Lebzeiten Luitpolds und bis heute verkaufen Dutzende von Heimatfilmen oder TV-Serien, zum Beispiel das hoch populäre »Königlich Bayerische Amtsgericht«, die Luitpold-Zeit als Bilderbuch-Bayern. Die Wirklichkeit war etwas anders.

Denn durch die bayerische Gesellschaft der guten, alten Zeit ging ein tiefer Riss zwischen Besitzenden und Besitzlosen. Das gilt für Stadt und Land, obwohl sich das städtische und das ländliche Bayern sonst in vieler Hinsicht stark unterschieden. Schon das Stimmrecht macht die scharfe Trennlinie deutlich: Auch nach der Wahlrechtsreform von 1906 durften nur Männer ab 25 Jahren wählen, die Steuern zahlten, also nennenswerten Besitz haben mussten. Ausgeschlossen von der politischen Willensbildung waren weiterhin Besitzlose, sozial Schwache, Dienstboten und das sogenannte Industrieproletariat. Da die bekannt wankelmütige, gefühlsbetonte weibliche Natur in der Politik und daher auch an der Wahlurne sowieso nichts zu suchen hatte, bedeutete dies, dass weniger als 20 Prozent der Bevölkerung den Landtag wählten. Als Besitzende taten sie das im Sinn der Besitzenden.

Die Habenichtse wehrten sich nach Kräften. Seit der Jahrhundertmitte schlossen sie sich in den Städten zu Arbeitervereinen zusammen und setzten ein aus England importiertes Kampfmittel ein, die organisierte Arbeitsverweigerung. Der »strike« bürgerte sich bald so ein, dass er zum deutschen »Streik« wurde. Noch gab es im Königreich Bayern nur wenige Großbetriebe wie Schuckert in Nürnberg, MAN in Augsburg oder Krauss-Maffei in München. Und so fanden die Arbeitskämpfe meist im Handwerkermilieu statt.

Es streikten Schneidergesellen, Schustergesellen, Wagnergesellen und Schäfflergesellen (Letztere stellten vor allem die Bierfässer für die Brauereien her). 1886 forderten die Münchner Schäffler eine Verkürzung der Arbeitszeit, die teilweise weit mehr als zwölf Stunden betrug und mancherorts schon um vier Uhr morgens begann, ein Ende der Sonntagsarbeit, deutlich höhere Löhne, einen menschenwürdigen Arbeitsplatz und eine »annehmbare« Schlafstätte. Außerdem verlangten sie »9 respektive 7 Liter Bier täglich«, was man offensichtlich allseits für maßvoll hielt. Die Streikenden erreichten einiges, bei Weitem nicht alles.

Die besitzlosen Schichten beklagten die drangvolle Enge, in der sie in den rasch wachsenden Städten hausten – München steigerte seine Einwohnerzahl zwischen 1850 und 1909 von 100 000 auf 600 000. Untermieter wohnten für nicht wenig Geld oft zu viert oder fünft in einem Zimmer. Die Höhe der Decken lag meist unter zwei Metern. Um die Jahrhundertwende schrieb eine Verordnung immerhin einen Mindestraum von drei Quadratmetern Bodenfläche und zehn Kubikmetern Luftraum für eine Person vor. In dieser stickigen Bedrängnis war Tuberkulose die Volkskrankheit.

Auf dem Land, wo immer noch die Mehrzahl der Bayern lebte, sah es für Knechte und Mägde noch trüber aus. Meist arbeiteten sie nur für Kost, Unterkunft und bestenfalls ein Taschengeld, das eher einem Almosen glich. Lena Christ, die uneheliche Tochter einer Köchin aus Glonn an der Glonn, beschrieb diese »Landlust«: Aufstehen um vier Uhr, Weihwasser zur moralischen Stärkung, Arbeit bis zum Dunkelwerden, während der Woche Milch-Schmalz-Knödel als Hauptspeise, die am Sonntag ein Leberknödel ersetzte. Und ihren Lebenstraum: »A Haus und a Kua und a Millisupp'n in da Frua.« (Ein Haus und eine Kuh und eine Milchsuppe in der Früh.)

Auflehnung gegen dieses ärmliche Leben gab es kaum. Die verderbliche, der Revolution wie der Gottlosigkeit verdächtige Sozialdemokratie, die in den Städten zunehmend Zulauf fand, konnte beim königstreuen und katholischen Landvolk nicht Fuß fassen. Außerdem war die Obrigkeit schnell zur Stelle, wenn die unteren Schichten doch einmal aufmuckten. Der niederbayerische Bauernknecht und spätere SPD-Vorsitzende Erhard Auer: »Im Jahr 1890 (wurde ich) vom Bezirksamt Griesbach acht Tage in Haft genommen wegen Gründung und Förderung einer ›gemeingefährlichen Organisation‹. Diese Organisation war ein Verein von Bauernknechten, der von den Bauern verlangte, dass die Dienstboten, wenn sie im Sommer Fleisch erhalten, frisches Fleisch bekommen und nicht wie bisher verdorbenes. Die Vorschläge der ›Organisation‹ wurden abgelehnt, diese selbst aufgelöst und der Gründer eingesperrt.«

In der großen Politik oberhalb der Nöte des kleinen Mannes bestand noch immer der alte Gegensatz zwischen liberalen Regierungen, die weiterhin nur der Herrscher ein- und absetzen durfte, und der katholisch-konservativen Landtagsmehrheit der Patriotenpartei, die sich 1890 in »Zentrumspartei« umbenannte. Aber was einst ein erbitterter Schlagabtausch gewesen war, glich jetzt mehr einem Schattenboxen. Die Mehrheit der wählenden Staatsbürger war mit der sie wenig bedrückenden Mischung aus obrigkeitlicher Gängelung und bürgerlichen Freiheiten im Königreich durchaus zufrieden. Und so traten die liberalen Regierungen unter Beifall ihrer vorwiegend städtischen Anhänger ein bisschen papstfeindlicher und reichsfreundlicher auf. Das Zentrum, applaudiert von seiner vorwiegend ländlichen Klientel, ein wenig reichsfeindlicher und papstfreundlicher. Und schließlich traf man sich irgendwo nahe der Mitte.

Gemeinsamer politischer Gegner der liberalen und konservativen Kräfte war die Sozialdemokratie. Reichsgründer Otto von Bismarck hatte zwischen 1878 und 1890 mit dem Sozialistengesetz vergeblich versucht, den Aufstieg dieser »gemeingefährlichen« Partei des Proletariats im Deutschen Kaiserreich zu verhindern. Es gab mit zunehmender Industrialisierung einfach zu viele Arbeiter, die um ihre Rechte kämpften. Auch in Bayern hatte man in diesen Jahren durch Ordnungsgelder und – meist allerdings nur kurze – Haftstrafen die »Sozis« bremsen wollen, nicht mit der Schärfe wie in Preußen, doch genauso erfolglos. Nach der Entlassung Bismarcks und der Aufhebung des Sozialistengesetzes durch den jungen Kaiser Wilhelm II. betrachtete man die neue Partei auch in Bayern weiter mit Argwohn, ohne sie aber massiv zu behindern.

Die Sozialdemokraten weiß-blauer Provenienz gaben dazu auch wenig Anlass. Ihr langjähriger Vorsitzender Georg von Vollmar, Oberbayer adeligen Geblüts und proletarischer Gesinnung, steuerte nach einer Phase revolutionärer Agitation in jungen Jahren, die ihm mehrere Haftstrafen und Exilaufenthalte eingebracht hatte, als gereifter Politiker in der Luitpold-Zeit einen pragmatischen Kurs. Seine Devise hieß nicht »Auf zum letzten Gefecht!«, sondern »Auf zum nächsten Gesetz!«, Verbesserung der Lage der arbeitenden Bevölkerung Schritt für Schritt im Rahmen der gegebenen Ordnung, nicht Zerstörung dieser Ordnung. »Es kann nicht jeder Sozialdemokrat ein Preuße sein«, hielt er den wesentlich radikaleren Genossen in Berlin entgegen.

Seine bayerische Heimat schien ihm einfach nicht der ideale Nährboden für die Weltrevolution. »Es existieren erheblich geringere Einkommensunterschiede als anderwärts, weniger Luxus, weniger Bettelarmut. Infolge dessen und infolge des ausgeprägten demokratischen Gefühls ist geringerer Klassenhass … vorhanden. Hiermit hängen Charaktereigenschaften der Bajowaren zusammen: bei ungebrochener Volkskraft Starrsinn, Steifnackigkeit, wenig Unternehmungsgeist, keine Spur von Unterwürfigkeit, Genußfreudigkeit, mäßige Arbeitslust. Der formale Bildungstrieb ist gering. Die Politik wird wesentlich mit dem Gefühl erfasst – für Theorien fehlt fast der Sinn.« Verwundert es nach Vollmars Beschreibung des bayerischen Volkscharakters, dass die Sozis in München ihren Durchbruch damit schafften, dass sie sich 1874 unter großem Beifall – wenn auch letztendlich vergeblich – gegen eine Bierpreiserhöhung stemmten? Ihre Anhängerschaft nahm kontinuierlich zu. 1895 konnten die Sozialdemokraten fünf Abgeordnete in den Landtag schicken. 1912 waren es schon 30.

Hoch über dem Parteienhader thronte unangreifbar der Prinzregent, mehr Wohlfühlikone als Staatsmann. Seit der deutschen Einheit musste der bayerische Löwe vor dem preußischen Adler kuschen, und das Pochen auf weiß-blaue Eigenständigkeit konnte sich nur noch an den eifersüchtig gehüteten Reservatsrechten bei Post, Bahn und Heer abarbeiten. Manchmal schwang es sich zu eher putzigen Trotzreaktionen auf. So ordnete Luitpold anlässlich des Kaisermanövers 1891 an: »Ich verfüge, dass die aus Anlass der Anwesenheit Seiner Majestät des Deutschen Kaisers stattfindende Beflaggung der Militärgebäude der Garnison München, sowie jene auf dem Paradefelde nur in den bayerischen Landesfarben zu erfolgen habe.« Sein Sohn Ludwig war bei einem Krönungsbankett in Moskau noch fürwitziger. Er bedeutete dem Zaren angesichts einer besonders selbstherrlich auftretenden Abordnung der Hohenzollern: »Wir sind keine Vasallen, keine Untertanen des Deutschen Kaisers, sondern seine Verbündeten.« Gut gebrüllt, Löwe!, doch an den Fakten änderte das nichts: Bayerische Souveränität war einmal. Achselzuckend und manchmal leise seufzend erkannte Luitpold das an.

Er akzeptierte auch, dass die ihm so behagende bürgerliche Welt in eine Richtung trieb, die seinem Wesen fremd, unbehaglich und letztlich unverständlich war. Das gefiel ihm nicht, trotzdem tat er seine Pflicht. Als Kleinkind hatte ihn noch sein Großvater Max Joseph, bayerischer König von Napoleons Gnaden, auf den Knien geschaukelt. Im preußisch-österreichischen Krieg 1866 waren Luitpolds Soldaten mit Vorderladern zu Felde gezogen. Jetzt, wo er ein alter Mann war, gab es Telefone, elektrisches

Licht, Straßenbahnen, Automobile, Luftschiffe, Maschingewehre, Röntgenapparate und Wissenschaftler, die schwindelerregende Theorien über die Relativität von Zeit und Raum verbreiteten. Wohin würde das noch führen?

Luitpold studierte die Akten noch immer beim Schein von fünf Wachskerzen. Er hatte ein Herz für die Armen. Aber seine tätige Fürsorge trug überkommene Züge allergnädigsten Gewährens, wenn er 1905 an den Münchner Bürgermeister schrieb: »Mit lebhaftem Bedauern habe Ich vernommen, dass in diesem Winter eine außergewöhnlich große Zahl von Arbeitern infolge von Mangel an Arbeit in Bedrängnis geraten sind. Zur Linderung der Not unter den Arbeitern und deren Familien habe Ich angeordnet, dass ihnen 10 000 Mark zur Verfügung gestellt werden.«

Doch den modernen Zeiten konnte man selbst als Prinzregent nicht ausweichen. Bei einer Ausfahrt nach Nymphenburg wurde sein Zweispänner in flottem Tempo am Hinterrad von einer der neuartigen Dampftrambahnen erfasst. Luitpold wurde aus der Kutsche geschleudert, blieb aber, von ein paar blauen Flecken abgesehen, seinem Land unversehrt erhalten. Auch wenn er fest im 19. Jahrhundert verwurzelt war, sah Luitpold die Notwendigkeit ein, an den Fortschritt Anschluss zu halten. 1906 legte der Prinzregent zusammen mit Kaiser Wilhelm II. den Grundstein für das Deutsche Museum in München, das die Großtaten von Wissenschaft und Technik feiern sollte. Der Kaiser und der Prinzregent schienen den Napoleonkriegen entstiegen. Wilhelm trug eine mit Orden überladene Husaren-Uniform mit Totenkopf auf dem Tschako, Luitpold zum Soldatenmantel einen überquellend mit weißen Federn geschmückten Paradehelm von beängstigenden Ausmaßen. Das bürgerliche Festpublikum schien den Anachronismus nicht zu empfinden.

Es waren die Künstler, die vor den anderen spürten, die Koexistenz von alter Welt und neuer Zeit könne nicht von Dauer sein. Angelockt durch die Patronage des kunstinteressierten Prinzregenten kamen sie in Scharen nach München. Das Reizklima aus Beharrung und Aufbruch beflügelte sie. Schon Theodor Fontane hatte bei seinen München-Besuchen empfunden, man könne hier wegen des »starken Kunstzuzugs« unter seinesgleichen freier und ungezwungener leben als anderswo. Die »eigentliche Bevölkerung« sei allerdings »geistig tot und total verbiert«. Thomas Mann erklärte um die Jahrhundertwende München, wo er an den »Buddenbrocks« schrieb, mit ironischem Unterton zur Stadt der Musen schlechthin: »Die Kunst blüht, die Kunst ist an der Herrschaft: die Kunst streckt ihr rosenumwundenes Szepter über die Stadt hin und lächelt … München leuchtet.« Für dieses Bonmot ist ihm die Münchner Tourismuswerbung noch heute dankbar.

Vor allem der Vorort Schwabing gedieh zu einem Biotop, dessen Lebensgefühl mit dem Rest der Landeshauptstadt, vom übrigen Königreich gar nicht zu reden, wenig zu tun hatte – außer dass man sich vom einheimischen Hang zum Bier schnell hatte anstecken lassen. Hier drehte man Größen des etablierten Kunstbetriebs wie dem »Malerfürsten« Franz von Lenbach und dem »Dichterfürsten« Paul Heyse den Rücken zu oder streckte ihnen die Zunge heraus. Die Zeitschrift »Jugend« proklamierte den Aufbruch zu neuen Ufern. Jugendstil. Das Satireblatt »Simplicissimus«, dessen Markenzeichen eine knallrote, zähnefletschende Bulldogge war, biss sich in den Waden des deutschen Michels wie des säbelrasselnden Adels fest. Nicht ohne Risiko – der Dichter und Kabarettist Frank Wedekind etwa musste wegen satirischer Verse über Kaiser Wilhelm II. mehrere Monate Haft hinter Festungsmauern verbringen.

In Schwabing malten und lebten zunehmend verwegener der Russe Wassilj Kandinsky und seine Lebensgefährtin Gabriele Münter, der Musikersohn Paul Klee, der nebenbei seine »Sexualerfahrung verfeinern« wollte und es auch tat, oder der waschechte Münchner Franz Marc – so ganz verbiert und geistig tot, Herr Fontane, war die verbierte eigentliche Bevölkerung dann doch nicht. Zu den Lebendigen im Geiste unter den Autochthonen zählte auch Ludwig Thoma, Erstberuf Rechtsanwalt in Dachau, der seinen Landsleuten mit kritischem Humor aufs Maul und in die Seele schaute. Natürlich Richard Strauss, Sohn eines Hornis-

Fin de siécle

»Der Bohémien ist eine bürgerliche Erscheinung. Er gehört zu ihm wie die Flöhe zum Hund. Ich glaube, dass sich auch die Flöhe über den Hund lustig machen, trotzdem sie von ihm leben und er nicht von ihnen.« So selbstironisch charakterisierte der Schriftsteller Franz Blei die Schwabinger Kunstszene um die Wende vom 19. zum 20. Jahrhundert. Es war ein wimmelnder, kosmopolitischer Flohzirkus, der da im Norden Münchens seine Kunststücke aufführte und dem bürgerlichen Hund juckende Stiche versetzte. Da malte der Russe Kandinsky so, dass man als Bildungsbürger nicht erkennen konnte, was er da malte. »Abstrakt« nannte er seine Farbklecksereien. Da schrieb der Urbayer Ludwig Thoma im Satireblatt »Simplicissimus« beißend gegen die katholische Regierungsmehrheit: »Was ist schwärzer als die Kohle? / Als die Tinte? Als der Ruß? / Schwärzer noch als Rab' und Dohle / Und des Negers Vorderfuß? / Sag mir doch, wer dieses kennt / Bayerns neues Parlament.«

»Wahnmoching« taufte die dichtende Gräfin Franziska von Reventlow das Schwabinger Kunstbiotop, wohl als Kontrast zum angrenzenden bäuerlichen Feldmoching. Die Gräfin war eine Muster-Bohemienne. Ständig in Geldsorgen, ständig auf dem Sprung von einem Liebhaber und von einer Wohnung zur anderen. Stets in Sorge um ihren unehelichen Sohn, ihr »Götterkind«, gleichzeitig um des Weibes »volle geschlechtliche Freiheit, das ist die freie Verfügung über seinen Körper, die uns das Hetärentum wiederbringt«. Doch mit genügend Selbstironie ausgestattet, um in einer Erzählung »Das gräfliche Milchgeschäft« das grandiose Scheitern einer schöngeistigen Adeligen in der profanen Welt zu schildern. Der Simplicissimus-Autor Joachim Ringelnatz versuchte ein paar Jahre später, im wahren bürgerlichen Leben Fuß zu fassen. Sein Tabakladen »Zum Hausdichter« war nach nicht einmal einem Jahr 1909 pleite.

»5000 Kunstmaler«, so ein leicht zynisches Bonmot, soll es um 1900 in Schwabing gegeben haben, von den Scharen der Literaten und Komponisten erst gar nicht zu reden. Man malte, schrieb, komponierte – und lästerte. Den weihevollen Dichter Stefan George mit seinen »kosmischen« Jüngern nannte Gräfin Reventlow etwa unübertrefflich »Weihenstephan«. Man traf sich in Szenelokalen wie dem »Simplicissimus« – die geschäftstüchtige Wirtin Kathi Kobus hatte den Namen von der Zeitschrift geklaut und wurde durch die vielen armen Stammgäste steinreich. Oder im Café »Stefanie«, dem »Aufenthalt der Literatur, so weit sie die

Promiskuität oder Geselligkeit pflegte« (Heinrich Mann). Dort gab es einen »Nebenraum, an dessen Fenstertischen Münchner Berühmtheiten Schach spielten vor zuschauenden Straßenpassanten« (Leonhard Frank).

Der junge Thomas Mann radelte selbst bei strömendem Regen durch München und putzte das Rad nach der Arbeit an seinem Erfolgsroman »Buddenbrooks«. Der Norweger Olaf Gulbransson, genialer Zeichner des »Simplicissimus«, sonnte sich nackt in seinem Schwabinger Garten, versuchte aber vergeblich, seinen Freunden die Schönheiten des nordischen Skilaufs nahezubringen. Paul Klee verlegte sein Atelier zeitsparend in die Küche – er war auch ein vorzüglicher Koch. Rainer Maria Rilke, von dem später eine seiner zahlreichen Geliebten behauptete, es sei »keiner Frau je gelungen, ihm zu widerstehen«, warf als aufstrebender Lyriker jeden Morgen der Gräfin Reventlow ein selbst verfasstes Gedicht in den Briefkasten – ohne dies einschlägig auszunutzen.

Frank Wedekind gründete das Kabarett »Elf Scharfrichter«, nachdem er für einen ironischen »Simplicissimus«-Artikel über Kaiser Wilhelms pompöse Palästinareise wegen Majestätsbeleidigung mehrere Monate Haft abgesessen hatte. Man schloss sich mit Gleichgesinnten zusammen, etwa in der »Neuen Künstlervereinigung München«, der unter anderen Kandinsky, Kubin, Jawlensky und Franz Marc – als einziger geborener Münchner – angehörten, und trotzte verächtlich der wütenden etablierten Kunstkritik, die bis zum Anspucken der ausgestellten Bilder ging. Aus dieser »NKVM« löste sich nach internen Streitereien die Gruppe »Der blaue Reiter«, die kurz vor dem Ersten Weltkrieg den Durchbruch für die moderne Malerei schaffte. Vom Krieg schon ausgezehrt und ausgeblutet, ging mit der völkisch-nationalistischen Restauration im Freistaat, nach dem gewaltsamen Ende der Münchner Räterepublik 1919, »Wahnmoching« dann unwiderruflich zugrunde.

❀❀

ten und einer Tochter aus der Münchner Bier-Dynastie Pschorr, als spätromantischer Komponist kein Revolutionär, eher ein Reformer. Seine Weiterentwicklung des Wagner'schen Musikstils verstörte anfangs das Münchner Publikum ausreichend, um den Satz zu prägen: »Wenn schon Richard, dann lieber Wagner, und wenn schon Strauss, dann lieber Johann.«

Im Unterholz der Schwabinger Boheme suchten zwei eher un-
musische Männer Zuflucht, die jedoch schon bald Weltgeschichte
schreiben sollten. Der Russe Wladimir Iljitsch Uljanow wohnte
zwischen 1900 und 1902 unter wechselnden Namen in wechselnden Wohnungen. Mal hieß er Meyer, mal Jordanoff. Herr Meyer
alias Herr Jordanoff ging gerne auf eine Mass ins Hofbräuhaus,
fand aber trotz guter Deutschkenntnisse »die Umgangssprache
so ungewöhnlich, dass ich sie nicht einmal in öffentlichen Reden
verstehe«. Anfang 1902 nannte sich Uljanow/Meyer/Jordanoff
der Einfachheit halber Lenin und verfasste mit der Schrift »Was
tun?« die Gebrauchsanweisung für die russische Revolution. Die
bayerischen Sozialdemokraten enttäuschten Lenin als obrigkeits-
ergeben und wenig kämpferisch. München verließ der 32-Jährige,
als er befürchtete, zaristische Geheimagenten könnten ihm im
kosmopolitischen Schwabing auf den Fersen sein.

1913 bezog ein schmächtiger, schlecht genährter Mann Mitte
20 ein bescheidenes Zimmer in der Schleißheimerstraße. Er war
das, was man heute einen Loser nennen würde. Der Mann aus
dem österreichischen Braunau hieß Adolf Hitler und behauptete,
»akademischer Kunstmaler« zu sein. Er war zweimal bei der Auf-
nahmeprüfung an der Wiener Akademie durchgefallen und hielt
sich mit kolorierten Zeichnungen nach Postkartenmotiven über
Wasser. Adolf hasste die Habsburger Monarchie. Zu viele Tsche-
chen, zu viele Juden, zu wenig Verständnis für seine Kunst. Es war
aber nicht nur die Kunst, die Hitler aus Wien nach München ver-
schlagen hatte. Er wollte dem österreichischen Wehrdienst entgehen. Hier in München, so träumte der verhinderte akademische
Maler, würde er irgendwie irgendetwas Großes schaffen.

Die Ankunft dieses Neumünchners erlebte Prinzregent Luitpold nicht mehr. Er war im Jahr zuvor 91-jährig friedlich im Lehn-
stuhl an hohem Alter gestorben. Ganz Bayern trauerte um den
Mann, der schon auf der Welt war, als Napoleon noch lebte. Kaiser Wilhelm nannte den Toten »den letzten Ritter«. Die sozialdemokratische »Münchner Post« würdigte Luitpold als fähigen
Repräsentanten der Wittelsbacher Monarchie: »Ohne aufgeregte

Reden, ohne Verletzung und Brüskierung des Volkes, ohne zwingende Einmischung in die politischen Angelegenheiten, ohne verschwenderisches Gepränge und ohne kostspielige selbstherrliche Anfälle.«

Auf Fotos sieht Luitpolds Nachfolger Ludwig nicht wie der Sohn des Prinzregenten, sondern eher wie sein wenig jüngerer Bruder aus. Ludwig war ja auch schon 67. Wittelsbach war alt geworden. Der neue Herrscher hatte den gleichen eisgrauen Bart, die gleiche Vorliebe für Jagd und bürgerliche Nähe, die er gerne an Kegelabenden auslebte, doch ihm fehlte die unangestrengte Grandezza des Vaters bei offiziellen Auftritten. Ludwig trug schlecht sitzende Hosen und engagierte sich persönlich auf seinem Gut Leutstetten so für die Viehzucht, dass ihn nicht nur politische Gegner geringschätzig den »Millibauern« (Milchbauern) nannten. Dieses Manko an Majestät versuchte er auszugleichen, in dem er sich durch eine etwas fadenscheinige Verfassungsänderung, am wahnsinnigen Otto vorbei, im November 1913 zum König ernannte und fortan als Ludwig III. regierte. Der unglückliche Otto dämmerte noch bis 1916 vor sich hin.

Im letzten Regentenjahr Luitpolds hatte Ludwig bei seinem Vater die Ablösung des wie üblich liberalen Ministerpräsidenten durch den katholisch-patriotischen Georg von Härtling durchgesetzt. Zum ersten Mal seit Jahrzehnten hatte Bayern eine Regierung im Einklang mit der konservativen Landtagsmehrheit. Es kam denn auch zur Annäherung an den Papst, der 1916 diesen Schwenk vom widerspenstigen Liberalismus zur Kirchentreue von einst mit der Ernennung der Jungfrau Maria zur offiziellen »Patrona Bavariae«, Patronin Bayerns, belohnte. Darüber hinaus konnte der Wechsel der bayerischen Politik aber kaum neuen Schwung geben.

Denn der große Krieg hatte begonnen. König Ludwig III. war 1866 als junger Offizier im Krieg gegen Preußen schwer verwundet worden. Doch jetzt, wo Ruhm und Ehre des preußisch dominierten Vaterlands auf dem Spiel standen, vergaß er seine unterschwellige Abneigung gegen den Kaiser unter der Pickelhaube und war nicht nur bayerischer sondern deutscher Patriot. Am 4. August 1914 schwor er sein Land ein: »Bayern! Es gilt das Reich zu schützen, das wir in blutigen Kämpfen mit erstritten haben. Wir kennen unsere Soldaten und wissen, was wir von ihrem Mut, ihrer Manneszucht und Opferwilligkeit zu erwarten haben. Gott segne unser tapferes deutsches Heer …! Er schütze den Kaiser, unser großes deutsches Vaterland, unser geliebtes Bayern!«

Er sprach seinem Volk aus der Seele. Kriegsfreiwillige standen Schlange, um ja den Sieg nicht zu verpassen. Jubelnde Mengen verabschiedeten die Soldaten an die Front. »Viel Feind, viel Ehr!« hieß die Parole. Weihnachten würde man wieder zu Hause sein. Glorreich im Lorbeerkranz. Auf den Eisenbahnwaggons standen launige Inschriften wie: »Von München über Metz nach Paris. Schlafwagen mit Münchner HB-Ausschank.« (HB steht für Hofbräu.) Dem kollektiven Taumel verfielen selbst so scheinbar unabhängige Geister wie Ludwig Thoma, Ludwig Ganghofer, Franz Marc oder – mit einem Schuss Skepsis – auch Thomas Mann. Der Russe Kandinsky, über Nacht vom Malerfreund zum Kriegsfeind geworden, musste aus Schwabing und Deutschland fliehen. Natürlich stand Bayern nicht allein da mit seiner Begeisterung für den großen Waffengang. Überall in Europa stürzte man sich in das Kriegsabenteuer. Welch ein Megaevent für Mannesmut und Vaterlandstreue! Die wenigsten ahnten, dass die alte Welt in den kollektiven Selbstmord marschierte.

Die Euphorie hielt nur wenige Wochen vor. Dann stockte der deutsche Vormarsch. Der erwartete Blitzsieg blieb aus. Das große Morden und Sterben im Stellungskrieg begann. Flammenwerfer, Giftgas, Granathagel – der Krieg war nicht das romantische ritterliche Duell um den besten Platz an der Sonne, das man fast freudig erwartet hatte. Er war ein Gemetzel. »Und dann zwängten wir uns, einer hinter dem anderen, durch den Schützengraben, auf dessen Sohle Ströme von Blut stagnierten, in dem Leichen von Deutschen und Franzosen in wüstem Durcheinander fast alle paar Schritte den Weg versperrten. Ob dem einen der Kopf zerstochen war oder abgerissen, dem anderen der Brustkorb aufgerissen, dem dritten aus dem zerschossenen Rock die blutigen Knochen herausragten – das kümmerte einen nicht mehr …«, schrieb ein später gefallener Münchner Soldat nach Hause. Bis zur Kapitulation 1918 sollten 200 000 bayerische Soldaten »auf dem Feld der Ehre« bleiben und Hunderttausende als Krüppel zurückkehren.

Und die Heimat hungerte. Besonders in den Städten gab es immer weniger und miserabler zu essen. In Erwartung eines schnellen Sieges hatte man versäumt, ausreichend Vorräte anzulegen. Der Schwarzhandel florierte, doch Normalbürger konnten die Preise für ordentliche Lebensmittel kaum bezahlen. Spätestens 1916 wurden selbst Brot und Kartoffeln knapp, die Zeit der Steckrübe als Hauptnahrungsmittel brach an. Milch war eine verwässerte bläuliche Flüssigkeit, Bier im obligaten »Dünnbier« lediglich in Spuren vorhanden. Fleisch, Fett und Eier, sowieso nur auf Lebensmittelmarken erhältlich, bedeuteten für die meisten Menschen in den Städten bloß noch eine ferne Erinnerung. Geraucht wurde Tabak aus Buchenlaub, Kaffee braute man aus Eicheln, die Kunst in Kunsthonig bestand daraus, Süßstoff irgendwie mit einer streichfähigen Pampe zu versetzen.

Wer konnte, fuhr aufs Land, um zu hamstern. Den Städtern erschien es das Gelobte Land. Denn da draußen gab es noch ausreichend Lebensmittel. Der Münchner Lehrer und Schriftsteller Josef Hofmiller nach einer Versorgungstour in den Chiemgau: »Dreimal am Tag Malzkaffee und Milch, so viel man will. Eier wurden mir bei jedem Bauern angeboten, ich habe 150 Stück mit heimgebracht. Vor allem aber das wundervolle Brot, verglichen mit dem grauen Kriegsbrot, das an den Zähnen klebt, und sogar dies ist rationiert. Die Provinz hat keine Ahnung, wie wir hungern.«

Doch auch die Provinz klagte. Das bayerische Bauernland musste einen großen Teil seiner Erträge an den preußischen Norden abliefern und sah mit Ingrimm wohlgenährte norddeutsche Touristen ankommen, die es sich offensichtlich auch in Kriegszeiten leisten konnten, im schönen Alpenvorland Sommerfrische zu machen. Auf den Feldern wurden die Arbeitskräfte knapp, fast alle gesunden Männer waren an der Front. Pubertierende Gymnasiasten füllten die Lücken mehr schlecht als recht. Auch in den Städten gingen die Männer aus. In den immer größer und zahlreicher werdenden Rüstungsfabriken – etwa Krupps Bayerische Geschützwerke und der Flugzeugmotoren-Hersteller BMW – standen Frauen an den Drehbänken.

Das traditionelle Frauenbild löste sich zwangsweise auf. Mit bitterer Ironie leistete der Krieg einen ungewollten Emanzipationsbeitrag: Wenn das Weib kriegsentscheidende Granathülsen herstellte und auch den Trambahnverkehr in der Heimat aufrechterhielt, konnte Mann es auf die Dauer nicht als apolitisches Dummchen von der Wahlurne fernhalten.

In der Bevölkerung wuchs mit der Kriegsmüdigkeit der Hass auf die Preiß'n. Deren Militarismus, da war man sich jetzt weitgehend einig, trug die Schuld. Der eigene Jubel zu Beginn des »großen Völkerringens« wurde verdrängt. Die Preußen ließen Bayern wirtschaftlich ausbluten und verheizten Söhne, Väter und Ehemänner als »Kanonenfutter«. Der alte Herr im Wittelsbacher Palais, der Millibauer und Kegelbruder, büßte rapide an Ansehen ein. Was tat er denn für seine Bayern, außer unentwegt deren »Reichsfestigkeit« zu beteuern?

Ludwig tat nichts. Er hätte allerdings auch nicht viel tun können. Spätestens seit 1916 hatten die Militärs, die Herren Hindenburg und Ludendorff, praktisch die Macht im Staat übernommen und die gekrönten Häupter, von Kaiser Wilhelm abwärts, zu rat- und tatenlosen Statisten degradiert. Darüber hinaus glaubte Ludwig viel zu lange an einen deutschen Sieg und hoffte noch 1918, als Belohnung für so viel Reichstreue Elsass-Lothringen seiner Provinz Pfalz einverleiben zu können. Da wollte er es sich nicht mit dem ihm persönlich unsympathischen Wilhelm verderben.

Lange Zeit fraßen die Menschen Hass und Verzweiflung in sich hinein. Erst im Januar 1918, als nur noch Durchhalte-Optimisten wie der König Ludwig, der Thoma Ludwig oder der Ganghofer Ludwig an den Endsieg glaubten, brachen wie auch sonst im Deutschen Reich Streiks in den Städten mit Rüstungsindust-

Autonome Pfalz

Schon im 1806 etablierten Königreich waren die Pfälzer nie richtige Bayern gewesen, auch wenn die Pfalz als achter bayerischer Regierungsbezirk fungierte. Historisch waren die beiden Wittelsbacher Herrschaftsgebiete Baiern und Rheinpfalz nach jahrhundertelanger Trennung erst 1777 unter Kurfürst Karl Theodor wieder zusammengekommen. Zu Kernbayern gab es keine Landverbindung. Seit den Tagen Napoleons galt, anders als im Rest von Bayern, das französische Zivil- und Verwaltungsrecht. Die Protestanten waren in der Mehrheit: Die Pfalz war eher ein Wittelsbacher Nebenstaat als integrierter Teil des Königreichs Bayern.

Als 1918 beim Zusammenbruch des Deutschen Kaiserreichs der bayerische König Ludwig III. abdankte und in München die Räterepublik ausgerufen wurde, fiel mit dem Ende des Hauses Wittelsbach die letzte Klammer weg. Los-von-München-Strömungen gewannen in den chaotischen Nachkriegszeiten an Boden. Die Franzosen hatten die Pfalz besetzt. Sie unterstützten den pfälzischen Separatismus. Er schien ihnen eine Chance, eine »autonome« Pfalz aus dem Reichsverband herauszulösen. Ein erster Umsturzversuch scheiterte allerdings im Sommer 1919 kläglich.

Drei Jahre später – in Bayern herrschten gerade wieder einmal bürgerkriegsähnliche Zustände – war der Separatistenführer Franz Josef Heinz erfolgreicher. Wieder mit Hilfe der französischen Besatzungsmacht besetzten seine Anhänger mehrere Städte der Pfalz. Anfang November 1923 stürmte eine bewaffnete Gruppe das Regierungsgebäude in Speyer und rief die »Autonome Pfalz« aus. Sie fand vor Ort wenig Widerstand. Heinz und seine Mannen »regierten«, ohne allerdings jemals das Land wirklich in den Griff zu bekommen.

Doch freiwillig wollte der Freistaat Bayern auf seine Pfälzer Exklave nicht verzichten. Schon 1921 hatte man in Heidelberg eine »Haupthilfsstelle für die Pfalz« ins Leben gerufen und finanzierte seitdem deren »Abwehrkampf« gegen jede Art von Separatismus. Koordiniert wurden diese Aktivitäten von einem eigenen Pfalzkommissariat im Münchner Staatsministerium. Jetzt nahm man Kontakt mit einem obskuren nationalistischen Pfälzer Kampfverband auf, dem bewährte Freischärler aus den Tagen der Liquidierung der Räterepublik angehörten. Am 9. Januar 1924 stürmte diese Killertruppe angeführt vom Rechtsanwalt Edgar Julius Jung den Speisesaal des »Wittelsbacher Hofs« in Speyer, wo Heinz mit anderen Regierungsmitgliedern der »Autonomen Pfalz« zu Abend aß, und erschoss den selbst ernannten Regierungschef und mehrere Anwesende.

Wenige Wochen später wurde das Abenteuer »Autonome Pfalz« von den Alliierten für beendet erklärt. Es habe »nie die Unterstützung der Bevölkerung« genossen, der das Verbleiben in Bayern zwar ziemlich gleichgültig sei, nicht aber die Zugehörigkeit zum Deutschen Reich. Den Mord an Heinz rechtfertigte die Justiz als Akt der »Staatsnothilfe«. Die Pfalz blieb weiß-blau. Auch in der Nazizeit gehörte sie formal weiter zu Bayern, obwohl sie unter dem Gauleiter Josef Bürckel ein mehr oder weniger unabhängiges Eigenleben führte. 1946 riefen die Franzosen – wieder einmal Besatzungsmacht – das Land Rheinland-Pfalz aus. Der Freistaat protestierte heftig und über Jahre. Unsere geliebte Pfalz! Die Zuneigung beruhte nicht auf Gegenseitigkeit: 1956 sprachen sich bei einer Volksabstimmung gerade einmal 7,6 Prozent der Pfälzer für die Rückkehr nach Bayern aus.

◆◆◆

rie aus. In München (da hatte sich Krupp angesiedelt), Nürnberg, Fürth, Schweinfurt und Ludwigshafen (Sitz der BASF) wurde gestreikt. Angeführt wurden die Streiks von dem radikalen Flügel der SPD, der sich 1917 als USPD (unabhängige Sozialdemokraten) von der Partei abgespalten hatte. 1914 hatte die SPD die Kriegskredite mitbewilligt, den Krieg also mitgetragen. Inzwischen wollte sie Frieden, vor allem Frieden, und außerdem mehr demokratisches Mitspracherecht. Die USPD ging weiter. Frieden wollten die radikalen Sozialisten natürlich auch, doch für einen revolutionären Volksstaat. Die Streiks hörten unter dem mäßigenden Einfluss der Mehrheits-SPD nach ein paar Tagen auf. Einige der Anführer wurden verhaftet, darunter Kurt Eisner, geborener Berliner, seit 1910 als Journalist in München tätig.

Anfang November 1918, als außer Wilhelm II. so ziemlich jeder wusste, dass nach der Kapitulation der österreichischen, türkischen und bulgarischen Verbündeten der Krieg für Deutschland verloren war, rang sich Ludwig III. zu einem spektakulären Schritt durch. Er war bereit, im Königreich Bayern die parlamentarische Demokratie mit Wahlrecht für alle Bürger ohne jede Steuerklausel einzuführen. Nicht mehr der König, sondern das Parlament sollten die Regierung bestimmen. Der Plan war eine Luftnummer. Inzwischen hatten, ausgehend von der Revolte der Matrosen in Wilhelmshaven und Kiel Ende Oktober, in vielen deutschen Städten Arbeiter und Soldatenräte die faktische Macht übernommen. Bevor die bahnbrechende Reform endgültig verabschiedet werden konnte, war es auch in München schon fünf nach zwölf.

Am 7. November riefen USPD, SPD und Gewerkschaften zu einer gemeinsamen Friedensdemonstration auf. Unter der Bavaria, dem Wittelsbacher Monument für die Ewigkeit, versammelten sich – je nach Quelle – zwischen 40000 und 200000 Menschen um 20 bis 25 Redner, die sich in der Menge verteilt hatten und auf alle, die sie hören konnten und wollten, vom Frieden einsprachen. Den meisten Zulauf hatten die Sprecher der gemäßigten Richtung um Erhard Auer, der wenige Monate zuvor Georg von Vollmer als SPD-Vorsitzender abgelöst hatte. Als genug geredet war, marschierte das Gros der Zuhörer, Auer voran, Richtung Friedensengel an der Isar ab. Dort löste sich die Kundgebung ordnungsgemäß auf.

Nur einer der Redner ging mit 1000 Genossen einen anderen Weg. Geredet sei genug, rief der aus der Haft entlassene Kurt Eisner von der USPD, jetzt müsse man handeln. Ein Unteroffizier in Uniform mit einer roten Fahne trat vor: »Soldaten! Auf in die Kasernen! Befreien wir unsere Kameraden! Es lebe die Revolution!« Mehr rote Fahnen wurden geschwungen. Der Zug wuchs an. Eine Kaserne nach der anderen wurde »gestürmt«, wenn man bei nicht vorhandener Gegenwehr von »stürmen« reden kann. Überall liefen die Soldaten zu dieser Revolution aus der hohlen Hand über. Abends um 21 Uhr waren alle Kasernen in der Gewalt der Revolutionäre, wenig später auch die Ministerien, Polizeistationen und Zeitungen. Kein Schuss war gefallen. Niemand wurde getötet, niemand verletzt. Die Polizei fühlte sich überfordert und hatte sich schon am Nachmittag hilfesuchend an den Kriegsminister gewandt. Der musste den Ordnungshütern und später auch Ludwig eingestehen, einfach keine Truppen mehr zur Verfügung zu haben, um die Insurrektion niederzuschlagen. Seine Minister empfahlen dem König, München zu verlassen, bevor ihn die Aufrührer zur Abdankung zwängen.

Ludwig nahm den Rat an. In drei Automobilen setzte sich die königliche Familie an diesem 7. November um 21 Uhr 30 Richtung österreichische Grenze ab. Bei dichtem Nebel schlitterte der Wagen Ludwigs nahe Rosenheim in einen Kartoffelacker. Zum Glück fand sich ein Bauer, der noch königstreu genug war und nach gutem Zureden das Fahrzeug mit seinen Pferden aus dem Lehmboden zog. So endete der lange Weg des Hauses Wittelsbach, der mit dem Aufstieg Ottos in der Veroneser Klause glanzvoll begonnen hatte, nach über 700 Jahren wenigstens nicht im Herbstmorast. Im österreichischen Exil legte Ludwig am 12. November eine Art schriftlichen Offenbarungseid ab: »Nachdem ich in Folge der Ereignisse der letzten Tage nicht mehr in der Lage bin, die Regierung weiter zu führen, stelle ich allen Beamten, Offizieren und Soldaten die Weiterarbeit unter den gegebenen Verhältnissen frei und entbinde sie des mir geleisteten Treueides.« Das königstreueste Land Europas hatte keinen König mehr.

Räterepublik

Für einen richtigen Umsturz fand die Münchner Revolution zu einem erstaunlich großen Teil im Saale statt. Während am 7. November 1918 der König trüben Sinns durch die oberbayerische Nacht einer Zukunft ohne Krone entgegenfuhr, hatte Kurt Eisner sich im dünnbiergeschwängerten Mathäserbräu am Stachus gegen 22 Uhr zum Vorsitzenden des dort tagenden Arbeiter- und Soldatenrats wählen lassen. Anschließend zogen die Umstürzler zum Landtag, zu dieser späten Stunde fast unter Ausschluss der Öffentlichkeit. Im verlassenen Sitzungssaal verfasste Eisner, als Vorsitzender der Räte eine Art provisorischer Staatschef, eine Proklamation. Staunend erfuhren die Münchner am nächsten Morgen von knallroten Plakaten oder aus der Morgenpresse, dass sie jetzt »Volksgenossen« waren, die Dynastie Wittelsbach abgesetzt und Bayern eine Republik sei. Bis zur Schaffung einer endgültigen Volksvertretung werde der neue Staat provisorisch von einem Arbeiter-, Soldaten- und Bauernrat geleitet. Gezeichnet: Kurt Eisner.

Von Revolution war in der Stadt wenig zu spüren. Die Straßenbahnen fuhren, die Geschäfte waren geöffnet. Keine Plünderungen, keine Schüsse, keine Standgerichte. Nur dass von den beiden Türmen der Frauenkirche rote Fahnen wehten, bewaffnete Milizen mit roten Armbinden in den Straßen patrouillierten und an Geschäften, die bisher das Privileg hatten, das Königshaus zu beliefern, im Namen der Volksdemokratie die Inschrift »Hoflieferant« entfernt wurde. Jetzt hieß Bayern »Freistaat«. So hatte Eisner das königslose Gebilde in einem Zeitungsartikel getauft. Diese glückliche Wortschöpfung als Ausdruck stolzer bayerischer Eigenart hat bis heute überdauert – obwohl es weiß-blaue Traditionalisten sehr schmerzen muss, dass der Freistaat von ganz links kommt, wo doch bekanntermaßen die vaterlandslosen Gesellen zu Hause sind.

Ausgerechnet im konservativen Bayern war vor allen anderen deutschen Staaten der Herrscher entthront worden – auch wenn die restlichen gekrönten Häupter, voran Kaiser Wilhelm II., innerhalb von Tagen folgen sollten. Wie konnte ein Häuflein kaum bewaffneter Protestler ohne Gewaltanwendung ein Herrscherhaus aushebeln, das fester in den Herzen und Köpfen seiner Untertanen verwurzelt schien als jedes andere?

Vier Jahre Schrecken an der Front, Trauer und Entbehrungen in der Heimat hatten die Menschen mürbe gemacht. Sie wollten Frieden, nichts als Frieden, und standen dem König ablehnend oder zumindest indifferent gegenüber, der diesen Krieg als getreuer Paladin der Preußen bis zum bitteren Ende zu unterstützen schien. Selbst das Bürgertum hing nicht mehr an seinen Wittelsbachern. Außerdem hatte es das Königshaus in seinem autokratischen Selbstverständnis nie vermocht, die unteren Schichten, die am meisten unter dem Krieg zu leiden hatten, durch eine Verfassungsreform hin zur parlamentarischen Demokratie ernsthaft am Staat zu beteiligen – der hastige Versuch wenige Tage vor dem Umsturz kam zu spät und zu halbherzig. »Die Folge war, dass sich im entscheidenden Augenblick, als eine relativ kleine Gruppe die Monarchie zu beseitigen suchte, niemand bereitfand, das System zu verteidigen« (Georg Köglmeier).

Nur wenige Nostalgiker hielten noch am Königtum fest. Selbst der Adel und das Großbürgertum nahmen, wenn auch höchst widerstrebend, die Republik als Staatsform der Stunde hin, doch das Personal des neuen Staates stank im Wortsinn der alten politischen Kaste, die sich plötzlich an den Rand gedrängt sah. Der als gemäßigt-liberal geltende Ernst Müller-Meiningen: »Der Pöbel herrschte unumschränkt. München war nicht mehr zu kennen. Es war, als wenn über Nacht die sämtlichen menschlichen Kloaken geöffnet worden wären, männliche und weibliche. Undankbarer, tragischer hat noch niemals ein großes, weltgeschichtliches Drama geendet als dieser entsetzliche Krieg.« Thomas Mann sah sein München nicht mehr leuchten. Er machte seine Abneigung gegen das neue Regime am 8. November an einem ihm anrüchig erscheinenden Merkmal fest: »München, wie Bayern, regiert vom jüdischen Literaten. Wie lange wird es sich das gefallen lassen? ... Das ist die Revolution! Es handelt sich so gut wie ausschließlich um Juden.«

Tatsächlich waren viele der führenden Köpfe des neuen Bayern Juden und zugleich Literaten. Kurt Eisner, Gustav Landauer, Ernst Toller, Erich Mühsam, sie alle waren hochgebildet, säkular und sehr bis hoffnungslos idealistisch. Auch wenn Thomas Mann sein elitäres Haupt ungläubig schüttelte, diese jüdischen Literaten schienen im Moment den Nerv breiter nichtjüdischer Bevölkerungskreise zu treffen. Sofort am Tag nach der Proklamation der Bayerischen Republik bildeten sich auch in Nürnberg, Augsburg, Würzburg und Burglengenfeld, wo in der Nähe das Stahlwerk Maxhütte lag, Arbeiter- und Soldatenräte, manchmal gegen die bürgerliche Stadtverwaltung, manchmal neben ihr. Auch der Bauernbund unter den Brüdern Gandorfer, die traditionell antiklerikale und reichsfeindliche Vereinigung der Kleinbauern mit dem Schwerpunkt ausgerechnet im tiefsten Niederbayern, schloss sich den Münchner Revolutionären an. Bauernräte wurden auf dem Lande mancherorts ins Leben gerufen, um in der Folge allerdings meist kaum mehr zu tun, als da zu sein.

Die Mehrheitssozialisten unter Erhard Auer befürchteten angesichts des – zu ihrem Missbehagen geglückten und offensichtlich populären – Staatsstreichs, bei der Arbeiterschaft an Einfluss zu verlieren. Sie boten Eisner eine gemeinsame Regierung an und erhielten vier von acht Ministerposten, mehr als die Revolutionspartei USPD selbst. Eisner hoffte, durch diese Koalition die MSPD in die Arbeiterfront einzubinden. Auer, laut Hubensteiner ein »prächtiger Niederbayer, breit, trinkfroh, jeder Phrase abhold«, erhielt das wichtige Innenministerium. Dort trat er in den kommenden Monaten bei Eisners Höhenflügen Richtung Volksrepublik kräftig auf die pragmatische Bremse.

Regierungschef Kurt Eisner fehlte die Würde für seine neue

Würde. Wenn er neben dem tadellos gekleideten Auer stand, sah er mit seinem gewaltigen, zerzausten Bart, dem schwarzen Schlapphut und den Händen in den Taschen eines schlecht sitzenden Mantels aus wie ein weltfremder Privatgelehrter, der sich in die Politik verlaufen hatte. Doch Eisner war ein begnadeter Redner, leider zu sehr vom Glauben beseelt, dass der Mensch von Natur aus gut sei. Man müsse ihn nur in die rechten Bahnen lenken. Eisner wollte keine bolschewistische Revolution mit Zwang und Gewaltanwendung. Er wollte die Menschen zum Sozialismus erziehen. Das war seine Art von Politik, »Realpolitik des Idealismus«, wie er immer wieder betonte.

So konnte er sich nicht dazu entschließen, gestützt auf die revolutionären Arbeiter- und Soldatenräte, den Sozialismus voll durchzusetzen. Gedrängt vom Koalitionspartner MSPD und zunehmend bedrängt von den bürgerlichen Parteien Mitte-Rechts, die schnell die Schockstarre der ersten Umsturztage abschüttelten, befürwortete er ein Nebeneinander von Räteherrschaft und parlamentarischer Demokratie. Das ließ die bayerische Revolution schnell zerfleddern. Noch dazu, da in Berlin der SPD-Führer Friedrich Ebert und seine Mehrheitssozialisten die Soldaten- und Arbeiterräte schon weitgehend aus der Verantwortung verdrängt hatten und in Bayern Innenminister Auer alles tat, die radikaleren Elemente von wichtigen Ämtern fernzuhalten.

Der Idealist Eisner, den hart gesottene Realpolitiker als Schwärmer oder Spinner bezeichneten, sah im Freistaat Bayern die Keimzelle eines neuen, besseren Deutschlands. Gleich nach dem Waffenstillstand vom 11. November sandte er einen beschwörenden Appell an die Siegermächte, ihre harschen Forderungen zu mildern: »Das bayerische Volk hat zuerst in Deutschland … in einer stürmischen und vom endgültigen Erfolg gekrönten Erhebung alle und alles beseitigt, was schuldig und mitschuldig an dem Weltkrieg war … Jetzt ist die Stunde gekommen, wo durch einen Akt weitausblickender Großmut die Versöhnung der Völker herbeigeführt werden kann. Vergesst in der Schöpfung der neuen Welt den Hass, der in der alten erzeugt worden ist.« Zwei Wochen später veröffentlichte Eisner bayerische Kriegsakten, aus denen nach seiner Meinung klar hervorging, dass Deutschland die Hauptschuld am Krieg traf. Dieses für deutsch-nationale Kreise unerträgliche Eingeständnis sollte den Siegermächten ein gewandeltes Deutschland signalisieren, das Großmut verdiene.

Der bayerische Alleingang hin zu einer besseren Welt wurde in Berlin auf einer Konferenz aller provisorischen deutschen Regierungschefs als eigenmächtig verurteilt und abgebürstet. Bei den Siegern löste er offiziell anerkennendes Schulterklopfen aus, insgeheim aber mitleidiges Lächeln. Berlin war ihr Gesprächspartner, nicht München. Ebert schickte mit Erzberger und Solfs zwei Unterhändler zu den Siegern, die schon dem Kaiser treu gedient hatten, nach Eisners Auffassung also zwei Figuren, die »schuldig und mitschuldig am Weltkrieg« waren. Über diese Entscheidung Eberts war Eisner so erbost, dass er die diplomatischen Beziehungen zum Auswärtigen Amt in Berlin abbrach. Bayerns eigenständige Außenpolitik war wieder einmal gescheitert.

Im Inneren schritt die Schaffung eines besseren Bayern zügig voran, am zügigsten auf dem Papier. In München und den übrigen Großstädten wurde die Einrichtung von Arbeiter- und Bauernhochschulen geplant. Mittelfristig sollten sich Schwerindustrie, Elektrizitätswerke und Bergbau durch geduldige Umerziehung der Betreiber und Beschäftigten ohne Zwang – dank höherer Einsicht – selbst sozialisieren. Sofort in Kraft trat allerdings nur die Verstaatlichung des Lastwagenverkehrs.

Ein bleibender Erfolg war der Eisner-Regierung mit einem neuen Wahlrecht beschieden. USPD und Mehrheitssozialisten waren sich in dieser Frage einig. Nicht nur die Besitzlosen, auch die Frauen konnten jetzt Vollbayern sein. Denn wie jedermann erhielten die Frauen das aktive und, noch gewagter, das passive Wahlrecht. Frauen in der Politik? Da war die göttliche Ordnung in Gefahr. Auf den Dörfern wetterten die Pfarrer gegen die Version des politisierenden Weibes, das der freien Liebe, der freien Ehe, dem sündigen Kinderkriegen Tür und Tor öffnen würde. »In Unterammergau rief nach einer solchen Rede des Geistlichen eine Stallmagd laut und vernehmlich in die Versammlung: ›Er hat ja selbst drei Uneheliche!‹« So schilderte Lida Gustava Heymann, eine frühe Frauenrechtlerin, das Klima bei Wahlauftritten ihrer Freundin Anita Augspurg. Die Kandidatur blieb erfolglos.

Einigkeit herrschte innerhalb der Regierung auch darüber, den Einfluss der Kirchen auf Erziehung und Bildung zu beschneiden. Auch hier schrie besonders der offizielle Katholizismus auf. O tempora! O mores! Wie diese gottverdammten sozialistischen Protestanten – oder protestantischen Sozialisten – in Preußen es schon vorgemacht hatten, nahm im Dezember 1918 der bayerische SPD-Kultusminister Johannes Hoffmann – Protestant und Pfälzer, was sonst! – der Mutter Kirche die Oberaufsicht über die Schulen aus den Händen. Seit dem Konkordat von 1817 hatte der Ortspfarrer darüber gewacht, dass durch die Lehrer nicht nur Religion, sondern auch Kopfrechnen oder Schönschrift im Einklang mit den christlichen Grundwerten vermittelt worden waren. Jetzt sollten pädagogisch verbildete Fachkräfte ohne höhere Weihen die Schulen heimsuchen! So waren dem Unglauben Tür und Tor geöffnet! Darüber hinaus stellte Hoffmann per Gesetz den Eltern frei, ihre Kinder in den Religionsunterricht oder zu »religiösen Übungen« zu schicken. Mit Letzteren meinte er ziemlich gehässig die Gottesdienste.

Münchens Erzbischof Michael von Faulhaber, ein Freund klarer Worte, schrieb in einem Hirtenbrief, der Erlass Hoffmanns wiege vor Gottes Richterstuhl schlimmer als der bethlehemitische Kindermord des Herodes. Eltern, die ihre Kinder aus dem Religionsunterricht abmeldeten, drohte Faulhaber die Exkommunikation an. Dem neuen Herodes Hoffmann und seinen Gesinnungsgenossen schleuderte er entgegen: »Sie sollen wenigstens den Mut haben zu sagen, wir haben die Throne gestürzt und wollen jetzt auch die Altäre stürzen!« Faulhaber war und blieb ein kompromissloser Verteidiger der gottgewollten Symbiose von Thron und Altar. Mitten im großen Krieg hatte er 1916 seinen Schäflein zugerufen: »Die Königstreue, sie strahlt von Gottes Gnaden.« Und 1922, als das tragikomische Zwischenspiel der Räterepublik längst vorbei war, sagte er dem Deutschen Katholikentag die Meinung über Aufruhr und Umsturz in den Jahren 1918/19: »Die Revolution war Meineid und Hochverrat und bleibt in der Geschichte erheblich belastet und mit dem Kainsmal gezeichnet.« Später sollte Faulhaber sich als unbeugsamer Kritiker des Nationalsozialismus zeigen – solange es um die Verteidigung des Glaubens ging.

Auf Unterstützung durch die Kirchen konnte Eisner also wirklich nicht rechnen. Auch die erstarkenden bürgerlichen Parteien, an erster Stelle die aus dem Zentrum der Königszeit hervorgegangene katholisch-konservative Bayerische Volkspartei (BVP) und die reichsfreundliche Deutsche Demokratische Partei (DDP), bekämpften Eisner erbittert. Sie benutzten gerne eine populäre Waffe: den Antisemitismus, wie Ralf Höller in seinem Buch »Der Anfang, der ein Ende war« überzeugend darlegt. Der schon erwähnte Ernst Müller-Meiningen von der DDP: »Wir lassen uns nicht von einem Galizier aus Berlin regieren!« Galizier war die zeitübliche, abwertende Bezeichnung für Jude. Der Buchloer Redakteur Cölestin Rabis, BVP-Mitglied, kann als gutes Beispiel dienen, wie auf dem flachen Land das weitverbreitete antijüdische Ressentiment geschürt wurde: »Der Jude Eisner spielt Diktator und beschwindelt das Volk wie vordem unsere Diplomaten. Politik ist und bleibt ein Geschäft, und Jude bleibt Jude.«

Diffamierung der Juden war keine Erfindung der Nachkriegsjahre. Antisemitismus war schon in der guten, alten Zeit der Monarchie weitverbreitet. Ihn speisten verschiedene Quellen. In den Kirchen, der protestantischen wie der katholischen, lebte der mittelalterliche Antijudaismus noch immer latent fort: Waren es nicht die boshaften Juden gewesen, die den Herrn Jesus Christus ans Kreuz schlagen ließen? Die Kleinbürger hatten in den gebildeten, wohlhabenden Juden die Sündenböcke für ihre Abstiegsängste angesichts des Kapitalismus der Gründerzeit gefunden. Und die Verklärung der germanischen, sprich der deutschen Rasse machte die Juden vollends zu Fremdkörpern. Schon ihr Aussehen! Der germanische Herold Richard Wagner: »Der Jude fällt uns im gemeinen Leben zunächst durch seine äußere Erscheinung auf, die etwas unangenehm Fremdartiges hat. Wir wünschen uns unwillkürlich, mit einem so aussehenden Menschen Nichts gemein zu haben.« Ein gutes Jahr vor seinem Tod kam das allseits verehrte Musikgenie Ende 1881 in einem Brief an seinen Jünger Ludwig II. zu dem universalen Schluss, »dass ich die jüdische Race für den angeborenen Feind der reinen Menschheit und alles Edlen in ihr halte, dass namentlich wir Deutschen an ihnen zu Grunde gehen werden, ist gewiss …«

In diesem Sinne war jetzt die Räterepublik des Juden Eisner, für die völkischen Hardliner noch weit mehr als für die bürgerliche Mitte, vom ersten Tag an ein jüdischer Anschlag auf das deutsche Volk. Der Vorsitzende der rassistischen Thule-Gesellschaft, in der sich sammelte, was später großteils zu den Nazis überwechselte, am 9. November 1918: »An Stelle unserer blutsverwandten Fürsten herrscht unser Todfeind Juda … Die gestrige Revolution, gemacht von Niederrassigen, um den Germanen zu verderben, ist der Beginn der Läuterung. Jetzt heißt es kämpfen, bis das Hakenkreuz siegreich aufsteigt.«

Dies sollte noch 14 Jahre dauern, allerdings war der rote Stern Eisners bereits im Sinken. Die feindlichen Brüder von der SPD arbeiteten in Berlin wie in München erfolgreich daran, das Rätesystem auszuhöhlen. Im Dezember 1918 beschloss ein von der SPD beherrschter gesamtdeutscher Rätekongress in Berlin mit großer Mehrheit die Einführung der parlamentarischen Demokratie und Wahlen im kommenden Januar. Ernst Toller, einer von diesen »jüdischen Literaten«, der für Südbayern am Kongress teilgenommen hatte, klagte: »Die Räte danken ab, sie überlassen das Schicksal der Republik dem Zufallsergebnis fragwürdiger Wahlen des unaufgeklärten Volks.« In Bayern schaffte es Auer, die Räte auf Berater ohne Vetorecht zusammenzustutzen.

In den Großstädten München, Augsburg und Nürnberg war der Rückhalt Eisners in der Arbeiterschaft trotzdem noch immer beträchtlich. Doch Eisner lief Gefahr, von den kommunistischen Spartakisten und den Anarchisten um Erich Mühsam links überholt zu werden, die weiterhin einen revolutionären Staat anstreben. Im Winter demonstrierten 4000 beschäftigungslose Münchner Werktätige. Zum ersten Mal demonstrierten sie nicht für, sondern gegen ihr Idol Eisner. Sie wollten eine höhere Arbeitslosenunterstützung. Es kam zu einer Schießerei mit der Polizei. Drei Demonstranten starben. Als zwölf Anführer der Demonstration verhaftet wurden, kam es tags darauf wieder zu Massenprotesten. Einige der Demonstranten kletterten sogar in Eisners Arbeitszimmer und bedrohten ihn. Eisner blieb nichts anderes übrig, als die Freilassung der Festgenommenen anzuordnen. Gegen das Volk konnte und wollte der Freund des Volkes nicht regieren. Bedrängt von links und rechts blieb Eisner nur die Hoffnung auf Klärung der verfahrenen Situation durch die Landtagswahl, die er auf Druck Auers für den 12. Januar 1919 festgesetzt hatte.

Am selben Tag, an dem in Berlin die SPD-Regierung mithilfe des Militärs die Rebellion des kommunistischen Spartakusbundes blutig beendete, konnten sich über drei Millionen Bayern, weiblich und männlich, an den Urnen zwischen halb rechts und halb links entscheiden. Denn die rechtsextremen Parteien boykottierten die Wahl genauso wie Kommunisten und Anarchisten. Eisners USPD war die radikalste Gruppe auf den Stimmzetteln. Sie erlebte ein Desaster. Mit nur drei Abgeordneten zog sie in den Landtag ein. Die meisten ihrer revolutionär gesinnten Anhänger lehnten Wahlen ab und waren zu Hause geblieben.

Die BVP war mit 66, die SPD mit 61 Sitzen vertreten. Die Bayerische Volkspartei hatte vor allem auf dem Land, die SPD in den Städten gepunktet. Da niemand von den übrigen kleineren Parteien mit der BVP wegen ihrer politischen Nähe zum klerikalen Obrigkeitsstaat der Vorkriegszeit eine Regierung bilden wollte, konnte sich Auer als neuer Ministerpräsident fühlen. Die Wahlen im französisch besetzten Regierungsbezirk Rheinpfalz, die drei Wochen später stattfanden, bestätigten den Trend zur Mitte. Die Revolution war dabei, im Sande zu verlaufen. Der Jude Eisner und sein Klüngel von »Zivilisationsliteraten« (Thomas Mann) schienen zur großen Befriedigung des Bürgertums am Ende.

Am Morgen des 21. Februars 1919 war der noch amtierende Ministerpräsident Eisner auf dem Weg zum Landtag. In der Tasche trug er sein bereits unterzeichnetes Rücktrittsschreiben. In den vergangenen Wochen hatte es mehrfach Morddrohungen gegen ihn gegeben. Parteifreunde hatten ihm deshalb geraten, auf einem Schleichweg zum Landtag zu gehen. Eisner hatte abgelehnt: »Man kann einem Mordanschlag auf die Dauer nicht ausweichen, und man kann mich ja nur einmal erschießen.« Plötzlich trat auf offener Straße ein junger Mann von hinten an ihn heran und schoss aus nächster Nähe Eisner mit einem Revolver zweimal in den Hinterkopf. Die Leibwächter Eisners streckten den Attentäter mit mehreren Schüssen nieder. Eisner starb noch auf der Straße. Der Täter, der 22-jährige Leutnant Graf Arco auf Valley, wurde schwer verletzt ins Krankenhaus gebracht und vom berühmten Chirurgen Ferdinand Sauerbruch operiert.

Beim bereits versammelten Landtag löste die Nachricht von der Ermordung Eisners Chaos aus. Gerade als sich die Gemüter wieder einigermaßen zu beruhigen schienen, drang ein schnauzbärtiger Zivilist in den Sitzungssaal ein, stürmte auf den designierten Ministerpräsidenten Auer zu, schrie ihm »Du Lump!« entgegen und jagte ihm zwei Kugeln aus einer automatischen Waffe in die Brust. Dann erschoss er zwei Männer, die sich ihm in den Weg stellten, und entkam, gedeckt von revolutionären Soldaten. Sie hatten in dem Attentäter einen Gesinnungsgenossen erkannt. In Panik flohen die Abgeordneten aus dem Sitzungssaal, die meisten auch aus München. Auer wurde wie Graf Arco sofort von Sauerbruch operiert. Beide überlebten.

Hass auf den Umsturz der alten Welt hatte den Grafen Arco zu seiner Tat getrieben. Graf Arco listete seine Gründe auf: »Ich hasse den Bolschewismus! Ich bin und denke teutsch! Ich hasse die Juden! Ich liebe das wahre Bayernvolk! Ich bin bis in den Tod treuer Monarchist! Ich bin treuer Katholik!« Hass war auch das Motiv von Alois Lindner, Metzgergeselle aus dem niederbayerischen Kelheim. Er hielt Auer für den Drahtzieher des Mordes an Eisner und sah in ihm einen Handlanger des Bürgertums, der die

Revolution torpedieren wollte. Das habe in ihm Hass aufgestaut. Der Tod Eisners habe dann das Fass zum Überlaufen gebracht.

Der idealistische Sozialist Eisner erhielt ein veritables Staatsbegräbnis. Von der tausendköpfigen Trauergemeinde wurden ordentlich Tränen vergossen, darunter viele Krokodilstränen. Heinrich Mann, der jüngere Bruder von Thomas, ehrte den Toten aufrichtig: »Die 100 Tage der Regierung Eisner haben mehr Idee, mehr Freuden der Vernunft, mehr Belebung der Geister gebracht als die 50 Jahre vorher.« Die stockkonservative Berliner »Kreuzzeitung« hingegen urteilte aus der Ferne wie gewohnt gehässig: »Eisner war einer der übelsten Vertreter des Judentums, die in der deutschen Geschichte der letzten Monate eine so bezeichnende Rolle gespielt haben.«

Eisner tot, Auer schwer verletzt und für Monate handlungsunfähig: Die beiden Flügel der Sozialisten hatten auf einen Schlag Führer und Führung verloren. Noch unübersichtlicher als zuvor gingen jetzt die üblichen Grabenkämpfe zwischen den Anhängern der Räteherrschaft und den Befürwortern der parlamentarischen Demokratie weiter. Schließlich setzte sich bayernweit der Demokratiegedanke durch. Der bisherige Kultusminister Johannes Hoffmann von der SPD sollte neuer Ministerpräsident werden. »Ausgerechnet dieser von der Bayerischen Volkspartei als reiner Gottseibeiuns verfluchte gottlose Mann, der die Klerikalen durch seine Schulpolitik bis aufs Blut gereizt hatte«, wie Müller-Meiningen süffisant bemerkte. Doch weil Hoffmann sich klar gegen das Rätesystem ausgesprochen hatte, schluckten die bürgerlichen Parteien diese blassrote Kröte und stimmten Anfang März einem sozialdemokratischen Kabinett Hoffmann zu.

Nur eine Bastion der Revolution wollte die rote Fahne nicht einholen. München-Schwabing ergab sich nicht. Nach vier Wochen enttäuschender Regierungsarbeit des Hoffmann-Kabinetts proklamierte eine von den üblichen Verdächtigen – also diesen jüdischen Literaten Mühsam, Landauer und Toller – geführte revolutionäre Versammlung am 7. April 1919 ausgerechnet aus dem ehemaligen Schlafzimmer der bayerischen Königin im Wittelsbacher Palais: »Baiern ist eine Räterepublik. Das werktätige Volk ist Herr seines Geschicks ... Der Landtag, das unfruchtbare Gebilde des überwundenen bürgerlich-kapitalistischen Zeitalters, ist aufgelöst, das von ihm berufene Ministerium zurückgetreten ... Die Baierische Räterepublik folgt dem Beispiel der russischen und ungarischen Völker. Sie ruft alle deutschen Brudervölker auf, den gleichen Weg zu gehen.« (In Ungarn hatte sich zwei Wochen zuvor eine Räterepublik unter Béla Kun konstituiert.)

Vom Anbruch einer neuen Zeit kündete schon die alte Schreibweise »Baiern« statt »Bayern«, wie es die despotische Wittelsbacher Willkür Anfang des 19. Jahrhunderts mit der Einführung des Y verfügt hatte. Außerdem ordnete der Aufruf die »Austilgung des Systems der Bürokratie«, die Schaffung einer Roten Armee und von Volkstribunalen, die Sozialisierung der Presse sowie in leiser Selbstüberschätzung den 7. April als Nationalfeiertag »zum Zeichen der freudigen Hoffnung auf eine glückliche Zukunft für die ganze Menschheit« an.

Das Personal für diese Umwertung aller Werte war allerdings so knapp wie die Zeit dafür, noch dazu, da sich die Kommunisten aus dieser nach ihrer Einschätzung »Schein-Räterepublik« heraushielten. So wurde etwa ein Dr. Lipp zum Volkskommissar für auswärtige Angelegenheiten berufen. Seine Qualifikation – wie selbst Ernst Toller ironisch bemerkte – bestand hauptsächlich daraus, dass er angeblich »den Papst persönlich kenne«. Nach wenigen Tagen im Dienst musste der Papstkenner in die Psychiatrie eingewiesen werden. Er hatte wirre Telegramme durch die Gegend geschickt, unter anderem beklagte er sich darin, dass sein Vorgänger Hoffmann »den Abtritt-Schlüssel für den privilegierten Abort« mitgenommen habe. Silvio Gsell, der Finanzexperte der Räterepublik, wollte die »systemlose Papiergeldwirtschaft« abschaffen und prognostizierte, für die Umstellung auf eine Warenwirtschaft nur 15 bis 20 Jahren zu brauchen. Seine hochfliegenden Pläne kamen bei den einfachen Menschen so an: »Der Gsell will uns unser Geld wegnehmen.«

Die Unmenge revolutionärer Neuerungen, die von der Räteregierung in ihren ersten Tagen – es sollten gleichzeitig ihre letzten sein – produziert wurden, ermunterte unverstandene Genies und gepeinigte Seelen, ihrerseits den neuen Staat mit Ideen und Wünschen zu überschütten. Da Volksnähe das Mantra der Ära im Aufbruch war, fanden alle ein Ohr. Ernst Toller über das Panoptikum im Wartezimmer des revolutionären Zentralrats: »Verkannte Lebensreformer bieten ihre Programme zur Sanierung der Menschheit an, ihr seit Jahrzehnten befehdetes Lebenswerk bürge dafür, dass jetzt endlich die Erde in ein Paradies verwandelt werde … Die einen sehen die Wurzel des Übels in gekochten Speisen, die anderen in der Goldwährung, die dritten im Tragen unporöser Unterwäsche, die vierten in der Maschinenarbeit, die fünften im Fehlen einer gesetzlich vorgeschriebenen Einheitssprache und Einheitskurzschrift, die sechsten machen Warenhäuser und sexuelle Aufklärung verantwortlich.«

Bevor die allgemeine Weltverbesserung Früchte tragen konnte, stand die Münchner Räterepublik schon mit dem Rücken zur Wand. Die Regierung Hoffmann war nämlich in Wahrheit nicht zurückgetreten. Sie hatte sich nur angesichts der Münchner Revolte ins idyllische Bamberg geflüchtet, »verlegt«, wie Flugblätter beschönigend sagten, die man über München aus einem Flugzeug abwerfen ließ. Sie verkündete, weiterhin die einzige legitime Vertretung Bayerns (mit Ypsilon!) zu sein, und sammelte eifrig Freiwillige zur Rückeroberung der Landeshauptstadt und ihres oberbayerischen Umlands ein.

Ein erster Versuch, die Räteherrschaft hinwegzufegen, scheiterte allerdings am Münchner Hauptbahnhof. Dort hatte sich am Palmsonntag die sogenannte Republikanische Schutztruppe verschanzt. Eigentlich sollte diese paramilitärische, der SPD Hoffmanns nahestehende Organisation für die persönliche Sicherheit der Regierungsmitglieder verantwortlich sein. Jetzt agierte sie als Speerspitze der Bamberger Regierung, verhaftete 13 Rätepolitiker, darunter Erich Mühsam, und besetzte den Hauptbahnhof. Dort wollte sie sich halten, bis weitere 600 Mann, die bei Ingolstadt bereitstanden, zu ihr stoßen würden. Die Genossen aus Ingolstadt trafen nie ein. Der Kurier, der ihnen die erfolgreiche Besetzung des Hauptbahnhofs melden sollte, wurde abgefangen. Arbeitermilizen unter Leitung des Matrosen Rudolph Eglhofer, dessen steile, doch kurze Feldherrnkarriere hier begann, griffen den Bahnhof an. Nach fünf Stunden heftiger Kämpfe und zwei Dutzend Toten nahmen sie ihn ein. Die Anführer des Putsches flohen unter Mitnahme der Geiseln filmreif auf einer Lokomotive nach Bayerns Norden.

Beeindruckt vom »heldenhaften Einsatz« der proletarischen Kämpfer am Hauptbahnhof entschieden sich jetzt die Kommunisten, ihre Zurückhaltung aufzugeben und bei der Revolution nicht nur mitzumachen, sondern sie in die Hand zu nehmen. Was Toller und Co. bisher angestellt hatten, war in ihren Augen revolutionäre Traumtänzerei gewesen. Nun sollten Nägel mit Köpfen gemacht werden. Unter der Führung des aus Berlin entsandten Eugen Leviné krempelten sie geschickt die Arbeiter- und Soldatenräte um und drängten die USPD an den Rand.

Zur Zentrale des kommunistischen Bayerns, das allerdings mehr oder weniger nur aus München und Umgebung bestand, wurde das Hofbräuhaus – dies war und blieb eine bayerische Revolution. In den heiligen Bierhallen tagte permanent das sogenannte Hofbräuhaus-Parlament, eine Versammlung von Arbeitern und Soldaten, deren Stärke zwischen 1000 und 4000 Personen schwankte. Leviné war sich der geringen Überlebenschancen des Rätestaates bewusst. Anders als in der Internationalen vorgesehen, würde das »Letzte Gefecht« wohl nicht siegreich sein, doch beispielhaft: »Ich fürchte, wir sind verloren, so oder so. Es gilt nur, in Ehren unterzugehen. Das bedeutet für uns, aus der jetzigen Situation eine machtvolle Kundgebung des Willens des Proletariats zu gestalten. Viele von uns werden die Sonne nicht mehr lachen sehen, viele von uns durch unseren Tod die künftige Freiheit einleiten.«

Ganz im Lenin'schen Sinn wollte sich die Revolution keine Sentimentalitäten mehr leisten. Wie schon in den Wochen zuvor wurde die Münchner Bürgerschaft erneut aufgefordert, alle Waffen abzugeben, doch diesmal drohte bei Nichtbefolgen Tod durch Erschießen. Privathäuser wurden nach gehamsterten Lebensmitteln durchsucht und oppositionelle Bürger als Geiseln genommen. Die unzuverlässige Polizei wurde endgültig entwaffnet, an ihre Stelle trat als Ordnungsmacht die »Rote Armee«, zu der sich die Arbeitermilizen umetikettierten.

Und der Feind rückte näher. Zwar hatten Milizen unter Ernst Toller Mitte April einen ziemlich dilettantischen Angriff der Weißen, wie man allgemein die Truppen der »Konterrevolutionäre« nannte, bei Dachau zurückgeschlagen. Dabei war Toller, der nach anfänglichem Widerstreben ein Kommando übernommen hatte, dem Befehl Eglhofers nicht gefolgt, gefangene gegnerische Offiziere standrechtlich zu erschießen: »Es sind irregeleitete Brüder, sie werden die Gerechtigkeit unserer Sache erkennen. Mögen die Gesetze des Bürgerkriegs noch so brutal sein, ich weiß, die Konterrevolution hat in Berlin rote Gefangene ohne Schonung gemordet, wir kämpfen für eine gerechtere Welt, wir fordern Menschlichkeit, wir müssen menschlich sein.« Mit dieser für die »Literatenrepublik« bezeichnenden Haltung hatte Toller sich bei den Kommunisten äußerst unbeliebt gemacht, wahre Revolutionäre hatten so wenig Gnade zu kennen, wie sie keine Gnade erwarteten.

Die Schlappe bei Dachau ließ Ministerpräsident Hoffmann in Bamberg keine andere Wahl, als Berlin um militärische Hilfe zu bitten. Bayern konnte seine Probleme allein nicht mehr lösen. Reichskanzler Scheidemann (SPD) und der im Niederschlagen kommunistischer Aufstände bestens erprobte Reichswehrminister Gustav Noske zeigten sich gerne bereit, den Unruheherd München zu beseitigen – und gleichzeitig den widerspenstigen Freistaat enger an die Kandare zu nehmen. Eine rund 30000 Mann starke Invasionsarmee unter preußischem Oberbefehl rückte konzentrisch auf München vor. Sie bestand aus regulären Truppen, vor allem aber aus Freikorps, militärische Auffangbecken für Weltkriegsveteranen stramm völkischer Prägung. Eine Namensliste der großen paramilitärischen Verbände wie dem Freikorps Epp oder der Marinebrigade Ehrhardt liest sich, so Ralf Höller, »wie ein ›Who is Who‹ der nationalsozialistischen Bewegung«: Heinrich Himmler, Rudolf Hess, Ernst Röhm, Karl Wolff, Sepp Dietrich, Hans Frank, Hans Baur, um nur die Bekanntesten zu nennen. Den folkloristischen Akzent setzte das Freikorps »Werdenfels« aus Garmisch-Partenkirchen. Es marschierte in Lederhosen und Jägerhüten, auf denen Gamsbärte wippten.

Ende April hatten die Weißen München eingeschlossen. 20000 schlecht bewaffnete und noch schlechter ausgebildete Soldaten der Roten Armee ohne schwere Waffen oder Panzerfahrzeuge erwarteten sie. Im Hofbräuhaus wurde heftig gestritten, ob man mit der Regierung Hoffmann verhandeln solle. Toller war dafür, Leviné und Eglhofer wandten sich vehement dagegen. Sie wollten lieber den Märtyrertod für die Weltrevolution sterben. Die Mehrheit der Versammelten stimmte für Tollers Ansicht. Leviné trat zurück. Kurz bevor der Vorhang des Münchner Revolutionsballetts endgültig fiel, umstellten in einer absurden Abschluss-Pirouette Eglhofers Truppen das Hofbräuhaus. Eglhofer forderte für die Rote Armee alle Vollmachten, »um den erfolgreichen Kampf gegen die Weiße Garde und besonders gegen die innere Reaktion führen zu können«. Niemand hielt ihn zurück. Die Räterepublik war jetzt eine rote Militärdiktatur.

Eglhofer stellte auf einer Sitzung der Stadtkommandatur den Antrag, möglichst viele Angehörige der Bourgeoisie auf der Theresienwiese zusammenzutreiben und sie beim Einmarsch der weißen Truppen zu erschießen. Der Antrag wurde mit knapper Mehrheit abgelehnt, doch die Spirale aus Mord und Vergeltung, Gewalt und Gegengewalt setzte sich am 30. April unerbittlich in Gang. Ernst Niekisch, der nach München geflohene Anführer der Revolution in Augsburg: »In der Nähe von München, bei Puchheim, war ein russisches Gefangenenlager gewesen. Die Räteregierung hatte die Russen freigelassen. Die Freikorps griffen auf ihrem Vormarsch 52 dieser russischen Kriegsgefangenen auf, die nicht das Mindeste mit der Münchner Räterepublik zu tun hatten, trieben sie in einen Steinbruch und ermordeten sie. Bei Starnberg trafen sie (die Freikorps, d. V.) auf eine Arbeiter-Sanitäter-Kolonne, die übte. Die Sanitäter wurden kurzerhand an einem Bahndamm niedergeschossen. Diese Taten bewirkten, dass die Münchner Machthaber zehn Geiseln festnahmen. Es handelte sich dabei um Mitglieder der Thule-Gesellschaft. Als Nachrichten über weitere Untaten der andringenden Freikorps in München bekannt wurden, beging Seidel, der Kommandant des Luitpold-Gymnasiums, in welchem die Geiseln untergebracht waren, die Torheit, sie als Repressalie erschießen zu lassen. Nun war es um die letzte Zurückhaltung der Freikorps geschehen.«

Ausgerechnet am 1. Mai, dem Tag der Arbeit, drangen die weißen Truppen ins Zentrum des ersten Arbeiterstaates auf deutschem Boden ein. Die Münchner Milizen wehrten sich drei Tage. Vergeblich. Zurückhaltung übten die Freikorps wahrlich nicht. Sie erschossen auf offener Straße selbst Frauen und Kinder, die ihnen irgendwie in die Quere kamen. Es bringt wenig, bei Kriegsverbrechen die Opfer auf beiden Seiten gegeneinander aufzurechnen. Tatsache aber ist, dass es auf der »weißen« Seite nach amtlicher Darstellung 38 Tote gab. Bei den »Roten« waren es zwischen 600 und 1200.

Die Mehrzahl von ihnen starb nicht im Kampf, sondern wehrlos bei »Säuberungsaktionen«. Sie wurden einfach hingerichtet. Nach Standgerichtsprozessen von Minutenlänge oder ganz ohne Verfahren. Unter den Opfern waren auch 21 junge Männer des katholischen Kolpingvereins, deren Zusammentreffen Freikorpskämpfer irrtümlich für eine Spartakistenversammlung hielten. Sie wurden sofort erschossen, trotz ihrer flehentlichen Beteuerungen, nichts mit den Roten zu tun zu haben, ganz im Gegenteil. Kollateralschäden. Wo man hobelt, fliegen eben Späne. Ein Major des Freikorps Lützow: »Wer nicht begreift, dass wir energisch durchgreifen müssen, und wer Gewissensskrupel hat, der soll lieber gleich wegbleiben. Besser ein paar Unschuldige tot, als ein einziger Schuldiger entkommen.« Aus Bamberg bedankte sich Ministerpräsident Hoffmann artig beim Oberkommandierenden der Befriedungsarmee: »Für die umsichtige Leitung und Durchführung der zur Befreiung Münchens aus der Hand der Bolschewisten notwendigen militärischen Operationen spreche ich zugleich im Namen des Gesamtministeriums den herzlichsten Dank aus.«

Von den Hauptschuldigen entkamen wenige. Gustav Landauer, der sich in der letzten, der bolschewistischen, Revolutionsphase enttäuscht zurückgezogen hatte, prügelte, trat und schoss man am 2. Mai auf Raten tot. Der 23-jährige rote General Rudolf Eglhofer wurde am Morgen des 3. Mai im Innenhof der Residenz erschossen. Ernst Toller, Ernst Niekisch und Erich Mühsam kamen in Haft. Sie saßen jahrelang im Gefängnis.

Da aber die Ermordung der unglücklichen Kolpingbrüder im bürgerlichen Milieu, wo der Einmarsch der Weißen im Allgemeinen auf große Zustimmung gestoßen war, doch Unverständnis und Entrüstung ausgelöst hatte, ordnete Hoffmann aus der Ferne an, dass Todesurteile von Standgerichten von nun an nur nach ministerieller Bestätigung auszuführen seien. Ab dem 8. Mai 1919 hörten die willkürlichen Hinrichtungen auf.

Eugen Leviné, dem politischen Kopf der letzten Revolutionsphase, nutzte dieser Anflug von Rechtsstaatlichkeit nichts. Ein ordentliches Militärgericht verurteilte ihn Anfang Juni 1919 wegen Hochverrats zum Tode: »Da seine Handlung aus einer ehrlosen Gesinnung entsprungen sei.« Noch aber musste der bayerische Ministerrat das Urteil bestätigen. Ein Wissenschaftler von Weltruf wie Albert Einstein oder ein Kommunistengegner wie der sozialdemokratische Reichs-Ministerpräsident Philipp Scheidemann in Berlin setzten sich neben vielen anderen für eine Begnadigung ein. Am Abend des 4. Juni tagte der Ministerrat. Mit fünf zu vier Stimmen bestätigte er das Todesurteil. Es wurde am nächsten Morgen vollstreckt.

Den Ausschlag gab das Votum des als liberal-gemäßigt geltenden Justizministers Ernst Müller-Meiningen von der Deutschen Demokratischen Partei. Derselbe schon mehrfach erwähnte Müller-Meiningen begnadigte ein halbes Jahr später den ebenfalls zum Tode verurteilten Mörder von Kurt Eisner, den Grafen Arco auf Valley, zu fünf Jahren Festungshaft, da dessen Tat »nicht niederer Gesinnung sondern glühender Liebe zum Vaterland« geschuldet sei. So machte der als liberal-gemäßigt geltende Minister die Richtung deutlich, in die das als gemäßigt liberal geltende Bürgertum in den nächsten Jahren stramm marschieren sollte.

Der völkische Sumpf

Hätte es Nazideutschland nie gegeben, wenn der Österreicher Adolf Hitler 1924 nach dem Marsch auf die Feldherrnhalle wegen Hochverrats ernsthaft verurteilt und als Ausländer in seine Heimat abgeschoben worden wäre, wie es das Gesetz bindend befahl? Wenn nicht ein auf dem rechten Auge blinder Richter den Prozess geführt hätte, sondern ein unparteiischer Diener der Justitia? Das hat einiges für sich, doch es ist ein müßiges Gedankenspiel, die Katastrophe des »Dritten Reichs« daran festzumachen, dass ein voreingenommenes Gericht den Aufstieg Hitlers nicht verhinderte.

Denn was ohne Zweifel eine unglaubliche Häufung von Rechtsbeugungen war, wurde im Bayern der Weimarer Zeit nicht als skandalöse juristische Fehlleistung empfunden. Der Prozess war vielmehr Ausdruck des Zeitgeists. So, wie das Gericht geurteilt hatte, dachte und fühlte die Mehrheit. Leicht überspitzt gesagt: Es konnte im antisemitischen, republikfeindlichen und vaterländischen Bayern der frühen 20er-Jahre gar kein anderes Urteil geben. Zur Vorgeschichte:

Im Mai 1919 war das – im Nachhinein gesehen utopische – Experiment einer Räterepublik Bayern gescheitert. Es hatte in seiner Radikalität nur wegen der für den Augenblick weitverbreiteten, verbitterten Ablehnung der alten Ordnung angesichts der Katastrophe des verlorenen Krieges eine kurzfristige Chance gehabt. Als der erste Schock verebbt war, zeigte sich, dass für einen sozialistischen Staat auf Dauer die Basis fehlte. Kaum kehrte eine Art Normalität ins tägliche Leben zurück, rappelten sich die alten Kräfte mit ihrem alten Denken auf und gewannen wieder die Oberhand. Sie konnten das Rad der Geschichte zwar nicht zurückdrehen. Das Kaiserreich von einst war passé, und in Bayern hatten die Wittelsbacher ausregiert. Zumindest fürs Erste mussten Monarchisten und Nationalisten sich mit der schmalbrüstigen, von den Siegermächten gedemütigten Weimarer Republik abfinden.

Die SPD, hinter der die gemäßigte Arbeiterschaft stand, leistete dem Wiedererstarken des konservativ-nationalistischen Lagers durch die Niederschlagung kommunistischer Aufstände im Reich und die Liquidierung der »Baierischen Räterepublik« wacker Schützenhilfe. Die Kräfte, die schließlich die Weimarer Republik zugrunde richten sollten, dankten ihr das nicht. Sie sahen in den Sozialdemokraten und auch in den gemäßigten Parteien der bürgerlichen Mitte bestenfalls nützliche Idioten im Lenin'schen Sinne. Grundsätzlich hassten sie diesen demokratischen Staat. Er musste verschwinden, damit sich Deutschland wieder zu alter Größe aufschwingen konnte.

Besonders der Freistaat Bayern der Nachkriegsjahre war das ideale Mistbeet für rechten Wildwuchs. Die direkte Erfahrung der chaotischen, wirklichkeitsfremden Rätezeit hatte radikal linkes Gedankengut in Bayern bis weit in die Arbeiterschaft hinein mehr diskreditiert als anderswo. Verschreckt vom Gespenst des Kommunismus wandte sich das liberale Bürgertum nach rechts. Dort im nationalen, vaterländischen Milieu tummelten sich Feinde von Republik und Demokratie aller Schattierungen. Ihr gemeinsamer Nenner war die Ablehnung des Weimarer Staates und des »roten«, darüber hinaus noch »sittlich verworfenen« Berlin. Dazu der unerschütterliche Glaube, Deutschland habe seinen Zustand dem Verrat der republikanischen »Novemberverbrecher« zu verdanken, sei doch das deutsche Heer »im Felde unbesiegt« geblieben, und der ebenso unerschütterliche Glaube an Bayerns Sonderstatus und seiner Berufung zur »Ordnungszelle Deutschlands«.

Vor allem aber verband sie ein massiver Antisemitismus. 1920 machte erstmals der, bis dahin politisch unauffällige, Postkartenmaler Adolf Hitler als demagogisches Talent der neu gegründeten Nationalsozialistischen Arbeiterpartei auf sich aufmerksam: »Was waren Eisner, Leviné, Toller und Konsorten? Lauter Juden! Sie wollten nichts anderes, als Deutschland ins Elend zu bringen.«

Außerdem, saßen in der bolschewistischen Sowjetunion, dem Hort des Bösen, nicht überall Juden an den Schaltstellen der Macht?

Noch war die Nazipartei im rechten Spektrum eine Splittergruppe unter vielen. Sie hatte nicht den morbiden Glanz der elitären, okkultistisch angehauchten Thule-Gesellschaft, die sich wegen der schon geschilderten Erschießung von sieben ihrer Mitglieder in einer Märtyrerrolle sah und sich im feinen Hotel »Vier Jahreszeiten« traf. Während Hitler und Genossen es gerade erst geschafft hatten, das schäbige »Sterneckerbräu« als Versammlungsort hinter sich zu lassen und ins, auch nicht gerade mondäne, Hofbräuhaus umzuziehen. Die neue Partei hatte auch noch nicht die Breitenwirkung des gutbürgerlichen »Deutschvölkischen Schutz- und Trutzbunds«, dem sein honoriger Anstrich große Resonanz für wilde antisemitische Hetzreden sicherte.

Auf ein empfängliches Publikum konnten die Nationalsozialisten wie alle rechten Gruppierungen zählen. Die völkischen Trommler mussten nicht bekehren. Sie mussten nur radikalisieren. Denn bis weit in die politische Mitte fanden viele ihrer Ansichten Zustimmung. Etwas gesitteter, vielleicht etwas selektiver, doch grundsätzlich zum Status quo der jungen Weimarer Republik mit der Rechten im Nein vereint.

Ausgerechnet die SPD-Regierung in Berlin hatte 1919 reichsweit »Einwohnerwehren« zur Aufrechterhaltung der öffentlichen Ordnung angeregt und aus Militärbeständen bewaffnet. In Bayern liefen diese Bürgermilizen der Regierung Hoffmann schnell aus dem Ruder. Als Reaktion auf das Räteabenteuer sah sich der Zusammenschluss von Kegelvereinen, Schützengilden, Freiwilligen Feuerwehren und versprengten Freikorpskämpfern weniger als lokale Schutztruppe denn als weiß-blaues Bollwerk gegen neuerliche bolschewistische Umtriebe und Vaterlandsverräter, zu denen natürlich immer »der Jude« bevorzugt zählte. Fähigster Waffenbeschaffer für die Einwohnerwehren, die in ihrer besten Zeit über 400000 Mitglieder hatten, war der ehemalige Frontsoldat Ernst Röhm, der später als Stabschef der SA sein Organisationstalent noch weit nachdrücklicher beweisen sollte.

Nach dem im März 1920 in Berlin gescheiterten Kapp-Putsch setzte die Reichsregierung die Entwaffnung und Auflösung aller Einwohnerwehren in Deutschland durch. Die Wehren waren dem Putsch sehr wohlwollend gegenübergestanden. Die alliierten Siegermächte hatten die Auflösung schon vorher gefordert. Sie sahen die Existenz dieser Milizen nicht zu Unrecht als verkappte Remilitarisierung an. Alle deutschen Länder gehorchten.

Alle? Alle außer dem Freistaat Bayern. Hier schaffte es die geballte Heimatschützenmacht, unterstützt von der Bayerischen Volkspartei (BVP), in einem erfolgreichen »stillen« Putsch, nach dem erfolglosen Berliner Putsch, die Regierung Hoffmann aus dem Amt zu drängen und weiter munter politisch mitzumischen. Sie drückte ihren Freund und Gönner Gustav Ritter von Kahr, bis dato Oberbayerns Regierungspräsident, als neuen Ministerpräsidenten durch. Schon vor dessen Regierungsantritt hatten in München rechtsradikale völkische Kräfte wichtige Positionen besetzt. Mit Ernst Pöhner lag die Leitung der Münchner Polizei in den Händen eines bewährten Antidemokraten. Zum Chef der »Politischen Abteilung« in der Polizei machte Pöhner Wilhelm Frick, Hitlers späteren Innenminister.

Der Protestant Kahr, im Herzen ein Monarchist, verfocht mit großem Sendungsbewusstsein die bayerische Sonderrolle im Deutschen Reich. Für ihn hatte von Bayern die Genesung des roten, jüdischen und verrotteten Deutschlands auszugehen. Die bürgerliche Mitte schaute dem Drift nach rechts beifällig zu. Bezeichnend dafür ist die Haltung von Ernst Müller-Meiningen, der als »liberaler« Justizminister Graf Arco auf Valley, den zum Tode verurteilten Mörder von Kurt Eisner, zu kommoder Festungshaft mit Aussicht auf baldige Bewährung begnadigte: »Ich würde mich vor meinen Kindern schämen, einen Mann wie Arco ins Zuchthaus zu schicken.« Der Graf hatte ja bekanntermaßen aus edlen, vaterländischen Motiven gehandelt: »Ich hasse den Bolschewismus! Ich bin und denke teutsch! Ich hasse die Juden! Ich liebe das wahre Bayernvolk.« Ging es gegen links, war Mord im Freistaat Bayern eher ein Kavaliersdelikt – da war Milde angebracht.

Mit Kahr an der Regierungsspitze wurde München das Dorado aller Republikfeinde. Franz Ritter von Epp, Freikorpsanführer und wie Kahr Monarchist mit starkem Rechtsdrall, gab jetzt angesichts kommunistischer Unruhen in Thüringen und dem Ruhrgebiet die Losung aus: »Der Bolschewismus erhebt wieder sein Haupt. Das Reich steht in schwerer Erschütterung. Bayern ist ein mächtiger Pfeiler zur Wiedergewinnung der Ordnung. War es seiner Zeit in der Überraschung der Ausgangsplatz für den Umsturz, so muss es jetzt seinen Ruf wiederherstellen. Es muss ein Bollwerk für den Ordnungsstaat sein.« Epp war kein ausgewiesener Rechtsradikaler, das wurde er erst 1928 mit seinem Eintritt in die NSDAP. Er war Sympathisant der katholisch geprägten Bayerischen Volkspartei, der stärksten politischen Kraft im Lande.

Wo die angebliche Mitte so dachte, musste es selbst eingefleischten, steckbrieflich gesuchten Demokratie-Hassern nicht bange sein. Auf nach Bayern! Der Weltkriegsgeneral Erich von Ludendorff, einer der Drahtzieher des Kapp-Putsches, retirierte nach München, um dort unbehelligt weiter gegen Weimar zu hetzen. Freikorpsführer Hermann Ehrhardt, gegen den ein Berliner Haftbefehl vorlag, zog sich strategisch an die Isar zurück und gründete unter den empathischen Augen der Herren Pöhner und Frick die berüchtigte »Organisation Consul«, eine Vereinigung zur Ermordung demokratischer Politiker. Doch auch das urbayerische Element durfte im völkischen Hetzverbund nicht fehlen. Im »Miesbacher Anzeiger« geiferte der einst so treffend satirisch-kritische Ludwig Thoma gegen die »Deppokratie« in Berlin, »dieser Mischung aus galizischen Judennest und New Yorker Verbrecherviertel«, bis der Magenkrebs im Herbst 1921 Thomas Hasstiraden gegen das »traurige Saupack aus Tarnopol und Jaroslau« verstummen ließ.

1921 wurde Reichsfinanzminister Matthias Erzberger, 1922 Außenminister Walther Rathenau von Anhängern der Organisation Consul ermordet. Beide Opfer waren nicht einmal Linke, sondern Politiker der Mitte. Für Rechtsradikale aber hatten auch sie als »Erfüllungsgehilfen des Versailler Diktats«, sprich des in der Tat für Deutschland als Kriegsverlierer sehr harten Versailler Friedensvertrags, den Tod verdient. Durch das »Gesetz zum Schutz der Republik« versuchte sich der Weimarer Staat zu wehren. In den meisten deutschen Ländern kam es zu einem Verbot rechtsradikaler Parteien und Organisationen, darunter auch die NSDAP.

Nicht so in Bayern. Hier deckten Justiz und Polizei einträchtig die Republikfeinde, und ein großer Teil der Bevölkerung klatschte Beifall. Neben der antidemokratischen, nationalistischen Grundströmung im Lande war es vor allem die galoppierende Inflation, die Bayerns Bürger aller Schichten den Radikalen in die Arme trieb. Selbst Grundnahrungsmittel wie Kartoffeln waren nur noch schwer erhältlich und schwer erschwinglich. In München etwa war ein Viertel der Bevölkerung auf die – mehr als magere – öffentliche Fürsorge angewiesen. »Wo man geht und steht, kann man die Ansicht hören, dass es so nicht weitergehen kann, dass ein Umsturz kommen müsse …«, berichtete Ende 1922 der württembergische Gesandte nach Stuttgart.

Als Heilsbringer in schweren Zeiten bot sich mehr und mehr der ehemalige Kunstmaler Adolf Hitler an. Wenn er in allen verfügbaren Bierhallen und Bräukellern mit rollendem R »die Brechung der Zinsknechtschaft« geißelte, den »Dämon des Bolschewismus« beschwor und den deutschen Herrenmenschen dem jüdischen Untermenschen gegenüberstellte, der letztendlich an allem schuld war, sprach er seinen Zuhörern aus der bedrängten Seele. »Weit über das Maß seiner mitreißenden Rhetorik hinaus, schien diesem Menschen die unheimliche Gabe eigen, die gnostische Sehnsucht der Zeit nach einer starken Führerpersönlichkeit mit seinem eigenen Sendungsanspruch zu koppeln und in dieser Verschmelzung jede nur denkbare Hoffnung und Erwartung erfüllbar erscheinen zu lassen«, so der damalige Nazisympathisant Ernst Hanfstaengl rückblickend.

Die Hanfstaengls gehörten neben anderen ersten Adressen der Münchner Gesellschaft – etwa die Kunstverleger-Familie Bruckmann, die aus Berlin stammende, doch meist in Bayern anwesende Klavier-Dynastie Bechstein – zu den Förderern des aufstrebenden Demagogen aus dem Kleinbürger-Milieu. Die zum Teil von Neugier, zum Teil von politischem Gleichklang bestimmte Zuwendung dieser »Steigbügelhalter« (Andreas Heusler) machte den Mann der Bierhallen salonfähig, der sich schon mal edlen Bordeaux mit Zucker versüßte. Ein seltsames, ein faszinierendes Geschöpf, dieser Hitler!

Der den Nazis nicht abgeneigte Historiker Karl Alexander von Müller schildert einen Auftritt Hitlers im Haus Hanfstaengl so: »Durch die offene Tür sah man, wie er auf dem schmalen Flur die Gastgeberin fast unterwürfig höflich begrüßte, wie er Reitpeitsche, Velourhut und Trenchcoat ablegte, schließlich einen Gürtel mit Revolver abschnallte und gleichfalls am Kleiderhaken aufhängte. Das sah kurios aus und erinnerte an Karl May. Der Mann, der hereinkam, war nicht mehr der trotzig-verlegene Ausbilder in einer schlecht sitzenden Uniform, der mir 1919 gegenübergestanden war; aus seinem Blick sprach schon das Bewusstsein des öffentlichen Erfolges: aber etwas seltsam Linkisches haftete ihm immer noch an, und man hatte das unangenehme Gefühl, er spürte es und nahm es einem übel, dass man es bemerkte.«

Das Linkische am Revolverhelden schien besonders bei den Damen mütterliche Instinkte zu wecken. So sandte Frau Bruckmann dem »lieben Herrn Hitler« eine abgelegte teure Armbanduhr zu, und Frau Bechstein schenkte ihm ein rotes Mercedes Cabriolet für seine Hetze von Termin zu Termin. Hitler war angekommen. Im völkischen Sumpf war er jetzt unbestritten die schillerndste Blüte.

Im September 1923 brach Reichskanzler Gustav Stresemann den sogenannten Ruhrkampf ab (Streiks und Sabotage-Aktionen gegen die französische Besetzung des Ruhrgebiets) und nahm die Zahlung von Reparationen an die Siegermächte wieder auf. Ein Großteil der deutschen Öffentlichkeit empörte sich gegen diese »Erfüllungspolitik«. Besonders heftig war die Empörung in der Ordnungszelle Bayern. Hier wurde der Ausnahmezustand ausgerufen. Ritter Gustav von Kahr, den die Bayerische Volkspartei zwischenzeitlich wegen seines zu massiven Rechtskurses aus dem Verkehr gezogen hatte, wurde zurückgeholt und zum »Generalstaatskommissar« mit beinahe diktatorischen Vollmachten ernannt. Kahr nutzte sie sofort, verbot Streiks und linke Selbstschutzwehren, setzte das – in Bayern sowieso kaum befolgte – Gesetz zum Schutz der Republik aus, leitete die Ausweisung der besonders unbeliebten »Ostjuden«, vor dem Krieg aus Russland und Polen eingewanderte jüdische Familien, mit fadenscheinigen Begründungen ein. Von wohlmeinenden Historikern wird das als Schachzug ausgelegt, den radikalen Antisemitismus der NSDAP zu unterlaufen.

Als dann die Berliner Regierung den »Völkischen Beobachter«, das Zentralorgan der Nationalsozialisten, wegen beleidigender Artikel gegen Stresemann verbot, verweigerte der bayerische Wehrkreisbefehlshaber General Otto von Lossow mit der Rückendeckung Kahrs den Vollzug des Befehls. Der Reichswehrminister setzte Lossow ab. Kahr setzte ihn wieder ein, jetzt als bayerischen Landeskommandanten. Das war eine Kampfansage an Berlin. Im Ringen »zwischen der marxistisch-jüdischen und der nationalen-deutschen« Weltanschauung hatte die Geschichte laut Kahr dem Freistaat Gewaltiges zugedacht: »Bayern hat die Schicksalsbestimmung, in diesem Kampf für das große deutsche Ziel die Führung zu übernehmen.«

Mussolinis »Marsch auf Rom«, der im Jahr zuvor die Faschisten in Italien an die Macht gebracht hatte, beflügelte die Phantasie der Vaterlandsretter von der Isar. Würde nicht ein »Marsch auf Berlin« auch in Deutschland alles zum Guten, sprich, hin zu einer nationalen Diktatur, wenden? Lossow und der Polizeipräsident Hans von Seißer waren wie Kahr für die Diktatur. Aber die drei zögerten. So ganz trauten sie es ihrer Streitmacht aus Lossows Soldaten, Landespolizei und rechten Wehrverbänden doch nicht zu, siegreich nach Berlin zu stürmen. Bayerns Schicksalsbestimmung blieb erst mal auf »hold«.

Doch da gab es noch den Mann im Trenchcoat. Hitler gehörte nicht zum inneren Zirkel der Möchtegern-Putschisten. Als der inzwischen auffälligste unter den radikalen Republikfeinden war er aber in die Pläne von Kahr und Genossen eingeweiht. Wenn die zu feige waren loszuschlagen, würde er sie dazu zwingen und selbst zum Retter der nationalen Revolution werden.

Am Abend des 8. Novembers rief Kahr, im Gefolge Lossow und Seißer, seine Anhänger aus Politik und Wirtschaft im Bürgerbräukeller zusammen. Der Generalstaatskommissar brandmarkte wieder einmal die »marxistische Gefahr«, ohne sonderlich konkret zu werden. Plötzlich stürzte Hitler mit gezücktem Revolver – diesmal nicht im Trenchcoat, sondern dem Anlass angemessen staatsmännisch im schwarzen Anzug – an der Spitze einiger Getreuer in den überfüllten Saal. Die SA hatte das Gebäude umstellt und am Eingang ein Maschinengewehr postiert. Hitler gab einen Schuss in die Decke ab. Es wurde still im Saal.

Hitler erklärte sowohl die »Regierung der Novemberverbrecher in Berlin« wie auch die bayerische Staatsregierung für abgesetzt und forderte Kahr, Lossow und Seißer auf, sich ihm anzuschließen. Nach einer längeren Unterredung im Nebenzimmer, einer flammenden, von Beifall begleiteten Rede Hitlers vor der Versammlung und dem dramaturgisch sehr geglückten »spontanen« Erscheinen des Weltkriegs-Heroen Ludendorff erklärten sich die drei zur Zusammenarbeit bereit. Ludendorff sollte Chef der Wehrmacht werden, Lossow Reichswehrminister, Seißer Reichspolizeiminister, Kahr immerhin Landesverweser für Bayern, ihm zur Seite Ernst Pöhner, der zuverlässige NSDAP-Förderer hinter den Kulissen, als Ministerpräsident. Für sich selbst hatte Hitler nichts weiter als das Amt des Reichskanzlers vorgesehen.

Was im Saal trefflich zu glücken schien, lief draußen nicht so glatt. Den Putschisten gelang es zwar, praktisch alle Bierhallen von Bedeutung zu besetzen, doch sie schafften es nicht, sich die Unterstützung der Soldaten in den Kasernen zu sichern. Wahrscheinlich glaubten die Putschisten, die Reichswehrtruppen Lossows stünden sowieso auf ihrer Seite. Weit nach Mitternacht entließ Ludendorff, von der Loyalität Kahrs, Lossows und Seißers überzeugt, die drei ihm anvertrauten Neuen im Bunde aus dem Bürgerbräukeller in die Nacht hinaus.

Inzwischen hatten hohe Regierungsbeamte, die nicht unter dem Bann des Bürgerbräu-Auftritts standen, bereits Gegenmaßnahmen ergriffen und Landespolizei sowie Reichswehreinheiten in Alarm versetzt. In der kühlen Nachtluft besannen sich auch Kahr, Lossow und Seißer, widerriefen am frühen Morgen ihren Übertritt zu den Putschisten und übernahmen jetzt die Verteidigung von Recht und Ordnung. Später behaupteten sie, lediglich unter Zwang scheinbar auf Hitlers Pläne eingegangen zu sein. Wahrscheinlich war ihnen nur der Dilettantismus des Vorhabens bewusst geworden.

Am kommenden Vormittag versammelten sich auf dem Marienplatz Tausende von jubelnden Hitler-Anhängern. Zu dieser Zeit war Ludendorff und Hitler schon klar, dass sie über keine reelle Macht verfügten – außer der Macht der Straße. Sie wagten den Marsch zur Feldherrnhalle und hofften, er würde durch den Anschluss der Massen zu einem unaufhaltsamen Triumphmarsch anwachsen. Sie täuschten sich. Die Massen standen Spalier. Die Massen jubelten, doch die Massen marschierten nicht mit. Vor der Feldherrnhalle kam es zu einem heftigen Schusswechsel der bewaffneten Putschistenschar mit der dort postierten Landespolizei. Vier Polizisten, ein Zuschauer und 13 Putschisten starben. Die Erneuerung Deutschlands war für den Moment zu Ende.

Ludendorff und Pöhner wurden verhaftet, Hermann Göring und der spätere Führer-Stellvertreter Rudolf Heß flüchteten. Auch Hitler gelang es, im Getümmel zu entkommen. Er suchte Zuflucht im ländlichen Domizil der Hanfstaengls am Staffelsee und verkroch sich in einer Bodenkammer. Die Weltgeschichte hätte vielleicht einen anderen Verlauf genommen, wäre Frau Hanfstaengl nicht so verdammt sportlich gewesen. Als Hitler nämlich befürchtete, die Polizei stehe vor der Tür, um ihn zu verhaften, und Frau Hanfstaengl die Treppe hochkam, »trat ihr dieser im Vorraum seines Schlupfwinkels mit gezücktem Revolver entgegen. ›Das ist das Ende‹, schrie er. ›Mich von diesen Schweinen verhaften zu lassen – niemals! Lieber tot!‹ Doch bevor er seinen Worten noch die Taten folgen lassen konnte, hatte meine Frau bereits den wirksamen Jiu-Jitsu-Griff des Polizeimannes aus Boston praktiziert und – in hohem Bogen flog der Revolver in ein entfernt stehendes Fass, rasch begraben von einem darin befindlichen Hamstervorrat an Mehl.« So weit die Erinnerung ihres Ehemanns.

Hitler wurde verhaftet. Die Hakenkreuze verschwanden. Kahr verbot noch am 9. November die NSPAP und all ihre Unterorganisationen, bezeichnenderweise aber auch die Kommunistische Partei, die in Bayern mit den Unruhen gar nichts zu tun gehabt hatte. Kahr konnte sich, trotz seines eifrigen Durchgreifens, wegen seiner zwielichtigen Rolle beim Hitler-Putsch nicht mehr lange halten und trat im Februar 1924 zurück. Auch Lossow wurde abgelöst. In Bayern kam eine von der BVP getragene bürgerlich Regierung unter Heinrich Held ans Ruder, der mehr an einer Verbesserung des Verhältnisses zur katholischen Kirche gelegen war als an der bayerischen Sendung zur Rettung Deutschlands. Und da sich auch die Wirtschaftslage mit dem Ende der Inflation deutlich entspannte, trat für die kommenden Jahre im Freistaat wie im übrigen Reich relative Ruhe ein. Wie dünn das Eis aber war, auf dem das Land voranschlitterte, zeigte der Prozess gegen die Hochverräter von der Feldherrnhalle.

Das Gerichtsverfahren gegen Hitler, Ludendorff und weitere acht Angeklagte begann am 26. Februar 1924. Das Urteil wurde ausgerechnet am 1. April verkündet. Man hätte kein passenderes Datum finden können für diesen schlechten Scherz. Es handelte sich immerhin um Hochverrat, das Staatsverbrechen schlechthin. Und es hätte um Mord gehen müssen, vier Polizisten und ein Zuschauer waren ja bei der Abwehr des Putsches erschossen worden. Zur Erinnerung: Der Kommunist Ernst Leviné war 1919 wegen Hochverrats zum Tod verurteilt und hingerichtet worden. Doch diesmal ging es mit dem Weltkriegsdenkmal Ludendorff und dem populären Antisemiten Hitler um zwei Männer, die auf der richtigen Seite standen. Rechts. Ein bisschen weit rechts außen, das ja, aber eben doch auf der richtigen Seite. Da musste die Göttin Justitia ihre Waage schon zinken.

Die Kette von Rechtsverdrehungen begann bereits beim Gerichtsort. Eigentlich hätte ein Hochverratsprozess laut Gesetz zum Schutz der Republik vor dem Staatsgerichtshof in Leipzig stattfinden müssen. Fremdes, gefährliches Terrain. Der noch amtierende Kahr und der bayerische Justizminister Gürtner schafften es, das Verfahren zum Heimspiel zu machen. Gerichtet wurde in München. Hier konnte man eher allzu bohrende Fragen über die zwielichtige Rolle der Herren Kahr, Lossow und Seißer vermeiden.

Die Polizistenmorde wurden von vorneherein ausgeklammert. Nach Auffassung des Gerichts hatten sie nichts mit dem Tatbestand des Hochverrats zu tun und waren daher nicht Gegenstand des Verfahrens. Der Tod der Beamten wurde auch später nie gesühnt. Den Vorsitz führte Landgerichtsdirektor Georg Neidhardt. Er war der rechte Mann am rechten Ort: 1920 hatte Neidhardt schon den Prozess gegen Graf Arco auf Valley geleitet. Er hatte den Eisner-Mörder zwar zum Tod verurteilt, ihm aber ein blendendes Charakterzeugnis ausgestellt: Ein Mann »nicht von niedriger Gesinnung«, sondern von »glühendster Liebe zu seinem Volk und Vaterland«, »der seine Tat … mit offenem, edlem Mute in Achtung gebietender Weise als aufrechte Persönlichkeit eingestand.« Da war es Justizminister Müller-Meiningen nicht schwergefallen, den Mörder zu begnadigen.

Ähnliches Verständnis brachte Neidhardt für den Hochverräter Hitler auf. Er ließ ihn großzügig die Anklagebank als Rednertribüne missbrauchen. Allein am Eröffnungstag durfte der »Schriftsteller« Hitler, so seine Berufsbezeichnung vor Gericht, dreieinhalb Stunden publikumswirksam seine Weltsicht ausbreiten, vom Juden, »dem größten Feind und Gegner der ganzen arischen Menschheit«, bis hin zu den »marxistischen Novemberverbrechern«. Letztere hätten Hochverrat begangen, nicht er. Auch der Staatsanwalt, der immerhin neun Jahre Haft für Hitler forderte, konnte seine grundsätzliche Sympathie für den Angeklagten nicht verhehlen: »Über seine Parteipolitik habe ich hier kein Urteil zu fällen, sein ehrliches Streben aber, in einem unterdrückten und entwaffneten Volk den Glauben an die deutsche Sache wieder zu erwecken, bleibt unter allen Umständen ein Verdienst.« Hitlers Schuld sei eine »tragische Schuld«.

Tragisch die Schuld, nicht weiter tragisch die Sühne. Fünf Jahre Festungshaft, verkündete Neidhardt, mit der ausdrücklichen Aussicht auf vorzeitige Entlassung bei guter Führung. Die übrigen Angeklagten erhielten ebenfalls milde Strafen. Ludendorff wurde sogar freigesprochen. War Neidhardt doch, wie einst schon im Fall von Graf Arco, der Überzeugung, »dass die Angeklagten bei ihrem Tun von rein vaterländischem Geist und dem edelsten selbstlosen Willen geleitet waren«.

Dass der Prozess juristisch eine Farce war, störte nur ein paar Rechtsgelehrte außerhalb Bayerns. Sie beanstandeten: 1. Den nicht zuständigen Gerichtshof. 2. Die ausgeklammerten Polizistenmorde. 3. Nicht mehr als die Mindeststrafe für einen Umsturzversuch mit Waffengewalt, der »die Gefahr eines Bürgerkriegs heraufbeschworen hätte«, wie sogar das Gericht feststellte. 4. Die Aussicht, nach sechs Monaten die Strafe auf Bewährung auszusetzen, eigentlich ein Ding der Unmöglichkeit, da Hitler bereits wegen eines Landfriedensbruchs im Jahr 1922 vorbestraft war – ausgerechnet von Richter Neidhardt, der schon damals Hitler mit der geringstmöglichen Strafe hatte davonkommen lassen. 5. Die gesetzlich vorgeschriebene Ausweisung eines wegen Hochverrats verurteilten Ausländers. Hitler war Österreicher. Das Gericht gemeindete Hitler gesinnungshalber einfach ein: »Auf einen Mann, der so deutsch denkt und fühlt wie Hitler, der freiwillig viereinhalb Jahre lang im deutschen Heere Kriegsdienst geleistet hat … kann nach Auffassung des Gerichts die Vorschrift … keine Anwendung finden.«

Im Zuhörerraum und draußen auf der Straße herrschte Jubel. Selbst bürgerliche Zeitungen beklatschten das Urteil. Im »Platzl«, dem bierseligen Kabarett gegenüber dem Hofbräuhaus, konnte der krachlederne Komiker Weiß Ferdl befriedigt seine Hymne auf die Angeklagten aus dem Repertoire streichen, mit der er während des Prozesses jeden Abend sein Publikum erfreut hatte:

»Sagt, was haben die verbrochen?
Soll es sein gar eine Schand,
wenn aus Schmach und Not will retten
man sein deutsches Vaterland?«

Dem gesunden Volksempfinden war Genüge getan. Bei den Landtagswahlen wenige Tage später erhielt der »Völkische Block«, die
Auffangorganisation der verbotenen NSDAP, in München über
30 Prozent der Stimmen und lag fast gleichauf mit der Bayerischen Volkspartei. Doch in der Hitler-Partei brachen Diadochen-
kämpfe aus, solange ihr Führer – noch war er nicht »der Führer«
schlechthin – in der Festung Landsberg einsaß und dort eifrig an
seinem sozialdarwinistischen, rassistischen, dabei unfreiwillig ko-
mischen Konvolut »Mein Kampf«, Band I, schrieb. Die allmäh-
liche wirtschaftliche Erholung tat ein Übriges: Die Popularitäts-
kurve der Nationalsozialisten ging steil nach unten.

Hitler bremste den Abstieg. Schon Weihnachten 1924, also
nach 13 Monaten unter Verschluss, die Untersuchungshaft einge-
rechnet, wurde der Musterhäftling auf Bewährung entlassen. Bescheinigte ihm doch die Anstaltsleitung: »Er hat einen geraden,
offenen Charakter. Heimlichkeiten liegen ihm fern … Er muss als
politischer Idealist bezeichnet werden. Er ist nach seiner Führung
im Strafvollzug der Bewilligung einer Bewährungsfrist in beson-
derem Maße würdig.«

Kaum in Freiheit, begab sich Hitler zu Ministerpräsident Held
von der Bayerischen Volkspartei. Er versprach ihm in Zukunft
durch Wahlen und nicht mehr durch Revolverschüsse in die Decke oder blutig verlaufende Märsche an die Macht gelangen zu
wollen, außerdem weder den Katholizismus im Allgemeinen noch
den Papst zu Rom im Besonderen zu bekämpfen. Vielmehr sehe
er sich mit der Partei der Bayern in der Abwehr des Marxismus
vereint. Held seufzte erleichtert auf. Immerhin einer, der wie er
selbst »das lebhafteste Bedürfnis habe, dass namentlich unsere
Jugend vaterländisch gesinnt und vaterländisch opferbereit sich
zeige«. Und im engen Kreise: »Die Bestie ist gezähmt.«

1925 durfte Hitler zur Wiedergründung der NSDAP schreiten,

im Bürgerbräukeller, wo sonst. 1927 wurde auch das Redeverbot aufgehoben, das er sich zwischenzeitlich zugezogen hatte. Den Parteifreunden machte er klar, wie weit seine Läuterung zum Demokraten ging: »Kampf dem Marxismus sowie den geistigen Trägern dieser Weltpest und Seuche, den Juden. Entweder der Feind geht über unsere Leiche, oder wir über seine.« Kurz nach seinem Wiedereintritt in die aktive Politik hatte er München zum »geheiligten Boden« seiner Hassreligion erklärt: »Rom – Mekka – Moskau! Jeder der drei Orte verkörpert eine Weltanschauung. Bleiben wir bei der Stadt, die die ersten Blutopfer unserer Bewegung sah: sie muss das Moskau unserer Bewegung werden.« So geschah es. Obwohl Hitler nach der Machtergreifung 1933 von Berlin aus regierte, verblieb die Zentrale der braunen Partei in München, und das nationalsozialistische Mekka erhielt 1935 den offiziellen Titel: »Stadt der Bewegung«.

Die NSDAP bewegte in den Jahren nach ihrer Wiedergründung erst einmal nicht viel – trotz der verbalen Euphorie. Die Weimarer Republik hatte sich auf bescheidenem Niveau stabilisiert, die Wirtschaftslage ebenfalls. Die Menschen wollten endlich ins Café gehen, nicht auf die Straße oder auf die Barrikaden. Bis ins Jahr 1930 dümpelte die Hitler-Partei so vor sich hin. Sie erreichte in Bayern bei Wahlen nie zweistellige Prozentzahlen. Die Weltwirtschaftskrise im Anschluss an den »Schwarzen Freitag« der New Yorker Börse im Oktober 1929 änderte alles. Sie trieb auch in Bayern die Menschen zurück in Armut, Arbeitslosigkeit und Zukunftsangst. Für nationale Retter war wieder die Stunde gekommen.

Der Erlöser Hitler nutzte sie am besten. Seine Partei schloss zur traditionell stärksten Kraft, der BVP, auf. Die NSDAP erreichte auf der Höhe der Wirtschaftskrise 1932 im Bayerischen Landtag 43 Sitze, die BVP 45. Noch aber hatte Ministerpräsident Held, der nun schon neun Jahre im Amt war, eine Mehrheit der demokratischen Parteien hinter sich, während etwa in Preußen zur selben Zeit die antidemokratischen Kräfte – NSDAP und Kommunisten – bereits überwogen. Den meisten Zulauf in Bayern hatte die NSDAP im protestantischen kleinbürgerlichen Milieu Ober- und Mittelfrankens. In Altbayern konnte die BVP ihren Wählerstamm hingegen einigermaßen behaupten. Die Partei hatte mit ihrer vaterländischen, völkischen, antirepublikanischen Haltung den Aufstieg der radikalen Rechten gewollt oder ungewollt begünstigt. Jetzt war sie paradoxerweise wegen ihrer katholisch-konservativen Stammwähler für diese radikale Rechte das größte Hindernis auf dem Weg zur absoluten Macht.

Doch die Bestie war nicht mehr zu zähmen. Formal ganz legal wurde Hitler als Führer der stärksten Partei im Januar 1933 zum Reichskanzler ernannt. Formal ganz legal etablierte sich in den darauffolgenden Wochen und Monaten die nationalsozialistische Diktatur, ein zentralistischer Einheitsstaat unter Ausschaltung jeder Opposition. In einem, wie so oft in der bayerischen Geschichte, vergeblichen Anflug von trotziger Souveränität hatte sich der Freistaat zu behaupten versucht. 1932 hielt die Regierung noch ein Verbot der Uniformierung politischer Parteien, sprich der SA, trotz großem Druck aufrecht, ließ ihre Polizei sogar über 400 SA-Leute festnehmen und ihnen die braunen Hemden ausziehen. Sie konnte sich allerdings der Loyalität im eigenen Apparat längst nicht mehr sicher sein, da doch, so der aufrechte Innenminister Stützel: »Staatsanwälte, höhere Richterbeamte, Beamte des Forstdienstes, Lehrer und Professoren in der schärfsten Weise sich als Nationalsozialisten betätigen, ohne dass ihnen von oben herunter ein Haar gekrümmt wird.«

Noch nach Hitlers Machtergreifung geisterte der abenteuerliche Anachronismus durch die politischen Hinterzimmer, den Wittelsbacher Kronprinzen Ruppert zum Generalstaatskommissar zu ernennen und so eine Art weiß-blauer Eigenständigkeit zu retten. Doch für eine Wittelsbacher Monarchie durch die Hintertür gab es im brutalen Hitler-Staat keine Chance. Es blieb bei ergebnislosen Planspielen. Als letzter Regierungschef eines deutschen Landes weigerte sich Ministerpräsident Held ein paar Wochen lang standhaft, freiwillig zurückzutreten.

Erst als SA-Truppen München besetzten und Hitler von Berlin aus am 9. März den uns schon als Retter des Bayernlandes aus dem Jahr 1919 bekannten Franz Ritter von Epp, beispielhaft vom Monarchisten nun zum NSDAP-Mitglied mutiert, als Reichskommissar ernannte, wich Held. Von nun an war Bayern nicht mehr als eine Verwaltungseinheit. Der Freistaat wurde beerdigt. Seine konservativen Protagonisten hatten in den nationalsozialistischen Totengräbern des Rechtsstaates viel zu lange Brüder im vaterländischen Geiste gesehen und sehen wollen, diesem »Wunschbild einer primitiven, blutreinen, blauäugig gehorsamen und strammen Biederkeit«. So hatte der vom elitären Monarchisten zum überzeugten Demokraten gewandelte Thomas Mann den nationalistischen Ungeist schon 1930 genannt. Nach Hitlers Machtergreifung kehrte der Dichter aus einem Schweizaufenthalt nicht mehr in sein geliebtes München zurück.

Heimat der Bewegung

»Gleichschaltung« hieß das Schlüsselwort der nationalsozialistischen Herrschaft, und es galt für Länder, Institutionen und Gehirne. KPD, SPD und Gewerkschaften wurden im gesamten Deutschen Reich verboten, ihre Exponenten eingesperrt oder vertrieben. Die bürgerlichen Parteien der Mitte schritten nach massiven Drohungen und Repressalien eingeschüchtert zur »Selbstauflösung«. Der Bayerische Landtag wurde wie alle deutschen Landesparlamente abgeschafft. Was nach dem »Gesetz zur Gleichschaltung der Länder« noch den Namen Bayern trug, war eine Hülle ohne Inhalt. Im ehemaligen Freistaat wurde nur noch auf Befehl verwaltet, nicht mehr gestaltet. Nicht umsonst hieß Franz Ritter von Epp, der von den Nazis oktroyierte Nachfolger des Ministerpräsidenten Held, »Reichsstatthalter« und war Berlin direkt verantwortlich. Nach über 1200 Jahren schien 1933 die bayerische Geschichte am Ende.

Neben dem Reichsstatthalter durfte eine Pseudoregierung zwar noch eine Spur von Eigenstaatlichkeit zeigen, doch die braunen Machthaber in Berlin ließen sogar diesen kläglichen Rest an Souveränität im Lauf der Jahre mehr und mehr verkümmern, bis in den letzten Jahren des »Großdeutschen Reichs« die sogenannte Landesregierung aus einer einzigen Person bestand. Bayern war in sechs Gaue zerstückelt. Die Gaue waren ursprünglich nur organisatorische Bezirke der NSDAP, doch durch die Gleichsetzung von Staat und Partei bildeten sie die wirklichen Kräftezentren im Land. Bayerische Politik bestand zwischen 1933 und 1945 im Wesentlichen aus dem Gerangel der sechs Gauleiter um Macht und Einfluss.

Ritter von Epp sah sich bald an den Rand gedrängt, trotzdem hielt Hitler an ihm als Galionsfigur fest. Der tiefgläubige Epp wurde in völkischen Kreisen spöttisch »Muttergottes-General« wegen seiner alljährlichen Wallfahrten nach Altötting genannt. Er band in seiner Doppelrolle als Parteigenosse und konservativer Katholik eine Klientel, die ohne diesen Garanten rechter altbayerischer Gesinnung dem neuen Staat mit größerem Misstrauen gegenübergestanden wäre.

Als historische Einheit hatte Bayern ausgespielt. Umso mehr spielte es eine wichtige Rolle für die Selbstdarstellung des Nationalsozialismus.

Schon 1925 hatte Hitler München zum Mekka oder Moskau des Nationalsozialismus bestimmt und zehn Jahre später offiziell zur »Stadt der Bewegung« ernannt. Mit einigem Recht: Hier hatte die Wiege des neuen, großen Deutschlands, des »Tausendjährigen Reichs«, gestanden. Hier hatte der »Führer« selbst gemalte Postkarten verkauft …, halt zurück, dies war kein geeignetes Ruhmesblatt für die offizielle Hagiografie. Hier hatte er die NSDAP gegründet und mit seiner Rednergabe und dem zeitkonformen Antisemitismus Säle gefüllt. Hier hatten wohlwollende, gut betuchte Gönner dem Eiferer gegen die »Novemberverbrecher« den Zugang zu den besseren Kreisen verschafft. Hier wäre beim Marsch auf die Feldherrnhalle Deutschland schon 1923 fast erwacht. Hier hatte ein ordentliches Gericht anschließend geurteilt, dass nicht die Teilnehmer an diesem Marsch die wahren Verräter am deutschen Volk waren, sondern diejenigen, gegen die sie marschierten. Hier stand seit 1931 mit dem »Braunen Haus« ein repräsentatives Hauptquartier der NSDAP.

Jetzt, wo Hitler an der Macht war, sollten steinerne und eherne Zeugnisse Münchens Rolle als Geburtshelfer des »Tausendjährigen Reichs« verewigen. Rund um den Königsplatz entstanden mehrere Protzbauten der Bewegung. Im klassizistischen Einheitsstil, wie es der Einheitspartei NSDAP entsprach. Zwei »Ehrentempel« flankierten den westlichen Zugang. Dort ruhten in erzenen Sarkophagen die »Helden der Bewegung«, die beim Marsch auf die Feldherrnhalle totgeschossen worden waren. Ihrer wurde jeden 9. November mit großem Pomp gedacht.

Entartete Kunst

Bei der feierlichen Eröffnung der »Großen Deutschen Kunstausstellung 1937« im »Haus der Deutschen Kunst« zu München wies der »Führer« und ehemalige Postkarten-Abmaler höchstselbst die Richtung: »Kubismus, Dadaismus, Futurismus, Impressionismus usw. haben mit unserem deutschen Volk nichts zu tun … Wir wollen sie nun aber auch selbst pflegen als Dokumente des tiefsten Zerfalls unseres Volkes und seiner Kultur.«

Und so wurden, während im offiziellen Kunsttempel der Nazis Blut-und-Boden-Idylle gepaart mit arischem Heroismus ewige Werte aufzeigen sollten, die »Nichtskönner oder Kunstmisshandler« im Hofgartengebäude an den Pranger gestellt – die nach Nazimeinung krankhaft was aus sich herauskotzten. Adolf Hitler: »Missgestaltete Krüppel und Kretins, Frauen, die nur abscheuerregend wirken können, Männer, die Tieren näher sind als Menschen … Wiesen blau, Himmel grün, Wolken schwefelgelb usw.«

Rückblickend gleicht die Namensliste der Produzenten dieser »entarteten Kunst« einem Gotha der Moderne: Max Beckmann, Paul Klee, Franz Marc, Erich Heckel, Karl Schmidt-Rottluff, Lovis Corinth, Kurt Schwitters, Oskar Kokoschka, Max Ernst, Emil Nolde, Wassily Kandinsky, Otto Dix, George Grosz, Marc Chagall, Ernst Barlach, Paula Modersohn-Becker, Lionel Feininger, Oskar Schlemmer, Karl Hofer, Ernst Ludwig Kirchner, Pablo Picasso, Piet Mondrian, Alexej Jawlensky – um nur die bekanntesten der 120 Künstler zu nennen, von denen Adolf Ziegler, der »Präsident der Reichskammer der bildenden Künste«, insgesamt etwa 600 Werke aus deutschen Museen und Galerien für die Ausstellung beschlagnahmt hatte.

Organisator Ziegler, selbst Maler und wegen seiner Vorliebe für naturalistische weibliche Nacktheit »Meister des deutschen Schamhaars« genannt, konnte sich über mangelnden Publikumszuspruch nicht beklagen. Bis Ende November wollten über zwei Millionen Volksgenossen bei freiem Eintritt die »Ausgeburten des Wahnsinns, der Frechheit und der Entartung« (Ziegler) sehen. Die parallele Schau des hehren deutschen Schaffens im Haus der Kunst zählte nicht einmal ein Drittel der Besucher.

Bei 90 Prozent der Betrachter des Entarteten, so eine kritische Besucherin, handle es sich um Münchner Kleinbürger, die niemals sonst in eine Bilderausstellung gegangen und nun ehrlich entrüstet über das Dargebotene seien. Ein anderer Zeitzeuge erinnerte sich nach dem Krieg: »Die Menschen strömten nun Tag für Tag scharenweise in die Ausstellung, und es hat keinen Sinn, Trost suchen zu wollen darin, dass einige wenige vielleicht gekommen waren, um Abschied zu nehmen von Kunstwerken, die sie liebten.«

Im Sommer 1939 verhökerten die Nazis, schon in Kriegslaune, die beschlagnahmte Kunst für harte Devisen auf dem internationalen Kunstmarkt. Sie wurden ein Opfer ihrer völkischen Borniertheit. Weil sie ihr Beutegut für dekadenten Schrott hielten, forderten und bekamen sie viel zu wenig dafür.

◆◆

Die Hauptstadt der Bewegung sollte auch die Kunststadt der Bewegung sein. Hitler sah sich ja im Grund seiner Seele als Künstlernatur, die lediglich hatte zurücktreten müssen, da die Vorsehung Größeres von ihm verlangte. Mit dem Bau des leblos-gewaltigen »Hauses der Deutschen Kunst« schuf er sich seinen überdimensionierten Musentempel für die Art von Kunst, die er mochte und verstand. Heroischen Naturalismus, Blut-und-Boden-Romantik und antikisierenden Monumentalismus. Die Moderne, Expressionismus oder gar Kubismus, galt als »entartet«, dem deutschen Wesen fremd. Es gab gewaltige Aufmärsche im Namen der deutschen Kunst durch Münchens Straßen. Sie muten in ihrer völkisch-arischen Kostümierung heute eher wie Faschingsumzüge an – es durfte nur nicht gelacht werden.

Bei aller bemühten Grandiosität konnte die Bewegung ihre Herkunft aus dem kleinbürgerlichen Wirtshausdunst nie ganz verleugnen. Das Gewölbe des Sternecker-Bräu, »wo alles begann«, wurde zum sentimentalen Museum mit des Führers Füllhalter und erster Schreibmaschine. Und den jährlichen Gedenkfeiern zur Parteigründung im Hofbräuhaus und für den Putsch vom 8. November im Bürgerbräukeller haftete trotz erhabener Inszenierung stets etwas von Biertisch-Atmosphäre an.

Auch außerhalb Münchens präsentierte sich der Nationalsozialismus in Bayern mehr als irgendwo sonst im Großdeutschen Reich. Nürnberg, die »Stadt der Reichsparteitage«, mit Lichterdomen, Massenaufmärschen und einem Gauleiter Julius Streicher, dessen antijüdisches Hetzblatt »Der Stürmer« den Boden für diesen Ehrentitel bereitet hatte. Die Wagner-Stadt Bayreuth, die es zwar nie zum Prädikat »Musikhauptstadt der Bewegung« brachte, der Hitler aber als Dauergast des Festspielhauses und Wagners Villa »Wahnfried« bleibenden nationalsozialistischen Glanz verlieh. Wagners Opern waren für Hitler der Inbegriff des völkischen Musikdramas. Seine glühende Verehrerin Winifred, Richard Wagners Schwiegertochter, machte es Hitler leicht, den Komponisten für sich und den Nationalsozialismus zu vereinnahmen – von der »Walküre« auf dem Festspielhügel bis hin zur Götterdämmerung im Führerbunker 1945.

Selbst »unser Führer privat« blieb Bayern nicht erspart. Im schönen Berchtesgadener Land residierte Hitler unter SS-Bewachung auf dem Obersalzberg, einem im Lauf der Jahre wuchernden Wohnkomplex alpiner Anmutung. Dort saß er für seinen Hoffotografen gerne sinnend in einer überrustikalen Bauernstube, kümmerte sich um Schäferhund Blondi und manchmal auch um seine Geliebte Eva Braun, trug allerdings nicht mehr kurze Lederhose wie in seiner Frühzeit. Große Führer tragen keine kurzen Lederhosen. So sehr sah die Partei ihren Führer in Bayern verwurzelt, dass sie in einer Fremdenverkehrbroschüre fälschlich warb: »Besucht Bayern, die Heimat Adolf Hitlers.« Er stammte bekanntlich aus Braunau in Österreich.

Ein bleibendes Denkmal setzte sich der Nationalsozialismus ungewollt nahe von Dachau. In einer leer stehenden Munitionsfabrik richtete kurz nach der Machtübernahme der NSDAP Heinrich Himmler, Abkömmling einer angesehenen Münchner Lehrerfamilie, im März 1933 das erste Konzentrationslager Deutschlands ein. Dieses Pilotprojekt diente als angebliche »Schutzhaft«-Stätte für politisch Missliebige: Kommunisten, Sozialdemokraten, Gewerkschafter, kritische Kirchenvertreter und widerspenstige Poli-

tiker der Mitte. Im Lauf der Jahre kamen unter anderem Obdach-
lose, Homosexuelle, Bibelforscher, Zigeuner und natürlich Juden
dazu.

Dachau war kein Vernichtungslager wie später Auschwitz
oder Majdanek, trotzdem überlebten von den zwischen 1933 und
1945 inhaftierten 200 000 Menschen mehr als 30 000 die entwür-
digende Zwangsarbeit unter erbärmlichsten Bedingungen nicht.
Auch Ritter von Kahr, dem Hitler den »Verrat« beim Putsch von
1923 nie verziehen hatte, wurde 1934 hier ermordet. Mit dem KZ
Dachau, diesem frühen Monument der Menschenverachtung und
Barbarei, erreichte »die Bewegung« unfreiwillig, was sie immer
wollte: Für alle Zeiten in Erinnerung zu bleiben.

Obwohl die Bürger Dachaus die ausgemergelten Häftlingsko-
lonnen aus dem KZ über Jahre durch ihr schönes Städtchen marschieren sahen, schwiegen sie. Beifällig? Es wäre vermessen, in einer Geschichte Bayerns von der römischen Provinz Raetien bis
zur Gegenwart die vielschichtigen Gründe dafür ausbreiten zu
wollen, dass Deutschland dem »Führer« Hitler erlag. Es bleibt
aber die Frage, warum sich gerade in der »Bavaria sancta«, diesem Bollwerk des Christentums, das viel beschworene christliche
Gewissen nicht stärker regte.

Dass Rassismus und Sozialdarwinismus der Nazis dem christlichen Glauben Hohn sprachen, lag auf der Hand. Vor 1933 hatte
die katholische Kirche den Nationalsozialismus denn auch als un-
vereinbar mit der Religion bezeichnet und ihren Schäflein den
Eintritt in die NSDAP verboten. Nach Hitlers Machtergreifung
gab es trotzdem kaum vernehmbaren Protest gegen die Menschenverachtung der Hitler-Partei, nicht von katholischer, und
schon gar nicht von protestantischer Seite. Dort empfand man in
der Nachfolge des Antisemiten Martin Luther (»Juden … unsere
Plage, Pestilenz und alles Unglück«) sogar eine gewisse Affinität
zu den neuen Herren. Gleich 1933 traten allein in Bayern über
100 Pastoren in die NSDAP ein.

Der Fisch stinkt vom Kopf: Die höchsten Repräsentanten beider Kirchen huldigten dem Führer als der von Gott gesetzten

und für sie daher legitimen Obrigkeit. Sie taten das voller Begeisterung – es sei denn, sie wären Meister der Verstellung gewesen. Kardinal Faulhaber, der Demokratie stets als Übel angesehen hatte, am 20. Juli 1933 in einem Glückwunschtelegramm an Hitler: »Was die alten Parlamente und Parteien in 60 Jahren nicht fertigbrachten, hat Ihr staatsmännischer Weitblick in sechs Monaten weltgeschichtlich verwirklicht. Uns kommt es aufrichtig aus der Seele: Gott erhalte unserem Volke unseren Reichskanzler.« Anordnung eines Fürbittegebets des protestantischen Landesbischofs Hans Meiser 1935: »Am heutigen Tage gedenken wir in besonderer Weise des Führers und Kanzlers unseres Reiches. Wir danken dir, Herr, für alles, was Du in deiner Gnade ihm in diesen zwei Jahren zum Wohle unseres Volkes hast gelingen lassen.« Angesichts dieser Lobhudeleien ist es nachvollziehbar, dass der gemeine Gläubige sein Gewissen entlastet fühlte, wenn er elende KZ-Häftlinge oder später brennende Synagogen sah. Der Führer wird schon wissen, was er tut – wurde ihm doch von ganz oben bescheinigt, er handle »zum Wohle unseres Volkes« und »mit staatsmännischem Weitblick«.

»Im klugen Taktieren zwischen Anpassung und Widerstand« habe die katholische Kirche in Bayern während des Dritten Reichs agiert, so noch heute der Bayerische Klerusverband. Die Rechtfertigung von protestantischer Seite lautet ähnlich. Die Anpassung überwog bei Weitem. Ja, die Kirchen leisteten auch Widerstand. Einzelne Kirchenmitglieder widerstanden – davon wird noch die Rede sein – unter Einsatz ihres Lebens, doch die hohen Würdenträger beider Konfessionen legten sich mit dem Regime fast ausschließlich nur dann an, wenn es um Belange ihrer Kirche, nicht wenn es um Menschlichkeit ging.

In seiner Antrittsrede hatte Hitler am 23. März 1933 erklärt, er sehe »im Christentum die unerschütterlichen Fundamente des sittlichen und moralischen Lebens unseres Volkes«. Das war ein taktisches Bekenntnis, doch die Kirchenführer wollten diese versöhnlichen Klänge nur zu gerne glauben. Außerdem fanden sie es gar nicht so übel, dass da jemand im Namen von Anstand und

Kardinal Faulhaber

Für den Münchner Kardinal Michael Faulhaber (1869–1952) leitete sich
»Volk« von »folgen« ab. Das galt natürlich für das Kirchenvolk, doch
auch für das Staatsvolk. Demokratie, die Herrschaft von unten, war dem
fränkischen Bäckersohn eine hoffärtige Verirrung des menschlichen Geistes. Faulhaber 1921, als man in München den abgedankten letzten bayerischen König Ludwig III. zu Grabe trug: »Wo das Volk sein eigener König
ist, wird es über kurz oder lang auch sein eigener Totengräber.«

Obrigkeit kam für Faulhaber von oben, von ganz oben. Sie war von
Gott eingesetzt, Teil dessen unergründlichen Heilsplanes, und Gehorsam
ihr gegenüber war Bürger- und Christenpflicht. Auch noch gegen Ende
des Ersten Weltkriegs, als sich die Niederlage deutlich abzeichnete – seit
1917 war Faulhaber Erzbischof von München-Freising und Feldpropst
des bayerischen Heeres –, beschwor er den Glauben an die gottgewollten
Autoritäten: »Ein Volk, das sich im Vertrauen auf seine Führung erschüt-
tern lässt, ist wie ein Soldat, der sich den schützenden Panzer abnehmen
lässt.«

Der revolutionären Weimarer Republik stand Faulhaber naturgemäß
ablehnend gegenüber: »Die Revolution war Meineid und Hochverrat.«
Sie hatte die jahrhundertealte bayerische Symbiose von Thron und Altar
über den Haufen geworfen – die Abschaffung des Religionsunterrichts als
Pflichtfach an den bayerischen Schulen etwa wog für den wortgewaltigen
Faulhaber »vor dem Richterstuhl Gottes schwerer als der Blutbefehl des
Herodes« (zum biblischen Kindermord in Bethlehem, d. V.).

Dann kam Hitler. Dass der Nationalsozialismus unchristlich und kir-
chenfeindlich war, stand außer Frage, auch für Faulhaber. Trotzdem legal
– wie der Kardinal meinte – an die Macht gekommen, war der neue
Reichskanzler nicht auch »die von Gott gesetzte Obrigkeit«? Im Juli 1933
schlossen das Dritte Reich und die katholische Kirche ein Konkordat mit
dem Tenor: »Wir tun euch nichts, solange ihr uns nichts tut.« Diesen
Kompromiss dem Buchstaben nach zu erfüllen wurde zur Richtschnur
von Faulhabers Wirken. So mischte er sich öffentlich nicht ein, als die
Nazis 1933 anfingen, die Juden zu drangsalieren, obwohl nach seiner Pri-
vatmeinung das Vorgehen gegen sie »derart unchristlich sei, dass jeder
Christ dagegen auftreten müsste«.

Neben seiner grundsätzlichen Sympathie für autoritäre Führung
schien der Kardinal auch davon überzeugt, dass »der Führer« persönlich

dem Christentum näher stand als die von ihm kreierte Ideologie. »Der Reichskanzler lebt ohne jeden Zweifel im Glauben an Gott«, notierte der beeindruckte Kardinal 1936 nach einem Treffen mit Hitler auf dem Obersalzberg. Auch wenn Faulhaber immer wieder die Stimme gegen nationalsozialistische Übergriffe auf die Kirche als Bruch des Konkordats erhob – das Abhängen der Kreuze in den Klassenzimmern, die Zwangsauflösung katholischer Jugendverbände, das Zurückdrängen der Bekenntnisschule –, Hitler als Person sparte er aus.

Er lobte ihn vielmehr als Abstinenzler und Nichtraucher, er bescheinigte ihm »staatsmännischen Weitblick« und sah in ihm einen Verbündeten im »Ringen gegen den Weltfeind« Bolschewismus. Nach dem missglückten Attentat des Schreiners Elser im Bürgerbräukeller 1939 beglückwünschte er Hitler und bat in seinem Telegramm Gott, »er möge auch ferner seinen schützenden Arm über Sie halten«. 1944, als Hitler Stauffenbergs Bombe überlebte, verurteilte er bei einer Befragung durch die Gestapo das Attentat als »ein himmelschreiendes Verbrechen«, auch deswegen, weil er sich »persönlich die Verehrung zum Führer bewahrt habe«. Als »Höflichkeitsfloskeln« oder »kluge Anpassung« entschuldigen Faulhaber-Apologeten diese Ergebenheitsadressen an den Führer noch heute.

Für Faulhabers Widerstand gegen die Unmenschlichkeit des Nationalsozialismus sprächen etwa sein Protestschreiben von 1940 gegen das Euthanasieprogramm an den Reichsjustizminister, die Verurteilung der Tötung von Menschen »fremder Rassen und Abstammung« in einem von ihm mitgetragenen Hirtenbrief der deutschen Bischöfe 1943 und besonders die berühmten Adventspredigten 1933 zur Verteidigung der Juden.

Das alles ist richtig – mit Einschränkung. Das Protestschreiben wurde nie öffentlich bekannt. Der späte Hirtenbrief wurde nie konkret – niemals und nirgends hat Faulhaber, und wie er die übrigen deutschen Bischöfe, etwa die Nürnberger Gesetze, die Reichskristallnacht oder die Vernichtungslager angesprochen.

Und die Verteidigung der Juden in den Adventspredigten? Diese Betrachtungen waren den Nazis durchaus ein Dorn im Auge. Denn sie stellten das jüdische Volk als ein uraltes Kulturvolk dar und gipfelten mit Blick auf den Juden Jesus Christus in einer Provokation für den germanischen Blut-und-Boden-Mythos: »Wir sind nicht mit deutschem Blut erlöst.« Ohne Zweifel war Faulhaber damit gegen das nazistische Zerrbild vom Juden als Verhängnis und Schande der menschlichen Rasse schlechthin angegangen. Die braunen Hetzblätter nannten den Kardinal denn auch einen Judenknecht. Die arischen Volksgenossen warfen ihm 1938 bei der

Reichskristallnacht die Fenster seines Palais ein. Und von jüdischer Seite wurde ihm damals und auch noch nach 1945 für seine »mutigen Worte« gedankt

Ein »Ja, aber« bleibt jedoch auch hier stehen. Denn Faulhaber bezog sich in seinen Predigten ausdrücklich auf die Juden des Alten Testaments, deren heilige Bücher auch die heiligen Bücher der Christen seien. Doch dann, so seine Predigt, hätten die Juden »den Gesalbten des Herrn verleugnet und verworfen, zur Stadt hinaus geführt und ans Kreuz geschlagen … und seitdem wandert der ewige Ahasver ruhelos über die Erde«. Schon ein Außenseiter, der ewige Jude. Faulhaber: »Abneigung gegen Juden von heute darf nicht auf die Bücher des vorchristlichen Judentums übertragen werden.« Noch nach dem Ende der Hitler-Zeit urteilte der greise Kardinal: »Es ist falsch, einem extremen und erbarmungslosen Antisemitismus zu verfallen.« Sollte da mitschwingen, Antisemitismus in Maßen gehe in Ordnung?

◆◆

Sitte durchgriff. Hitler hatte nicht vor, es sich ohne Not mit der Macht zu verderben, deren Einfluss auf die meisten Volksgenossen noch immer groß war. Bereits im selben Jahr schloss er mit der katholischen Kirche ein Konkordat. Es verbot den Seelsorgern zwar jede politische Tätigkeit, sicherte der Kirche aber Unabhängigkeit und Finanzierung.

In den folgenden Jahren versuchten die Nationalsozialisten, das Konkordat auszuhöhlen, Deutschland zu entchristlichen. Allerdings scheute Hitler bis zum Ende vor dem Generalangriff auf die Religion zurück, auch wenn er seinen Nationalsozialismus für das einzig wahre Bekenntnis der Deutschen und Religionen für unnütz und schädlich hielt. Er setzte nur Nadelstiche, verdrängte etwa die christlichen Jugendorganisationen zugunsten der Hitler-Jugend, verwickelte Pfarrer zur moralischen Diskreditierung der Kirchen in Sittlichkeitsprozesse oder löste religiös geführte Schulen auf. Gegen diese Schikanen leisteten Faulhaber wie Meiser tatsächlich wacker verbalen Widerstand. Bis zum Zusammenbruch 1945 aber unterließen sie, den Hitler-Staat das zu nennen, was er war: ein Unrechtsstaat.

Faulhaber kämpfte um die Kreuze in den Klassenzimmern, Meiser um die Unabhängigkeit der bayerischen Landeskirche. Beide schwiegen zu den politischen Morden, zu den Konzentrationslagern, zu den Nürnberger Gesetzen und zur Reichskristallnacht. Aus Sorge ums eigene Haus? Als ein Münchner Stadtpfarrer 1933 Kardinal Faulhaber brieflich bat, etwas gegen die Judenhetze zu unternehmen, erhielt er zur Antwort: »Dieses Vorgehen gegen die Juden ist derart unchristlich, dass jeder Christ, nicht nur jeder Priester dagegen auftreten müsste. Für die kirchlichen Oberbehörden bestehen weit wichtigere Gegenwartsfragen: denn Schule, der Weiterbestand der katholischen Vereine und Sterilisierung sind für das Christentum in unserer Heimat noch wichtiger, zumal man annehmen darf, und zum Teil schon erlebte, dass die Juden sich selber helfen können, dass wir also keinen Grund haben, der Regierung einen Grund zu geben, um die Judenhetze in eine Jesuitenhetze umzubiegen.«

Hitlers Überfall der Sowjetunion bereitete beiden Kirchen keine Gewissensnöte. Im Gegenteil. Beim Kampf gegen die kommunistische Gottlosigkeit kämpfte man ohne erkennbare Skrupel Schulter an Schulter mit den gottlosen Nationalsozialisten. Faulhaber 1941: »Schrecklich ist das Bild des Bolschewismus, wie es unsere Soldaten kennenlernen. Gewaltig und furchtbar ist das Ringen gegen diesen Weltfeind und tiefsten Dank zollen wir unseren Soldaten für alles, was sie in diesem Kampf Großes leisten und Schweres dulden.«

1940 protestierte Faulhaber in einem internen Schreiben an den Reichsjustizminister gegen das Euthanasieprogramm der Nazis und zusammen mit den anderen deutschen Bischöfen 1943 sehr allgemein formuliert im sogenannten Dekalog-Hirtenbrief gegen die Tötung »von Menschen fremder Rassen und Abstammung«. Verdienstvoll. Aber Widerstand? Weder er noch ein einziger seiner Amtsbrüder wurde jemals eingesperrt. Diese Art von Unbotmäßigkeit nahm das Regime hin. Die Abrechnung mit Störenfrieden dieses Kalibers konnte man getrost auf die Zeit nach dem Endsieg verschieben.

1939 hatte der Schreiner Georg Elser kurz nach Kriegsbeginn Hitler im Münchner Bürgerbräukeller in die Luft sprengen wollen. Das Attentat misslang. Faulhaber sandte an »Herrn Führer und Reichskanzler Adolf Hitler Berlin« ein Telegramm: »Eben von verabscheuungswürdigem Verbrechen im Bürgerbräukeller in Kenntnis gesetzt, spreche ich als Ortsbischof und im Namen der bayerischen Bischöfe wärmsten Glückwunsch aus für Ihre glückliche Rettung und bitte Gott, er möge auch ferner seinen schützenden Arm über Sie halten.« Kluge Anpassung? Konnte der gläubige Katholik, dem nach geistlicher Führung in schwierigen Zeiten verlangte, diese Halleluja-Zeilen als rein taktisches Manöver erkennen oder musste er sie nicht wieder als oberhirtliches Ja zu Hitler werten?

Der Katholik Konrad Adenauer soll das letzte Wort über die Amtskirchen im Nationalsozialismus haben: »Ich glaube, dass, wenn die Bischöfe alle miteinander an einem bestimmten Tage öffentlich von den Kanzeln aus dagegen Stellung genommen hätten, sie vieles hätten verhindern können. Das ist nicht geschehen, und dafür gibt es keine Entschuldigung. Wenn die Bischöfe dadurch ins Gefängnis oder in Konzentrationslager gekommen wären, so wäre das kein Schade, im Gegenteil. Alles das ist nicht geschehen, und so schweigt man am besten.«

Es wäre sehr selbstgerecht, den Kirchenoberen schlicht Feigheit vor dem bösen Feind vorzuwerfen. Es gehörte viel Mut dazu, gegen den brutalen Machtapparat der Nazis aufzustehen, mehr Mut, als ihn die meisten von uns haben, Bischöfe eingeschlossen. Umso bewundernswerter sind die Beispiele der Regimegegner, die diesen Mut aufbrachten und für ihren Widerstand mit dem Leben bezahlten. Im Namen ihres Glaubens, ihrer Überzeugungen und im Namen der Menschlichkeit. Sie sind das helle Licht im dunkelbraunen Bayern.

Die Grenzen zwischen Gegnerschaft und Widerstand waren fließend. Die Risiken für den, der dagegen war, kaum abschätzbar, doch grob kann man sagen, dass »einfache« Gegnerschaft ins Zuchthaus oder ins KZ führte. Hunderte von inhaftierten Geistlichen, überwiegend katholische Pfarrer, büßten im sogenannten Priesterblock 26 von Dachau für zu offene kritische Worte im Kreis ihrer Gläubigen. Bei Kommunisten und Sozialdemokraten genügte für einen Dachau-Aufenthalt häufig bereits die bloße Tatsache, Kommunist oder Sozialdemokrat zu sein. Das war Verdacht genug für Heimtücke und Hochverrat. Sie mussten den Mund gar nicht unbedingt aufmachen. Die Todesstrafe wartete auf den, der aktiv auf den Sturz Hitlers hinarbeitete.

Der erste Deutsche, der den Führer beseitigen wollte, war ein unauffälliger Schreinergeselle aus dem württembergischen Königsbronn. Georg Elser hatte vor, Hitler im Münchner Bürgerbräukeller, dem Biertempel der Bewegung, in die Luft zu sprengen. Der 35-jährige Elser hatte keinen großartigen weltanschaulichen Überbau. Er war weder aktives Kirchenmitglied, noch war er Kommunist, obwohl er als Arbeiter meist kommunistisch gewählt hatte. Elser hatte schlicht einen wachen Blick und ein intaktes Gewissen.

Nach seiner Verhaftung erklärte er laut Gestapo-Protokoll: »Die seit 1933 in der Arbeiterschaft von mir beobachtete Unzufriedenheit und der von mir seit Herbst 1938 vermutete unvermeidliche Krieg beschäftigten stets meine Gedankengänge. Ich stellte allein Betrachtungen an, wie man die Verhältnisse der Arbeiterschaft bessern und einen Krieg vermeiden könnte … Die von mir angestellten Betrachtungen zeitigten das Ergebnis, dass die Verhältnisse in Deutschland nur durch eine Beseitigung der augenblicklichen Führung geändert werden könnten. Unter der Führung verstand ich die ›Obersten‹. Ich meine damit Hitler, Goebbels und Göring.« Es ist schwer zu entscheiden, ob der hölzerne Stil dieses Geständnisses Gestapo-Deutsch ist oder Originalton des wortkargen Schwaben Elser. Auf jeden Fall zeigt es, dass entgegen der nach dem Krieg stereotypen Entschuldigung auch der »einfache Volksgenosse« durchaus erkennen konnte, wohin der Weg der Nazis führte.

Einzelgänger Elser plante sein Attentat handwerklich akribisch. Er mietete sich im Sommer 1939 in München ein, wurde Stammgast im Bürgerbräukeller, ließ sich dort auf der Galerie zur Sperrstunde mehr als 30 Mal einschließen, ohne dass es anscheinend jemand bemerkte. Zumindest schöpfte niemand Verdacht. Nacht für Nacht höhlte er den Pfeiler aus, unter dem das Rednerpult Hitlers bei der traditionellen Gedenkfeier für den Marsch zur Feldherrnhalle am 8. November stehen würde. Mit Bohrer und Meißel arbeitete er dann, wenn die automatische Spülung der Toiletten alle zehn Minuten jedes andere Geräusch übertönte. In die Holzverschalung des Pfeilers setzte er so geschickt eine Tür ein, dass sie auf der düsteren Galerie als Tür nicht erkennbar war und der Pfeiler dahinter während des Tages völlig intakt erschien.

Ein paar Tage vor dem Anschlag füllte Elser den Hohlraum mit Sprengstoff, den er sich während einer kurzen Tätigkeit in einem Königsbronner Steinbruch zusammengestohlen hatte. Dann baute er einen Zeitzünder ein. Nicht mit einer, sondern mit zwei Uhren, sicher ist sicher. Er stellte den Zündmechanismus auf den 8. November 21 Uhr 20. Das laute Ticken der Uhren dämpfte Elser durch ein doppelwandiges Holzgehäuse mit Korkisolierung. Einen Tag vor der Explosion kontrollierte der gewissenhafte Handwerker, ob die Uhren auch genau gingen. Sie taten es. Dann machte er sich per Zug Richtung Schweiz auf. Elser wollte bei Konstanz die grüne Grenze überschreiten, noch bevor Hitler in München in die Luft flog.

Elsers »Höllenmaschine« – diesen Namen gab die Gestapo später seiner Konstruktion – funktionierte so pünktlich wie perfekt. Nur schickte sie Hitler nicht zur Hölle. Er hatte kürzer geredet als sonst und den Bürgerbräusaal 13 Minuten vor der Explosion verlassen. Wegen schlechten Wetters musste er mit dem Zug nach Berlin zurückkehren, nicht mit dem Flugzeug, wie ursprünglich vorgesehen, daher der verfrühte Abgang. Acht Menschen starben, sieben Parteigenossen und eine Kellnerin.

Elser wurde von einem misstrauischen Zollbeamten in Konstanz wenige Meter vor dem Grenzzaun aufgehalten. Es war etwa 20 Uhr 30. Noch tickte die Bombe in München. Als man den Verdächtigen durchsuchte, fand man bei ihm eine Kneifzange, Material für einen Zünder, Anleitungen zur Herstellung von Sprengmitteln und eine Ansichtskarte des Bürgerbräukellers. Um 21 Uhr 20 platzte die Bombe. Es dauerte trotzdem noch mehrere Tage, bis der schmächtige, stille Elser als das Monstrum feststand, das »ein verabscheuungswürdiges Verbrechen« (Faulhaber) begangen hatte. Brutale Prügelfolter half dem Geständnis von Elser nach.

Das missglückte Attentat bestärkte Hitler zwar in seinem Glauben, die »Vorsehung«, dieser verwaschene Gottersatz des Dritten Reichs, halte schützend die Hand über ihn. Doch Hitler und seiner Entourage erschien es undenkbar, dass ein kleiner, unbedarfter Handwerker im Alleingang den größten Führer aller Zeiten beinahe um die Ecke gebracht hätte. Auch wenn man nicht umhinkam, dem Mann mit widerwilligem Respekt beachtliche handwerkliche Fähigkeiten zu bescheinigen. Hinter Elser mussten finstere Mächte stehen. Die Engländer. Mit ihnen lag man im Krieg, oder der Nazidissident Otto Strasser, der von der Schweiz aus, man beachte: von der Schweiz aus!, Komplotte gegen Führer und Reich schmiedete. Elser beharrte trotz Prügel und nächtelanger Verhöre auf der Alleintäterschaft. Die Gestapo stellte erschöpfende Recherchen in München, in Königsbronn und in Konstanz an. Hitler forderte, die »heutige Wissenschaft« einzusetzen: »Lassen Sie ihn hypnotisieren, geben Sie ihm Drogen. Ich will wissen, wer die Anstifter sind, ich will wissen, wer dahintersteckt.« Elser wurde mit der damaligen Modedroge Pervitin traktiert. Vergebens. Er blieb Einzeltäter.

Elser wurde nie vor Gericht gestellt. Angeblich hielt ihn das Regime am Leben, um erst nach dem »Endsieg« in einem groß angelegten Schauprozess ihn und seine Hintermänner, die noch immer durch die Köpfe der Nazis spukten, gleichzeitig zu verurteilen. Seine letzten Jahre verbrachte Elser im KZ, die meiste Zeit in Sachsenhausen, ab Februar 1945 in Dachau. Nach KZ-Maßstäben ging es ihm gut. Er wurde ordentlich ernährt, hatte eine

Zelle für sich und musste nicht wie die meisten bis zur Erschöpfung schuften.

In seiner Zelle stand eine Hobelbank. Wenn er nicht schreinerte, spielte er Billard, auch mit seinen SS-Wächtern. Den Billardtisch baute er selbst, genauso wie die Zither, auf der er am liebsten Wiener Lieder zupfte. Für die Wachmannschaften wurde er durch seine unauffällige Präsenz fast zum Inventar und hieß bald »der kleine Schorsch«. Im April 1945 schlug Elsers Stunde. Illusionen, er würde das Tausendjährige Reich überleben, hatte er sich nie gemacht. »Was ist schöner, s' Vergasen, s' Aufhängen oder der Genickschuss?«, fragte er kurz vor seinem Tod einen Wachmann. Am 9. April wurde er auf Hitlers Befehl in Dachau mit einem Genickschuss hingerichtet.

Bis weit in die Nachkriegszeit hinein galt Elser bestenfalls als Widerständler zweiter Klasse. Ausgerechnet Pastor Martin Niemöller, eine der Ikonen des christlichen Widerstands, unterstellte dem Schreiner, willfähriges Werkzeug der Nazis gewesen zu sein. Wie sollte ein so kleines Licht ganz allein fertiggebracht haben, was große Geister wie er nie fertiggebracht hätten? Nein, nein, das Attentat sei auf Befehl Hitlers erfolgt, um »vor der breiten Masse den Glauben an die Vorsehung zu vertiefen«. Deswegen habe man Elser dann im KZ so gut behandelt. Wer sich nicht so weit verstieg, nahm als strenger Moralist Elser die acht Toten des Anschlags übel, auch wenn sieben der Opfer »alte Kämpfer«, also ergebene Stützen des Unrechtsstaates, waren. Unverhältnismäßigkeit der Mittel, so der Vorwurf. Der einfache Mann Elser hatte auf diese Kritik schon im Gestapo-Verhör eine einfache Antwort gegeben: »Ich wollte ja durch meine Tat ein noch größeres Blutvergießen verhindern.« In den Jahren nach der Milleniumswende hat man Elser endlich die Denkmäler gesetzt, die er verdient.

Ähnlich halbherzig, fast widerwillig, erkannte man in der Zeit des Kalten Kriegs den kommunistischen Widerstand an. Hatte er doch zum Ziel, die Nazidiktatur durch ein anderes totalitäres System, den Kommunismus, zu ersetzen. Beelzebub statt Teufel, Pest für Cholera. Das ist im Rückblick plausibel, aber nur im Rückblick. Sicher, die Widerständler verklärten für sich den realen Kommunismus der Sowjetunion, doch das Ausmaß der Verbrechen der Stalin-Diktatur kannten sie nicht, vielleicht wollten sie es auch nur nicht kennen. Für die Frauen und Männer, die sich unter der roten Fahne gegen Hitler organisierten, war der Glaube an den Sieg der Arbeiterklasse eine diesseitige Religion. Wenn der Kommunismus gesiegt hatte, würde die Welt zu einem irdischen Paradies. Für dieses Ideal lohnte es sich, notfalls auch zu sterben.

Die Nazis hatten seit 1933 außer den Juden niemanden so erbarmungslos verfolgt wie die Kommunisten. Schon vor Kriegsbeginn war eine rote Zelle nach der anderen aufgeflogen, und die Nazis hatten kommunistische Führer in Dachau umgebracht. Trotzdem entstand in München – in Zusammenarbeit mit Gruppen vor allem in Berlin und dem Ruhrgebiet – 1940 ein Widerstandszirkel um Hans Hartwimmer und Wilhelm Olschewski. Von Flugblattaktionen oder Untergrundzeitungen hielt die Gruppe nichts. Solange Deutschland an allen Fronten siegte, schien ihr ein Gesinnungswandel beim deutschen Volk unwahrscheinlich. Sie hoffte auf einen Aufstand der Massen, sobald sich das Kriegsglück wenden würde. Durch Sabotageakte, etwa das Sprengen von Nachschubzügen oder Angriffe auf Tanklager, wollte sie dazu beitragen.

Über Planspiele kam man nicht hinaus. Die üblichen Spitzel, die das Münchner Widerstandsnest infiltrierten wie praktisch alle kommunistischen Zellen während der Hitler-Zeit, gaben der Gestapo die nötigen Informationen, um 1942 nach monatelanger Beobachtung zuzuschlagen. 43 Menschen wurden verhaftet. Sechs davon zum Tod verurteilt. Das Regime ließ sich Zeit. Die Exekutionen fanden erst 1944 statt. Da war der Krieg zwar schon verloren, doch die Massen waren, entgegen der kommunistischen Hoffnungen, trotzdem nicht aufgestanden. Der ergreifend schlichte Abschiedsbrief des Eisengießers Otto Binder vom 20. Juni 1944 an Frau und Tochter ist erhalten:

»Meine liebe tapfere Rosa und Erika!

Heute ist mir mitgeteilt worden, dass das Gnadengesuch abgelehnt ist und um 17 Uhr das Urteil vollstreckt wird. Meine liebe Rosa sei tapfer und aufrecht wie du es bis jetzt warst und so auch unsere kleine Erika ... Was soll ich dir noch alles schreiben, liebe Rosa, es kann ja doch nichts mehr ändern ... Dass du mir, liebe Rosa ein guter und treuer Kamerad warst, weißt du ja selbst. Lasst euch nicht demütigen sondern bleibt aufrecht. Nun liebe Rosa und Erika ein letztes Lebewohl von euerem Papa und tausend Grüße und Küsse. Ich und Willi (Olschewski, ebenfalls hingerichtet, d. V.) sind beisammen und auch sehr gefasst.

Lebewohl mein Kind und Kindl. Euer Papa«

Aufrecht und gefasst wie der Kommunist Binder legte auch der Katholik Kurt Huber 1943 in München-Stadelheim sein Haupt unter die »Fallschwertmaschine«, so die Guillotine in nationalsozialistischem Reindeutsch. »Ihr Liebsten! Weint nicht um mich – ich bin glücklich und geborgen. Die Alpenrosen, euer letzter lieber Gruß aus den geliebten Bergen, stehen verblüht vor mir. Ich gehe in zwei Stunden in die wahre Bergfreiheit ein, um die ich ein Leben gekämpft habe ... Es segne euch der allmächtige Gott und nehme euch in seinen Schutz!«, heißt es in den letzten Zeilen des Psychologieprofessors und Musikwissenschaftlers an Frau und Kinder.

Huber war mit 49 Jahren das älteste Mitglied der »Weißen Rose«. Diese kleine Gruppe von Gott- und Sinnsuchern aus dem Münchner Universitätsmilieu ist zu Recht neben den Verschwörern des 20. Juli um Graf Stauffenberg zur Ikone des deutschen Widerstands gegen Hitler geworden. »Die Tatsache, dass seit der Eroberung Polens 300000 Juden in diesem Land auf bestialische Weise ermordet sind: Hier sehen wir das fürchterlichste Verbrechen an der Würde der Menschheit.« Oder: »Hat dir Gott nicht selbst die Kraft und den Mut gegeben zu kämpfen? Wir müssen das Böse dort angreifen, wo es am mächtigsten ist, und es ist am mächtigsten in der Macht Hitlers.«

Sätze wie diese, von einem christlichen Gewissen diktiert und auf hektografierten Flugblättern heimlich verbreitet, bezeugen den lebensgefährlichen Bekennermut der fünf Studenten Sophie und Hans Scholl, Alexander Schmorell, Willi Graf, Christoph Probst und des Professors Huber. Huber war seit 1940 NSDAP-Mitglied. Der Russlandfeldzug mit seinen Gräueln aber hatte ihn zum Gegner des Regimes werden lassen. Das letzte Flugblatt der »Weißen Rose« vom Januar 1943, von Huber mitverfasst, war unter dem Eindruck der Katastrophe in Stalingrad ein flehender Aufruf: »Der deutsche Name bleibt für immer geschändet, wenn nicht die deutsche Jugend endlich aufsteht, rächt und sühnt zugleich, seine Peiniger zerschmettert und ein neues geistiges Europa aufrichtet.«

Noch bevor ihre Flugblätter und ihre Wandinschriften »Nieder mit Hitler!« oder »Hitler Massenmörder« größeren Widerhall fanden, ertappte ein beflissener Hörsaal-Pedell am 18. Februar 1943 das Geschwisterpaar Scholl, als es aus dem zweiten Stock Flugblätter in den Lichthof der Universität flattern ließ. Leugnen war nach kurzer Zeit zwecklos. Hausdurchsuchungen verschafften der Gestapo mehr als genug an belastendem Material. Am nächsten Morgen gestanden beide.

Ein paar Monate zuvor hatte Sophie Scholl einer Freundin anvertraut: »Wenn jeder nur eine Meinung hat gegen dieses System, aber nicht handelt, so macht er sich schuldig. Ich jedenfalls will nicht schuldig werden. Wenn jetzt Hitler daherkäme und ich eine Pistole hätte, würde ich ihn erschießen.« Nun bekannte sie sich im Gestapo-Vehör ohne Wenn und Aber zum Hochverrat: »Ich war mir ohne Weiteres im Klaren darüber, dass unser Vorgehen darauf abgestellt war, die heutige Staatsform zu beseitigen und dieses Ziel durch geeignete Propaganda in breiten Schichten der Bevölkerung zu erreichen.« Ein frommer Wunsch: Genau am Abend ihrer Festnahme hatte im Berliner Sportpalast Joseph Goebbels 14000 fanatisierte Deutsche gefragt: »Wollt ihr den totalen Krieg?« Und sie hatten ihr Glaubensbekenntnis herausgeschrien: »Führer befiehl, wir folgen dir.«

Vergeblich versuchte das Geschwisterpaar noch, durch Aussagen, sie hätten allein gehandelt, ihre Mitverschwörer zu schützen. In zwei Schauprozessen vor dem extra nach München entsandten Volksgerichtshof wurden sechs Angeklagte der Weißen Rose zum Tod verurteilt. Sie starben unter der Fallschwertmaschine. Für das christliche Begräbnis von Sophie und Hans musste ihr Vater Robert Scholl Ende Februar 1943 an Eides statt erklären, dass seine beiden Kinder »weder Volljude noch Vierteljude im Sinne der Nürnberger Gesetze vom September 1935« waren.

Kardinal Faulhaber notierte in sein Tagebuch: »Geschwister Scholl evangelisch. Die Köpfe rollen.« Es rollten sehr bald auch katholische Köpfe in Bayern. Nach Professor Huber im Juli wurde im August 1943 der 19-jährige Elektrikerlehrling Walter Klingenbeck in München-Stadelheim enthauptet. Sein Hochverrat: Der Angehörige der Katholischen Jugend hatte mit drei Freunden das britische »V« für »victory«, Sieg, an Hauswände gemalt und in einer Mischung aus christlichem Widerstand und jugendlicher Bastelfreude versucht, einen nie richtig funktionierenden antinazistischen Propagandasender aufzubauen. Sein Abschiedsbrief an einen der Mitbeschuldigten, der zu lebenslangem Zuchthaus begnadigt worden war: »Vorhin habe ich von deiner Begnadigung erfahren. Gratuliere! Mein Gnadengesuch ist allerdings abgelehnt. Ergo geht's dahin. Nimms net tragisch. Ich hab jetzt soeben die Sakramente empfangen und bin jetzt ganz gefasst. Wenn du etwas für mich tun willst, bete ein paar Vaterunser. Leb wohl. Walter«

Es starben der Jesuitenpater Alfred Delp, der Theologiestudent Franz Wipplinger, der Kaplan Josef Wehrle, der katholische Bauaufseher Josef Zott. Sie wurden enthauptet, erschossen, erhängt. Zott war die treibende Kraft des »Harnierkreises«, der eine eher utopische Monarchie christlich-sozialer Prägung anstrebte. Kaplan Wehrle hatte das Verbrechen begangen, als Beichtvater einem Mitwisser der Verschwörung des 20. Juli 1944 zu versichern, das Wissen um einen geplanten »Tyrannenmord« sei keine Sünde. Der Soldat und Theologe Franz Wipplinger hatte

Penzberger Mordnacht

Am frühen Morgen des 28. April 1945 hört Hans Rummer im Radio den Aufruf einer »Freiheitsaktion Bayern« an alle Landsleute: »Beseitigt die Funktionäre der Nationalsozialistischen Partei. Die Freiheitsaktion Bayern hat heute Nacht die Regierungsgewalt erstritten.« Rummer, von 1919 bis 1933 Bürgermeister der »roten« Bergwerksstadt Penzberg, hat als SPD-Mann einen mehrmonatigen Aufenthalt im KZ Dachau nach der Machtergreifung der Nazis hinter sich. Jetzt hält er die Stunde zum Handeln für gekommen. Amerikanische Truppen stehen bereits in Augsburg. Es kann nur noch Stunden, höchstens Tage dauern, bis sie auch Penzberg erreichen.

Der 65-Jährige kennt die »Freiheitsaktion« nicht, doch dem Aufruf auf der Mittelwellenfrequenz des Senders München-Erding, den Nazispuk zu beenden, Blutvergießen und Zerstörung in letzter Minute zu verhindern und den Amerikanern keinen Widerstand zu leisten, will er folgen.

Was er so wenig weiß wie Widerständler der letzte Stunde in anderen bayerischen Orten, die auf das Signal aus dem Radio hin aktiv werden: Die »Bayerische Freiheitsaktion« hat den Mund zu voll genommen. Sie hat keineswegs die Regierungsgewalt erstritten, sondern nur die Radiosender Erding und München-Freimann, zwei Zeitungsredaktionen und das Münchner Rathaus mithilfe eines sympathisierenden Panzerbataillons für ein paar Stunden in ihre Hände bekommen. Kaum hat Hauptmann Rupprecht Gerngroß, Chef einer Dolmetscherkompanie und Anführer der Freiheitsaktion, seine Botschaft ans bayerische Volk beendet, vertreiben regimetreue Truppen die schwachen Kräfte aus ihren »Eroberungen« und üben erbarmungslos Vergeltung. Gerngroß kann fliehen, aber mehrere seiner Mitstreiter werden erschossen.

In Penzberg eilt Exbürgermeister Rummer gegen acht Uhr morgens mit ein paar Gesinnungsgenossen ins Rathaus, erklärt seinem nationalsozialistischen Nachfolger Josef Vonwerden, er sei abgesetzt, und übernimmt ohne große Gegenwehr wieder die Regierungsgeschäfte. Die Frage, was ihn dazu berechtige, beantwortet er mit der Gegenfrage: »Was hat euch berechtigt, mich 1933 aus dem Amt zu jagen?«

Im Morgengrauen ist ein Werferregiment – zuständig für das Werfen von Nebelkerzen – auf dem Rückzug in die »Alpenfestung« Tirol in Penzberg eingetroffen. Sein Kommandant, Oberstleutnant Berthold Ohm, bekommt den Beginn des Rathaussturms nicht mit. Er legt sich gleich nach Ankunft erst einmal schlafen. Um zehn Uhr aber ist er wach, erfährt von der Rathausbesetzung und ordnet sofort die Verhaftung der »Volksverräter« an. Sie dürfen das Rathaus nicht mehr verlassen.

Was soll mit ihnen geschehen? Ohm und Vonwerden entschließen sich, mit dem Auto die 50 Kilometer nach München zu fahren. Dort ist Gauleiter Paul Giesler gerade damit beschäftigt die »Freiheitsaktion Bayern« zu zerschlagen. Er befiehlt Ohm fast im Vorbeigehen, die Penzberger Widerständler zu erschießen. Der penible Soldat Ohm murmelt etwas von »Standgerichtsverfahren«. Gauleiter Giesler bedeutet ihm, dies sei nicht nötig, da er, Giesler, als Reichsverteidigungs-Kommissar dieses Urteil verantworte. Soldat Ohm knallt die Hacken zusammen und gehorcht. Vonwerden befürchtet Aufruhr in Penzberg. Giesler verspricht dem Bürgermeister, einen Trupp überzeugter Kämpfer nach Penzberg zu schicken. Ihr Anführer ist der fanatische Naziliterat Hans Zöberlein.

Kurz nach 16 Uhr sind Ohm und Vonwerden wieder zurück. Sie verkünden den Männern um Rummer das Todesurteil »wegen Hoch- und Landesverrats«. Die sieben Verurteilten werden zu einer Waldschneise hinter dem Sportplatz gefahren. Um 18 Uhr werden sie, einer nach dem anderen, von einem Exekutionskommando des Werferregiments erschossen. Zur Erhöhung der Treffsicherheit heftet man ihnen ein weißes Pappherz an die Brust.

Gegen Abend treffen die halb vermummten Kämpfer Zöberleins ein, mehrere von ihnen stammen aus Penzberg. Zusammen mit Vonwerden erstellen sie eine Todesliste, auf der schließlich etwa 120 Namen potenzieller »Hochverräter« stehen. Die Truppe nennt sich »Werwolf Oberbayern«. Während Werferkommandeur Ohm soldatisch korrekt mordete, tobt sich der Werwolf Oberbayern, angefeuert von reichlich Bier und Schnaps, beim Erhängen so richtig aus. Zwar können viele der Menschen auf der Liste sich verstecken oder fliehen, doch sieben Männer und zwei Frauen werden an Bäumen oder Balkonen aufgehängt. Während der Morde lassen die Henker die Motoren ihrer Lastwagen aufheulen, um die Schreie der Opfer zu übertönen. Zwischendurch wird fröhlich gebechert. Bürgermeister Vonwerden ist total betrunken und gröhlt: »Aufhängen! Aufhängen!«

Um vier Uhr früh verschwindet der Werwolf aus Penzberg, eine Stunde später das Werferregiment. Am Morgen lässt Vonwerden sich auf der Straße sehen und zeigt sich entsetzt darüber, dass während der Nacht Menschen aufgehängt wurden. Einen Tag später, am 30. April 1945, begeht Hitler in Berlin Selbstmord, und in Penzberg marschieren die Amerikaner ein.

Bürgermeister Vonwerden muss sich in der Nachkriegszeit wegen einer Haftpsychose nie vor Gericht verantworten. Oberstleutnant Ohm erhält 1948 15 Jahre Zuchthaus, sitzt aber nur bis 1956 ein. Werwolf-Anführer Zöberlein wird zum Tod verurteilt, nach Gründung der Bundesrepublik wird die Strafe in lebenslängliches Zuchthaus umgewandelt. 1958 bekommt er aus gesundheitlichen Gründen Haftverschonung.

◆◆

seinem Tagebuch anvertraut: »Wie lange soll dieser Krieg noch so weitergehen? Sehen es die verantwortlichen Männer immer noch nicht ein, dass sie das Volk unschuldig hinmorden lassen!«

Der Jesuitenpater Alfred Delp konnte sich mit der klugen Anpassung seines Oberhirten Faulhaber nicht abfinden und hatte sich dem »Kreisauer Kreis« angeschlossen. Diese Widerstandsgruppe, der übergreifend Menschen aus dem kirchlichen, bürgerlichen und gewerkschaftlichen Milieu angehörten, stand in Verbindung mit den Verschwörern des 20. Juli um Graf Stauffenberg. Nach dem missglückten Attentat auf Hitler in dessen Hauptquartier Wolfsschanze wurde Delp, obwohl er persönlich vom Attentat nichts gewusst hatte, zum Tode verurteilt und am 2. Februar 1945 gehängt. Im letzten Brief an seine jesuitischen Mitbrüder schrieb er: »Behaltet dieses Volk lieb, das in seiner Seele so verlassen und so verraten und so hilflos geworden ist.«

Kurz nach der Verhaftung Delps hatte der begnadete Anpasser Faulhaber im Laufe eines sehr respektvollen Gestapo-Verhörs »das himmelschreiende Verbrechen des 20. Juli« heftig verurteilt, unter anderem, »weil ich persönlich die Verehrung zum Führer seit der langen Aussprache vom 4. November 1936 mir bewahrt habe«. Bevor der Vorhang für das Trauerspiel des inzwischen zerbombten braunen Bayern im Mai 1945 fällt, muss die Frage erlaubt sein: Wen wollte Faulhaber mit diesen Worten retten? Seine Kirche oder seinen Hals?

Weiß-blaue Wiedergeburt

Anders als 1918 gab es dieses Mal auch in Bayern keine Revolution, keine Dolchstoßlegende und keine Novemberverbrecher. Dieses Mal war die Niederlage so total, wie es der Krieg zuvor gewesen war. Die deutsche Wehrmacht lag am Boden. Ganz Deutschland war von den Truppen der Sieger besetzt. Das »Tausendjährige Reich« hatte es auf gerade einmal zwölf Jahre gebracht, den deutschen Namen aber in diesen zwölf Jahren für immer befleckt.

In Bayern waren die »Amis« die Besatzungsmacht. Die US-Armee war Ende April/Anfang Mai 1945 in die ehemalige Ordnungszelle des Deutschen Reichs einmarschiert. Sie fand zerstörte Städte vor, in denen ihre eigene Luftwaffe in den letzten Kriegsjahren zusammen mit den britischen Bombern ganze Arbeit geleistet hatte. München, die Hauptstadt der Bewegung, war ein Trümmerfeld, ebenso Nürnberg, die Stadt der Reichsparteitage. Industriezentren wie Augsburg, Aschaffenburg oder Schweinfurt lagen in Schutt und Asche. Die barocke Altstadt von Würzburg war eher zufällig ausradiert worden: Sie hatte nicht auf der Liste lohnenswerter Objekte gestanden. Da aber den Bomberflotten langsam die Ziele ausgegangen waren, rückte die alte Bischofsstadt als »filler target«, Lückenbüßer, nach.

Entsetzt und empört befreiten die Amerikaner die Häftlinge der Konzentrationslager Dachau und Flossenbürg. Sie montierten die Ortsschilder »München Hauptstadt der Bewegung« ab. Sie verhafteten die Nazielite und bereiteten die Prozesse gegen sie vor. Gerichtsort war nicht umsonst Nürnberg, wo das Dritte Reich sich jedes Jahr monumental inszeniert hatte. War nicht Bayern überhaupt der deutsche Landstrich gewesen, der Hitlers »Bewegung« über viele Jahre die nötige Nestwärme gegeben hatte, um zu wachsen und zum Monstrum zu gedeihen? Nicht für die Amerikaner. Für sie war der Nationalsozialismus eher preußischer Imperialismus in braunem, rassistischem Gewand. Kein Eigengewächs des Landes der »Gemüatlikkeit«, der vollen Bierkeller und fast so vollen Gotteshäuser. Und so behandelten sie Bayern mit relativer Nachsicht. Grundsätzlich waren die Amerikaner von der Mission beseelt, aus den Deutschen gute Demokraten zu machen. »Das amerikanische Volk will dem deutschen Volk helfen, seinen Weg zurückzufinden zu einem ehrenvollen Platz unter den freien und friedlichen Nationen der Welt«, versprach US-Außenminister James Byrnes ein Jahr nach Kriegsende.

Für die meisten Deutschen war ihre Umerziehung erst einmal zweitrangig. Weiterleben, überleben hieß ihr Hauptproblem. Die Kurve zur Demokratie konnte man immer noch kriegen. »Handel und Wandel waren tot. Die einfachsten Gegenstände des täglichen Bedarfs waren nicht zu haben. Kaffee und Tee waren verschwunden. Fleisch gab es kaum, dafür aber täglich einen Viertelliter Milch, 600 Gramm Brot in der Woche und fünf Eier im Monat«, so der von den Amerikanern im Herbst 1945 eingesetzte bayerische Ministerpräsident Wilhelm Hoegner. Der Wert der Reichsmark ging gegen null, jenseits der knappen Rationen auf den Lebensmittelkarten gab es nur auf dem Schwarzmarkt zusätzliche Kalorien zu horrenden Preisen. Gängigste Währung waren amerikanische Zigaretten, auch, weil das Rauchen angeblich den Hunger dämpfte.

Die Städter fuhren wieder wie schon gegen Ende des Ersten Weltkriegs zum Hamstern aufs Land und bezahlten beim Tauschhandel teuer fürs Lebensnotwendige. »Den Schmuck hat man als Butter aufgegessen, / die Meißner Tassen trägt man jetzt als Schuh, / so wächst dem Eigner, was er einst besessen, / vom Grund auf umgewandelt wieder zu«, dichtete die Zeitung »Münchner Merkur«. In den strengen Nachkriegswintern wurden über Nacht ganze Güterwagen mit Kohle oder Briketts leer geräumt. Auch die Kirchen gaben dazu ihren Segen: Kohlenklau war nicht stehlen, sondern eine Art Mundraub.

Verschärft wurde die alltägliche Misere durch das Heer der Flüchtlinge und Vertriebenen aus dem deutschen Osten und dem Sudetenland, den deutschsprachigen Randgebieten der Tschechoslowakei. Fast zwei Millionen Menschen ohne Hab und Gut überschwemmten 1945/46 das Land Bayern mit seinen sieben Millionen Einwohnern. Bayern hatte schon mit sich selbst mehr als genug zu tun – jetzt sollte es auch noch für diese armseligen Gestalten sorgen. Da die größeren bayerischen Städte Ruinenstädte waren, wurden die ungeliebten Neuankömmlinge gerne in die Baracken nutzlos gewordener Munitionsfabriken oder ehemaliger Zwangsarbeiterlager auf dem flachen Land eingewiesen. So entstanden »Vertriebenenstädte« wie Waldkraiburg, Neugablonz oder Traunreut. Die Mehrzahl aber wurde auf Dörfer und Kleinstädte verteilt. Dort setzten sie sich fest. Noch 1949 waren 200 000 Bauernhöfe in Bayern mit Vertriebenen teilbelegt.

Das konnte nicht glattgehen. Der Unmut der Einheimischen ist verständlich: Die verdammten Flüchtlinge nahmen ihnen per Zwangseinweisung Omas Schlafzimmer weg und machten sich in der Küche breit, selbst das Klo musste man mit ihnen teilen. Außerdem hatten sie keine Ahnung von der Landwirtschaft – die Mehrheit der einen Million Sudetendeutschen etwa stammte aus stark industrialisierten Gebieten und war für Bauernarbeit schwer zu gebrauchen. Und trotzdem, so die Stammtische, schienen sie sich als was Besseres vorzukommen. Dabei sollte sich die Bagasch nur einmal selbst anschauen! Hab'n nix und sind gut für nix, die Hungerleider, aber 's Maul aufreißen! Und so begegneten die Einheimischen den Flüchtlingen mit Misstrauen, Ablehnung und Herablassung.

Genauso verständlich empfanden die Menschen, die alles verloren hatten, die Einheimischen, denen sie an Bildung oft überlegen waren, als ungerecht, hartherzig und nicht selten von bemerkenswerter Ignoranz. Kein Wunder bei Äußerungen wie jener einer Passauer Stadträtin beim Streit um eine Flüchtlingssiedlung: »Wozu brauchen Menschen, die nie ein Bad gesehen haben, ein Badezimmer?« (Hier erlaubt sich der Autor, selbst als Flüchtlingskind in Plattling/Niederbayern aufgewachsen, eine eigene Erfahrung: Meine Mutter erhielt 1946 von einer mildtätigen Plattlinger Seele ein Uralt-Bügeleisen geschenkt, das noch mit glühenden Kohlen befeuert wurde. In der nordböhmischen Heimat hatte sie bereits ein elektrisches Bügeleisen besessen. Auf ihre Frage, wie man dieses seltsame Monstrum bediene, erhielt sie als Antwort: »Ja was, kennt's ihr net amoi a' Büg'leisen!«)

Auch wenn die bayerischen Behörden vielen Einheimischen »vorbildliche Aufnahmebereitschaft und Opferwilligkeit« bescheinigten und die Kirchen zu tätiger Nächstenliebe aufriefen, in den ersten Nachkriegsjahren blieb für die Vertriebenen die neue Heimat eine »kalte Heimat« (Andreas Kossert). Manchmal versuchten die US-Besatzer auf drastische Weise, bei den Altbürgern Mitgefühl zu erwecken. Im oberpfälzischen Sulzbach-Rosenberg schickten sie zur Strafe zwei Hausbesitzer, die sich der Zwangseinweisung widersetzt hatten, mit 25 Pfund Gepäck – dem Standardbesitz der Neuankömmlinge – in ein Vertriebenenlager, »wo sie unter den harten Bedingungen, wie sie die Flüchtlinge im Allgemeinen zu ertragen haben, leben müssen«. Erst der allgemeine Aufschwung durch das »Wirtschaftswunder« in den 50er-Jahren sollte die Lage entspannen und die Integration der Neubürger sogar so sehr zur Erfolgsgeschichte machen, dass der traditionsbewusste Freistaat 1956 die Sudetendeutschen zum »vierten Stamm« neben Bayern, Franken und Schwaben erklärte.

Mit beachtlicher Energie machte sich die US-Militärregierung daran, dieser Welt von Hunger, Armut, Heimatlosigkeit und Wohnungsnot ein demokratisches Gerüst zu geben. Ihre Maxime hieß: Keine Nazis in öffentlichen Ämtern. Woher aber das Personal nehmen? Wo ließen sich die »unbelasteten« Deutschen finden? Der Rückgriff auf das demokratische Potenzial der Weimarer Republik war unumgänglich. Schließlich lag das Ende der ersten deutschen Republik auch erst zwölf Jahre zurück.

In Bayern bedeutete das die Wiederauferstehung der Bayerischen Volkspartei. Sie war zum einen die stärkste politische Kraft vor 1933 gewesen, außerdem war sie der katholischen Kirche eng verbunden. Da die Amerikaner die katholische Kirche als die moralische Anstalt schlechthin während der dunklen Nazitage ansahen, hatten sie ein offenes Ohr für ihre Empfehlungen. Besonders wenn sie von Kardinal Faulhaber kamen, jetzt zum Widerstandskämpfer ohne Wenn und Aber changiert. Nicht überraschend legte er den Amerikanern ehemalige BVP-Politiker mehr ans Herz als kirchenferne Sozis oder gar Kommunisten.

So kamen etwa der erste Nachkriegs-Ministerpräsident Fritz Schäffer und sein Kultusminister Otto Hipp aus der BVP, Karl Scharnagl, der erste Oberbürgermeister von München nach 1945, ebenfalls, er hatte bereits am Ende der Weimarer Republik diesen Posten bekleidet. Doch auch SPD-Genossen und sogar der eine oder andere Kommunist wurden von den Besatzern mit einem Amt bedacht – immerhin sprach für viele von ihnen, die Hitler-Zeit im KZ oder in der Emigration verbracht zu haben. Manchmal fielen die Amerikaner auf fragwürdige Opfer des Regimes herein. Bis den Militärbehörden dämmerte, dass viele dieser angeblichen Naziverfolgten »in der Tat nie mit den Nazis zu tun hatten, aber überwiegend nur deswegen, weil sie nicht lang genug raus aus dem Gefängnis waren, um in die Partei einzutreten«.

Fritz Schäffer durfte nur wenige Monate als Ministerpräsident amtieren. Die Amerikaner entließen ihn im Herbst 1945. Er beschäftigte ihrer Ansicht nach in öffentlichen Ämtern zu viele Nationalsozialisten weiter. Schäffer verteidigte sich vergebens, ohne versierte Verwaltungsbeamte könne er einen lebensfähigen bayerischen Staat nicht aufbauen. Guter Wille und demokratische Unbedenklichkeit allein würden nicht genügen. Sein handverlesener Nachfolger Wilhelm Hoegner, SPD, der eben aus der Emigration zurückgekehrt war, versprach seufzend den aufgebrachten Befreiern, jeden Parteibuchnazi zu entlassen und das bayerische Leben auf allen Ebenen zu entnazifizieren.

In den kommenden Jahren wurden in Bayern – wie auch in den anderen von den Westmächten besetzten deutschen Gebieten – »Spruchkammern« eingerichtet. In ihnen sollte die individuelle Schuld jedes einstigen Volksgenossen festgestellt und notfalls geahndet werden. Umfangreiche Fragebögen, deren wahrheitsgemäßes Ausfüllen für alle Staatsbürger Pflicht war, bereiteten die Verfahren bürokratisch penibel vor. Fünf Kategorien der Verstrickung standen zur Auswahl: Hauptschuldige, Belastete, Minderbelastete, Mitläufer und Unbelastete.

Der Erfolg der Aktion Nazifreies Bayern war trotz des großen Aufwands eher bescheiden. Drei Viertel der Befragten ergatterten von vorneherein das Prädikat »unbelastet«. Überschwängliche Ehrenerklärungen, im Volksmund »Persilscheine« genannt, halfen bei der allgemeinen gegenseitigen Weißwaschung. Ein Beispiel aus der Spruchkammer Schongau: Bei einem besonders Unbelasteten handele »es sich um einen der schärfsten, überlegensten und erfolgreichsten Gegner des Nationalsozialismus. Er war 1940 verhaftet worden und entging nur knapp dem Kriegsgericht. In den letzten Jahren schwebte er ständig in Gefahr. Seit dem 20. Juli 1944 ist diese Gefahr zur höchsten Lebensgefahr geworden.«

Wer war nur dieser exemplarische Widerstandskämpfer? Er hieß Franz Josef Strauß und stand als stellvertretender Landrat erst am Anfang einer bemerkenswerten Karriere. Parteimitglied war der junge Franz Josef tatsächlich nie gewesen, »Offizier für wehrgeistige Führung« an einer Artillerieschule schon, mit innerem Widerstreben, wie er später erklärte. Das bedeutet nicht unbedingt Nazinähe. Aber schärfste Gegnerschaft und höchste Lebensgefahr? Nur auf dem Papier des Persilscheins. In der wahren Biografie finden sich dafür keine Anhaltspunkte.

Beim restlichen Viertel der Überprüften gingen die Spruchkammern bevorzugt an die »einfachste« Kategorie, die mutmaßlichen Mitläufer, heran. Sie erhielten anfangs häufig Berufsverbot oder hatten Geldbußen zu bezahlen. Von den Top-Angeklagten der Nürnberger Prozesse abgesehen blieben die schwierigen Fälle, die der wahrhaft Belasteten, erst einmal liegen. Das schuf böses Blut. Die Kleinen hängt man, die Großen lässt man laufen, so Volkes Meinung. Die Entnazifizierung auf breiter Ebene wurde bei den Deutschen zunehmend unpopulär. Gleichzeitig erschlaffte bei den Amerikanern der anfängliche Wille, reinen Tisch zu machen. Der beginnende Kalte Krieg mit dem ehemaligen Alliierten Sowjetunion setzte neue Prioritäten: Die »Krauts« im Westen sollten nun als wichtige Partner der freien Welt eingebunden und nicht mehr als Naziübeltäter bestraft werden.

Ohne Rückhalt in der Bevölkerung und ohne Nachdruck seitens der Amerikaner verläpperten die meisten Verfahren. Von 1947 an wurden fast alle Fälle ohne Verhandlung mit einem Federstrich und dem Ergebnis »Unbelasteter« oder höchstens »Mitläufer« beendet. Verschiedene Amnestien und die weitgehende Aufhebung der Berufsverbote ließen die Zahl der wirklich Betroffenen immer mehr schrumpfen.

Selbst die Verstrickungen von Hardcore-Nazis verdunsteten nun häufig auf dem Behördenweg randlos zur Mitläuferbagatelle. So beendete, nur ein Beispiel von vielen, selbst die glühende Hitler-Verehrerin Winifred Wagner als harmlose Mitläuferin die Entnazifizierungsprozedur. Zu Beginn der 50er-Jahre zog die junge Bundesrepublik per Gesetz einen Schlussstrich unter die zahnlos gewordene Vergangenheitsbewältigung. »Zu einer wirklichen Besinnung führte die Entnazifizierung nicht«, resümiert der Münchner Zeitgeschichtler Paul Hoser.

Parallel zur kollektiven Verdrängung des Nazimakels schritt die Wiedergeburt des Freistaats Bayern im Geist der Demokratie zügig voran. Gut demokratisch wollte die Mehrheit der Bürger ja wirklich werden, nur die Vergangenheit sollte bitte schön endlich mal ruhen. Im Januar 1946 erhielten zwei alte Bekannte aus der Weimarer Republik ihre landesweite Zulassung durch die Amerikaner. SPD und KPD. Letztere versank nach anfänglichen Wahlerfolgen bald in Bedeutungslosigkeit. Die Teilung Deutschlands in Ost und West qualifizierte sie schnell als Handlanger der Sowjets ab.

Die große Arbeiterpartei SPD stellte seit den ersten freien Wahlen im Herbst 1946 bis heute mit Wilhelm Hoegner ein einziges Mal – zwischen 1954 und 1957 in einer fragilen Koalition von SPD, FDP, Bayernpartei und Vertriebenenbund – den Ministerpräsidenten. Sie kam bei Wahlen stets auf den ehrenvollen zweiten Platz und kann sich inzwischen seit über 50 Jahren ununterbrochen mit dem Prädikat »stärkste Oppositionspartei im Bayerischen Landtag« schmücken. Ein Titel, der etwa so viel wert ist wie die Herbstmeisterschaft der Fussball-Bundesliga. Denn alle Führungsambitionen der Sozialdemokraten zerschellten seither an einem Phänomen, das auf fast gottgegebene Weise zu Bayern zu passen scheint wie die Faust aufs Auge oder die Weißwurst zum Weißbier: Im Januar 1946 erhielt auch die CSU ihre Lizenz.

Die »Christlich-Soziale Union« war eigentlich eine alte Partei mit neuem Etikett. Ihr Stammpersonal kam aus dem Reservoir der katholisch geprägten Bayerischen Volkspartei, ihre Stammwählerschaft ebenfalls. Im Zeichen politischer Ökumene – und weil unter den potenziellen Wählern aus dem Vertriebenenlager so viele »Evangelische« waren – ließ die Neugründung ihren Namen mit »christlich« und nicht mit »katholisch« beginnen.

Die CSU sah sich als christlich-abendländisches Bollwerk gegen Sozialismus in jeder Form und als wahre Hüterin bayerischer Eigenheit. Sie war kein Klub hoffnungsloser Träumer wie die kurzlebige »Bayerische Heimat und Königspartei«, die den Freistaat wieder zur konstitutionelle Monarchie unter den Wittelsbachern machen wollte. Sie ging auch nicht so weit wie die ebenfalls 1946 gegründete Bayernpartei, die zumindest in ihren Anfangsjahren mit einem souveränen Staat Bayern mit oder ohne König liebäugelte. Die Bayernpartei erzielte wegen ihres Patriotismus zeitweise zweistellige Resultate auf Landesebene. Da sie aus demselben Wählerreservoir wie die CSU schöpfte, machte sie bis weit in die 50er-Jahre der CSU das Leben schwer.

Die pragmatische CSU wusste, dass ein bayerischer Alleingang illusorisch war. Ein unabhängiges Bayern würde schon am Veto der Amerikaner scheitern. Die US-Politik befürwortete zwar starke Länder in Antwort auf den Zentralismus der Nazizeit, doch nur unter dem Dach einer deutschen Bundesrepublik. Die CSU akzeptierte das. »Wir wollen Deutsche sein, aber Bayern bleiben!« Diesen Satz von König Ludwig I. galt für sie auch 100 Jahre später. Bayern war das größte Land im Nach-Hitler-Deutschland. Als

Einziges konnte es auf eine mehr als tausendjährige Geschichte zurückblicken. Seine aktuellen Grenzen – mit der Ausnahme des Außenbesitzes Pfalz, der zu einem neuen rechtsrheinischen Bundesland geschlagen werden sollte – waren fast deckungsgleich mit denen zur Zeit Napoleons.

Ein Land, nein, ein Staat mit dieser Tradition hatte in den Augen der CSU das Recht, ja fast die Pflicht, zu einer Sonderrolle in einer deutschen Bundesrepublik. (Auch die bayerische SPD unter Wilhelm Hoegner sprach damals patriotisch übrigens lieber vom »Staat« als vom »Land« Bayern.) Die CSU zeigte Flagge, und die war entschieden weiß-blau. Während 1950 die neu gegründeten christlichen Parteien in allen anderen Ländern sich zu einer bundesweiten Christlich Demokratischen Union zusammenschlossen, lehnte die CSU den Beitritt zur CDU ab und blieb bei »christlich sozial« im Namen. Mia san mia.

Die Souveränitätsrelikte aus dem Deutschen Kaiserreich waren allerdings unwiederbringlich verloren. Schon die Weimarer Republik hatte den Bayern die Hoheit über Post, Bahn und Heer sowie, besonders schmerzlich, die Biersteuer abgenommen. Diese Reservatsrechte jetzt zurückzubekommen war aussichtslos. Der stolze Name »Freistaat« aber wurde in der Verfassung von 1946 wieder verankert – dass dies wie schon 1918 ausgerechnet unter der Federführung eines Sozis, des Interim-Ministerpräsidenten Hoegner, geschah, war ein kleiner Schönheitsfehler, mehr nicht.

Als einziges Land im besetzten Deutschland leistete sich der Freistaat eine zweite Kammer, den Senat. Im Senat saßen honorige Repräsentanten der wichtigsten gesellschaftlichen Kräfte von den Gewerkschaften über die Landwirte bis zu den Kirchen. Die ehrenwerte Versammlung beriet den Landtag über die nächsten Jahrzehnte. Sie hatte aber kein Vetorecht. Um die Jahrtausendwende erschien einer Mehrheit der Stimmbürger dieses Symbol weiß-blauer Eigenstaatlichkeit überflüssig. Durch einen Volksentscheid wurde der Senat im Jahr 2000 ersatzlos aus der Bayerischen Verfassung gestrichen.

Ohne Aussicht auf volle Souveränität trat Bayern als hartnäckiger Anwalt des Föderalismus auf. Der Freistaat war etwa maßgeblich daran beteiligt, dass 1949 der Bundesrat aus Abgesandten der Länder als zweite Kammer im Grundgesetz festgeschrieben wurde. Der Freistaat war auch so frei, im Mai 1949 mit den Stimmen der CSU und der Bayernpartei genau dieses Bonner Grundgesetz abzulehnen. Was nach Eklat klingt, war keiner. Denn die Bayerische Verfassung von 1946 gab im Absatz 178 eindeutig vor: »Bayern wird einem künftigen deutschen demokratischen Bundesstaat beitreten.« Das Grundgesetz, unter tätiger bayerischer Beteiligung konzipiert, stellte ebenso bindend fest: »Dieses Grundgesetz bedarf der Annahme durch die Volksvertretungen in zwei Dritteln der deutschen Länder, in denen es zunächst gelten soll.« (Die Länder der sowjetisch besetzen Zone waren zwangsläufig nicht eingeschlossen.) Da der Rest der Westzone bereits zugestimmt hatte, war Bayerns markiges Nein in der Praxis bedeutungslos. Das Veto der Bayernpartei war aus dem Herzen gekommen. Sie vertrat noch immer die Idee eines halb souveränen Freistaats in einem lockeren Deutschen Bund, fast wie in den guten, alten Zeiten vor Bismarcks Reichsgründung. Die viel pragmatischere CSU hatte lediglich laut hörbar auf den Tisch gehauen. Den Bürgern sollte vorgeführt werden, dass nicht nur die Bayernpartei weiß-blau dachte und fühlte.

Für viele CSU-Abgeordnete steckte im Grundgesetz nicht genug Föderalismus und christliches Gedankengut. Der CSU-Abgeordnete Georg Meixner, im Hauptberuf Prälat, sah in ihm »ein Werk des säkularisierten Geistes unseres Jahrhunderts«. Doch an der Bonner Republik ging bei nüchterner Betrachtung letztendlich kein Weg vorbei. Und so hatte der amtierende Ministerpräsident Hans Ehard das CSU-Nein im Landtag zusammen mit dem beschwichtigenden Gelöbnis angekündigt: »Wir bekennen uns zu Deutschland, weil wir zu Deutschland gehören.« Erst einmal die Muskeln spielen zu lassen, sich »aufzumandeln«, wie der Bayer sagen würde, und dann angesichts der Realität doch nur halblang zu machen sollte zu einem Markenzeichen der CSU in der Bundespolitik werden.

Die weiß-blauen PS-Schlümpfe

Eins sah aus wie eine Flugzeugkanzel ohne Flugzeug dran. Beim anderen saßen die Insassen auf einer umgedrehten Rückbank mit Blick nach hinten. Das Dritte hatte den Einstieg vorne, man musste allerdings mit der Tür die Lenksäule wegklappen. Und das Vierte glich am ehesten einem richtigen Auto, allerdings einem Auto, das durch zu heißes Waschen ein paar Nummern eingegangen war. Sie hießen Messerschmitt Kabinenroller, Zündapp Janus, BMW Isetta und Goggomobil. All diese Gefährte stammten aus Bayern und erfüllten im beginnenden Wirtschaftswunder die Sehnsüchte der Menschen nach einem Fahrzeug auf vier Rädern. Vier? Manchem Käufer waren auch drei genug: Der Messerschmitt Kabinenroller hatte hinten nur ein Rad.

Sie kamen zwischen 1953 und 1958 auf den Markt, waren vergleichsweise preiswert und hatten den Vorteil, dass man sie mit dem Führerschein Klasse IV, dem für Fahrzeuge bis zu 250 Kubikzentimeter Hubraum, steuern durfte. Wegen der schwachen Motoren war ihre Höchstgeschwindigkeit sehr bescheiden. Über 80 Stundenkilometer kam keiner aus dem Quartett hinaus. (Erst Ende der 50er-Jahre wurden auch PS-stärkere und schnellere Versionen angeboten. Voraussetzung der Fahrerlaubnis war dann der Führerschein Klasse III.)

Originell wie ihr Aussehen waren auch ihre Namen. Das Goggomobil aus Dingolfing war vom Produzenten Hans Glas nach seinem Söhnchen, Kosename »Goggi«, benannt. »Janus« von Zündapp aus Nürnberg hieß nach dem römischen Gott mit den zwei von einander abgewandten Gesichtern, eins blickt nach vorne, das andere nach hinten. Die »Isetta« von BMW hatte ihren Namen aus Italien, von der lombardischen Firma »Iso Rivolta« hatten die Münchner die Lizenz für die Produktion gekauft. Und der Name »Messerschmitt« war der Nachkriegsgeneration von den Messerschmitt-Jägern des Zweiten Weltkriegs bestens bekannt. Weil er keine Flugzeuge mehr bauen durfte, war Herr Messerschmitt auf Kabinenroller umgestiegen.

Die Werbesprüche waren ähnlich aus dem Ärmel geschüttelt. »Zwar klein, jedoch kein Pappenstiel, mit einem Wort: Goggomobil.« Oder: »Platz, Komfort und Motorstärke, ein Meisterwerk der Zündappwerke.« Für die »Isetta«: »Seines Lebens schönster Traum, ein kleines Fahrzeug, doch mit viel Raum.« Poetisch karg dagegen: »Trotz Regen rollern: Messerschmitt.«

Am besten verkauften sich der »Goggo« (280 000 Exemplare) und die »Isetta« (160 000), doch Mitte der 60er-Jahre ging die Zeit der Mini-Vehikel für jedermann zu Ende. Die Deutschen waren wohlhabender geworden und verlangten nach richtigen Autos. Zündapp hatte schon 1958 die Produktion des Janus gestoppt und versuchte sich von da an mit mäßigem Ergebnis an Mopeds und Motorrädern. Hans Glas musste sein Werk an BMW verkaufen. Die Münchner stellten den Goggo ebenso ein wie ihre eigene Isetta und verlegten sich erfolgreich auf Größeres. Und Messerschmitt produzierte anstatt Kabinenroller, die nur an Flugzeugkanzeln erinnerten, wieder echte Düsenjäger.

◆◆◆

Soweit die Generalklausel »Bundesrecht bricht Landesrecht« nicht im Weg stand, garantierte ja immerhin die Landesverfassung die Vermittlung typisch bayerischer Grundwerte. Erziehung zur »Ehrfurcht vor Gott« und zur »Liebe zur bayerischen Heimat« waren – und sind noch immer – ein konstitutionelles Bildungsziel. Die Verfassung verbot und verbietet unter Strafandrohung »die Verächtlichmachung der Geistlichen und der Ordensleute in ihrer Eigenschaft als Religionsdiener«. Sie schrieb und schreibt soziale Grundsätze fest, die heute in der politischen Wirklichkeit des Neoliberalismus eher ein Dornröschen-Dasein führen: »Kapitalbildung ist nicht Selbstzweck, sondern Mittel zur Entfaltung der Volkswirtschaft.« Oder: »Eigentum an Bodenschätzen … Eisenbahnen … und Unternehmungen der Energieversorgung steht in der Regel Körperschaften oder Genossenschaften des öffentlichen Rechts zu.«

Ein Relikt aus den Zeiten der Bavaria Sancta hatte den Krieg überlebt. Die Bekenntnisschule war als Regelschule in der Verfassung festgeschrieben. Zwar sah Artikel 135 auch die Gemeinschaftsschule vor, in der katholische und evangelische Kinder zusammen unterrichtet wurden, doch in der Praxis waren diese Horte religiöser Promiskuität selten und auf die größeren Städte beschränkt. Dies war ein Verdienst des tief katholischen Kultusministers Alois Hundhammer, der die Etablierung von Gemeinschaftsschulen behinderte, wo und wie es nur ging. Als konservativer Traditionalist führte er außerdem 1947 die Prügelstrafe für Schüler bei »schweren Verfehlungen, insbesondere bei grober Unbotmäßigkeit oder Rohheit« wieder ein.

Eine Mehrheit der Partei um den Vorsitzenden »Ochsensepp« Josef Müller und seinen aufstrebenden Adlatus Franz Josef Strauß hätte eigentlich eine eher ökumenische christliche Erziehung bevorzugt, schließlich wollte die CSU ja ein Sammelbecken für die Gläubigen aller christlichen Konfessionen sein. Auch die amerikanischen Besatzer favorisierten eindeutig die Gemeinschaftsschule, doch mit massiver Unterstützung beider Kirchen setzte sich die Hundhammer-Fraktion in dieser Frage durch.

Als besonderer Fürsprecher rein katholischer – und dann, na ja, auch rein protestantischer Erziehung – tat sich der greise Kardinal Faulhaber hervor. Er hatte schon in der Weimarer Republik vehement das Zurückdrängen des angestammten kirchlichen Einflusses in den Schulen bekämpft. Den unerbittlichen Dogmatiker trieb zudem nach den Erfahrungen mit der Gemeinschaftsschule in der Nazizeit verstärkt die Sorge um, dass eine nicht konfessionell gebundene Schule nur unverbindliche Religiosität vermitteln und letztendlich zu schleichender Entchristlichung führen würde. Die protestantische Führung dachte ähnlich.

Kurz vor Faulhabers Tod ließ die katholische Kirche anlässlich der Gemeinderatswahlen 1952 von den Kanzeln verkünden: »Nun tretet auch mit den Wahlzetteln ein für die katholische Schule und wählet nur solche Männer und Frauen, deren Programm es ist: Für katholische Kinder katholische Schulen und katholische Lehrer!« Die evangelische Kirche Bayerns rief noch 1963 ihre Gläubigen zum konfessionellen Purismus auf: »Lasst eure Kinder den Weg von der Taufe zur Konfirmation in der evangelischen Schule gehen.«

Unglückseligerweise schuf die gewollte Zweigleisigkeit vor Gott im wahren Leben enorme Probleme. In Bayern kam ein

Protestant auf drei Katholiken, vor dem Krieg war das Verhältnis mit 1:4 nur wenig anders gewesen. Im Unterschied zu damals lebten jetzt aber die Angehörigen der beiden christlichen Konfessionen nicht mehr in weitgehend geschlossenen Gebieten. Durch Umsiedlungen während des Kriegs und die Verteilung der Vertriebenen im ganzen Land gab es kaum noch reingläubige, und das hieß meist rein katholische, Regionen. Überall mischten sich jetzt Evangelische unter das katholische Gottesvolk. Sehr oft nur in geringer Zahl, doch auf eine evangelische Bekenntnisschule angewiesen.

(Auch hier kann der Autor zur Illustration eine Eigenerfahrung aus den frühen 50er-Jahren einbringen: In Plattling mit etwa 10000 Einwohnern stand direkt neben der Pfarrkirche St. Magdalena die Knabenschule. Für die katholischen Kinder gab es Klassen von eins bis acht, zusätzlich unterteilt in a und b. Für die evangelischen Knaben, die unser Religionslehrer, der Benefiziat Rohrmüller, in ungebrochenem Glaubenseifer als »Ketzer« bezeichnete, war die Schule zweiklassig und damit zweitklassig. Eine Sperrholzwand trennte einen Teil des ersten Stocks vom katholischen Haupttrakt ab. Hinter ihr wurden in zwei Räumen die evangelischen Klassen eins bis vier und die Klassen fünf bis acht wie auf dem Dorf gemeinsam, doch im wahren Glauben fest, unterrichtet. Die Trennung der Bekenntnisse galt auch auf dem Pausenhof. In einer Ecke war mit einem Strich auf dem Boden ein Winkel ausgespart. In diesem Reservat hatten sich die »Evangelischen« aufzuhalten. Ökumenischer Sprechkontakt über diese feine Linie hinweg wurde mahnend unterbunden.)

Die Notwendigkeit eines modernen Bildungssystems in einem zunehmend industrialisierten Bayern führte schnell dazu, dass in der Praxis das System der Bekenntnisschule durchlöchert wurde. Weder Zwergschulen noch konfessionelle Lehrerbildung erfüllten die Anforderungen einer sich rasch verändernden Welt, trotzdem hielt die CSU im Prinzip an der Bekenntnisschule fest. Doch dieses eine Mal unterschätzte die Partei, die sonst so sicher im Gleichtakt mit dem bayerischen Wesen agierte, den Zeitgeist.

Auch im christlichen Bayern hatte die Bereitschaft abgenommen, für religiösen Purismus auf eine qualifizierte Bildung der Kinder zu verzichten. 1966 leitete die FDP ein Volksbegehren für die Gemeinschaftsschule ein. Die CSU und natürlich die Kirchen, aber auch die SPD, Letztere aus parteipolitischer Taktik, lehnten die Initiative ab. Obwohl die FDP nicht einmal im Landtag vertreten war, verfehlte sie mit 9,3 Prozent der Wahlberechtigten das Quorum von zehn Prozent nur knapp.

Vom überraschenden Erfolg der kleinen FDP ermutigt, sprang jetzt die SPD mit ihren weit größeren finanziellen und organisatorischen Mitteln auf den Zug und kündigte ihrerseits ein Volksbegehren Gemeinschaftsschule an. Das schreckte die CSU auf. Gab es etwa eine Mehrheit im Wahlvolk für die bikonfessionelle Erziehung? Sollten gar die Sozis das bessere Gespür für die Stimmung im Bayernland haben? Selbst der Bayerische Lehrer- und Lehrerinnenverband hatte bereits der SPD-Initiative jegliche Unterstützung versprochen. Es kam zu einem sensationellen Schwenk: Nach über 20 Jahren – eigentlich sogar nach Jahrhunderten – pro Bekenntnisschule signalisierten die treuen Anwälte von Kanzel und Altar Bereitschaft zur Gemeinschaftsschule. Nun mussten auch die Kirchen einknicken, ihr Schutz und Schirm war löchrig geworden.

Nach langen zähen Verhandlungen verabschiedeten alle Beteiligten einen Kompromiss. Am 7. Juli 1968 wurde das gemeinsame Volksbegehren mit 76 Prozent Jastimmen vom bayerischen Volk als neuer Verfassungsartikel angenommen. »Die öffentlichen Volksschulen sind gemeinschaftliche Schulen für alle schulpflichtigen Kinder. In ihnen werden die Kinder nach den Grundsätzen der christlichen Bekenntnisse unterrichtet und erzogen.« Das letzte Relikt des allerkatholischten Staates aus den Zeiten der Glaubenskriege war Vergangenheit.

Einer der wortgewaltigsten Verfechter der neuen Linie hieß Franz Josef Strauß, inzwischen CSU-Parteivorsitzender. Wenige Jahre später formulierte er zwei Säulen zeitgemäßer CSU-Politik. »Entklerikalisierung und Liberalisierung der Partei.« Und:

»Identifizierung der CSU mit Bayern.« Der versierte Altphilo-
loge Strauß hätte auch sagen können: »Tempora mutantur: Nunc
CSU Patrona Bavariae est.« (Die Zeiten ändern sich. Jetzt ist die
CSU die Patronin Bayerns.)

CSU forever

Ein Blick auf das Parteilogo genügt: Die CSU ist Bayern. Und Bayern ist die CSU. Während die bayerische SPD bei ihrem Signum brav im internationalen Sozialistenrot verharrt und auf keinen grünen Zweig kommt, setzt die CSU voll auf Weiß-Blau. Blau prangt der Schriftzug CSU auf weißem Grund, und wer es als Orientierung suchender Wahlbürger noch immer nicht geschnallt haben sollte, dem zeigen die blaue Raute und der aufrecht brüllende Löwe daneben unmissverständlich, wo es langgeht. Der schwungvolle grüne Pinselstrich darunter? Ein Zugeständnis an ökobewegte Zeiten. Schaut her, schwarz, das war einmal, wir sind grün!

Wie kam es dazu, dass eine Partei nach der Stunde null in einer demokratischen Gesellschaft so übermächtig werden konnte? Dass sie nun seit über 50 Jahren in einer Art aufgeklärtem Absolutismus ähnlich dem der späten Wittelsbacher regiert? Wohlmeinend ihrem Volke gegenüber, aber (fast) unangreifbar und dem eigenen Vorteil ganz und gar nicht abgeneigt?

Schon die Bayerische Volkspartei, der Vorläufer der CSU zu Weimarer Zeiten, war bis zur erzwungenen Selbstauflösung 1933 ununterbrochen stärkste politische Kraft im Freistaat gewesen. Auf deren konservative, katholische Klientel konnte man auch als CSU noch immer bauen. Durch die bewusste Öffnung der Partei für das protestantische Bayern und das behutsame Abrücken von der katholischen Hierarchie erschloss sich die CSU dazu in den fränkischen Landesteilen neue Wählerschichten – obwohl sie dort nie ganz die Zustimmung erreichte wie in Altbayern.

Die SPD konnte diese erdrückende Dominanz zu keiner Zeit brechen. Der Wandel Bayerns vom Agrarstaat zur Industrie- und Servicegesellschaft – heute arbeitet nur noch etwas mehr als ein

Prozent der Erwerbstätigen vollberuflich in der Landwirtschaft – änderte daran kaum etwas. In anderen Teilen Deutschlands, etwa an Rhein und Ruhr oder in den Hafenstädten, hatte sich bereits Ende des 19. Jahrhunderts ein starkes Industrieproletariat gebildet, das im Fabrikalltag, in Arbeitskämpfen und der Freizeit mit Gleichgesinnten ein sozialistisches, sozialdemokratisches Weltbild pflegte und weitergab. Das wirkt bis heute nach. In Bayern hingegen spannte zu dieser Zeit im Märzen der Bauer noch überall sein Rösslein an. Er war seinem Landesherrn in Verehrung zugetan und ließ sich am Sonntag von der Kanzel herab die Welt erklären.

Auch wenn heute das Rösslein ein BMW oder Audi, der Landesherr eigentlich abwählbar und die Kanzel nicht mehr die Quelle der Inspiration schlechthin ist, sitzen die traditionellen Muster noch immer instinktiv in vielen Köpfen. Der Schweißer im Dingolfinger BMW-Werk oder die Laborantin bei Wacker Chemie in Burghausen haben nicht das klassische, tradierte Arbeiterbewusstsein, damit auch keine »ererbte« Nähe zur Gewerkschaft und zur SPD. Im Kopf und im Herzen sind sie in ihrer ländlich-konservativen Welt verankert. Um die BMW-Fabriken in Regensburg und Dingolfing sind bis heute denn auch keine Arbeitersiedlungen gewachsen. Die Werktätigen kehren lieber abends mittels eines weitverzweigten werkseigenen Busnetzes in ihre Heimatgemeinden zu Maibaum und Mariensäule zurück. Bezeichnenderweise kann die SPD nur in den bayerischen Großstädten, vor allem München, Nürnberg und Augsburg, sowie in Teilen von Oberfranken und der Oberpfalz mit längerer industrieller Vergangenheit ernsthaft punkten.

So war die CSU von Anfang an maßgeschneidert für das bayerische Gemüt. Sie war und ist eine Partei christlicher Prägung. Konform mit dem wandelnden Zeitgeist ist bei ihr im Lauf der Jahre allerdings eine gewisse dogmatische Laschheit eingerissen. Sie machte selbst vor hohen Würdenträgern der Partei nicht halt. Ein verdienter Parteikämpe wie Friedrich Zimmermann – von ihm wird noch in anderem Zusammenhang die Rede sein – war zweimal geschieden und dreimal verheiratet. Zu den gestrengen Nachkriegszeiten eines Kardinals Faulhaber oder eines Kultusministers Hundhammer wäre das politischer Selbstmord gewesen. Denn derlei Bäumchen-wechsel-Dich ist Katholiken bei Strafe der Kommunionsverweigerung untersagt. Zimmermanns Karriere in der Partei mit dem großen C tat dies keinen Abbruch, im Gegenteil: »Er is halt a Hund, der Fritz!« Wählerinnen und Wähler, die sich bei der Sonntagsmesse durchaus mit Weihwasser bekreuzigten, ließen sich ja auch mehr und mehr scheiden.

Was sonst noch hätte das bayerische Wahlvolk in seiner tief wurzelnden konservativen Prägung dazu bringen sollen, sich von der CSU abzuwenden? Missregierung? Wirtschaftlicher Absturz? Wie denn, es ging ja stetig aufwärts mit dem Freistaat. Die Weltkriegstrümmer waren weggeräumt. Ein zügiger – nicht immer einfallsreicher – Wohnungsbau schloss die Häuserlücken in den verheerten Städten und schuf für die Flüchtlinge neue Siedlungen. Selbst zerstörte historische Gebäude, die für gewachsenen Bürgerstolz standen, wurden bald wieder aufgebaut: München etwa renovierte Stein um Stein sein Nationaltheater in alter, pseudogriechischer Monumentalität.

Das deutsche Wirtschaftswunder half der bayerischen CSU kräftig beim Erfolgskurs. Der Freistaat profitierte auf spezielle Weise vom allgemeinen Aufschwung. Berliner Firmen wie Siemens und Osram hatte der Zug zur Planwirtschaft in der sowjetisch besetzten Zone verschreckt. Sie verlegten ihre Hauptsitze ins marktwirtschaftliche München mit hohem Freizeitwert. In Ingolstadt siedelte sich, aus Sachsen kommend, der heutige Audi-Konzern an, in und um Nürnberg baute Siemens neue Produktionsstätten. BMW, in Kriegszeiten der Spezialist für Flugzeugmotoren, sattelte auf Motorräder und eine Art von Auto namens »Isetta« um, deren eigenwilliges Design den Aufstieg der Bayerischen Motorenwerke zur Weltmarke allerdings noch nicht erahnen ließ. Im Fränkischen verlegten sich mit Grundig, Loewe und Metz drei wagemutige Betriebe erfolgreich auf das Geschäft mit Radios und Fernsehapparaten. Selbst die Heimatvertriebenen, einst als unnütze Esser scheel angesehen, erwiesen sich jetzt als erstaunlich vorteilhaft. Sie halfen mit ihrem Fachwissen, die Industrialisierung des Agrarstaats anzuschieben.

Die CSU-geführte Staatsregierung tat das Ihre dazu. Sie lockte mit Finanzspritzen und guter Infrastruktur zunehmend Forschung und Wissenschaft nach Bayern. Oder war es doch die Nähe zu den Bergen? Es entstanden mehrere Max-Planck-Institute, darunter die weltbekannten Forschungsstätten für Physik und Biochemie. Die Deutsche Forschungs- und Versuchsanstalt für Luft- und Raumfahrt baute in Oberpfaffenhofen schon bestehende Einrichtungen aus. Die Fraunhofer-Gesellschaft steuerte von München aus eine Reihe von Instituten für angewandte, wirtschaftsnahe Wissenschaft.

Nichts symbolisierte in den Jahren des Wirtschaftswunders Bayerns Wandel besser als das Garchinger »Atomei«. In der guten alten Zeit hatte das Dorf Garching nördlich von München »Bauernhäuser von stattlicher Bauart, schmucke Gärtchen dabei und gut erhaltene Hofplätze mit gepflegtem Düngerhaufen« bedeutet. 1956 regte der Physiker und Nobelpreisträger Werner Heisenberg an, im Raum München einen Versuchsreaktor zu bauen. Die Wahl fiel auf Garching. Bald stand das Dorf nicht mehr für gepflegte Dunghaufen, sondern mit dem futuristisch glänzenden Atomei für Bayerns Aufbruch in eine neue Ära. Das Richtfest fand 1957 allerdings ausgerechnet unter der kurzlebigen Regierung Wilhelm Hoegners von der SPD statt. Bei der Einweihung ein Jahr später hatte die CSU aber ihr Bayernland schon wieder fest im Griff. Hoegners Vierer-Koalition war nach drei turbulenten Jahren zusammengebrochen. Von da an war der Fortschritt im Freistaat wieder unangefochten CSU-Sache.

Nur die Bayernpartei störte. Diese Stiefbrüder im Geiste wilderten im CSU-Wählerrevier, vertraten noch hartnäckiger die bayerische Sonderrolle in der Bonner Republik und gefährdeten immer wieder die Lufthoheit der CSU über den Stammtischen. Chef der Bayernpartei war der CSU-Mitbegründer Dr. Joseph Baumgartner. Der Bauernsohn aus Scheyern hatte sich 1948 der

Bayernpartei angeschlossen, weil ihm die CSU zu lasch erschien. Sehr schnell stieg er bei den Super-Weiß-Blauen, die plakativ »Freiheit für Bayern« forderten, zum Vorsitzenden auf.

Zur Zeit ihrer Beteiligung an der Koalition unter Wilhelm Hoegner lieferte die Bayernpartei dem Konkurrenten CSU die entscheidende Steilvorlage für ihren Untergang. Baumgartner als stellvertretender Ministerpräsident und sein Parteifreund August Geislhöringer, Innenminister, verwickelten sich 1954 in eine undurchsichtige Vergabe von privaten Spielbankkonzessionen an einen noch undurchsichtigeren Interessenten, den ehemaligen Metzger Karl Freisehner aus Niederösterreich. Von Bestechungsgeldern war die Rede – übrigens in einer Höhe, die man bei späteren Korruptionsskandalen als lächerlich empfunden hätte. Ein Untersuchungsausschuss wurde eingesetzt.

Unter der Regie der höchstchristlichen Inquisitoren Alois Hundhammer und Friedrich Zimmermann erbrachte das Verfahren in der Kernfrage der Bestechung nichts. Freisehner erklärte eidesstattlich, nie Geld an Baumgartner und Geislhöringer gezahlt zu haben. Jedoch sagten die beiden Minister bei ihrer Befragung eher nebenbei aus, sie hätten über die zwei besonders schattigen Figuren des Skandals – Freisehner und einen Herrn Gembicki – nur flüchtig Kenntnis gehabt. Das taten sie unter Eid. Der Abschlussbericht entlastete die beiden BP-Spitzenpolitiker.

Nachdem die Vierer-Koalition – auch wegen der Spielbankenaffäre – zerbrochen und die CSU wieder am Ruder war, peinigte Freisehner plötzlich ein besonders empfindsames Gewissen. Er bereute tief seine eidesstattliche Erklärung, widerrief sie und zeigte sich selbst wegen aktiver Bestechung an. Er habe Baumgartner einmal 700, einmal 1000 und einmal sogar schwindelerregende 1200 Mark bezahlt. Als Beweis legte er Fotokopien von Quittungen vor. Im Juli 1959 wurde vor dem Landgericht München das Verfahren gegen ihn, Baumgartner und Geislhöringer eröffnet. Die belastenden Quittungen waren schnell vom Tisch. Ein Sachverständiger beurteilte sie als »höchstwahrscheinlich gefälscht«.

Der Wahrheitsfindung bedingungslos verpflichtet, bohrte der Vorsitzende Richter Paul Wonhas trotzdem unermüdlich im privaten und politischen Leben der zwei Bayernparteiler und fand heraus, dass sie über Freisehner und Gembicki besser informiert gewesen waren, als sie in ihren beschworenen Aussagen vor dem Untersuchungsausschuss angegeben hatten. Meineid! Meineid! Der Richter, der nach gut bayerischer Justiztradition – wir erinnern uns an das Hochverratsverfahren von 1924 gegen Hitler und Co. – peinlich darauf bedacht war, keine unangenehmen Fragen über die Rolle der Regierungspartei in diesem Komplott aufkommen zu lassen, sprach ein drakonisches Urteil. Zwei Jahre Zuchthaus für Baumgartner, eineinhalb Jahre Gefängnis für Geislhöringer.

Selbst der ehemalige CSU-Ministerpräsident Hans Ehard nannte die Strafen »barbarisch« angesichts der sehr eigenwilligen Bewertung des Gerichts von Baumgartners und Geislhöringers Antworten vor dem Ausschuss als Meineid. Dies tat er allerdings erst nach seiner Pensionierung. Der Bundesgerichtshof hob später nicht das Urteil, jedoch das Strafmaß auf. Hundhammer habe die Angeklagten im Ausschuss bewusst in eine Falle laufen lassen, »um eine Handhabe zur Ausschaltung eines politischen Gegners zu gewinnen«. Baumgartner und Geislhöringer überlebten den Prozess nicht lange, und auch die Bayernpartei war bald so gut wie tot. Ziel erreicht. Die CSU besaß von 1960 an endgültig das patriotische Alleinvertretungsrecht.

Nur diesen Fauxpas von Fritz Zimmermann, damals CSU-Parteisekretär und der Mann fürs Grobe, hätte es wirklich nicht gebraucht! Zimmermann hatte am 10. Juli 1959 als Zeuge vor Gericht die Hand zum Schwur gehoben. So wahr Gott ihm helfe, habe er den Herrn Gembicki nie getroffen und ihn um belastendes Material gegen Baumgartner und Geislhöringer gebeten. Es stellte sich heraus, dass Zimmermann die Herren Freisehner und Gembicki nachweislich häufig kontaktiert und wohl auch Freisehner zu seinen plötzlichen Gewissensbissen animiert hatte, die dann zur Selbstanzeige führten. Das sah verdammt nach Meineid aus. Aber wofür besaß man jetzt die Alleinherrschaft im Staat? Das würde man schon irgendwie hinbiegen.

Der Prozess an sich war leider nicht zu verhindern, doch man hatte Platzvorteil: Gerichtsort war München. Anders als bei Baumgartner und Geislhöringer urteilte das Landgericht München im Fall des Generalsekretärs der CSU milde. Es stufte den Meineid zum »fahrlässigen Falscheid« herab und verhängte vier Monate auf Bewährung. Der Bundesgerichtshof hob das Urteil auf und ordnete Wiederverhandlung vor demselben Münchner Gericht an. Diesmal lief die Sache noch besser. Ein medizinisches Gutachten aus der Amigo-Ecke sah sich in der Lage, zwei Jahre nach dem Meineid, pardon, fahrlässigem Falscheid, zu bescheinigen, dass den armen Fritz ausgerechnet am 10. Juli 1959 beim Heben der Schwurhand durch Unterzuckerung und Schilddrüsenüberfunktion die volle Zurechnungsfähigkeit abhandengekommen sei. Und so sprach das Gericht Blackout-Fritz mangels ausreichender Schuldbeweise frei, ohne, wie es betonte, von seiner Unschuld überzeugt zu sein.

Ungeachtet des attestierten Risikos überraschender Schilddrüsen- und Unterzuckerattacken brachte es Zimmermann noch weit. Gefördert von seinem alten Kumpel Franz Josef Strauß wurde »Old Schwurhand«, der den Medien den noch schöneren Beinamen »Der Meineidbauer« gerichtlich untersagen ließ, unter Kanzler Helmut Kohl 1982 Bundesinnen- und 1989 Bundesverkehrsminister. Seine diversen Amtseide legte er fehlerfrei ab. Aber wusste er auch, was er da beschwor? Anscheinend befürchtete niemand, die Schilddrüse könne Zimmermanns Geist erneut im Schwurmoment verdunkelt haben. Zum Glück für das deutsche Vaterland suchten Old Schwurhand auch später nie wieder jähe Geistesschwächen heim.

Für die CSU-Gefolgschaft waren Ausrutscher dieser Art lässliche Sünden. »Sachverstand und Intelligenz sind in der deutschen Politik zu dünn gesät, als dass wir es uns leisten könnten, einen Mann vom Kaliber Zimmermann ausschließlich am Maßstab der sogenannten weißen Weste zu messen«, empfand der CSU-nahe

»Münchner Merkur«. Was für Zimmermann galt, traf noch mehr für seinen Spezi Franz Josef Strauß zu, der sicherheitshalber nie Weste trug, schon gar keine weiße.

Seit seiner Wahl zum Landesvorsitzenden der CSU 1961 bis zu seinem Tod 1988 prägte der Metzgersohn, Einser-Abiturient und Altphilologe aus München die Wahrnehmung Bayerns wie vor und nach ihm keiner. Das stiernackige Wunderkind machten die Amerikaner schon 1946 wegen seines schwer bajuwarischen, doch gut verständlichen Englisch zum stellvertretenden Landrat von Schongau. 1949 wurde er als jüngster Abgeordneter in den Bundestag gewählt. Er gehörte ihm bis 1978 an.

Sehr schnell drängte Strauß auf die große Bonner Bühne. Im Kabinett Adenauer propagierte er als Atomminister aus vollem Herzen Kernkraftwerke, als Verteidigungsminister genauso überzeugt die nukleare Aufrüstung der jungen Bundeswehr, um die Sowjetunion, für Strauß der Weltfeind Nummer eins, in Schach zu halten. 1962 stolperte er über den »Spiegel«-Skandal. Es ging um angeblichen Landesverrat wegen einer Veröffentlichung des Magazins über den Zustand der Bundeswehr. Strauß belog das Parlament über seine Rolle als Drahtzieher in der Affäre, die sich letztlich trotz spektakulärer Razzien und der Verhaftung des Chefredakteurs Rudolf Augstein als viel Lärm um Nichts herausstellte. Das ambitionierte Jungtalent musste gehen, kam aber als tüchtiger Finanzminister der Großen Koalition von CDU/CSU und SPD 1966 zurück.

Das sozial-liberale Bündnis unter Willi Brandt beendete 1969 Strauß' Bonner Regierungskarriere. Der Zwangsabschied aus der direkten politischen Verantwortung traf Strauß schwer. Denn ganz in der Tradition ruhmbegieriger Wittelsbacher, die ihre Herrschaft über Bayern als selbstverständlich betrachtet, aber stets – und meist vergeblich – nach Höherem gestrebt hatten, kannte auch Franz Josefs Ehrgeiz keine weiß-blauen Grenzen. Für Deutschlands begabtesten Staatsmann hielt er sich sowieso, für einen Riesen unter politischen Pygmäen. Deutschland, nein, die Welt sollte auf seine Stimme hören.

Er eiferte und geiferte gegen die Studenten der 68-Revolte, deren linker Anarchismus seinem autoritären Ordnungsdenken ein Gräuel war: »Dreckige Vietcong-Anhänger, die öffentlich Geschlechtsverkehr treiben.« Er brandmarkte den Sozialismus als globalen Totengräber: »Wer sich für rot entscheidet, entscheidet sich auch für tot.« Autokratische Herrscher durften Zeit ihres Lebens auf Wohlwollen rechnen, falls sie wie er »die sowjetisch-bolschewistische Gewaltideologie« als das Weltübel schlechthin ansahen. 1977 äußerte Strauß sich anlässlich eines Besuchs bei General Pinochet in Chile: »Ich habe keinen Zweifel, dass Chile ein demokratisches und freies Land ist.« Pinochet hatte 1973 die gewählte sozialistische Regierung Allende blutig weggeputscht. Strauß, der Geschichtsphilosoph: »Wenn die Militärs eingreifen, ist das etwas anderes, als wenn die Franziskaner Suppe verteilen.«

Zu Hause war Strauß durchaus Demokrat – solange rot eingefärbte, zottelhaarige Systemveränderer nichts zu sagen hatten. Die Oppositionsrolle der CDU/CSU im Bund akzeptierte er als demokratisches Schicksal. Solange da noch Hoffnung auf Rückkehr zur Macht in Bonn war, schien ihm Bayern als Spielplatz stets zu klein. Hier durfte Alfons Goppel regieren, ein Mann des Ausgleichs in der Partei und außerhalb. Der »Fonse« war 1962 als Kompromisskandidat zwischen dem Mutter-Gottes-Flügel der CSU, geführt vom greisen Hundhammer, und den Christsozialen ohne Rosenkranz um Strauß und Zimmermann Ministerpräsident geworden.

In Goppels 16 Jahren als Regierungschef gewann die CSU stets die absolute Mehrheit im Landtag, einmal streifte sie sogar die Zweidrittelmarke. Der allseits geschätzte Bäckersohn füllte mit Vertrauen erweckendem breitem Lächeln seine Rolle als Landesvater im Stil des Wittelsbacher Prinzregenten Luitpold aus. Würdevoll und jovial zugleich zog er wie Luitpold zu Defiliermarsch und Böllerschüssen landauf, landab, weihte Brücken ein und teilte Bayerische Verdienstorden aus. Er ließ bei Besuchen ausländischer Würdenträger souverän die weiß-blaue Flagge his-

sen und schuf in München ein Ministerium für Bundesangele-
genheiten: Von wegen Bonner Befehlsempfänger, wir Bayern sind
eine eigenständige Macht!

Goppel war jedoch mehr als ein Nostalgiker. Seine voraus-
schauende Bildungspolitik stattete Bayern flächendeckend mit
Gymnasien und Universitäten aus. Goppel richtete 1970 das erste
Umweltministerium in Europa ein. Unter ihm schritt die Industrialisierung des Freistaats zügig voran. Zügiger vielleicht, ganz sicher aber geräuschloser als unter seinem Nachfolger, der nur halb
im Scherz die Wittelsbacher »seine Vorgänger« und sich »eine
Mischung von Heinrich VIII. und Ludwig XIV.« nannte.

Die Kreuzung aus Blaubart und Sonnenkönig hieß Franz Josef Strauß. 16 Jahre unter »Prinzregent« Goppel hatte sich der
CSU-Vorsitzende Strauß darin gefallen, Bayern nur als Machtbasis für die große Politik zu nutzen. Die Partei zu Hause hatte er
auch ohne bayerisches Regierungsamt im Griff. Innerparteiliche
Opposition machte er rücksichtslos mundtot.

Der aufstrebende Nachwuchspolitiker Franz Heubl etwa hatte
1972 gewagt, den großen Strauß in einem Interview als typischen
Altbayern zu charakterisieren: »Vital, brutal, sentimental.« Strauß
machte in einem mehrseitigen ironischen Brief Heubl so gnaden-
los fertig, dass der sich schleunigst entschuldigte. Vier Jahre später – Strauß spielte bereits mit dem Gedanken, Goppel als Ministerpräsidenten abzulösen – muckte Heubl noch einmal auf: »Für
den bayerischen Ministerpräsidenten braucht's einen Herrn, und
Strauß ist kein Herr.« Dieses Mal stieß Strauß nicht mit dem Flo-
rett der Ironie zu. Er knüppelte Heubl nieder. Sein Büro verbreitete ein Dossier, das seinen Kritiker unter anderem »bodenlos
feige«, »krankhaft misstrauisch« und »stinkfaul« nannte. Heubl
warf sich dem Meister nun servil zu Füßen. »Franz Josef, Du bist
der Quell unserer Inspiration!«

Dem standfesteren Goppel zwang Strauß 1973 Auge in Auge
eine Klage des Landes Bayern gegen den Grundlagenvertrag mit
der DDR vor dem Bundesverfassungsgericht auf. Goppel und
seine Ministerrunde leisteten hinhaltenden Widerstand, doch

schließlich setzte Franz Josef Strauß das Kabinett mit stundenlangen Wutreden so unter Druck, dass es zustimmte. Sein Rückblick: »Ich musste voll und ganz mein Gewicht als Parteivorsitzender zur Geltung bringen.« Bayern verlor die Klage.

Die ihm endlos scheinende Oppositionsrolle in Bonn ließ den verhinderten Staatsmann Strauß zunehmend gereizter und ungeduldiger werden. Sahen die Weicheier von der Schwesterpartei CDU, allen voran Helmut Kohl, diese »deutsche Eiche mit Klappscharnier«, denn nicht, wie ihr Anpasserkurs das CDU/CSU-Lager in eine »babylonische Gefangenschaft« führte? Alles falsch, was die machten! In Sonthofen skizzierte er vor den CSU-Bundestagsabgeordneten seinen Weg zurück an die Macht. Totale Verweigerung, bis Deutschland unter dem Missmanagement der Sozialliberalen zusammenkracht. Also »nur anklagen und warnen, aber keine eigenen Rezepte nennen. Wir müssen sie so weit treiben, dass sie den Staatsbankrott erklären müssen.« Dafür habe man auch »eine weitere Inflationierung, weitere Steigerung der Arbeitslosigkeit, weitere Zerrüttung der Staatsfinanzen in Kauf zu nehmen«.

Die Sonthofener Rede vom November 1974, die erst im Frühjahr 1975 einer breiten Öffentlichkeit bekannt wurde, war der Anfang vom Ende für die ganz große Karriere des Franz Josef Strauß. Zu Hause in Bayern mochte man ihn als den Erlöser von allem Übel feiern, als den er selbst sich sah: »Wenn die Verflachung der Politik beginnt, kommt aus den bayerischen Bergen die Rettung.« Doch draußen im Restdeutschland empfand man den Retter aus Bergeshöhen nun endgültig als zynischen Berserker ohne Selbstkontrolle. »Ein Kraftwerk mit den Sicherungen eines Kuhstalls« bezeichnete ihn einmal der SPD-Politker Egon Bahr. »Ein Begabter, unbegabt, mit der Macht Maß zu halten«, »Spiegel«-Chefredakteur Rudolf Augstein, den mit Strauß eine Hassliebe verband. Helmut Kohl, der bauernschlaue Taktiker, rieb sich nach Sonthofen die Hände und ging auf Distanz zur Konkurrenz aus München: »Wir wollen nicht die Verteufelung des Gegners, sondern werden die klare Alternative in allen Bereichen der Politik herausstellen. Das gilt auch für Franz Josef Strauß.« Dann ließ Kohl sich von seiner CDU zum Kanzlerkandidaten ausrufen und verlor 1976, denkbar knapp, gegen Helmut Schmidts sozial-liberale Koalition die Bundestagswahlen.

Strauß schäumte. Warum hatte man nicht auf ihn gehört? Jetzt drohten die Oppositionsbänke auf unabsehbare Zeit in einem linkslastigen Deutschland. Es blieb nur ein Ausweg: Seine CSU müsse sich im gesamten Bundesgebiet als wahre Alternative zur Bonner Linksregierung etablieren, neben der CDU und notfalls gegen sie. Bei einer Klausurtagung der CSU-Bundestagsabgeordneten im November 1976 in Wildbad Kreuth wurde der Bruch der Fraktionsgemeinschaft mit der CDU vollzogen und verkündet. Wieder einmal fühlte Bayern sich berufen, sich zur deutschen Führungsmacht aufzuschwingen. Wieder einmal scheiterte es mangels Masse. So wie schon Kurfürst Maximilian letztendlich zu schwach war für die Rekatholisierung Deutschlands, der Blaue Kurfürst für den Einstieg ins Habsburger Weltreich oder die »Ordnungszelle« Bayern, um den »Saustall« der Weimarer Republik auszumisten.

Denn als die CDU drohte, sich dann ihrerseits auch auf Bayern auszudehnen, beendete der Retter aus den Bergen das Abenteuer Bundes-CSU angesichts des drückenden Übergewichts der Schwesterpartei ziemlich schnell und ruhmlos. Nicht ohne vorher allerdings stark alkoholisiert seinen Widersacher Kohl bei einem vertraulichen Parteitreffen »total unfähig« genannt zu haben, bar der »charakterlichen, geistigen und politischen Voraussetzungen« für das Kanzleramt.

Deutschlands Preiß'n hatten ihn, den großen Staatsmann, ja eigentlich gar nicht verdient. Ihn, der als erster deutscher Politiker sogar schon vom Oberkommunisten Mao in Peking freundlich empfangen worden war. Undankbares Pack! Warum sich in Bonn abplagen, wenn einem Bayern zu Füßen lag? Landesvater, das war schon auch was. Strauß wies seinen Parteifreund Goppel dezent darauf hin, dass sein Verfallsdatum als bayerischer Regierungschef schon überschritten sei. Fonse verstand, murrte und gehorchte. 1978 wurde Franz Josef Strauß zum bayerischen Ministerpräsidenten gewählt. Bonn fühlte sich erleichtert. Es freute sich zu früh.

Strauß ließ zwar sofort den Repräsentationsetat für den Landesvater um 80 Prozent erhöhen. Aber nur einen zweiten Goppel mit etwas höherem Blutdruck zu spielen war ihm dann doch zu wenig. Der Beifall, der ihm »dahoam« entgegenschlug, blendete ihn. Als die Christsozialen nicht so recht wussten, wer 1980 gegen den überaus populären SPD-Kanzler Helmut Schmidt antreten sollte, konnte Strauß trotz aller Vorbehalte nicht widerstehen. Der bayerische Ministerpräsident meldete seine Kandidatur an. Wer denn, wenn nicht er, war als Staatsmann auf Augenhöhe mit dem kühlen Hanseaten? Strauß setzte sich gegen den niedersächsischen Dauergrinser Albrecht von der CDU durch.

Im Wahlkampf teilte er, von seiner barocken Sprachgewalt manchmal fehlgeleitet, heftig aus. Schmidt etwa nannte er »Oberkanzler, Weltkanzler und Abkanzler«, »reif für die Nervenheilanstalt«. Seine Gegner keilten nicht weniger grobschlächtig zurück bis hin zur SS-Rune, mit der sie den Namen »StrauSS« schrieben. Helmut Schmidt selbst blieb sachlich. Das Wahlergebnis belohnte seine hanseatische Gemessenheit. »Der Manager gewinnt gegen den Rummelplatzboxer«, urteilte Norbert Blüm, Strauß-Kritiker in der CDU. Der bayerische Ministerpräsident erhielt vier Prozent weniger Stimmen, als 1976 der »total unfähige« Kohl erhalte hatte. Die sozial-liberale Koalition regierte weiter. Strauß ging mit der bitteren Erkenntnis nach Hause, dass er bundesweit nicht mehrheitsfähig war, doch ihm blieb noch immer Bayern.

Bescheidung war auch nicht seine Sache in der Münchner Residenz. »Einem bayerischen Ministerpräsidenten dürfen die wirtschaftlichen Interessen Chinas oder Japans auf dem europäischen Markt nicht fremd sein«, dozierte er in seiner Regierungserklärung. Bayern auf dem Weg zum »global player«. Strauß war die treibende Kraft hinter vielen Industrieansiedlungen, besonders aber hinter der Erfolgsgeschichte des Airbus, der sich zur Überraschung vieler Experten gegen Boeing auf dem Markt für Großflugzeuge dauerhaft etablieren konnte. Ihm brachte es den Vorsitz im Aufsichtsrat des Unternehmens ein und – posthum – die Ehre, den Flughafen München mit seinem Namen zu schmücken.

Dafür bemühte Strauß sich auf allen dienstlichen Reisen ins Ausland um Airbus-Bestellungen, zum Teil mit Mitteln, die heute den Antikorruptionswächtern von »Transparency International« nicht gefallen würden. Parallel zur Technologieförderung ließ er 10 000 Silbermünzen mit seinem Konterfei prägen. Sie wurden huldvoll an verdiente Landeskinder verteilt. Strauß, Visionär und Landesvater zugleich. Das inzwischen überstrapazierte, 1998 von Roman Herzog erfundene Schlagwort von »Laptop und Lederhose« für das heutige Bayern kündigte sich an.

Manchmal lag der große Seher schief mit seinen Visionen. Den Ausbau des Main-Donau-Kanals trieb er gegen Widerstand vor Ort zügig voran. Das brachte dem Altmühltal ein paar schöne, neu geschaffene Naherholungsgebiete, doch bis heute bleiben die Tonnagezahlen auf dem fünf Milliarden DM teuren Wasserweg zwischen Nordsee und Schwarzem Meer deutlich hinter den Hoffnungen der Erbauer zurück.

Seit er 1955 erster Atomminister der Bundesrepublik gewesen war, glaubte Strauß unerschütterlich an den Segen der Atomkraft. Auch die Reaktorkatastrophe von Tschernobyl im Jahr 1986 brachte ihn davon nicht ab. Im Oberpfälzischen Wackersdorf wollte er auch danach noch eine Aufbereitungsanlage für abgebrannte nukleare Brennstäbe im wahrsten Sinn des Wortes »durchprügeln«. Er hielt diesen »Nuklearen Entsorgungspark« für »so ungefährlich wie eine Fabrik, die Fahrradspeichen herstellt«. Der anfangs »linke« Protest – Strauß machte ihn am »kommunistischen Nachwuchs« fest – weitete sich auf die braven Bürger von Wackersdorf aus. Das Protestdorf der Gegner am Bauzaun wurde von der Polizei belagert, es kam zu, wie die Presse schrieb, »bürgerkriegsähnlichen Zuständen«. Nach Strauß' Tod 1988 entsorgte sein Nachfolger Max Streibl unauffällig den Entsorgungspark.

Am Hof des »Letzten der Wittelsbacher« ging es fidel zu.

Mehr und mehr erledigten treu ergebene Höflinge, an der Spitze Edmund Stoiber als Leiter der Staatskanzlei, genannt das »blonde Fallbeil«, die lästigen Alltagsgeschäfte für ihn. So fand Strauß, falls er nicht auf Reisen war, ausreichend Zeit, sich seinem bunt schillernden Freundeskreis und der Mehrung seines Vermögens zu widmen.

Seine Spezis, die man neubayerisch »Amigos« nennen würde, waren meist Männer, die es aus eigener Kraft zu was gebracht hatten. Gut betucht, hemdsärmelig, bauernschlau, mit starken Ellenbogen und ausgeprägtem Sinn für die Volksweisheit: »Eine Hand wäscht die andere.« Um den Fixstern FJS kreisten der Brathendl-König Friedrich Jahn, der Münchner Mercedes-Chef »Karli« Dersch, der Werbeagenturbesitzer und Honorarkonsul von Papua-Neuguinea, Walter Schöll, der niederbayerische Bäderkönig Eduard Zwick, der Wurstfabrikant Josef März, der Nürnberger Wecker- und Waffenproduzent Karl Diehl, der Waffenhändler Karlheinz Schreiber sowie eine Anzahl minderer Asteroiden. Einige davon – ohne Namen zu erwähnen – hätte selbst der hartgesottene Fritz Zimmermann nicht »in meine Nähe gelassen, jedenfalls nicht ohne Zeugen«.

Ein Geruch von Bestechlichkeit hat Franz Josef Strauß sein ganzes Leben umgeben. Schon in seiner Zeit als Verteidigungsminister war es bei der Beschaffung des miserabel konstruierten Schützenpanzers HS30 nicht mit rechten Dingen zugegangen. An Strauß' direkte Zuarbeiter waren gerichtlich festgestellte Schmiergelder gezahlt worden. Dem Minister selbst war nichts nachzuweisen. Ganz ähnlich verlief der Starfighter-Skandal. Den Abfangjäger mit der Weltrekordrate von Abstürzen in Friedenszeiten – 220 bei insgesamt 900 Bundeswehr-Starfightern – setzte die US-Firma Lockheed nach ihrem eigenen Geständnis weltweit mit Bestechungsgeldern durch. Prinz Bernhard der Niederlande etwa strich 1,1 Millionen Dollar ein. Ausgerechnet beim größten Abnehmer, der Bundesrepublik, wurde als Entscheidungshilfe für den »Witwenmacher«, so der Desaster-Jet im Militärjargon, nichts bezahlt, auch wenn manche, manchmal allerdings recht trübe Quellen das

Gegenteil behaupteten. Gerichtsverwertbares blieb an Verteidigungsminister Strauß jedenfalls nicht hängen.

Jetzt, wo er Landesvater war, schaltete und waltete Franz Josef Strauß ganz in der Tradition der bairischen Barockfürsten. Nur Gott und seinem Gewissen verantwortlich, mit absolutistischem Unverständnis für die Trennlinie zwischen Privatleben und öffentlichem Amt. Der Ausdruck »geldwerter Vorteil« war der bayerischen Umgangssprache in der Strauß-Ära völlig unbekannt. Es erscheint heute atemberaubend, mit welcher Selbstverständlichkeit Fürst Franz Josef »kleine Gefälligkeiten« seines Hofstaats annahm und den Freunden seinerseits huldvoll eine helfende Hand reichte. Der begeisterte Hobbypilot Franz Josef genoss die Freiheit über den Wolken, am liebsten am Steuerknüppel von Privatmaschinen seiner Spezis März, Diehl und Zwick, die stets zu Diensten waren. Karli Dersch, sein Kumpel von Mercedes, stellte ihm und seiner Entourage für private, halb amtliche und offizielle Reisen nicht nur einen Wagen, sondern häufig eine wahre Flottille zur Verfügung. Die Amigos kamen, so Freund Zwick, für Luxusurlaube, Puffbesuche und durchfeierte Nächte ganz selbstverständlich auf. Strauß selbst war trotz eines Privatvermögens in wohl dreistelliger Millionenhöhe ein Knicker. Der Lebensgefährtin in seinen letzten Jahre, die er nach dem Unfalltod (1984) seiner Frau Marianne kennenlernte, schenkte er etwa zum Geburtstag ein Abonnement des Parteiorgans »Bayernkurier«.

Im Gegenzug half er dem Wurstfabrikanten März, eine lukrative Geschäftsbeziehung mit dem togolesischen Diktator Eyadéma auszubauen, und ging im schönen Togo mit beiden auf Großwildjagd. Amigo Eduard Zwick geriet wegen Steuerhinterziehung in Millionenhöhe ins Fadenkreuz des bayerischen Finanzministeriums. Na, na. Strauß tadelte das allzu große Pflichtbewusstsein der Ermittler als »skandalöses Verhalten«. Zwar nannte er intern den Edi ein »Riesenarschloch«, doch als der Steuerbetrüger sich sicherheitshalber zum Umzug in die Schweiz entschloss, nahm Strauß an Zwicks rauschendem Abschiedsfest teil und besuchte später den alten Freund im Exil.

Karlheinz Schreiber, dem undurchsichtigen Fachmann für Importe und Exporte aller Art, vertraute Strauß einige Millionen für Investitionen in Kanada und darüber hinaus seinen Sohn Max zur Lehre im globalen Finanzgeschäft an. Mit dem Namen Strauß als Türöffner sollte Schreiber bei zweifelhaften Rüstungsdeals in den kommenden Jahren Millionen verdienen. Sohn Max, nicht so intelligent, doch genauso dominant und rücksichtslos wie sein Vater, aber ruinierte nach dem Tod von Papa seine Nähe zum später verurteilten Bestechungsexperten Schreiber materiell und moralisch.

Einmal verließ Strauß die juristisch so schwer greifbare Grauzone aus Gefälligkeiten, Provisionen und Vorteilsnahmen deutlich. Der Ministerpräsident stieg bei der Werbeagentur »Contas« seines Freundes Walter Schöll mit 15 Prozent als stiller Teilhaber ein. Die Agentur erhielt Aufträge von den üblichen Verdächtigen aus der Amigo-Runde: Waffen-Diehl, Hendl-Jahn, Togo-März. Aber auch bayerische Ministerien sowie halb staatliche Gesellschaften und Verbände wie die Staatliche Lotterieverwaltung München oder die Marketing-Gesellschaft der Deutschen Agrarwirtschaft buchten sie eifrig. Seinen Teil der Gewinne strich Mr. Fünfzehn Prozent, im Hauptberuf bayerischer Ministerpräsident, dankend ein. Derlei Nebenerwerb untersagt die bayerische Verfassung, doch die geradezu grabesstille Teilhaberschaft kam erst nach Franz Josefs Tod ans Licht.

»Strauß konnte am eigenen Kabinettstisch entscheiden, ob er sich bereichern wollte oder nicht. Und das nenne ich Korruption, denn er hat sich bereichert«, urteilt der FJS-Biograf Wolfram Bickerich. Und Werner Biermann, Franz Josef Strauß relativ wohlgesinnt, bilanziert in seiner ebenso aufschlussreichen Biografie dessen Finanzgebaren: »Es wird wohl für immer unklar bleiben, ob er nicht Teile der enormen Summen, die ihm in die Hand gedrückt oder überwiesen wurden, in die eigene Tasche gesteckt oder illegal für Parteizwecke verwendet hat.«

In Bonn wurde es zunehmend still um das einstige Enfant terrible aus dem Süden. Strauß brachte sich noch ab und an mit Sottisen von großer Wortgewalt in Erinnerung. CDU-Generalsekretär Heiner Geißler, in dem Strauß einen verkappten Roten sah, schrieb er ein »Gesicht wie ein ungemachtes Bett« zu. Hans-Dietrich Genscher, der 1982 mit seiner FDP die sozial-liberale Koalition während der Legislaturperiode verlassen und Helmut Kohl zum neuen Kanzler gemacht hatte, war für Strauß »die Edelkurtisane zwischen zwei Monarchen«. Doch Kanzler Kohl ließ den alten Konkurrenten ins Leere laufen. Er traf ihn zu Männerspaziergängen im bayerischen Oberland, hörte Franz Josefs ausschweifenden Analysen der Weltlage zu – und tat dann, was er, Kohl, wollte.

Zweimal noch trat Strauß auf der großen Bühne auf. 1983 fädelte er mithilfe seines Freundes März über Honeckers Unterhändler Schalck-Golodkowski den Milliardenkredit deutscher Banken für die finanziell ausgezehrte DDR ein. (Auch der Fleischhandel des Josef März mit dem Osten profitierte heftig vom Abkommen. Für Provisionen in Millionenhöhe an Vermittler Strauß gab es Verdachtsmomente, doch wieder einmal ließen sie sich nicht erhärten.)

Als Gegenleistung versprach der »Unrechtsstaat« den Abbau der Schussanlagen an der Grenze und manierlichere Behandlung westdeutscher Besucher. Im Lauf der Verhandlungen empfing DDR-Staatspräsident Erich Honecker Familie Strauß im sozialistischen Jagdschloss Hubertusstock. Strauß schüttelte Honeckers Hand, die er ein paar Jahr zuvor noch als »blutig« eingestuft hatte. Er und Frau Marianne waren vom Auftreten Honeckers freudig überrascht. »Ein beeindruckendes Mannsbild«, meinte Marianne, »schade, dass er Kommunist ist.« Das CSU-Volk zu Hause war entsetzt. Ein Pakt mit Honecker, ein Pakt mit dem Teufel! Es strafte den Großen Vorsitzenden bei der Wiederwahl zum Parteivorsitzenden mit für CSU-Verhältnisse desaströsen 60 Prozent der Stimmen ab. Strauß zuckte über die »Schwerfälligkeit in der CSU« geschmerzt die Schultern. Genies werden eben verkannt. Er war glücklich, wieder einmal Staatsmann zu sein.

Strauß' letzter weltpolitischer Höhenflug war ein Blindflug

nach Moskau zum Reformkommunisten Gorbatschow. Den Privatjet aus dem Hause März, an Bord mit schreckensbleichen Gesichtern Bayerns Polit-Elite, setzte der 72-jährige, zuckerkranke Franz Josef im Dezember 1987 mit fast leerem Tank bei dichtem Schneetreiben sicher auf. Und Gorbatschow fand im anschließenden dreistündigen Gespräch – »ohne Wodka«, so verdutzt der Alkoholfreund Strauß – das bayerische Schwergewicht nicht so schrecklich, wie es die Sowjetpropaganda jahrzehntelang dargestellt hatte. Strauß der Kommunistenfresser glaubte seinerseits, beim neuen Mann im Kreml echten Friedenswillen zu erkennen, der vom Westen zu unterstützen sei. Als Gorbatschow von notwendigen Reformen des Sowjetsystems sprach, glückte dem barocken Bayern ein Bild, für das auch Strauß-Hasser dankbar sein müssen. Diese Reformversuche seien »genauso aussichtslos wie das Rösten von Schneebällen, Herr Generalsekretär«.

Am 1. Oktober 1988 brach Ministerpräsident Franz Josef Strauß beim Umsteigen vom Hubschrauber in einen Kleinbus im Hochwildrevier des Fürsten von Thurn und Taxis nahe Regensburg mit einem Kreislaufkollaps bewusstlos zusammen. Zwei Tage später war der Erbe der Wittelsbacher tot. Er wurde wie ein König begraben.

Mia san mia

Die Nachfolger des Franz Josef Strauß bis heute hatten Normalmaß – wenn man die bayerische Elle anlegt. Denn ein bisschen über dem Bundesschnitt lag ihr Bazi-Potenzial schon – ohne jedoch das politische Gesamt-kunstwerk FJS auch nur annähernd zu erreichen. Max Streibl, der erste Regierungschef nach Strauß, war auf Kosten eines gu-ten Freundes aus der Wirtschaft in den 8oer-Jahren zum Urlaub einmal nach Brasilien, einmal nach Kenia gefahren und hatte sich beim Bundesverteidigungsminister – natürlich ganz unabhän-gig von diesen Lustreisen – für einen Rüstungsauftrag zugunsten des guten Freundes energisch verwendet. Als dies aufflog, musste Streibl gehen. Er fand das ausgesprochen ungerecht angesichts der Amigo-Wirtschaft zu Straußens Zeiten. »Wenn ich bedenke, wie die es getrieben haben und weswegen ich zurückgetreten bin. Das waren daran gemessen wirklich nur Lappalien.«

Der nächste Ministerpräsident Edmund Stoiber verordnete mit Erfolg dem Freistaat eine Hightech-Offensive ganz im Sinn seines Vorbilds FJS, zeigte auch wie der die notwendige landesvä-terliche Volksnähe durch seine Mitgliedschaft etwa beim »Verein gegen betrügerisches Einschenken« (der Mass Bier) oder beim Trachtenverein »D'Loisachtaler«. Beinahe hätte das ehemalige »blonde Fallbeil« sogar geschafft, den Übervater zu übertrumpfen. Von CDU/CSU 2002 zum gemeinsamen Kanzlerkandidaten ge-macht – seine Konkurrentin, die neue CDU-Vorsitzende Angela Merkel, war damals von »Angie, Angie«-Beifalls-Stürmen noch weit entfernt –, unterlag Stoiber Amtsinhaber Gerhard Schröder nur hauchdünn. Was allerdings weniger seinem legendären rhe-torischen Charisma als der Unzufriedenheit der Wähler mit der rot-grünen Koalition im Bund geschuldet war. Allseits wurde jedoch Stoibers tadelloser Lebenswandel gelobt, gern auch von ihm selbst.

Die Regierungsführung des Franken Günther Beckstein war ein einjähriges evangelisches Zwischenspiel und eher farblos. Unvergesslich bleibt allerdings Becksteins patriotisches Statement, ein richtiges Mannsbild sei auch nach zwei Mass Bier, wenn über Stunden genossen, durchaus noch fahrtüchtig. Den heutigen Regierungschef Horst Seehofer ließen gehässige Parteifreunde mit einer mehrjährigen außerehelichen Eskapade auffliegen. Das hätte sich bei Strauß keiner getraut. Seehofer beendete seine Liebesaffäre, als seine Wahl zum Ministerpräsidenten anstand. Von da an spielte er nach Dienst nur noch mit der Modelleisenbahn im Keller. Obwohl sein amouröser Ausrutscher in der Geburt eines Töchterleins gipfelte, wurde dem Seehofer wegen tätiger Reue von den Christsozialen verziehen und er 2008 zum Ministerpräsidenten gewählt.

Sollte es so weit gekommen sein, dass bayerische Landesfürsten heute Rechenschaft abzulegen haben wie Bundespräsidenten? Andersherum: Wird das Post-Strauß-Bayern immer kompatibler mit dem Rest der Republik?

Die Indizien haben sich in den letzten Jahren gehäuft: Die Strauß-Kinder Max und Monika schützte ihr Namensbonus nicht mehr vor dem freien Fall aus Bayerns Politzirkeln, als sie sich finanziell und machtpolitisch vergaloppierten. Nachwuchsstar Karl-Theodor zu Guttenberg, schon als kommender Bundeskanzler gehandelt, musste seine Karrierepläne – zumindest vorerst – begraben, nur weil in seiner Doktorarbeit ein bisschen zu viel abgeschrieben wurde, von wem auch immer.

Im Wahljahr 2013 nötigte Seehofer sogar ein paar CSU-Landtagsabgeordnete zum Rücktritt. Dabei hatten sie bloß ihre Frauen, Kinder oder sonstigen nahen Verwandten als parlamentarische Hilfskräfte auf Staatskosten beschäftigt. Und im Frühsommer 2014 ging die Bayern-Ikone Uli Hoeneß wegen Steuerhinterziehung ins Gefängnis, obwohl er im weiß-blauen Machtgefüge bestens vernetzt war. Da würden der Zimmermann Fritze und der

Zwick Edi selig ungläubig ihre Häupter schütteln. Gab's denn da kein Attest oder so was? Wieso haute da der Ministerpräsident nicht auf den Tisch?

Noch dazu, da Seehofer doch seit Herbst 2013 wieder fest im Sattel saß. Fünf Jahre zuvor schien der Super-GAU eingetreten zu sein. Die CSU hatte ihre anscheinend gottgegebene absolute Mehrheit im Landtag verloren und musste mit der FDP koalieren. Optimisten der Opposition träumten damals sogar von einem Regierungswechsel wie in anderen stinknormalen Bundesländern auch. Wunschdenken, Fata Morgana: Bei den Landtagswahlen am 15. September 2013 bewiesen die Bayern ihre traditionelle Monarchentreue und korrigierten mit erneuter absoluter Mehrheit für die CSU und Ministerpräsident Seehofer ihren Ausrutscher. Und so bleibt bei aller Einebnung auf bundesrepublikanische Standards auch im 21. Jahrhundert schon noch was dran an der alten Wahrheit: Bayern sein, heißt anders sein!

Wo sonst als in Bayern wäre etwa im Namen der christlichen Erziehung in den Schulen trotz eines gegenteiligen BGH-Urteils das Kruzifix im Klassenzimmer erhalten geblieben? Wer sonst hätte im Namen der heilen Familie 2013 bundesweit das Betreuungsgeld für das Großziehen von Kindern daheim durchgesetzt, wenn nicht die CSU? Obwohl selbst in der Schwesterpartei CDU diese weiß-blaue Herzenssache unter der Hand als »Herdprämie« verspottet wurde. Welcher Ministerpräsident jedes beliebigen anderen Bundeslandes wäre auch nur vorstellbar, der bei den intimen Spitzentreffen der Großen Koalition wie Horst Seehofer lustvoll querschießend mit am Tisch sitzen würde?

Und dass der Freistaat Bayern sich seit der letzten Wahl ein »Heimatministerium« zugelegt hat, das anderswo nüchtern Strukturministerium oder Ministerium für Landesentwicklung hieße, zeigt das nicht Bayerns Selbsteinschätzung? Selbstverliebtheit? Zitat Heimatminister Markus Söder: »Heimat ist regionale Identität in einer globalen Welt. Und bayerische Heimat ist einer der schönsten und emotionalsten Begriffe überhaupt.« In anderen, viel zitierten Worten: »Mia san mia.«

Mit Blick auf die globale Zukunft wird die Luft fürs bayerische Anderssein jedoch generell dünner. Der Freistaat ist wirtschaftlich zwar gut aufgestellt, und darauf kann die CSU zu Recht stolz sein. Bayern hat den Strukturwandel der Landwirtschaft und das Ende der klassischen Industrien aus dem 19. Jahrhundert von der Pechkohle in Penzberg und Peißenberg über die Porzellanherstellung in Oberfranken bis zur Eisenverhüttung in Maxhütte gut verkraftet. Audi und BMW sind heute Weltmarken. Anstelle überlebter Industrien hat man rechtzeitig zukunftsträchtige Unternehmen aus dem Informatik- und Hightech-Sektor ins Land geholt. Doch die billigere globale Konkurrenz gewinnt zunehmend an Boden und wird langfristig dem spezifisch weiß-blauen Wohlstand zu schaffen machen und damit der Idylle von Laptop und Lederhose.

Nicht zu vergessen der »Feind« im Inneren. Der ungebrochene Zustrom Auswärtiger in den Freistaat, vor allem in den Münchner und Nürnberger Raum – gute Jobs, hohe Lebensqualität, Schulen, in denen die Kinder was lernen –, nagt an der bajuwarischen Identität. In München stammt bereits heute mehr als die Hälfte der Einwohner von auswärts. Wem das Tragen von Dirndl und Lederhose auf dem Oktoberfest oder mehr oder weniger geglückte Nachahmungsversuche der bayerischen Sprachmelodie als Assimiliationsbeweis genügen, dem sind etwa Fronleichnamsprozessionen, der Stolz auf längst verblichene Wittelsbacher Monarchen oder das zähe Festhalten am wahren Dialekt und am bayerischen Gymnasium eher folkloristische Sonderlichkeiten. Man begegnet ihnen mit leichtem Lächeln, mehr nicht. Für eingeborene Bayern waren und sind das gelebte Selbstfindung, die eine mehr als tausendjährige Geschichte geprägt hat und am Leben hält. Es ist eine der großen Zukunftsaufgaben des Freistaats, seine Neubürger mit Augenmaß einzugliedern, weltoffen und trotzdem traditionsbewusst. Doch was bei Franken und Schwaben vor fast 200 Jahren glückte, warum sollte es beim Zuzug aus dem »global village« nicht ebenfalls gelingen?

Als Ausdruck bayerischen Nationalstolzes beschließt jede Nacht die offizielle Landeshymne das Rundfunkprogramm: »Gott mit dir, du Land der Bayern, deutsche Erde, Vaterland! Über deinen weiten Gauen, ruhe seine Segenshand. Er behüte deine Fluren, schirme deiner Städte Bau und erhalte dir die Farben seines Himmels Weiß und Blau!« Trotz aller irdischen Unwägbarkeiten sind wir Bayern guter Hoffnung: Der Liebe Gott, mit dem wir ja laut Hymne den Himmel in Weiß und Blau teilen, wird auch in Zukunft diese seine Segenshand über Deutschlands schönstem Stück Erde ruhen lassen. So wie bisher. Oder?

Literatur

Übergreifende Darstellungen

Benno Hubensteiner: Bayerische Geschichte. Rosenheim 2009

Hans Dollinger: Bayern 2000 Jahre in Bildern und Dokumenten. München 1976

Karl Bosl: Bayerische Geschichte. München 1976

Manfred Treml: Der bayerischen Geschichte auf der Spur. Regensburg 2011

Ludwig Holzfurtner: Die Wittelsbacher. Staat und Dynastie in acht Jahrhunderten. Stuttgart 2005

Ludwig Schrott: Münchner Alltag in acht Jahrhunderten. München 1969

Das Bajuwaren-Puzzle

Hans-Jörg Kellner: Die Römer in Bayern. München 1987

Katalog (mehrere Herausgeber): Die Bajuwaren. Von Severin bis Tassilo. 488–788. Salzburg 1988

Baiern bis Herzog Tassilo

Katalog: Die Bajuwaren. Von Severin bis Tassilo.

Wolfgang Jahn: Der Herzog und der König. Damals, Magazin für Geschichte. Sonderband 4/2014

400 Jahre Fremdherrschaft

Stefan Weinfurter: Heinrich II. Herrscher am Ende der Zeiten. Regensburg 1990

Joachim Ehlers: Heinrich der Löwe. München 2008

Hubert Glaser (Hrsg.): Wittelsbach und Bayern. Die Zeit der frühen Herzöge. München 1980

Das weiß-blaue Wittelsbach

Hubert Glaser (Hrsg.): Wittelsbach und Bayern. Die Zeit der frühen Herzöge. München 1980

Jaques Le Goff: Das Hochmittelalter. Fischer Weltgeschichte Band 11. Frankfurt 1965

Jaques Le Goff (Hrsg.): Der Mensch des Mittelalters. Frankfurt 1998

Ludwig der Bayer

Gertrud Benker: Ludwig der Bayer. Ein Wittelsbacher auf dem Kaiserthron. München 1980

Heinz Thomas: Ludwig der Bayer, Kaiser und Ketzer. Graz 1993

Johann Schmuck: Ludwig der Bayer und die Reichsstadt Regensburg. Regensburg 1997

Hermann Nehlsen (Hrsg.): Ludwig der Bayer. Paderborn 2002

Hubert Glaser: Wittelsbach und Bayern. Die Zeit der frühen Her-

zöge. Von Otto I. zu Ludwig dem
Bayern. München 1980

Die Viererbande und die Pest
Michaela Bleicher: Das Herzogtum
  Niederbayern-Straubing in den
  Hussitenkriegen. Regensburg
  2004
Klaus Bergdolt: Der Schwarze Tod
  in Europa. München 1994

Reformation
Albert Strohm: Leonhard Kaisers
  (Käsers) Ketzertod in neuem Licht
Hubert Glaser (Hrsg.): Um Glauben
  und Reich. München 1980

Maximilian I.
Hubert Glaser (Hrsg.): Um Glauben
  und Reich. München 1980
Michael Kaiser: Politik und Kriegsführung. Maximilian von Bayern,
  Tilly und die katholische Liga
  im Dreißigjährigen Krieg. Münster 1999

Der Blaue Kurfürst
Ludwig Hüttl: Max Emanuel. Der
  Blaue Kurfürst. München. 1976
Christoph Stölzl, Hubert Glaser
  (Hrsg.): Kurfürst Max Emanuel,
  Bayern und Europa um 1700.
  München 1976
Gertrud Diepolder: Das Volk in
  Kurbayern zur Zeit des Kurfürs-
  ten Max Emanuel, in: Hubert Gla-
  ser (Hrsg.): Kurfürst Max Ema-
  nuel. Bayern und Europa um 1700,
  Band 1, 1976, S. 387–405

Ende der Großmachtträume
Peter Claus Hartmann: Karl Albrecht –
  Karl VII. Glücklicher Kurfürst –
  Unglücklicher Kaiser. Regensburg
  1985
Alfried Wieczorek: Lebenslust und
  Frömmigkeit. Regensburg 1999

Die Reformen des Grafen Montgelas
Marcus Junkelmann: Napoleon und
  Bayern. Regensburg 1985
Hubert Glaser (Hrsg.): Krone und
  Verfassung. König Max I. Joseph
  und der neue Staat. München 1980
Peter Schmid, Klemens Unger (Hrsg.):
  1803. Wende in Europas Mitte.
  Regensburg 2003

Säkularisierung
Hermann Rumschöttel: Das Ende der
  Bavaria Sancta, die Säkularisation
  von 1803 und ihre Folgen. Fest-
  vortrag Sommerakademie St. Boni-
  fazius 27. Juni 2011

Ludwig I., König und Poet
Haus der Bayerischen Geschichte:
  Ideen, Religion, Bildung und
  Wissenschaft in der Zeit Lud-
  wigs I.
Bruce Seymour: Lola Montez. A Life.
  New Haven 1996
Gedichte des Königs Ludwig von
  Bayern. München 1829

Lola und das dicke Ende
Reinhold Rauh, Bruce Seymour:
  Ludwig I. und Lola Montez.
  Der Briefwechsel. München
  1995

Bruce Seymour: Lola Montez. A Life.
New Haven 1996
Ellen Latzin: Bayern und die Pfalz.
Themenheft 2/2006. Einsichten und Perspektiven, Zeitschrift
für bayerische Politik und Geschichte

Der unglaubliche Ludwig II.
Dirk Heißerer: Ludwig II. Reinbek
2003
Hermann Rumschöttel: Ludwig II.
von Bayern. München 2011
Peter Wolf und andere (Hrsg.):
Götterdämmerung. König Lud-
wig II. und seine Zeit. Haus der
Bayerischen Geschichte 2011
Christof Botzenhart: Die Regierungs-
tätigkeit König Ludwigs II. von
Bayern. München 2004
Ludwig Hüttl: Ludwig II. König von
Bayern. München 1986

Wittelsbachs Abendrot
Karl Möckl: Königreich Bayern:
Die Prinzregentenzeit. Regens-
burg 2005
Georg Köglmeier: Königreich Bay-
ern: Das Ende der Monarchie
und die Revolution von 1918/19.
Regensburg 2005
Ludwig Schrott: Der Prinzregent.
München 1962
Klaus Mai: Wirtschaftliche und soziale
Rahmenbedingungen der Arbeiter-
bewegung in Bayern. SPD-Publika-
tion München 2008
Ralf Höller: Der Anfang, der ein Ende
war. Die Revolution in Bayern
1918/19. Berlin 1999

Haus der Bayerischen Geschichte:
Königreich Bayern 1806–1918;
»Ludwig III.«

Räterepublik
Tankred Dorst (Hrsg.): Die Münch-
ner Räterepublik. Zeugnisse und
Kommentare. Berlin 1969
Ralf Höller: Der Anfang, der ein Ende
war. Die Revolution in Bayern
1918/19. Berlin 1999
Ellen Latzin: Bayern und die Pfalz.
Themenheft 2/2006. Einsichten
und Perspektiven, Zeitschrift für
bayerische Politik und Geschichte
Georg Köglmeier: Königreich Bayern:
Das Ende der Monarchie und die
Revolution von 1918/19. Regens-
burg 2005
Ludwig Hüttl: Die Stellungnahme der
katholischen Kirche und Publizistik
zur Revolution in Bayern 1918/19.
Zeitschrift für bayerische Landes-
geschichte 34, 1971

Der völkische Sumpf
Stefanie Hajak, Jürgen Zarusky
(Hrsg.): München und der
Nationalsozialismus. Berlin 2008
Richard Bauer und andere (Hrsg.):
München »Hauptstadt der
Bewegung«. München 1993
Andreas Heusler: Das Braune Haus.
Wie München zur »Hauptstadt der
Bewegung« wurde. München 2008
Otto Gritschneder: Der Hitler-Prozeß
und sein Richter Georg Neithardt.
München 2001
Reiner Pommerin: Die Ausweisung
von »Ostjuden« aus Bayern 1923.

Vierteljahreshefte zur Zeitge-
schichte. Jahrgang 34, Heft 3, 1986

Heimat der Bewegung

Martin Broszat, Hartmut Mehringer
(Hrsg.): Bayern in der NS-Zeit.
Die Parteien KPD, SPD, BVP
in Verfolgung und Widerstand.
München 1983

Gustl Müller-Dechent: Widerstand
in München. Die Vergessenen.
München 2004

Hellmut Gollwitzer und andere
(Hrsg.): Du hast mich heimgesucht
bei Nacht. Abschiedsbriefe und Auf-
zeichnungen des Widerstands 1933
bis 1945. Gütersloh 1999

Inge Scholl: Die weiße Rose. Frankfurt 1953

Barbara Beuys: Sophie Scholl.
München 2010

Barbara Beuys: Vergeßt uns nicht.
Menschen im Widerstand
1933–1945. Hamburg 1987

Peter Steinbach: Georg Elser. Der
Hitler-Attentäter. Berlin 2010

Hellmut G. Haasis: Den Hitler jag ich
in die Luft: Der Attentäter Georg
Elser. München 2010

Jürgen Zarusky und andere (Hrsg.):
München und der Nationalsozialismus. Berlin 2008

Andreas Heusler: Das Braune Haus.
Wie München zur »Hauptstadt der
Bewegung« wurde. München 2008

Richard Bauer und andere (Hrsg.):
München »Hauptstadt der Bewegung«. München 1993

Rudolf Reiser: Kardinal Michael von
Faulhaber. München 2000

Kardinal Michael von Faulhaber 1869–
1952. Eine Ausstellung des Archivs
des Erzbistums München und Freising, des Bayerischen Hauptstaats-
archivs und des Stadtarchivs München zum 50. Todestag: Kardinal
Michael von Faulhaber 1869–1952.
Katalog München 2002

Weiß-blaue Wiedergeburt

Paul Hoser: Historisches Lexikon
Bayerns: Entnazifizierung. 2013

Andreas Kossert: Kalte Heimat.
Die Geschichte der deutschen Vertriebenen nach 1945. München
2008

Diverse Autoren, Kolloquium: Bayern
und das Grundgesetz. Tutzing
1999

Jana Richter: Eine Schule für Bayern.
Die schulpolitische Auseinandersetzung um die Einführung der
Christlichen Gemeinschaftsschule
in Bayern nach 1945. München
1997

Winfried Müller: Schulpolitik in
Bayern im Spannungsfeld von Kul-
tusbürokratie und Besatzungsmacht
1945–1949. München 1995

CSU forever

Helmut Braun: Historisches Lexikon
Bayerns: Industrialisierung. 2012

Stephan Deutinger: Vom Agrarland
zum High-Tech-Staat. Zur Geschichte des Forschungsstandorts
Bayern 1945–1980. Oldenbourg
2001

Klaus Schreyer: Bayern – ein Indus-
triestaat. München 1969

Wolfram Bickerich: Franz Josef Strauß. Düsseldorf 1996

Werner Biermann: Strauß. Aufstieg und Fall einer Familie. Berlin 2006

Wilhelm Schlötterer: Macht und Missbrauch. Von Strauß bis Seehofer. München 2010

Einzelthemen

Agnes Bernauer

Werner Schäfer: Agnes Bernauer und ihre Zeit. München 1987

Teja Fiedler: Gebrauchsanweisung für Niederbayern. München 2006

Judenpogrom Deggendorf 1338

Manfred Eder: Die »Deggendorfer Gnad«. Entstehung einer Hostienwallfahrt im Kontext von Theologie und Geschichte. Passau 1992

Teja Fiedler, Stern Millennium 1000: Judenhatz. Mein Nachbar, der Mörder. München 1999

Ortenburg

Leonhard Theobald: Joachim von Ortenburg und die Durchführung der Reformation in seiner Grafschaft. München 1927

Hans Schellnhuber, 400 Jahre evangelisch-lutherische Kirchengemeinde Ortenburg: Die Reformation in der Reichsgrafschaft Ortenburg. Ortenburg 1963

Tobias Appl: Alpha Campus Vorlesung: Ortenburg – protestantischer Vorposten im Herzogtum. 25. 11. 2012

Kelheimer Hexenhammer

Wolfgang Behringer (Hrsg.): Hexen und Hexenprozesse. München 2000

Kurfürsten

Armin Wolf: Historisches Lexikon Bayerns: Kurfürsten. 2013

Bairischer Hiasl

August Leibrock: Matthias Klostermeier der furchtbare Wildschützenhauptmann in Baiernland. Leipzig 1831

Emanuel Schikaneder

Eva Gesine Baur: Emanuel Schikaneder. Der Mann für Mozart. München 2012

Eva Gesine Baur: Papagenos Nase für Trends. Aviso, Zeitschrift für Wissenschaft und Kunst in Bayern, Heft 1/2013

Bayern in der Grand Armée

Mit Napoleon nach Russland. Tagebuch des Infanteristen Joseph Deifel. Regensburg 2012

Reichsdeputationshauptschluss
Hans Maier: Säkularisation und
  Säkularisierung 1803–2003:
  Der Reichsdeputationshaupt-
  schluss von 1803 und seine Folgen.
  Münster 2004

Hep-Hep-Unruhen
Hans-Peter Baum: Der Hep-Hep-
  Skandal von 1819 in Würzburg.
  Stadtarchiv Würzburg, Stadthisto-
  rische Streiflichter (27)
Heinrich Graetz: Hep-Hep-Krawalle
  im Jahr 1819. Geschichte der Juden,
  Band 11, 1900

Der Deutsche Bund
Wolf D. Gruner: Der Deutsche Bund
  1815–1866. München 2010

Otto von Griechenland
Jan Murken, Reinhard Heydenreuter,
  Raimund Wünsche (Hrsg.): Die
  erträumte Nation. Griechenlands
  Wiedergeburt im 19. Jahrhundert.
  München 1995
Franz Merger: Deutsche Biographie
  Band 19: Otto I. Berlin 1999

Adele Spitzeder
Christine Spöcker: Das Geldmensch.
  Frankfurt 1975

Kaiserin Sisi
Lisbeth Exner: Elisabeth von Öster-
  reich. Hamburg 2004
Ludwig Hüttl: Ludwig II. König von
  Bayern. München 1986

Fin de Siécle
Dirk Heißerer: Wo die Geister
  wandern. Eine Topographie der
  Schwabinger Bohème um 1900.
  München 2001

Autonome Pfalz
Ellen Latzin: Bayern und die Pfalz.
  Einsichten und Perspektiven, Zeit-
  schrift für bayerische Politik und
  Geschichte, Themenheft 2/2006
Helmut Gembries: Historisches
  Lexikon Bayerns: Autonome Pfalz
  1923/24. 2011

Entartete Kunst
Peter-Klaus Schuster (Hrsg.): Natio-
  nalsozialismus und »entartete
  Kunst«. München 1998
Richard Bauer und andere (Hrsg.):
  München »Hauptstadt der Bewe-
  gung«. München 1993

Kardinal Faulhaber
Kardinal Michael von Faulhaber 1869–
  1952. Eine Ausstellung des Archivs
  des Erzbistums München und Freising, des Bayerischen Hauptstaats-
  archivs und des Stadtarchivs München zum 50. Todestag: Kardinal
  Michael von Faulhaber 1869–1952.
  Katalog München 2002
Rudolf Reiser: Kardinal Michael von
  Faulhaber. München 2000

Penzberger Mordnacht
Stadtmuseum Penzberg: Penzberger
  Mordnacht. Das Kriegsende
  im Rahmen der »Freiheitsaktion
  Bayern«.